本丛书由澳门基金会策划并资助出版

澳门特别行政区法律丛书

澳门特别行政区法律丛书

债的基本问题与渊源

——以《澳门民法典》为视角

The Fundamentals
and Sources of Obligation

—from the Perspective of
the Macau Civil Code

陈淦添 /著

社会科学文献出版社
SOCIAL SCIENCES ACADEMIC PRESS (CHINA)

澳門基金會
FUNDAÇÃO MACAU

总　序

　　自 1995 年澳门基金会开始编辑出版第一套"澳门法律丛书"至今，整整 17 年过去了。在历史的长河中，17 年或许只是短暂一瞬，但对澳门来说，这 17 年却具有非同凡响的时代意义：它不仅跨越了两个世纪，更重要的是，它开创了"一国两制"的新纪元，首创性地成功实践了"澳人治澳、高度自治"的政治理念。如果说，17 年前我们编辑出版"澳门法律丛书"还仅仅是澳门历史上首次用中文对澳门法律作初步研究的尝试，以配合过渡期澳门法律本地化政策的开展，那么，17 年后我们再组织编写这套更为详细、更有深度的"澳门特别行政区法律丛书"，便是完全受回归后当家作主的使命感所驱使，旨在让广大澳门居民更全面、更准确、更深刻地认识和了解澳门法律，以适应澳门法律改革的需要。

　　目前，在澳门实行的法律包括三个部分，即《澳门基本法》、被保留下来的澳门原有法律和澳门特别行政区立法机关新制定的法律；其中，《澳门基本法》在整个澳门本地法律体系中具有宪制性法律的地位，而被保留下来的以《刑法典》、《民法典》、《刑事诉讼法典》、《民事诉讼法典》和《商法典》为核心的澳门原有法律，则继续作为澳门现行法律中最主要的组成部分。正因为如此，澳门回归后虽然在政治和经济领域发生了巨大的变化，但法律领域相对来说变化不大。这种法制现状一方面表明澳门法律就其特征而言，仍然保留了回归前受葡萄牙法律影响而形成的大陆法系成文法特色；另一方面也表明澳门法律就其内容而言，"老化"程度比较明显，不少原有法律已经跟不上澳门社会发展的步伐。近几年来，澳门居民要求切实加强法律改革措施的呼声之所以越来越强烈，其道理就在于此。从这一意义上说，组织编写"澳门特别行政区法律丛书"，既是为了向澳门地区内外的广大中文读者介绍澳门特别行政区的法律，同时也是为了对澳门法律作更系统、更深入的研究，并通过对澳门法律的全面梳理，激浊扬清，承前启后，以此来推动澳门法律改革的深化与发展。

与回归前出版的"澳门法律丛书"相比，"澳门特别行政区法律丛书"除了具有特殊的政治意义之外，其本身还折射出很多亮点，尤其是在作者阵容、选题范围与内容涵盖方面，更具特色。

在作者阵容方面，"澳门特别行政区法律丛书"最显著的特点就是所有的作者都是本地的法律专家、学者及法律实务工作者，其中尤以本地的中青年法律人才为主。众所周知，由于历史的原因，澳门本地法律人才的培养起步很晚，可以说，在1992年之前，澳门基本上还没有本地华人法律人才。今天，这一状况得到了极大的改善，由澳门居民组成的本地法律人才队伍已经初步形成并不断扩大，其中多数本地法律人才为澳门本地大学法学院自己培养的毕业生：他们年轻，但充满朝气，求知欲旺盛；他们初出茅庐，但敢于思索，敢于挑起时代的重任。正是有了这样一支本地法律人才队伍，"澳门特别行政区法律丛书"的编辑出版才会今非昔比。特别应当指出的是，参与撰写本套法律丛书的作者分别来自不同的工作部门，他们有的是大学教师，有的是法官或检察官，有的是政府法律顾问，有的是律师；无论是来自哪一个工作部门，这些作者都对其负责介绍和研究的法律领域具有全面、深刻的认识，通过长期的法律教学或法律实务工作经验的积累，通过自身孜孜不倦的钻研和探索，他们在相应部门法领域中的专业水平得到了公认。毋庸置疑，作者阵容的本地化和专业性，不仅充分展示了十多年来澳门本地法律人才的崛起与成熟，而且也使本套法律丛书的权威性得到了切实的保证。

在选题范围方面，"澳门特别行政区法律丛书"最显著的特点就是范围广、分工细。如上所述，澳门法律具有典型的大陆法系成文法特色，各种社会管理活动都必须以法律为依据；然而，由于澳门是一个享有高度自治权的特别行政区，除少数涉及国家主权且列于《澳门基本法》附件三的全国性法律之外，其他的全国性法律并不在澳门生效和实施；因此，在法律领域，用"麻雀虽小，五脏俱全"来形容澳门法律再合适不过了。正是考虑到澳门法律的全面性和多样性，我们在组织编写"澳门特别行政区法律丛书"时，采用了比较规范的法律分类法，将所有的法律分为两大类：第一类为重要的部门法领域，包括基本法、刑法、民法、商法、行政法、各种诉讼法、国际公法与私法、法制史等理论界一致公认的部门法；第二类为特定的法律制度，包括与选举、教育、税务、金融、博彩、劳资关系、居留权、个人身份资料保护、环境保护等社会管理制度直接相关的各种专项法律。按此分类，本套法律丛书共计 34 本（且不排除增加的可能性），将分批出版，其规模之大、选题之全、分类之细、论述之新，实为澳门开埠以来之首创。由此可见，本套法律丛书的出版，必将为世人认识和研究澳门法律，提供一个最权威、最丰富、最完整的资料平台。

在内容涵盖方面，"澳门特别行政区法律丛书"最显著的特点就是既有具体法律条款的解释与介绍，又有作者从理论研究的角度出发所作的评析与批判。在大陆法系国家或地区，法律本身与法学理论是息息相关、不可分割的，法学理论不仅催生了各种法律，而且也是推动法律不断完善、不断发展的源泉。澳门法律同样如此，它所赖以生存的理论基础正是来自大陆法系的各种学说和理念，一言以蔽之，要真正懂得并了解澳门法律，就必须全面掌握大陆法系的法学理论。遗憾的是，受制于种种原因，法学理论研究长期以来在澳门受到了不应有的"冷落"；法学理论研究的匮乏，客观上成为澳门法律改革步履维艰、进展缓慢的重要原因之一。基于此，为了营造一个百家争鸣、百花齐放的法学理论研究氛围，进一步深化对澳门法律的认识和研究，提升本套法律丛书的学术价值，我们鼓励每一位作者在介绍、解释现行法律条款的同时，加强理论探索，大胆提出质疑，将大陆法系的法学理论融入对法律条款的解释之中。可以预见，在本套法律丛书的带动下，澳门的法学理论研究一定会逐步得到重视，而由此取得的各种理论研究成果，一定会生生不息，成为推动澳门法律改革发展的强大动力。

编辑出版"澳门特别行政区法律丛书"无疑也是时代赋予我们的重任。在《澳门基本法》所确立的"一国两制"框架下，澳门法律虽是中国法律的一个组成部分，但又具有相对的独立性，从而在中国境内形成了一个独特的大陆法系法域。我们希望本套法律丛书在中国内地的出版，可以让所有的中国内地居民都能更深刻、更全面地了解澳门、熟悉澳门，因为澳门也是祖国大家庭中的一个成员；我们也希望通过本套法律丛书在中国内地的出版，为澳门和中国内地法律界之间的交流架起一道更宽阔、更紧密的桥梁，因为只有沟通，才能在法律领域真正做到相互尊重、相互理解、相互支持。

　　编辑出版"澳门特别行政区法律丛书"显然还是一项浩瀚的文字工程。值此丛书出版之际，我们谨对社会科学文献出版社为此付出的艰辛努力和劳动，表示最诚挚的谢意。

澳门特别行政区法律丛书

编委会

2012 年 3 月

献给我的父亲

前　言

澳门回归祖国至今已 20 余载，在中央人民政府的大力支持下，澳门自回归以来在经济、社会及民生等方面均发生了翻天覆地的变化，取得了长足的进步及发展，由一个寂寂无名的小城一跃成为人均 GDP 位列世界前茅、媲美赌城拉斯维加斯的国际知名城市，同时澳门的医疗、教育、公共房屋及社会保障制度完善，让澳门居民安居乐业、生活富足，并在分享经济发展成果的基础上享受悠闲生活。

然而，在法律方面的变化及发展却远不及此，其原因并非政府及法律界无所作为。相反，澳门政府及法律界一直致力于法律本地化及法制建设的工作，并且取得了不同的成果，这是人所共知的。其中，早在澳门回归以前，中葡政府及澳门社会就已经关注并进行法律本地化的工作，以便对澳门（当时的）现行法律进行清理、分类、修订、翻译（中译）和过户①，同时着手落实中文作为官方语言使用及公务员本地化，让中国政府能实际地恢复对澳门行使主权。在中央人民政府的支持及澳门社会各界能人志士的不懈努力下，上述工作得到落实，确保了澳门社会的平稳过渡及政权的顺利交接，在此基础上澳门取得今天的发展成就。

但笔者认为，即使在今天，澳门法律本地化的工作也没有真正完成，相反，其仍然处于起步甚至初始的阶段，这是我们法律人所不能忽视的事。事实上，法律的含义及精神不仅限于条文上的若干简单的字面语句，它还包含丰富的历史、思想、价值、语言及文化底蕴，只有充分掌握这些"底

---

① 黄汉强、吴志良主编《澳门总览》，澳门基金会，1996，第 528 页。

蕴"，才能够正确制定法律及运用法律，以达至正当、合理及平衡地分配社会利益，而不至于曲解法律及制造"法律断层"，才能避免不正义、不合理及不公平结果的出现，确保澳门居民的幸福生活以及澳门社会的和谐及稳定发展。

澳门回归以来，几乎全部的法律条文已经落实了法律本地化，但至今仍未对上述"底蕴"本地化，因而造成了今天在立法及法律适用上所出现的困境，这是笔者所担忧的，尤其是对于那些回归后新制定及生效的法律，只要稍加留意的话，便会发现部分法律条文的"底蕴"是空的，立法者所采用的新法律概念是没有得到"底蕴"所填充的。虽然至今对上述新法律仍然未出现相关争讼，但是，一旦出现的话，可以预期，不论对行政机关还是对司法机关而言，都将造成解释法律及适用法律的困难，这是因为欠缺足够的材料对这些新法律进行法律解释及适用，从而可能使有关解释及适用结果失去合理性、确定性及稳定性。对于澳门法律今天所遇到的上述境况，我们可以将其形容为"得其形而失其神髓"。

笔者认为，这个"底蕴"的欠缺及"底蕴"本地化未落实的原因在于澳门法律未形成自己的法律学说体系，而只有这些学说体系才是"底蕴"的安身之所。回归多年以来，虽然澳门法律条文已本地化，但是在法律解释及适用上至今还一直沿用葡萄牙的法律学说体系。这一现象是有其合理原因的，而且与主权及政治完全无关。事实上，葡萄牙的法律传统就是罗马—日耳曼法系的一个分支，其继受了2000多年的古罗马法、希腊哲学、中世纪的注释法学派和评论法学派、教会法和经院哲学、自然法学和理性法学、历史法学和潘德克顿法学以及法国、德国及意大利的法典汇编主义等法律思想及法律传统，并承载了法治、人文、私有制、善意、平等等价值，这些价值一直支撑着澳门社会的和谐及稳定发展，因此，葡萄牙法律的学说体系理所当然具有合理性。同时，澳门的法律体系就是继承自葡萄牙法律，与葡萄牙学说体系一脉相承，且具有延续性，因此，葡萄牙法律的学说体系对澳门法律的解释及适用而言是值得借鉴的，相反，那些没有进入葡萄牙学说体系而形成的学说只会与澳门的法律体系貌合神离，这就是澳门的法律实务工作至今仍离不开葡萄牙法律学说体系的根本原因。

虽然如此，笔者认为不能因此而完全沿袭葡萄牙的法律学说体系，忽略澳门本地法律学说体系的建立。首先，这与中文的政治及法律地位息息相关，根据《中华人民共和国澳门特别行政区基本法》第9条，中文是主要的官方语言，在法律的适用上，中文必须受到尊重，以体现国家的主权。事实上，在引用葡萄牙学说的时候，不可避免地必须使用葡文，而从事实务工作的法律人亦无暇将之全部转换或翻译为中文，这不仅导致很多法律文件须以葡文来书写，还让以中文为母语且人口超过 90% 的澳门居民不谙有关法律文件的内容，让中文的法律地位及官方语言地位不能得到彰显。其次，澳门现时引用的葡萄牙学说体系部分已与葡萄牙法律脱节而且变得封闭落后。事实上，澳门对葡萄牙法律的继受主要至 1999 年回归之日为止，而自回归至今，葡萄牙法律的面貌已经大为不同，自加入欧盟以及欧元区起，葡萄牙对法律（如宪法、民法典、民事诉讼法典、刑法典、刑事诉讼法典、劳动法典、劳动诉讼法典等）作出了多次大幅度的修改，以配合欧洲一体化、欧盟的法律制度以及社会的变迁，而原有的部分葡萄牙学说在当地已因不合时宜而被丢弃，但它们在澳门却仍有适用的空间。这一现象所引致的不良后果不言自明，正如笔者的一些葡萄牙朋友在说笑的时候提到的，如果要学习葡萄牙的法制史，必须要来澳门，因为澳门现时仍保留葡萄牙已不适用的旧有法律制度。上述客观事实只说明两点，一是澳门法律已严重与世界脱节，自回归起落后 20 多年的法律制度已不适应今天的科网世界；二是澳门法律已进入令人迷惘的封闭空间，澳门欠缺自己的法律学说体系，其法制又与中国内地及香港不同，而且葡萄牙法律已基于主权以及社会与文化不同等原因而不适合澳门，使澳门立法者在制定新法律、修改及修订原有法律时感到迷惘及失去指引方向。这一客观困境只有透过大力建立澳门本身的学说体系才能得到缓解。最后，笔者还认为，忽略澳门法律学说体系的建立将有损澳门本地法律人的培养，此点笔者以个人经历来说明。笔者自 1999 年开始法律工作者的生涯，至今已有 20 多年，并先后以法律学生、研究生、法律教员、司法官实习员及法官的角色见证回归至今澳门法律人培养的境况。在刚修读法学士课程的时候，由于先前的中小学课程并没有葡语学科，本人仅靠自学掌握初阶的葡语能力，但当时仍难以阅读葡语的法律著作。然而，当时法学士课程的教材及参考书都是葡语作品，其中小部分虽有中文的翻译本，但因中葡双语的语法及文化背景之间的巨大差异，笔者难以理解翻译本的内容。除此之外，当时澳门几乎没有本地的中文法律著作。因此，笔者的学习材料主要是经各位法学老师口述而制作的笔记，遇到不明白的地方唯有求教于他人，又或独自参透，而无法即时求助于参考书籍。为了克服上述困难，笔者唯有每天逐字逐句地查阅字典以学习阅读葡语的法律书籍及判决，这一过程花了笔者数年的时间，此后才有能力流畅地阅读及翻译葡语法律书籍及判决。但这只是初步而已，要熟悉每个部门法的各种学说及司法见解，笔者也花了数年时间博览不同的葡语著作。换言之，在澳门，要培养一个能深入掌握中葡双语、澳门法律制度及其学说与司法见解的法律人，至少需要 10 年的时间。成为法律教员后，笔者看到自己的法律学生也遇到同样的问题，幸运的是，他们较笔者学习的时候已有更多的葡语法律著作及司法见解的翻译本，但翻译本的数量仍然只占葡萄牙学说体系的一小部分，亦因中葡双语的差异而有着令人难以明白的先天缺陷。同时，在教学过程中，笔者在制定教学大纲、选定教科书及参考书的问题上，因缺乏澳门本地的中文法律书籍，而不可避免地采用葡语的法律著作或翻译本，故笔者的法律学生也遇到与笔者一样的困难。为了克服这些困难，在部分法律学生的积极协助下，笔者尝试自主编写中文法律教材，利用自己在课堂的口述笔记，以及归纳的葡萄牙学说及司法见解的内容，再加上笔者自己的研究成果及工作经验，撰写属于澳门本地的中文法律教材，让笔者的法律学生能更便利地学习自己所任教的学科。在多年的反馈中，笔者从法律学生中所得到的信息是，笔者的中文法律教材对他们学习法律来说是有帮助及有成效的，这让笔者感到十分欣慰。而在笔者投身司法官实习员及法官的工作后，笔者还发现两件事情。一是葡萄牙的司法官同事以及从葡萄牙修读法律课程回澳门的同事，他们的法律理论基础都十分扎实及丰富，笔者认为这与葡萄牙拥有完整的法律学说体系有关，而这是澳门本地的法律人所无法比拟的。二是澳门的司法见解与现时自主的本地学说之间缺乏对话空间：法院的司法裁判鲜有援引澳门本地学说，而仅引用葡萄牙学说，这是无可厚非的，上文已解释了有关原因，现不再赘述；同时，澳门本地学说也缺乏一套长期的、稳定的及有组织的司法见解评论，这当然也导致在本地法律人的培养上，因欠缺有系统的司法见解评论的著作及资料，其所学的理论有可能与实践脱节。简而言之，现时澳门的法律学说与司法见解之间的关系基本上可以形容为"各说各话"。上述境况均不利于澳门本地法律人的培养。

笔者认为，上述困境的解决方法是，由我们这些澳门的法律人多着手撰写一些属于澳门本地原创但又能与葡萄牙学说体系相衔接的法律著作，集众人之力建立澳门本地的法律学说体系。其成果既惠及澳门现时的法律人，也将惠及今后的法律学生（也就是未来的法律人），长远来说必然能惠及澳门的法制建设，提高本地的立法、司法裁判的质量及效率以及中文在司法审判活动中的实际地位。

幸然，澳门总是不乏有心人及有志之士。其中，澳门基金会及吴志良博士一直大力鼓励和支持澳门本地法律书籍的撰写与出版，笔者在此衷心感谢澳门基金会及吴志良博士提供的良好平台，让我们这些法律人有机会施展抱负，现在，我们可以看到不同领域的法律研究成果已陆续面世。

展望将来，在国家的"一带一路"倡议及"粤港澳大湾区发展规划"的大政策下，澳门人是时候思考如何在中央政府的支持下充分发挥澳门作为世界旅游休闲中心及中国与葡语国家商贸合作服务平台的作用，弘扬爱国爱澳精神，以"一国两制"及以中华文化为主的多元文化的优势，积极融入粤港澳大湾区建设，为国家的发展作出贡献。在法制建设及法学教育上，我们同样可以利用自身的优势，在建立澳门本地的法律学说体系的同时，进一步促进及推广大湾区三地互联互补的法律研究，互相借鉴、互相参考，建立及推动更多、更细致、更具体的区域法律协议及司法互助协定，引领创新思维。这一切都是我们法律人的共同愿望。笔者也希望能参与其中，为国家及澳门的发展付出自己的微薄之力。

"千里之行，始于足下。"笔者认为，写好本书就做好了自己的本分。

笔者自投身法律学习、研究及工作至今已有 20 多年，多年以来，笔者一直从事民法及民事诉讼法的教学、研究及审判工作，并且累积了一定的教学经验、研究成果及审判经验，这些都影响着笔者的写作方式及内容。笔者认为，债法是一门易学难精的学科，原因是债法的主要对象就是交易，而交易是每一个人在日常生活中都广泛接触的东西，故每一个人对这些债法问题以及债法的规则都有一个基本认识，例如，买卖就是钱与物的交换或交易，预约买卖合同就是一个买卖的预备交易，等等。这些人所皆知。然而，债法问题及规则只是容易被人"知晓"，而非"领会"，要做到"领会"亦相当困难，这是因为债法有着深厚的历史底蕴，讲述每个法律规则甚至每个法律概念都必须探本溯源，以及需比较不同地方的演化过程，因此，笔者认为必须用纵横二维的路线研究债法方能对其有真正的领会。

本书主要探讨《澳门民法典》中的债务法律关系背后的两个主要论题，分别是债的基本问题及债的渊源，并结合《澳门民法典》第二卷债法的债之通则的相关规则。由于债法在西方法律史上源远流长，其最早可溯源至古罗马法甚至古希腊法的相关制度，在介绍债法的不同法律概念时，笔者会提及它们在西方法律史中的演变。与此同时，考虑到《澳门民法典》基本继受了 1966 年《葡萄牙民法典》根本制度，尤其是债法更差不多全盘继受了该法典的法律规则，而在葡萄牙的法典化运动中，其民法典曾先后继受大陆法系不同的主要国家的编制体系及理论思维，尤其是曾先后继受《法国民法典》《德国民法典》的学说汇编及概念法学的体系，以及《意大利民法典》的法律体系及法律规则，我们在对《澳门民法典》的相关法律规则作出解释时会关注上述继受历史、葡萄牙学说及司法见解对继受后的规则所作的演绎，亦会引注法国、德国及意大利等大陆法系主要国家民法典的相关法律概念及法律规则，最终解决在适用《澳门民法典》时所遇到或将会遇到的问题。

然而，由于笔者的能力及知识水平有限，本书中难免会存在粗疏及错漏之处。希望各位读者在阅读本书的过程中能不吝赐教，但凡遇到任何不正确之处，敬希不吝指正，让笔者能进一步提升本书的质量。

2023 年 11 月于澳门

陈淦添

目　录

第一部分　债的基本问题

第二部分　债的渊源

第一部分 债的基本问题

第一章
债的概念

第一节　技术意义的债

在中文的法律术语中，当说到"债"（obrigação）这个概念时，我们所指的就是技术意义的债。对于技术意义的债，《澳门民法典》明确地作出了定义。该法典第 391 条规定："债为法律上之拘束，使一人须对他人作出一项给付。"透过这个定义，我们便可以准确理解"债"的含义。债表现为一个具有法律约束力的关系，这个关系发生在至少两个主体之间，法律会赋予其中一方债权（crédito），并向另一方施加债务（débito），透过债权债务的施与，享有债权的人（债权人）可以要求承受债务的人（债务人）作出某项给付，并且享有法律所赋予的法律保障。

我们可以举两个例子说明"债"这个概念。第一个情况是使用借贷的关系。《澳门民法典》第 1057 条规定："使用借贷为无偿合同，透过该合同，一方将特定之动产或不动产交付他方使用，而他方则负有返还该物之义务。"根据该法典第 1063 条："借用人具有下列义务：……h）合同终结时，返还借用物。"从这两条规定中，我们可以看到，在贷与人将一物借予借用人后，在贷与人与借用人之间便形成了一个债。其中，贷与人获赋予债权，而借用人则获施加债务，前者有权要求后者返还借用物，并在后者

不作返还的情况下透过诉讼机制实现其权利。

同样，在民事责任的领域中，我们亦可以遇到债的典型情况。例如，《澳门民法典》第 496 条第 1 款规定："一、实际管理并为本身利益而使用任何在陆上行驶之车辆之人，即使使用车辆系透过受托人为之，亦须对因该车辆本身之风险而产生之损害负责，而不论该车辆是否在行驶中。"实际管理及为自己利益而驾驶车辆的人（如驾驶者）须对因车辆本身的危险而对他人的损害作出赔偿。这样，基于交通事故的事实，在驾驶者与受害人之间亦形成了一个债。其中，法律会赋予受害人获得损害赔偿的债权，而驾驶者亦相应地承担赔偿的债务，从而使后者须向前者作出一定的损害赔偿（回复原状或金钱赔偿）。

透过上述定义，我们可以准确总结出，"债"这个概念并不仅仅指债权，亦不仅仅指债务，而是由债权与债务两个方面所形成的法律关系的整体。

第二节　技术意义的债与近似概念的区别

虽然在中文的表述中，"债"这个术语几乎已能表达其本身的技术含义，但是在葡语的表述中，当使用到"obrigação"这一术语时，人们则不一定旨在表达作为技术意义的债。除了用以表达技术意义的债以外，在不同的语境中，"obrigação"一词亦经常被用以表达法律义务、屈从状况、法律负担又或权力义务。在葡语的使用习惯中，基于各个概念之间的近似性，人们一般会笼统地认为"obrigação"同样具有上述各个概念的含义。然而，当我们要对"债"（obrigação）作出法律定义时，我们却不可以含糊地将之与法律义务、屈从状况、法律负担或权力义务相混淆，这是因为，"债"的含义与这些概念的含义完全不同。为了可以更为准确地勾画出债的内涵，我们需要首先分辨"债"与这些近似概念之间的区别。

一　法律义务

第一个必须区别于"债"的概念便是"法律义务"（dever jurídico），很多时候立法者会使用"obrigação"这一术语来表达法律义务的含义（例如，

《澳门民法典》第 94 条、第 144 条、第 149 条、第 156 条、第 406 条、第 425 条、第 659 条、第 977 条、第 983 条、第 1004 条、第 1381 条、第 1912 条、第 2113 条，等等）。

　　法律义务是附属于其主体上的一个消极状况，其表现为该主体（义务人）的作为或不作为的拘束。在法律领域中，为了指导人的行为，法律通常会设定一些命令性规范以及禁止性规范，前者会要求相对人作出某个法律所期待的行为（作为），而后者则要求相对人不作出法律所欲避免或制止的行为（不作为）。然而，与其他社会规范不同，法律的这个要求并非仅作为一个建议或提议，相反，它是一项具有约束力以及强制性的命令或禁令。为此，在某个行为的命令或禁令的背后，法律总是同时规定相应的制裁，当一人不作出法律命令他作出的行为或作出法律禁止他作出的行为，那么法律便会对该人实施制裁，使其承受一定的恶害。透过实施制裁的威吓迫使相对人自愿遵行，这便是我们现在所说的法律义务。

　　在我们的法律制度中，无论在公法领域还是私法领域，我们都可以找到法律所设定的不同法律义务。在刑法中，原则上其所规定的每个罪状都对应着一个法律义务，例如，《澳门刑法典》第 128 条规定："杀人者，处十年至二十年徒刑。"任何人都不可以作出杀人的行为，如果某人杀死了另一个人，法律便会对之施以严厉的徒刑作为制裁。又例如，在行政法中，第 87/89/M 号法令所核准的《澳门公共行政工作人员通则》第 279 条规定："一、担任公共职务时，公务员及服务人员专门为公共利益服务，并应以庄重之方式从事其活动，从而为公共行政当局之声誉作出贡献。二、下列者亦视为一般义务：a）无私；b）热心；c）服从；d）忠诚；e）保密；f）有礼；g）勤谨；h）守时；i）不从事不得兼任之活动。三、无私之义务，系指不因执行职务而直接或间接收取非法律赋予之金钱或其他利益，持公正无私及独立之态度对待任何性质之私人利益及压力，以尊重市民间之平等。四、热心之义务，系指以有效之方式及尽心之态度执行其职务，尤其要了解法律及规章之规定、上级之指示；具备及增进其技术知识、掌握及改善其工作方式。五、服从之义务，系指尊重及遵守其正当上级以法定方式及以工作为目的而发出之命令。六、忠诚之义务，系指根据上级指示及工作目的执行其职务，以谋求公共利益。七、保密之义务，系指对因担任其职务而获悉之非公开之事实保守职业秘密。八、有礼之义务，系指以尊重、有教养之态度对待公共部门之使用者、同事、上级及下属。九、

勤谨之义务，系指正常及持续地在部门工作。十、守时之义务，系指按指定之时间到部门上班。十一、不从事不得兼任之活动之义务，系指不担任及停止从事与所担任职务不相容之活动。十二、领导及主管或等同领导及主管者，有义务以遵守合法性之方式及以公正之态度对待下属。"公务员及服务人员具有无私、热心、服从、忠诚、保密、有礼、勤谨、守时及不从事不得兼任之活动等义务，若违反将导致纪律责任。

同样，在民法中，《澳门民法典》第 477 条第 1 款规定："一、因故意或过失不法侵犯他人权利或违反旨在保护他人利益之任何法律规定者，有义务就其侵犯或违反所造成之损害向受害人作出损害赔偿。"法律施加了不侵犯他人权利或受法律所保护的利益的法律义务。如果有人过错侵犯了他人的某个权利，因而导致他人受损，那么该人便需要承受弥补他人所受损害的制裁。

在上述情况下，法律施加法律义务的原因是保护义务人以外的另一人（实体）的利益，这个利益既可以是公共利益，亦可以是私人利益。法律是为了保护其所分配的、他人应有的利益，才将制裁作为威吓而向义务人施加作为或不作为的拘束。例如，刑法施加的禁止杀人义务一方面是为了保护他人的生命权，另一方面是为了保护社会的存续利益；而民法施加的禁止侵权义务则旨在保护他人（个人）的人身及财产利益。然而，在私法范畴中，法律义务的施加通常对应权利（direito subjectivo）的赋予。在透过施加法律义务而保护他人的利益的过程中，为了确保私法自治原则，法律会让该利益的拥有人以其自由意思决定对其利益的保护，所以法律会向他们赋予权利。透过对权利的自由行使，权利人便可以促使义务人行为的作出或不作出，以及在后者违反义务的情况下决定对他所实施的制裁。

同样，在债这个私法关系中，我们亦会找到法律义务以及权利的足迹。事实上，债务人的给付拘束便是法律义务。为了确保债权人的利益，法律一方面赋予债权人权利，另一方面亦向债务人施加法律义务，使后者在债务不履行所产生制裁的威吓下向前者作出或不作出某一行为。

在这个表现上，债与法律义务两者存在重叠。然而，我们却不可因此而混淆这两个概念。实际上，债与法律义务并不属于同一层面，前者涉及整个法律关系，因而包含积极方面与消极方面；而后者在债的范畴中则仅涉及消极方面。此外，即使我们假设将债理解为债务，但是它与法律义务亦具有不同的外延。一方面，法律义务可以在私法以外的领域（如公法）

出现，例如纳税义务、行政法或刑法所规定的公务员的各项义务等；另一方面，即使在私法领域中，法律义务的外延亦大于债务，这是因为，除了债务以外，其他法律关系亦包含法律义务。无论是人格权、物权、亲属及继承法的权利还是无形财产权利，其权利相对人都承担相应的法律义务：人格权对其他不特定人施加不作为甚至作为的义务，使后者不作出一些损害或侵扰他人人格权或他人的人格发展的行为，以及作出避免他人的特定人身利益遭受损害的行为；物权的相对人（物权人以外的所有人）则承受普遍不作为义务，以禁止他们侵扰权利人对物的支配和享益；等等。在这些情况下，有关的法律义务都具有不同形态。例如，在人格权以及物权等绝对权中，承担法律义务的人为权利人以外的其他人，他们都承担不作为甚至作为的义务；而在债权等相对权中，只有特定的人才承受法律义务。

二 屈从状态

同样，当使用"obrigação"这个术语时，人们有时可能想表达另一含义，那就是所谓的屈从状态（estado de sujeição）。屈从状态是相对于形成权（direito potestativo）的消极状况，而形成权就是权利人以单方意思表示或伴随公共当局的意思表示变动相对人的某个法律状况的权力，它与权利不同，其对象并非相对人的某个行为，而是相对人的法律状况，使该状况在法律上遭受变动。基于此，形成权相对人所处的屈从状况便表现为对权利人就其法律状况所作变动的单纯承受。换言之，由于形成权指向相对人的法律状况而非其行为，所以权利人便可以在没有相对人的意思甚至在违反相对人意思的情况下单方面变动相对人的法律状况，而相对人唯一可以做的便只有承受。

对于屈从状况而言，其典型例子莫过于诉讼离婚的情况。其中，配偶请求诉讼离婚的权利便是形成权，而他方承受婚姻解销的状况便是屈从状况。《澳门民法典》第1635条及第1644条规定，配偶有权透过法院判决解销夫妻双方之间的婚姻关系。在有关诉讼中，只要法院认为作为原告的配偶符合法律就诉讼离婚所设定的条件，无论被告是否愿意离婚，又或者被告是否作出配合（如继续与其配偶居住或继续扶养其配偶），法院都会命令解销双方的婚姻关系，因而使被告的婚姻状况出现变更（由已婚变为离婚）。因此，作为被告的配偶只能承受离婚的法律后果。

此外，即使在债务法律关系中，我们也会发现存在屈从状况。其中最为常见的情形就是合同的解除。《澳门民法典》第 426 条规定，合同当事人可依据法律或协议而解除合同。在依据法律而解除合同的情况下，法律并不要求双方当事人均同意解除合同，而是由法律赋予其解除权的一方当事人透过其单方意思表示引致合同的解除。① 这样，他方当事人便会处于屈从状况，从而承受该方当事人行使合同解除权所导致的效果。

虽然债与屈从状况之间有所交织，但我们千万不能混淆这两个不同的概念。一方面，债与屈从状况的层面与范围不同，前者包含法律关系的积极与消极状况，而后者则仅指向消极状况；前者可以包含后者，而后者亦可以在前者以外的领域存在。另一方面，与构成债的核心之一的消极状况相比，屈从状况亦不同于债，这是因为，债的消极状况是法律义务，而法律义务却完全不同于屈从状况。法律义务是法律为保护某个公共利益或他人利益向一人施加的行为命令，当该人不遵行有关行为，他即会受到相应制裁。虽然如此，由于法律义务的施加需要义务人的行为来配合，所以义务人对于其法律义务仍然存在违反的可能。然而，屈从状况便不会如此。由于屈从状况表现为对法律状况的变动的单纯承受，而这一变动又不需要以承受屈从状况的人的行为来配合，所以对于屈从状况并不存在任何违反的可能。鉴于屈从状况不同于法律义务，而法律义务又是债的核心，所以屈从状况亦不同于债。

三 法律负担

除了法律义务与屈从状态外，人们有时还会以"obrigação"一词来表述法律负担（ónus jurídico），例如《澳门商法典》第 12 条、《澳门民事诉讼法典》第 470 条第 3 款、《物业登记法典》第 5 条第 3 款及《商业登记法典》第 9 条第 3 款所规定之情况。所谓的法律负担，就是指为实现自身的利益而

① 在依据法律而解除合同的情况中，最常见的是可归责于债务人的履行不能的情况。《澳门民法典》第 790 条第 2 款规定："二、如有关债务系由双务合同产生，则债权人不论是否有权获得损害赔偿，亦得解除合同……"如此，假设两人订立了一份保留所有权的买卖合同，并约定卖方在一定期间内向买方交付某一古董花瓶并同时转移该物所有权，如果卖方在交付该物前不小心打碎该花瓶（过错不能），买方便有权不顾卖方的反对而透过其单方意思表示解除该买卖合同。

采取某一行为的需要，①它具有两方面的特征：一方面，虽然法律负担要求一人作出一些行为，但该人不作出有关行为并不受到任何制裁；另一方面，法律设定法律负担的目的是保障该人自身的利益。

在私法的领域中，我们往往会遇到一些法律负担。其中较为常见的就是所谓的登记负担。在不动产的物权转移或设定的过程中，法律会向物权的取得人施加登记的法律负担。《物业登记法典》第5条第1款规定："一、须登记之事实仅在登记之日后方对第三人产生效力。"不动产物权的取得人只有就其取得作出登记以后才可以以其所取得的物权对抗自相同的转让人处就相同不动产取得相冲突的权利的人。相反，如果该人没有作出登记，那么他便不可以向有关第三人主张他所取得的物权。基于这一表现，我们可以将之界定为法律负担：一方面，虽然法律要求物权取得人作出登记，但是他不登记并不会遭受任何法律制裁；另一方面，该登记需要的设定旨在保障物权取得人自身利益，如果他希望其所取得的物权具有对抗第三人的效力，为了获得这一好处，他便需要作出登记。

除此之外，在民事诉讼的领域内，基于当事人自我责任原则（Princípio da auto-responsabilidade das partes），诉讼法会向诉讼当事人施加不同的法律负担，特别是被告的答辩及争执负担。根据《澳门民事诉讼法典》第403条、第405条及第410条的规定，在宣告之诉中，被传唤的被告需要在法定期间内作出答辩，并且需要对原告所陈述的事实作出争执。这一答辩及争执的负担是为了被告的利益而设立，法律给予被告机会使他可以对原告所陈述的事实版本作出辩护，从而避免法院仅凭一面之词对被告作出不利的判决。同时，被告的答辩及争执机会同样是答辩及争执的需要，而非义务。如果他认为原告的事实版本不真实，他便应该在答辩中主张，从而使法院对有关事实作出调查；如果他没有作出答辩或争执，那么法院便会认为原告的事实版本是真实的。然而，由于被告的答辩及争执的需要是为了保护被告的利益，所以是否及如何答辩或争执则由被告决定。如果被告认为原告所陈述的事实不足以支持其请求，又或者他认为原告所陈述的事实是真实的，那么他可以决定不作出答辩或争执。同时，法院亦不会因为他不作出答辩或争执而对被告施以任何的制裁或处罚。

---

① Carlos Alberto da Mota Pinto：《民法总论》，澳门翻译公司等译，澳门特别行政区政府法务局、澳门大学法学院，2001，第94页。

虽然有人以 obrigação 来表述法律负担，但与屈从状态的情况一样，基于它与债的层面与范围不同，而且又不同于法律义务，所以法律负担与债属于完全不同的法律概念。

四 权力义务

最后，还有一种较易混淆的机制，那就是所谓的权力义务（direito-poder 或 poder-dever），它通常会在人身性质的法律关系中发生，例如父母对未成年子女的亲权。《澳门民法典》第 1733 条规定："一、父母须为子女之利益而关注子女之安全及健康、供给子女生活所需、安排子女之教育及作为已出生或未出生之子女之代理人，并管理子女之财产。二、子女应服从父母；然而，父母应视乎子女之成熟程度而在重要之家庭事务上考虑子女之意见，并承认子女有自主能力安排自己之生活。"父母有权决定子女的事务（如为子女选择学校），而子女则须听从父母的决定。这里，父母所享有的是权力义务，相对来说，人们有时候会以"obrigação"来表示子女（未成年人）的服从状况（例如《澳门民法典》第 1791 条）。

然而，权力义务的消极状况与债甚至与作为债的消极状况的债务有所不同。权力义务的设置并不是为了行使该权力的人（如父母）的利益，而是为了其相对人（如子女）的利益。因此，一方面，权力义务是一个受约束的权力，而不是可以自由处分的权利；另一方面，权力义务的行使必须旨在满足相对人的利益，且不可以超出立法者为此所设定的社会功能，否则会构成该权力的滥用（《澳门民法典》第 326 条），又或导致一定的制裁（《澳门民法典》第 1767 条、第 1769 条、第 1772 条、第 1774 条、第 1801～1802 条）。例如，父母或监护人对未成年人财产的管理享有代理权，该代理权需要为未成年人的利益而行使。如果父母或监护人运用该代理权单纯为自己或第三人获得财产利益，他们便会滥用该代理权，从而导致被禁止行使亲权或须对未成年人承担赔偿责任。

对于权力义务的相对人来说，虽然他们应服从行使权力义务的人的决定而行事，但由于权力义务乃为了相对人的利益而设定，所以即使相对人违反对行使权力义务人的服从义务，原则上亦不适用任何制裁。

第三节　债的不同表现形式

一　单一的债与复合的债

根据《澳门民法典》第 391 条的规定，立法者定义了债的最典型的情况，那就是所谓的单一的债（obrigação simples）。申言之，仅由一对要求给付的权利及给付义务组成又或仅涉及一项给付约束的法律关系。例如上文所举的例子，在非合同责任所生的债中，行为人与受害人之间便形成了一个单一的债：在两人之间，只存在受害人要求赔偿的权利以及行为人作出赔偿的义务，即有关约束仅指向行为人所应作出的金钱赔偿（或回复原状）的单一给付。

然而，除了单一的债以外，在更多的情况下，债却是复合的。事实上，在立法者所定义的债中，它仅要求必须至少涉及一项给付或一项给付约束，但是在很多情况下，基于同一法律事实又或以同一个法律事实为基础，在双方当事人之间产生了多项给付约束。然而，这个内含多项给付约束的法律关系同样可以涵盖于同一个债的概念之下，为了与单一的债相对比，我们则称之为"复合的债"（obrigação complexa）。对于这个复合的债，我们可以将之定义为产生自同一法律事实或以同一法律事实为基础并包含多项给付或给付义务的债。①

---

① Antunes Varela, *Das Obrigações em Geral*, Vol. 1, 10ª ed., Coimbra: Almedina, 2000, pp. 64-65; Manuel A. Domingues de Andrade, *Teoria Geral da Relação Jurídica*, Vol. I, reimpressão, Coimbra: Almedina, 1992, pp. 3-5. 除了这一说法以外，尹思哲（Manuel M. E. Trigo）对复合之债作出了不同的定义，他指出复合之债指由债的同一创设事实所生的性质各异，但旨在履行同一目标（在合同中，这一目标即为实现合同目的）的法律关系所组成的系统。为了解释这一定义，他以合同地位的让与来说明：合同地位的让与并非债权让与及债务承担的总和，通过它，不仅可以把债权中的所有权利及义务完全移转于受让人，而且可将不包括在单纯债权及债务移转内的其他性质的权利及义务一并移转，如撤销权、解除合同权、单方终止合同权等形成权（Manuel M. E. Trigo, *Lições de Direito das Obrigações*, Macau: Faculdade de Direito da Universidade de Macau, 2014, pp. 72-77）。根据这位学者的引述，复合之债似乎并非以给付义务的复数界定，而是由主给付义务、从给付义务、附随行为义务、形成权、屈从状态、法律负担及法律期待所构成。

　　传统上，在一个债务法律关系中，我们乃透过界定其主要给付义务的数目来判断该债务法律关系是否表现为复合的债。根据这一标准，复合的债可以表现为两个情况。第一个情况是，在一个债务法律关系中，同一主体承担了多项给付义务。这种情况主要出现在具有长期给付的债务法律关系中，例如消费借贷的法律关系，根据《澳门民法典》第1070条："消费借贷为一合同，透过该合同，一方将金钱或其他可代替物借予他方，而他方则有义务返还同一种类及品质之物。"消费借贷一般来说仅包含一个给付义务，那就是借用人向贷与人返还有关可替代物的义务。然而，如果它为有偿的消费借贷（《澳门民法典》第1072条），那么，除了那项给付义务以外，借用人还承担了支付利息的义务。这样，虽然基于消费借贷合同产生了一债，但这个债务法律关系却包含了两项或两项以上给付义务（返还本金以及支付利息的义务）。

　　第二个情况是，在一个债务法律关系中，双方主体各自承担了至少一项给付义务，这就是双务合同的情形。基于一份双务合同，双方当事人成立了一个债务法律关系，但是这一关系包含了两个相对且互为因果的给付义务，一方当事人须作出某一给付，从而换取对方所须作出的对待给付。以买卖为例，《澳门民法典》第865条规定："买卖系将一物之所有权或将其他权利移转以收取价金之合同。"买方为了取得卖方所有的标的物，因而以一定价金为代价；而卖方为了取得买方的价金，因而以有关标的物作为交换。因此，透过买卖合同的订立，买卖双方分别承担了价金的支付义务以及标的物的交付义务（《澳门民法典》第869条b项及c项），而这则构成了复合的债。①

　　复合的债的特点是每一个给付义务（或其所对应的要求给付的权利）对于有关债务法律关系而言都具有相对独立性。自有关的给付义务（或要

---

　　① 同样，在同一个债务法律关系中，亦可以出现双方主体各自承担相关的给付义务且至少其中一方主体承担多个给付义务的情况，其典型例子就是租赁关系。《澳门民法典》第969条规定："租赁系指一方负有义务将一物提供予他方暂时享用以收取回报之合同。"在租赁关系中，由于出租人以租赁物的暂时使用来换取回报，且承租人又欲以一定给付来换取租赁物的暂时使用，故为实现这一目的，出租人与承租人分别被施加有关的给付义务，即出租人的交付租赁物以及确保承租人享用租赁物的义务（《澳门民法典》第977条）以及承租人支付租金的义务（《澳门民法典》第983条a项）。除此之外，对于承租人的支付租金的义务而言，因涉及周期性给付，所以它并非由一个给付义务构成，而是由根据一定单位计算的租期的数目而界定的多个给付义务构成。换言之，承租人不是仅承担一个支付租金的义务，而是承担相对于每一个租赁时段的多项支付租金的义务。

求给付的权利）产生以后，它便具有独立于复合的债的其他给付义务以及该复合的债本身的生命。具体而言，债权人或债务人可以单独地将某一债权或债务转予他人，但保留他在有关的复合之债中的地位，又或者保留他对另一债权或债务的拥有，例如，对于上文有关有偿消费借贷的例子，《澳门民法典》第555条规定："利息债权一经成立，即无须从属于主债权，其中任一债权均可独立于另一债权而让与或消灭。"在利息债权成立以后，贷与人可以保留他对本金债权的拥有而单独地将利息债权转让给他人，反之亦然；对于租赁的情况，出租人可以单独将某段时期收取租金的权利转让给他人（《澳门民法典》第1005条），但保留其他时期收取租金的权利以及他对承租人所承担的提供租赁物的义务。同时，每一个给付义务（或要求给付的权利）具有独立于有关复合之债的消灭原因。换言之，每一个给付义务可以单独地消灭，但并不影响有关的复合之债，亦不影响该债的其他给付义务。例如，在租赁关系中，承租人可以透过履行某段时期支付租金的义务而导致该债务消灭，但该行为既不消灭其他时期支付租金的义务，亦不消灭承租人与出租人之间的租赁关系；在有偿消费借贷中，贷与人可以免除借用人的利息，但并不导致返还本金的义务或有关的消费借贷关系的消灭。

虽然复合之债中的给付义务具有独立性，但这个独立性只是相对的，这是因为它会受创设、变更或消灭有关复合之债的法律事实影响，例如，如果消费借贷合同被宣告无效或被撤销，便会导致有关的利息债权的不成立；若有关租赁合同被解除、单方终止或失效，这既使出租人提供租赁物的义务消灭，亦导致承租人各项对应上述消灭原因的支付租金的义务消灭。

然而，随着债法理论的发展，我们还可以指出，即使是单一的债，事实上它亦可以是复合的，这是因为在单一的债中，除了主要给付义务以外，法律还会向当事人施加次要给付义务以及基于善意原则而生的附随行为义务。以使用借贷为例，《澳门民法典》第1057条规定："使用借贷为无偿合同，透过该合同，一方将特定之动产或不动产交付他方使用，而他方则负有返还该物之义务。"传统上，我们会认为它是一个单一的债，这是因为在这个关系中，双方当事人的目的只是借用人可以暂时无偿使用借用物，所以该债只有一个主要义务，那就是借用人返还借用物的义务。然而，除了这一义务以外，法律对于使用借贷还施加了一系列次要给付义务及附随行为义务，如向借用人施加谨慎使用借用物的义务（《澳门民法典》第1063

条 d 项)、提供借用物予贷与人检查的义务(《澳门民法典》第 1063 条 b 项),以及以原定用途使用借用物的义务(《澳门民法典》第 1063 条 c 项)等。

二 独立的债与非独立的债

除了单一的债与复合的债,技术意义的债亦可以有另一组表现形式。诚如上文所述,根据《澳门民法典》第 391 条,由于立法者单纯从法律关系的结构标准来定义债,而没有考虑创设债务法律关系的渊源,所以技术意义的债似乎既可以是独立的债(obrigações autónomas),亦可以是非独立的债(obrigações não autónomas)。

在学理上,独立的债与非独立的债的区分主要从债产生的原因来考虑。所谓独立的债,就是指并非基于其他性质的特定法律关系又或单纯基于一般性的约束联系而产生的债。[①] 事实上,独立的债正是《澳门民法典》债法通则所规范的各种债的渊源。对于这些债的渊源而言,一方面,它并不取决于其他性质的特定法律关系,如合同,因它而产生的债本身只取决于它的存在,而不取决于双方当事人之间或有的其他法律关系;另一方面,在涉及非合同责任的情况下,尽管有关的债的产生取决于债权人先前存在的绝对权(或受法律保护的其他利益),但由于该绝对权的相对人乃不特定的所有其他人,而没有直接与有关侵权行为人形成一个具体法律关系,所以有关的债同样不是基于其他性质的特定法律关系而生的,因而属于独立的债。由于独立的债本身就是典型的债务法律关系,且构成了债法所独有的法律制度,所以在理论上毫无疑问的是,《澳门民法典》第 391 条所指的债就是独立的债。

然而,在民事法律制度中,除了债法总则所规定的独立的债以外,我们亦可以在其他领域找到在结构上符合《澳门民法典》第 391 条规定对债所描述的特征的法律关系,但这些所谓的"债"都是作为相关的其他法律关系的内容或效力而产生的,因此,立法者都会在相关的法律关系之规则

---

① 根据学者 Antunes Varela 的定义,独立的债是那些并非建基于先前已存在的法律拘束(例如那些由没有预约合同在先的合同所生的债)或那些在其创设上以一个具有普遍特征的单纯拘束为前提(例如发生在毁损他人之物者或僭用他人名字者的债)的债。Antunes Varela, *Das Obrigações em Geral*, Vol. I, 10ª ed., Coimbra: Almedina, 2000, p. 69.

中对这些非独立的债作出专门规定。

我们可以尝试在《澳门民法典》中找到这些非独立的债的例子。在共有的制度中，共有人对共有物所承担的支付保存或收益开支义务便构成了非独立的债。《澳门民法典》第1299条第1款规定："一、如两人或两人以上同时在一物上拥有所有权，则存在共同所有权或共有。"基于至少两人在同一物上拥有所有权，在这些人之间便形成了一个物权法律关系（或曰共有关系）。这个关系与一般的物权状况不同，原则上，基于物权的相对人是不特定的所有其他人，所以在学理上我们并不认为物权法律状况会构成法律关系。[①] 然而，在共有的情况下，由于各个共有人都是特定的，而且法律必须分配他们对于共有物的管理及享益，所以在他们之间便形成了物权法律关系。对于这一物权法律关系而言，根据《澳门民法典》第1310条第1款："一、共有人应按各人之份额比例支付为共有物之保存或收益而须作之开支……"每一共有人都有义务对共有物的保存及管理开支负责，如果其中一名共有人支付了全部的开支，那么他便有权要求其他共有人按共有份额的比例向其返还所作开支。这样，基于该物权法律关系，在该共有人与其他共有人之间便产生了另一个涉及金钱给付义务的法律关系，而这个法律关系在结构上又符合债的特征。

另一个情况则涉及分层建筑物的管理。《澳门民法典》第1323条第1款规定："一、分层建筑物之每一所有人系属其所有之单位之唯一所有人，亦系有关分层建筑物之共同部分之共有人。"基于对独立单位享有所有权，分层建筑物所有人成为分层建筑物共同部分的共有人。[②] 与共有的情况一样，对于这些共同部分的管理，各个分层建筑物所有人之间形成了物权法律关系。第14/2017号法律《分层建筑物共同部分的管理法律制度》第5条规定："分层建筑物所有人有以下义务：……（四）缴付分层建筑物的负担；……"该法第7条规定："一、分层建筑物的负担是指为分层建筑物共同部分的使用、收益、安全、保存及改良所需的开支、为支付属共同利益的服务所需的开支，以及法律所指的其他开支，只要有关开支获适当证明及说明理由。二、由分层建筑物所有人承担的分层建筑物负担包括：（一）为分

[①] Oliveira Ascensão, *Direito Civil-Reais*, 5ª ed., Coimbra: Coimbra Editora, 2000, pp. 45-46.

[②] 关于该共有的法律性质，见唐晓晴《澳门分层建筑物管理制度中的若干法律问题及现实问题》，载《澳门大学法学院学生会成立十周年特刊》，澳门大学法学院学生会，2000，第99~102页。

层建筑物共同部分提供清洁服务、为分层建筑物提供看守服务、为分层建筑物管理提供服务、为共同部分投保，以及为集体设施，尤其升降机、供水、排水、供电、防火、空调、通风、排烟、燃气及通讯等设施的保养及管理而支付的固定及定额开支；（二）为共同部分所耗用的电力及水而支付的固定但不定额开支及其他类似开支；（三）因公共当局批给土地而引致的负担或其他类似性质的负担；（四）为分层建筑物共同储备基金的供款；（五）因对共同区域及集体设施进行修补或保存工作而引致的未被包括在有关服务及保养合同的风险范围的非预见性开支；（六）因更新工程而引致的开支；（七）为支付属共同利益的服务而作出的其他开支。"该法第 8 条规定："一、除分层所有权的设定凭证另有规定外，对分层建筑物负担的分担适用下列规则：（一）拨作分层建筑物某一或某些所有人专用的共同部分的负担，由该名或该等所有人承担；（二）分层建筑物的其他负担，由全体分层建筑物所有人按其独立单位在分层建筑物总值中所占的百分比或千分比摊分。二、上条第二款（一）至（四）项规定的分层建筑物负担以定期方式支付，而有关数额则按照分层建筑物所有人大会通过的预算而确定。三、除非所有人大会有相反决议，上款所指的定期给付按月作出，且应最迟于每月十日向管理机关支付并索取收据，否则适用经作出必要配合后的《民法典》第九百九十六条第一款、第二款及第五款的规定。"[1] 在管理分层建筑物的过程中，各分层建筑物所有人须按比例承担所作出的开支。如果有关开支由管理机关作出，它便有权要求各分层建筑物所有人返还他们按比例需要承担的部分。如此，在分层建筑物共同部分的管理中，亦会出现非独立的债。

除了物权法律关系的情况以外，非独立的债亦可以基于某一亲属关系而产生，而最为常见的情况便是扶养。《澳门民法典》第 1844 条第 1 款规定："一、扶养系指为满足受扶养人生活需要之一切必要供给，尤指在衣、食、住、行、健康及娱乐上之一切必要供给。"在结构上，它表现为扶养人对受扶养人承担了金钱给付义务的法律关系。另外，根据该法典第 1850 条的规定，配偶、直系血亲卑亲属、直系血亲尊亲属等亲属具有扶养义务。换言之，扶养的产生取决于扶养人与受扶养人之间存在的亲属关系。因此，

---

① 根据《澳门民法典》第 1331 条 d 项及第 1332 条第 1 款（已被废止）的规定，就分层建筑物共同部分之保存及收益所需之开支，及为属共同利益之服务所需而作出之支付，均按分层建筑物各所有人之单位所具有之价值比例摊分。

扶养亦构成非独立的债。①

　　这些非独立的债在其成立上取决于其他性质的法律关系，并且作为该等法律关系的内容或效果。既然如此，在非独立的债符合债本身的结构特征的情况下，它是否被包含在债的概念之中，并适用债法本身的制度呢？对于这一问题，在学理上，答案都是肯定的。一方面，在设计债法制度的时候，除了债的渊源的部分以外，立法者都有意不考虑产生债的事实而直接规定债务法律关系本身的效力；另一方面，在《澳门民法典》第 391 条的定义中，立法者仅以结构角度定义债，但从来没有要求独立性的要件。基于此，学者认为非独立的债同样属于债，并且适用债法本身的制度。然而，在适用债法本身的制度的同时，我们不可以触及法律对每一非独立的债所设定的特别规则，如《澳门民法典》第 1310 条第 1 款但书对共有人的支付保存或管理开支的非独立的债所规定的解除性抛弃（abandono liberatório 或 renúncia liberatória）、第 1849 条和第 1853 条对扶养之债所规定的不可转让与不可查封性以及扶养给付的可变更性等。②

---

① 请参见葡萄牙吉玛良斯上诉法院 2016 年 11 月 10 日之合议庭裁判。
② Antunes Varela, *Das Obrigações em Geral*, Vol. I, 10ª ed., Coimbra: Almedina, 2000, pp.70-72. 这位学者还指出，除了法律所规定的情况外，债的一般制度的适用还是可以受到其他限制的，其表现为（非独立之）债的来源或其目的与法律为一般之债所设定的解决方案不同的情况。

17

第二章
债的结构

　　从《澳门民法典》第 391 条规定所作的定义，可以得出立法者从结构的角度定义债务法律关系。换言之，不论有关的法律关系涉及什么事宜，只要该法律关系符合法律所要求的债的结构，那么该法律关系便属于债务法律关系。因此，对债务法律关系结构的认识是识别债务法律关系必不可少的内容。

　　所谓债的结构就是指从静态角度来分析债务法律关系所包含的不同元素。在学理上，我们透过法律关系理论，从各个债务法律关系抽取出共同的元素，这些元素分别是主体、客体以及约束，它们均见于《澳门民法典》第 391 条规定所作的定义表述之中。其中，主体的元素体现在"使一人须对他人"，客体的元素则体现于"作出一项给付"，而约束的元素则见于"法律上之拘束"。在符合债的结构的情况下，债务法律关系主体、客体和约束的不同表现形式将构成不同的债的形态。对于主体的元素而言，不论是债权人还是债务人，其可以是单数，也可以是复数，对于复数债权人或债务人的情况，有关的债则可以表现为共同之债，也可以是连带之债（《澳门民法典》第 505~526 条）。此外，对于债权人的身份而言，其可以是确定的，也可以是不确定的（《澳门民法典》第 504 条）。对于客体的元素而言，其可以是可分的（《澳门民法典》第 527 条），也可以是不可分的（《澳门民法典》第 528~531 条）；可以是特定的，也可以是以种类确定的（《澳门民法典》第 532~535 条）又或是选择的（《澳门民法典》第 536~542 条）；可以是金钱或货币（《澳门民法典》第 543~551 条）、利息（《澳门民法典》第 552~555 条）或者损害赔偿（《澳门民法典》第 556~566 条）。对于约束的元素而言，债可以表现为法定之债，也可以是自然之债（《澳门民法典》第 396~398 条）。因此，债的结构不仅用以辨别某一法律关系是不是债务法律关系，而且还用以界定某一债务法律关系可适用的法律规则。

第一节　主体

债的第一个元素就是主体。在一个债务法律关系中，至少会有两方主体，其中一方为债权人（credor），而另一方则为债务人（devedor）。

根据葡萄牙学者 Antunes Varela 所作的定义，债权人是承受给付所带来的好处的人，是给付义务所需满足之（财产上、心灵上或精神上的）利益的享有者。而受保护利益的享有者的含义为：①债权人是处于一种有需求或有需要之状况的人；②存在一些足以满足该利益的财物（物或者服务）；③他具有获得这些财物以补充其需要或满足其需求的意欲或欲望。① 换言之，债权人是债务法律关系所涉及的利益的享有人，法律恰恰是为了债权人的利益而设定有关债务法律关系。然而，债权人并非单纯反射地享受给付的利益，而是获赋予权利（direito subjectivo），透过自由行使权利来决定对该利益的享有。具体而言，债权人可以自由决定催告债务人、提起履行之诉、提起执行之诉或要求债务人作出损害赔偿等。

相对于债权人的人就是债务人，他就是承受因给付而导致的牺牲的人。对于债务人而言，为了满足债权人的利益，法律会要求债务人承受因给付的作出而导致的不利益。换言之，法律会认为债务人需要将他所拥有的利益给予债权人，并因此向债务人施加法律义务。透过法律义务（或给付义务）的施加，债务人便必须向债权人作出法律要求其作出的给付，否则他便会承受法律对其所施加的制裁。

从法律对待债权人与债务人的差别来看，我们可以得出，在债务法律关系中，法律透过牺牲债务人的利益以单纯满足债权人的利益，也就是说，

---

① Antunes Varela, *Das Obrigações em Geral*, Vol. I, 10ª ed., Coimbra: Almedina, 2000, p. 73.

债务法律关系是向债权人倾斜的关系。法律对债权人利益的重视除了可以说明对债务人施加给付义务的原因以外，还决定着债务法律关系的命运。①

虽然在债务法律关系中存在这种倾斜的对待，但是债权人与债务人地位平等。换言之，这种倾斜的对待并不使双方之间变为一个不平等的关系，这是因为，债权人对于债务人而言并不享有支配的地位。② 虽然债务人有义务作出给付以满足债权人的利益，并且在不履行的情况下受到制裁，但是债务人履行债务与否完全取决于他的自由意思。面对法律所施加的制裁，债务人仍然有自由选择不履行债务。在债务人不履行债务的情况下，债权人并不可以针对债务人的人身作出任何强制措施。虽然法律会要求债务人以其财产对不履行负责，但是债权人亦不能直接针对债务人的财产作出任何处分措施（如变卖）以清偿债务人对他的债务。相反，债权人必须透过法院的执行，透过法院对债务人的财产作出的一系列强制措施，才可以实现其债权。由此得出，在债务法律关系中，债权人与债务人始终处于平等的地位。

在债权人与债务人的数目上，虽然《澳门民法典》第391条仅仅规定为单数主体，但这并不妨碍出现复数的债权人或复数的债务人。在主体的身份上，债务人必须是确定的主体，而不可以是不确定的人，否则将不能确定有关给付，从而不能形成债务法律关系，又或导致设定债务法律关系的法律行为无效（《澳门民法典》第273条），这乃不同于物权状况的地方。对于物权状况而言，物权人是确定的，而相对人则是不确定的，物权人以外的任何人均承受普遍不作为义务（obrigação passiva universal）。对于债权人而言，法律没有要求其必须是确定的主体，他可以是不确定的，例如公开许诺（《澳门民法典》第453条）或公开竞赛（《澳门民法典》第457条）的债权人、无记名式证券（《澳门商法典》第1065条第1款、第1093～1100条）的债权人等。然而，债权人的身份必须为可确定的，否则将导致相关法律行为无效（《澳门民法典》第504条）。

虽然法律要求债的主体必须具有确定性或可确定性，但这不必然要求

---

① 关于这一方面请参看本书第三章第一节"债权人利益在债的制度中的反映"。
② 与此相反，在古罗马法中，债权人对债务人享有人身支配的地位。根据《十二铜表法》的规定，当债务人不履行债务时，债权人可以针对债务人的人身实施制裁，包括将之拘禁、出卖为奴隶甚至杀害。

债的主体具有不可变更性。随着现代债法理论的发展，法律渐渐容许债权人或债务人将他们所拥有的债权或债务甚至他们所拥有的整个复合之债的状况（合同地位）转移予第三人，有关的情况便如同物权拥有人将其物权转移予他人的情况一样。这些情况包括：债权的让与（《澳门民法典》第571~582条）、代位（《澳门民法典》第583~589条）、单纯债务的移转（《澳门民法典》第590~595条）、合同地位的让与（《澳门民法典》第418~421条及第7/2013号法律《承诺转让在建楼宇的法律制度》第6条）、出租人或承租人地位之移转（《澳门民法典》第1004~1006条）、劳动合同的让与或继受（第7/2008号法律《劳动关系法》第10条第3项规定的相反解释、《澳门商法典》第111条）、因商业企业之转让而生的合同继受或债权债务的移转（《澳门商法典》第110条、第112~113条）等。此外，债务法律关系原则上还可作为继承之标的（《澳门民法典》第1865条）。

第二节　客体

一　概述

债的第二个元素是客体，即债权所指向的对象。与物权的客体（物）不同，根据《澳门民法典》第391条的规定，债的客体就是给付（prestação）。所谓的给付是指债务人的行为。在债务法律关系中，债权人有权请求的就是债务人的某一行为，例如，在非合同责任的关系中，债权人有权请求债务人回复原状，又或向其赔偿一定数额的金钱。至于债务人的什么行为才构成债务法律关系的客体，则需要视乎不同的债并且根据当事人的意思而决定。然而，在学理上，我们却可以根据不同标准对给付作出分类，包括事实给付与物的给付、可替代给付与不可替代给付以及即时给付与长期给付等。

二　事实给付

第一个分类是根据债务人的行为有没有涉及物（coisa）而区分的，如

果债务人的给付并没有涉及物，该给付就是事实给付（prestação de facto）；如果债务人的给付涉及物（由债务人交付一物），该给付就是物的给付（prestação de coisa）。

在《澳门民法典》"债法"卷的各种合同中，立法者正是以物的给付及事实给付之区分为基础来划分不同的合同。这样，属于物的给付的合同有买卖及其他有偿合同（《澳门民法典》第865~933条）、赠与合同（《澳门民法典》第934~968条）、租赁合同（《澳门民法典》第969~1056条）、使用借贷合同（《澳门民法典》第1057~1069条）、消费借贷合同（《澳门民法典》第1070~1078条）等；属于事实给付的合同有劳动合同（《澳门民法典》第1079条）、提供劳务合同（《澳门民法典》第1080~1082条）、委任合同（《澳门民法典》第1083~1110条）、寄托合同（《澳门民法典》第1111~1132条）、承揽合同（《澳门民法典》第1133~1156条）等。

对于事实给付而言，它涉及由债务人所作出的某些举动，这些举动既可以是积极的行为，亦可以是消极的行为，前者称为作为（facere），后者称为不作为（non facere）。属于作为的情况有：提供清洁的服务、给予一个法律意见、提供医疗服务、暂时看管宠物以及完成某一项工程等。属于不作为的情况有：在某段时间及空间内不从事某一行业或商业活动、不泄露客户的资料、不出售其他品牌的商品以及不兴建建筑物等。此外，除了实质行为，债务人的事实给付亦可以是一些法律上的行为（例如向行政当局提交申请、提起诉讼、作出诉讼行为），甚至是法律行为（如订立买卖合同）。

事实给付对于结果之债（obrigações de resultado）与手段之债（obrigações de meios）的划分具有重要性。与此相反，在物的给付中，我们则没有必要辨别其属于结果之债还是手段之债，这是因为有关的债原则上均被认定为结果之债。以买卖合同为例，根据《澳门民法典》第865条及第869条b项的规定，卖方有义务作出物之交付，但对于买方请求交付该物的债权的实现而言，其不仅仅取决于卖方交付该物的行为。除此之外，卖方须确保买方取得该物的所有权或用益物权、具有相应的价值以及原定用途，否则卖方将构成瑕疵履行，从而有义务消除出卖物的有关瑕疵、作出损害赔偿甚至导致确定不履行之情况（《澳门民法典》第896~915条）。

然而，在事实给付（尤其是作为的事实给付）中，我们需要判断债务人的给付在多大程度上符合双方所拟定的结果或满足债权人的利益。这时，结果之债与手段之债的界定将决定债务人所作出的事实给付是构成对其债务的履行，还是构成瑕疵履行甚至确定不履行。我们假设以下几个情形：①为了获得脱罪及开释，嫌犯甲委托资深的律师乙为其就一刑事案件进行辩护，但最终嫌犯甲仍被法院判罪及科处徒刑；②为了使所患的肝癌获得治愈，病人丙向知名的肿瘤科专家医生丁求医，虽经治疗但最后病人丙因救治无效而死亡；③管理公司戊为一大厦屋苑进行管理，包括聘请24小时的大厦保安员并安装即时监察的闭路电视设备，但大厦中某一单位仍被潜入的盗贼己撬门入屋盗窃。在上述情况下，应该视有关债务人（律师乙、医生丁及管理公司戊）已履行债务，还是应该视他们瑕疵履行甚至确定不履行债务？

这须视乎有关的债是结果之债还是手段之债。如果在有关法律行为中已约定债务人须确保交易结果的发生，那么，即使债务人已作出一系列的行为，但结果的落空将导致债务人构成不履行债务。相反，倘若有关法律行为不确保结果的发生，而只要求债务人作出为实现有关结果所需的注意或措施，那么，只要后者作出有关注意或措施，即使结果最终没有实现，债务人仍被视为已履行其债务。

对于上述两种情况，我们所关心的是那些构成手段之债的事实给付的情形。如果说债务人的债务仅为作出为实现有关结果所需的注意或措施的话，那么债务人又要付出多大的精力、谨慎或能力才能视为已作出这些必需的注意或措施呢？以上述例子来看，如果嫌犯甲是因律师乙没有提交一项证据（如一份文件或一个证人）又或没有援引某一答辩事实而被判有罪，但该份文件或证人本身是难以找到的，又或在该刑事案件中较难注意到有关答辩事实；如果病人丙死亡的原因是医生丁没有为其进行一项手术或治疗，而该项手术或治疗本身存在较大风险，又或医生丁没有相关的设备、技术或能力进行该项手术或治疗；大厦中某一单位被入屋盗窃是因为保安员没有即时发现盗贼己，而没有发现的原因是管理公司没有在大厦公共地方的某一位置安装摄像镜头及在被盗窃时管理公司没有按巡查时间表安排保安员巡查。在上述情况下，假设律师乙、医生丁或管理公司戊能尽上述谨慎义务或采取措施便可以使嫌犯甲被开释、病人丙获治愈和发现及逮捕盗贼己的话，那么律师乙、医生丁或管理公司戊是否已履行其事实给付之义务？

为了界定债务人应为措施的程度，葡萄牙学者 Menezes Cordeiro 提出

"所需之谨慎"（diligência requerida）的概念。该学者指出，明显地，法律不会要求债务人为作出其给付所需而必须做到至死方休。在规范或传统上，具体被要求（或可要求）的付出以所需的谨慎程度来表示。① 关于"所需之谨慎"的含义，另一位葡萄牙学者 Pessoa Jorge 将其分成主观的谨慎（diligência psicológica）、规范上的谨慎（diligência normativa）及客观的谨慎（diligência objectiva），并认为只有规范上的谨慎才对债务人应为给付的界定具有重要性。② 至于规范上的谨慎应以抽象角度还是以具体角度来确定，从现行法律来看，立法者采纳了前者（《澳门民法典》第 480 条第 2 款及第 788 条第 2 款）。

三　物的给付③

与事实给付相对应的就是物的给付，它是指债务人交付某一或某些标的物（或金钱）的行为。物的给付使债务人将他对标的物的事实管领转移到债权人的手上。由于物的事实管领往往构成有关物权的内容，所以在某些情况下，物的给付乃基于物权的移转或设定而生又或导致有关物权的移转或设定。然而，在另一些情况下，基于当事人之间的合意，他们则旨在在不移转亦不设定物权的情况下透过物的给付使债权人能暂时享有针对标的物的事实管领。这样，在物的给付背后，债权人与债务人之间往往设定了不同的目的。根据这些目的是否与标的物的物权转移或设定有关，我们可以将物的给付分为三类，分别是给予的给付（prestação de dare）、提供的

---

① António Menezes Cordeiro, *Tratado de Direito Civil Português II*: *Direito das Obrigações*, Tomo I, 2009, Coimbra：Almedina, p. 447.

② Pessoa Jorge, *Direito das Obrigações*, Vol. 1, Lisboa：AAFDL, 1975/1976, pp. 248-250.

③ 在物的给付义务中，为清楚描述其客体，有学者将之分为债的直接客体和债的间接客体。债的直接客体是债权人的债权所直接指向的东西，即给付或债务人的行为。债的间接客体主要出现在物的给付的情况，债务人所给付的客体就是标的物，所以标的物构成了债的间接客体。这个分法只有在涉及物的给付的债务法律关系中才适用。如果是事实的给付，这种情况下直接客体和间接客体是完全分不出来的。例如甲聘用了一位家佣为甲打扫，这是劳动关系，在其结构上亦属于债务法律关系，甲有权要求她怎样工作，她需要按甲的指示进行清洁。甲作为雇主，甲的债权的主要指向对象是家佣的清洁工作，家佣的行为作为债的客体。间接客体是很难界定的，家佣只做清洁工作，其清洁工作可作为给付的客体也可作为债的客体。由此得出，债的直接客体和债的间接客体在事实给付的角度不能真正区分，只有在物的给付的角度才能区分。

给付（prestação de entregar）及返还的给付（prestação de restituir）。①

（一）给予的给付

第一类物的给付就是给予的给付，它是指因物权的移转或设定而生又或本身导致物权的移转或设定的物的给付。在传统上，给予的给付被认为具有物权的移转（主要指所有权的移转）或设定的目的或效果，这是罗马法的所有权移转制度所致。在罗马法中，契约本身仅产生对人（in personam）权利，而不设定亦不转移对物（in rem）权利。对于对物权利的移转与设定，它必须取决于转让，即专为此目的而实施的法定行为。② 在某些情况下，这个转让表现为物的给付或物的交付，透过有关物的给付，原属于债务人的物的所有权会转移予有关债权人。这就是给予给付的原型。

同样，在德国，我们亦可以遇到上述情形的给予的给付。在物权转移的领域，基于德国法采纳了分离原则（Trennungsprinzip）及物权行为（Dingliches Rechtsgeschäft）理论，所以它将债的效力以及物权转移或设定效果的发生分离为两个时点。与这两个时点相对应的分别就是负担行为（Verpflichtungsgeschäfte）以及处分行为（Verfügungen）。根据 Larenz 的定义，负担行为是指，使一个人相对于另一个人（或另若干人）承担为或不

---

① 除了给予的给付、提供的给付及返还的给付以外，还存在将来物的给付。既然物有现在物与将来物之分，那么，在给付的概念中，我们亦有现在物的给付与将来物的给付之分。上述三种给付所谈及的均是现在物的给付，而关于将来物的给付，透过《澳门民法典》第393条的规定，立法者明确承认存在这类给付的可能性。基于合同自由原则，既然法律容许将来物的买卖合同（《澳门民法典》第883条）以及转移将来物的其他有偿合同（《澳门民法典》第933条），那么相对应的有关债务法律关系中便存在将来物的给付。关于将来物给付的规则，我们须将其与将来物的物权转移制度相配合，尤其是将来物的买卖制度。《澳门民法典》第202条规定："一、将来物分绝对将来物及相对将来物。二、在作出法律行为之意思表示时仍未存在之物，为绝对将来物。三、在作出法律行为之意思表示时已存在之物，但未受有关处分人所管领或处分人对其不拥有权利者，为相对将来物。四、如各当事人视法律行为所涉及之物为将来物，则视该法律行为属涉及将来物之法律行为。"《澳门民法典》第870条规定："一、在出卖将来之财产、待收孳息或一物之本质构成部分或非本质构成部分时，出卖人有义务按照所订定之内容或订立合同当时之具体情况而采取必要措施，使买受人能取得所出卖之财产。二、如双方当事人给有关合同射幸性质，即使财产最终并未移转，价金仍须支付。"原则上，与物权转移的时间相对应，仅当将来物已存在或债务人已取得将来物时，债务人才有可能甚至有义务作出物的给付。相反，如果将来物变为不存在或债务人不能取得将来物，那么债务人便不能作出有关物之给付。至于债务人在将来物未出现或未取得将来物之前是否有义务确保将来物的存在或取得，这便须视乎双方所订立的合同究竟是买希望（emptio spei）还是买希望之物（emptio rei speratae）。

② 〔英〕巴里·尼古拉斯：《罗马法概论》，黄风译，法律出版社，2000，第106页。

为一定行为义务的法律行为。负担行为的首要义务是确立某种给付义务，即产生某种"债务法律关系"。义务人即"债务人"，对于另一方即"债权人"，应当根据其承担的义务来从事行为，特别是必须履行向债权人承诺提供的给付。同时，债权人因此有权请求获得给付，他享有一项"债权"。①处分行为是指，直接作用于某项现存权利的法律行为，如变更、转让某项权利、在某项权利上设定负担和取消某项权利等。最重要的处分行为是转让权利的行为，这类处分行为的效果可以对抗任何人，这种效果是"绝对的"。与处分行为相反，负担行为使行为人仅仅相对于另一个人或另一些特定的人承担义务，因此它们只具有"相对"的效果。②

我们以买卖为例说明在上述制度下所发生的给予的给付。假设在 2010年 1 月 1 日甲与乙订立一份买卖合同，乙向甲出售一部电话，双方并约定在一个月后（2010 年 2 月 1 日）交付该电话。这样，在订立该买卖合同的时候，甲乙之间仅产生债务法律关系，而不自动导致该电话所有权的移转。这一效力的发生则必须取决于在一个月后的交付，也就是说，只有透过有关的物的给付，该物的所有权才转移予甲（买方）。因此，这个物的给付构成给予的给付。

然而，在澳门的法律制度中，我们却不能仅仅如此理解给予的给付，这是因为，在物权转移的领域内，我们的法律制度并没有如同罗马法或德国法一样把物权的设定或移转从合同（或债权合同）中独立或分离出来。相反，在意思主义下，法律容许透过一个非独立的合意以设定或转移物权。《澳门民法典》第 402 条第 1 款规定："一、特定物之物权，基于合同之效力即足以设定或转移……"这意味着，在订立产生债务法律关系的合同的同时，有关标的物的物权亦予以设定或移转。这样，随后所发生的物的给付便不具有设定或转移物权的效果，而仅作为在现实层面上落实物权的设定或转移的事实行为而已。因此，在我们的法律制度中，应对给予给付的传统含义作出调整，原则上，它并非导致物权的设定或移转的给付，而是因物权的设定或移转而生又或为配合物权的设定或移转而生的给付。

为了更准确地与罗马法以及德国法的情况相区别，我们继续使用上述

---

① 〔德〕卡尔·拉伦茨：《德国民法通论》（下册），王晓晔等译，法律出版社，2004，第435~436 页。

② 〔德〕卡尔·拉伦茨：《德国民法通论》（下册），王晓晔等译，法律出版社，2004，第436、439~440 页。

例子来说明。对于上述情况，在甲乙双方订立买卖合同时，根据《澳门民法典》第 402 条，原则上，无论乙（卖方）是否同时作出物的给付，标的物的所有权都会立即由乙（卖方）转移予甲（买方）。在乙作出物的给付时，由于标的物早已属于甲所有，所以有关给付仅旨在在事实上落实所有权的移转，而非旨在转移所有权（《澳门民法典》第 869 条 b 项）。

虽然在澳门的法律制度中，给予的给付本身并不导致物权的设定或移转，而仅作为物权的设定或移转的实际效果，但是这并不妨碍在我们的制度中出现给予给付的传统情形，其最为常见的情况就是在无代理权的委任中受任人向委任人所作出的物的给付。在委任合同中，当事人可以约定其中一方须为他方计算而作出法律上的行为，而在委任人没有赋予受任人代理权的情况下，有关委任便构成无代理权的委任。这样，如果委任的标的为法律行为，那么受任人便需要以自己的名义与第三人订立有关法律行为，而该法律行为所产生的效果会直接落在受任人的身上（《澳门民法典》第 1083、1106 条）。[1] 然而，《澳门民法典》第 1107 条第 1 款规定："一、受任人有义务将在执行委任时所取得之权利，转移予委任人。"由于受任人乃为了履行其委任合同方与第三人订立有关法律行为以及承受该法律行为所产生的法律效果，所以受任人便有义务将其执行委任时所取得的权利转移予委任人。如果其所取得的权利是物权，那么他便有义务转移该物权予委任人。然而，如果转移有关物权的行为并不要求具有法定方式，例如转移动产的所有权，基于我们可以推断受任人作出物的给付的目的为转移标的物的物权，而委任人受领该物的给付则旨在取得该物的所有权，那么我们则视该物的给付行为构成基于默示意思表示而生的转移该物所有权的法律行为，因而透过有关的物之给付而转移物的所有权。

除了委任合同的上述情况外，对于动产的赠与而言，赠与人所作的物之给付亦构成这一意义的给予之给付（《澳门民法典》第 941 条第 2 款）。

（二）提供的给付

除了给予的给付以外，物的给付可能表现为提供的给付，它就是指在不设定亦不转移物权的情况下暂时将标的物的事实管领交予对方的给付。与给予的给付不同，提供的给付并不导致物权的设定或移转，亦不是作为

---

[1]　澳门特别行政区中级法院第 254/2003 号合议庭裁判。

物权的设定或移转的效果。相反，债务人自始至终都保留其对标的物或有的物权或所有权。在这一情况下，债权人的利益并非在于取得标的物的所有权或物权，而在于单纯透过事实管领的暂时交付而让债权人获得对物的使用及享益，但债务人保留对物的最终归属。

在《澳门民法典》中，对于那些目的不涉及物权的设定或移转但又涉及物之给付的合同而言，它所包含的物的给付便属于提供的给付。其中，最典型的情况为出租人交付租赁物的给付。《澳门民法典》第969条规定："租赁系指一方负有义务将一物提供予他方暂时享益以收取回报之合同。"《澳门民法典》第977条规定："出租人之义务为：a）交付租赁物予承租人；……"由于租赁合同的经济社会目的是一方在不转移物的所有权或享益物权下供他方使用该租赁物，并且将租金作为回报，因此，出租人所作的租赁物之交付便不具有转移所有权或享益物权的目的或效果，而是仅仅向承租人提供租赁物的暂时使用。

同样，在旅舍住宿合同中，旅舍主提供房间的给付亦属于提供的给付（《澳门商法典》第798条及第807条a项）。

然而，与给予的给付不同，由于有关债务法律关系并非旨在设定或转移标的物的物权，所以提供的给付既不导致物权的设定或移转，亦非基于物权的设定或移转而产生。相反，它仅仅旨在将标的物的事实管领由债务人暂时转移予债权人。这样，透过提供的给付所获得的事实管领，因缺乏心素（animus），所以不被视为占有的交付，而债权人亦不因受领提供的给付而取得占有（《澳门民法典》第1177条），也不因时效而取得标的物的所有权或用益物权（《澳门民法典》第1215条），除非发生占有名义之转变（《澳门民法典》第1187条e项及第1190条），这是与给予的给付最为不同的表现。虽然如此，这并不妨碍提供的给付与给予的给付一样可成为特定执行的标的（《澳门民法典》第817条及《澳门民事诉讼法典》第821～825条）。

（三）返还的给付

既然提供的给付使债权人可以取得标的物的暂时使用及享益，那么，当暂时使用及享益的期间届满，债权人便须向对方交还有关标的物。在这个情况下，原受领提供的给付的人（在这一语境下我们称为"债务人"）所作出的那个交还标的物的给付便是返还的给付。

原则上，返还的给付与提供的给付是相互对应的，若在某个债务法律关系中存在提供的给付，那么它亦必然包含返还的给付。例如，《澳门民法典》第 977 条 a 项规定了出租人交付租赁物的义务，与此相对应的，便是承租人返还租赁物的义务。《澳门民法典》第 983 条规定："承租人具有下列义务：……j）合同终结时，按第一千零二十五条第一款之规定返还租赁物。"

然而，可以发生的是，在债务法律关系中，仅存在返还给付的义务，却没有提供给付义务的情况。这一情况在要物合同中出现：在使用借贷中借用人返还借用物的义务（《澳门民法典》第 1057 条、第 1063 条 h 项及第 1065 条）；在消费借贷中借用人返还借用物的义务（《澳门民法典》第 1070~1077 条）；在寄托合同中受寄人返还寄托物的义务（《澳门民法典》第 1111 条及第 1113 条 c 项）等。在上述情况下，我们并非否认在返还的给付发生之前债权人没有向债务人作出物的交付，相反，该物的交付在时间上及逻辑上是必然存在的，只不过它并非作为债的标的，而是作为有关合同或法律行为的成立要件而存在。

对于返还的给付而言，法律通常会设置一套特别的制度。对于租赁合同的情况，《澳门民法典》第 1025 条规定："一、除另有约定外，承租人有义务按受领时租赁物所处之状况，保存及返还租赁物，但就符合合同目的下谨慎使用该物而导致之正常毁损，承租人无须负责。二、双方当事人未以文件记载租赁物被交付予承租人时所处之状况者，推定该物在良好保存状况下交付承租人。"《澳门民法典》第 1026 条规定："租赁物非因上条第一款所指之情况而失去或毁损时，承租人须予负责；但基于不可归责于承租人或不可归责于获承租人容许使用该物之第三人之原因而引致者除外。"《澳门民法典》第 1027 条规定："一、承租人基于任何原因未于合同终止时立即返还租赁物者，有义务支付双方当事人所订定之租金作为损害赔偿，直至其返还租赁物为止；但有理由将应返还之租赁物提存者除外。二、然而，承租人一经迟延履行其债务，损害赔偿随即提高为两倍；对承租人之迟延不适用第三百三十三条所规定之处罚。三、如出租人遭受之损失超出以上两款所指之金额，则保留其就超出部分获得赔偿之权利。"《澳门民法典》第 1028 条规定："一、除另有订定外，承租人在获得赔偿及取回其在租赁物上所作之改善物方面，其权利等同于善意占有人，但不影响第九百九十条至第九百九十二条规定之适用。二、租赁物为动物时，其饲养费须由承租人负担，但另有订定者除外。"

对于寄托合同的情况，《澳门民法典》第 1118 条规定："一、受寄人不得以寄托人非为寄托物之所有人且对该物亦无其他权利为由，拒绝向其返还寄托物。二、然而，如第三人对受寄人提起返还之诉，受寄人在该诉讼之裁判尚未确定之时，仅可透过将寄托物提存方使其返还义务获得解除。三、受寄人如获悉寄托物源于犯罪，应立即将寄托一事通知被夺去寄托物之人，如不知此人为何人，则应立即通知检察院；受寄人仅在自该通知起十五日内并无任何对寄托物拥有权利之人向其要求返还寄托物时，方得将该物返还寄托人。"《澳门民法典》第 1120 条规定："寄托物之返还期限视为以寄托人之利益而定出；然而，如属有偿寄托，即使寄托人要求在原定期限届满前返还该物，仍应向受寄人支付全部报酬，但有合理理由要求提前返还者除外。"《澳门民法典》第 1121 条规定："当事人无订定返还地点时，受寄人应于合同所指之保管地点返还属动产之寄托物。"《澳门民法典》第 1122 条规定："返还开支由寄托人负责。"

对于返还的给付而言，有疑问的是，其相对应的权利是否受到时效的约束？对此，我们认为，尽管请求返还给付的权利是一项债权，但该权利的行使并不罹于时效。这是因为，一方面，上述债权常常会与返还所有物之请求权（《澳门民法典》第 1235 条）或返还占有之请求权（《澳门民法典》第 1203 条）竞合，且对后者分别适用取得时效及失效之规则，那么，在法律对债权的构成性事实及对所有权或占有的构成性事实有所不同的前提下，往往出现单纯因对后者存在举证不足而不当地导致权利人丧失对标的物的追索，从而失去法律制度的统一性的情况。另一方面，对于负有返还义务的人而言，其可以在发生占有名义的转变下取得对物的占有，从而可以透过取得时效取得物的所有权或用益物权，这样，对于其返还义务的消灭而言应适用取得时效，而非一般的时效（《澳门民法典》第 291 条第 2款）。相反，如果没有发生占有名义的转变，那么承认返还义务因时效而消灭的假设将导致以下后果：在无法证明具有所有权或占有的情况下，债权人无权请求债务人返还标的物，但债务人亦没有任何名义可以使用或享用标的物，且单纯由时效导致的请求返还债权消灭的事实并不足以构成占有名义的转变，这导致法律既没有原因保护债务人，也不当地不保障债权人的状况，而这一状况是有违民法的基本制度及逻辑的。因此，我们认为，返还给付的权利不受时效的约束，但受制于取得时效。

四　可替代给付与不可替代给付

除了事实给付与物的给付的分类以外，根据有关给付可否由第三人代替债务人作出，我们还可以将给付区分为可替代给付（prestações fungíveis）及不可替代给付（prestações não fungíveis）。所谓可替代给付，就是指可以由第三人代替债务人作出的给付，如交付一定金钱的给付；不可替代给付就是指不可以由第三人代替债务人作出的给付，如某位名画家画一幅图画的给付。

当我们提及可替代给付与不可替代给付的时候，人们通常都会联想到可替代物及不可替代物。根据《澳门民法典》第 197 条，可替代物是以种类、质量及数量所确定的标的物；而不可替代物则不是以种类、质量及数量所确定，而是依当事人的意思而具体指定的标的物。可能有人会认为，由于可替代物并不是特定的，所以，若债务人的给付涉及可替代物，那么第三人则可以代替债务人向债权人交付种类、质量及数量相同的标的物。这样，涉及可替代物的给付便是可替代给付。相反，由于不可替代物是特定的且不存在可予代替的标的物，所以，若债务人的给付涉及不可替代物，那么第三人便不能找到同类的物以代替债务人向债权人作出给付。这样，涉及不可替代物的给付便只可以是不可替代给付。

然而，事实并非如此，这是因为，标的物的可替代性或不可替代性并不会影响有关给付的可替代性或不可替代性。对于可替代物而言，我们可以认为，由于标的物是可以被替代的，所以有关给付亦可以由第三人作出。以消费借贷为例，其债务法律关系的间接客体通常是金钱。这样，无论是债务人还是第三人向债权人给付一定数额的款项，对于债权人而言亦没有任何区别，故涉及可替代物的给付确实是可替代给付。然而，对于不可替代物而言，它便不能导致有关给付成为不可替代给付了，这是因为，虽然在有关标的物属于债务人的情况下第三人并不能找到同类的物向债权人作出交付，但由于债权人的目的仅在于取得该不可替代物，而不考虑该物乃透过债务人之手还是第三人之手而取得，所以只要向债权人作出交付不可替代物的行为，无论该行为由债务人作出，还是由第三人作出，对债权人而言都没有分别。因此，即使涉及不可替代物，但第三人仍然可以代替债务人向债权人作出有关给付，故有关的给付仍然是可替代给付。

真正具有意义区分可替代给付及不可替代给付的对象是事实给付。对于这些给付而言，由于它是债务人的某些举动，所以在设定有关事实给付的时候，债权人往往考虑到债务人本身的能力、经验、专业资格、知名度、知识等，从而判断有关的事实给付的效果及意义，如某人专门聘请了一位资深的外科医生为其动手术，对于前者而言，他可能考虑到该位医生所具有的知名度及能力才让他为自己动手术。如此，透过可替代给付与不可替代给付的划分，我们便可以判断第三人能否代替债务人作出有关事实给付。

《澳门民法典》第 757 条规定："一、给付既能由债务人为之，亦能由对债务之履行有利害关系或无利害关系之第三人为之。二、然而，已明确约定给付应由债务人作出，又或由第三人代为给付即损害债权人利益时，不得强迫债权人受领第三人之给付。"在可替代给付与不可替代给付的区分上，法律以前者为一般情况，以后者为例外情况。

换言之，原则上，在债务法律关系中，债务人的给付都是可替代给付，但是，在两个例外情况下，有关给付则构成不可替代给付。首先，如果双方当事人已明确约定给付须由债务人作出，那么有关给付就是不可替代给付，其又被称为"约定的不可替代给付"。基于合同自由原则，当事人可按其意思将一些原为可替代的给付视为不可替代给付，这样，第三人便不可代替债务人向债权人作出有关给付。例如，假设甲向乙车行购买一辆汽车，如果他们约定只可以由乙车行交付汽车，而不可以透过其他车行交付，那么交付汽车的那个物的给付则构成不可替代给付。

另一种情况是，虽然当事人并没有约定给付必须由债务人作出，但在客观上，如果有关给付由第三人代替债务人作出，债权人的利益便会受到损害或不能实现，那么有关给付亦构成不可替代给付，从而不可由第三人代替债务人作出。这情况则被称为"性质上的不可替代给付"。对于这种情况而言，我们必须从债权人的利益出发来作出判断，如果债权人所需要的并不单纯是一个行为，而且还需要作出行为的人（债务人）所具备的一些因素（能力、经验、专业资格、知名度、知识等），也就是说，如果有关给付并不单纯是一个行为，而且还加入了债务人人身的因素的话，那么有关给付亦构成不可替代给付。换言之，有关给付只可以由债务人作出，才能满足债权人的需要；若由第三人代替债务人作出，基于他不具有债务人的人身因素，所以债权人的需要亦不能获得满足。例如，假设某人聘请了某位举世闻名的画家为其画一幅肖像画，对于前者而言，他不仅要求有人为他绘画肖像画，还要求该幅画必须由该位大师绘画，这样，画画这一给付便构成不可替代给付；又例如，某公司聘请了一位国内知名的歌手为其举办一项活动，如果该公司不仅要求有一位歌手举办活动，而且还要求基于该歌手的身份及名气来举办该活动，那么有关表演活动亦构成不可替代给付。同样，在劳动合同中，雇员工作的提供亦是性质上的不可替代给付。

可替代给付与不可替代给付的区分在不同的情况下具有重要性。首先，对于可替代给付的情况，除了债务人的履行导致债的消灭外，第三人代替债务人作出有关给付亦导致债的消灭（《澳门民法典》第757条），但对于不可替代给付而言，即使第三人向债权人作出有关给付，债权人有权拒绝受领，且第三人的给付行为并不消灭有关的债。例如，若丙聘请著名画家丁为其绘画肖像画，那么该画必须由丁来完成；若丁找其友人戊为丙绘画，丙有权拒绝，且丁会被视为不履行。

其次，《澳门民法典》第818条规定："如债权之标的为作出可代替之事实，则在执行程序中债权人有权要求由他人作出该事实，费用由债务人负担。"在债务人不履行有关债务的情况下，如果是可替代给付，债权人仍然可以透过特定执行，以第三人代替债务人作出相同的给付，从而直接满足债权人的利益。与此相反，对于不可替代给付，一旦债务人不自愿履行有关债务，一方面，债权人原则上无法强迫债务人履行债务；另一方面，因给付具有人身性质而使债权人无法寻求第三人代替债务人作出给付而满足其利益。因此，债权人无法采取特定执行之手段，而只可要求债务人就其不履行作出损害赔偿。

最后，《澳门民法典》第779条规定："一、基于不可归责于债务人之原因以致给付不能时，债务即告消灭。二、如产生债务之法律行为附有条件或期限，而有关给付于法律行为成立之日为可能，但于条件成就或期限届至前成为不能，则该给付视为嗣后不能，且不影响法律行为之有效。"《澳门民法典》第780条规定："如债务人之债务不能由第三人代替债务人履行，则基于债务人本人因素而使其不能履行债务，亦导致债务消灭。"若债务人不能履行有关债务，且履行不能的情况不可归责于债务人，如果有关给付为可替代给付，那么单纯的主观不能并不导致债务的消灭，仅在客观不能的情况下，方导致债务的消灭；相反，如果是不可替代给付，那么单纯的主观不能也导致债务的消灭。

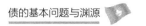

五　即时给付与长期给付

此外，我们还可以按给付的延续时间对给付作出不同区分，对此，学理上有不同划分。例如，葡萄牙学者 Antunes Varela 将之分为即时给付（prestações instanstâneas）、分期给付（prestações fraccionadas ou repartidas）及长期给付（prestações duradouras）。即时给付是指债务人的可期待行为在一个时刻或者在一个实际上毫无意义的时段内消耗完毕的给付；分期给付的债就是指其——透过连续的即时给付而实现的——履行虽然也随时间而延长，但是其给付的客体已经被预先确定，它并不取决于合同关系的时间长短；对于长期给付，在其所涉及的债务法律关系中，给付随时间而延长，债务关系的时间长短对于给付的整个构成具有决定性的影响，它又可细分为持续执行的给付（prestações de execução continuada）及周期性给付（prestações reiteradas, periódicas ou com trato sucessivo）。① 葡萄牙学者 Galvão Telles 则主张分为即时给付（prestações instantâneas）、持续给付（prestações continuadas）与周期性给付（prestações periódicas）。即时给付乃包含一个单独且在时间上不延续的给付；持续给付则演绎为延续一段或多或少的时间的给付；周期性给付则表现为具有规律或不规律间隔的接续行为。持续给付与周期性给付可被置于长期给付（prestações duradouras）这一共同概念之下，但不应混淆周期性给付与分期给付的债（obrigação única dividida ou fraccionada em parcelas）。② 澳门学者尹思哲主张分为即时给付与长期给付，前者为债务人的行为可瞬即完成又或债务人可于特定时刻履行债务的给付；后者为那些不能即时完成的给付。长期给付又可分为分期给付（给付的期间仅与作出给付的方式有关，而与定出给付标的无关）与本义上的长期给付（那些给付期间的长短对定出给付标的，尤其是给付总金额起决定性作用的给付），而后者又再分为给付的履行须跨越一段时间的持续执行的长期

① Antunes Varela, *Das Obrigações em Geral*, Vol. I, 10ª ed., Coimbra：Almedina, 2000, pp. 92–94.

② Galvão Telles, *Direito das Obrigações*, 7ª ed., Coimbra：Coimbra Editora, 1997, pp. 36–37.

给付以及透过相继的单一给付履行债务的反复作出的长期给付。① 葡萄牙学者 Pessoa Jorge 则主张区分即时给付与长期给付（prestações permanentes），而即时给付、周期性给付与持续给付的区分会存在一些问题。在即时给付的界定上，其演绎为作出一个单独的行为并不足够：因为兴建一楼宇、进行一程运载甚至支付一定金额或交付一定物都包含或可包含作出多个行为，但在上述分类中，应将之纳入即时给付之中。该作者认为，我们仅可透过以实现债权人利益的方式来清晰界定这一区分，也就是说，我们不仅关心债务人须作出一个还是多个行为以履行债务，而且还须知道债权人的利益可以一时实现还是须持续一定时间实现。对于长期给付而言，它包含债权人利益的重复或持久的满足，即在债权人的满足上，该给付并非演绎为一个时刻，而是不同时刻。对于长期给付而言，它又可以细分为持续给付（prestações contínua）及接续给付（prestações sucessiva）。②

我们认为，给付可分为即时给付（prestações instantâneas）及长期给付（prestações duradouras）。即时给付就是指立即完成又或者持续一段无意义的时间而完成的给付。例如，卖方交付标的物的行为、买方支付价金的行为或使用借贷的借用方返还标的物的行为等。在这些给付中，债务人的行为都是瞬间完成的，而不需要延续一定的时间。然而，有时候，当事人可以将一个即时给付划分为多个或多期的给付，并且由债务人在不同的时期分别作出每一个或每一期的给付，我们称这种给付为"分期给付"（prestações fraccionadas）。例如，买方以3万元购买一张按摩椅，原则上，买方需要即时一次性地支付全部3万元的价金，但是买卖双方可以约定将之分为六期支付，每月一期且每期支付5000元，从而该买方便需要分六个月且每个月向卖方支付5000元的价金。

至于长期给付，其实施会持续一段时间，而且它还会受到所持续的时间的影响。换言之，时间不仅影响给付的方式，而且还会决定给付的内容。在实际生活中我们会遇到很多长期给付的例子，如供水供电合同所生的给付、租赁合同所生的给付及利息之债所生的给付等。对于供水供电合同而言，一方面，供水者或供电者不能一次性地供水供电，而是在合同生效期

① 尹思哲（Manuel M. E. Trigo）：《债法概要》，朱琳琳译，澳门大学法学院，1997/1998，第20~21页；Manuel M. E. Trigo, *Lições de Direito das Obrigações*, Macau：Faculdade de Direito da Universidade de Macau, 2014, pp. 58-62。

② Pessoa Jorge, *Direito das Obrigações*, Vol. 1, Lisboa：AAFDL, 1975/1976, pp. 83-85。

内不中断地向用户提供水或电力；另一方面，用户亦需要根据其使用水电的度数来支付价金，而该度数则由他所使用的时间来决定。对于租赁合同所生的给付而言，一方面，出租人的给付并非单纯向承租人交付租赁物，在交付租赁物以后，出租人还需确保承租人使用租赁物，且不可以随意取回它（《澳门民法典》第 977 条），直至有关租赁关系消灭为止；另一方面，承租人亦需要根据他使用租赁物的时间来计算租金。对于利息之债而言，债务人需要在其履行支付本金义务之前根据他结欠该债务的时间来计算有关利息。

在长期给付中，我们还可以将之细分为两类给付，一是持续执行的给付（prestações de execução continuada），二是周期性给付（prestações periódicas）。持续执行的给付就是指在时间上不间断的给付，这类给付不仅持续一定时间，而且在这段时间内，有关给付不是间断作出，而是连续不断地作出的。其典型例子就是供水供电者的给付以及出租人的给付：对于供水供电者而言，为了确保用户可以随时使用水或电力，供水供电者必须每日 24 小时都向用户供水供电，而不可以分时段、隔日或间断提供；对于出租人而言，为了让承租人使用租赁物，除了交付租赁物以外，出租人还必须在租赁期内不间断地向承租人提供租赁物，而不可以不断重复"取回—交付"租赁物的动作。另一情况是周期性给付，这类给付并非以在时间上不间断的方式作出，而是以一段有规律或无规律的时间为间隔，在每一间隔反复作出一定的给付的情形。构成周期性给付的例子主要有供水供电合同中用户的给付以及承租人的给付：在供水供电合同中，虽然供水供电者的给付是持续执行的给付，但用户的给付必然是周期性给付，这是因为他并不能如同供水供电者般每日 24 小时不间断地根据他所使用的水电即时支付价金，相反，我们通常以月为单位，让用户每月支付对应他当月所使用的水电度数的价金；在租赁关系中，承租人亦不是不间断地支付租金，而是通常以月为单位来支付。虽然周期性给付是长期给付，但每一期的周期性给付其实都是即时给付。这是因为，尽管周期性给付的内容由持续的时间而决定，并且在每一个周期产生新的给付，但在产生新的给付的时候，每一个给付本身都构成一个立即完成的给付（如支付一定金钱）。

虽然分期给付与长期给付的实施都会持续一定的时间，但我们却不可以混淆这两种给付。事实上，分期给付乃即时给付的其中一个表现形式，虽然它被分为数个给付，并且实施这些给付需要持续一段时间，但是这段持续的时间对于分期给付的内容并没有任何影响，它在债务法律关系设立的时候已经预先确定，且有关的时间只是作为实现该给付的方式，而非决定其内容。与此相反，对于长期给付而言，时间因素显得非常重要，它不仅表现为实施给付的方式，而且还决定着其给付的内容。换言之，长期给付的产生以及其数量都是根据其所持续的时间而定的。为了区分这两类给付，我们可以有偿消费借贷的情况来说明：假设甲向乙银行借款 10 万元，双方约定该借贷年利率为 12%，且甲分十个月偿还本金及利息。这样，甲的本金给付与利息给付便分别构成分期给付与长期给付（周期性给付）。对于本金给付而言，虽然甲需要分十个月且每月支付 1 万元来偿还，即有关给付持续一定的时间，但由于该本金的数目（10 万元）在设定该借贷的时候已经确定，而不是根据所持续的时间来确定，所以它属于分期给付；相反，对于利息给付而言，虽然它同样分十个月支付，但有关利息数额并非在设定借贷的时候确定，而是根据甲尚欠本金所持续的时间来确定，所以它属于长期给付。换言之，由于本金给付为分期给付，所以无论甲在什么时候及以什么方式偿还，他都需要偿还 10 万元；由于利息给付为长期给付，所以若甲越早偿还本金，他所需要支付的利息金额便越少，反之则越多。

然而，我们有时会遇到一些难以区分其为长期给付还是即时给付的情况，例如承揽合同。《澳门民法典》第 1133 条规定："承揽系指一方透过收取报酬而负有义务为他方完成特定工作物之合同。"对此，我们较难辨别承揽人给付的性质：承揽人的给付是为他方完成工作物，这一活动本身并不是即时可实现的给付，承揽人必须持续一定的时间方可完成一项工程，这似乎倾向长期给付的情况。然而，如果我们留意《澳门民法典》第 1133 条的条文，可以得出，承揽人的给付是交付工作物，而这个行为却是瞬间完成的。

正因如此，葡萄牙学者 Antunes Varela 引用意大利学者 Rubino 的话语并道出："这样，承揽……便是一份延长执行的合同（contrato de execução prolongada），但其应为给付并非一项长期给付。第 1207 条（《澳门民法典》第 1133 条）所给予的本身具有介绍性的概念显示承揽是一份旨在产生一定结果（工程的完成）而非为此效力而必须耗费的活动。"[①]

基于即时给付与长期给付受到时间的影响不同，在法律上它们往往适

[①]　Antunes Varela, *Das Obrigações em Geral*, Vol. I, 10ª ed., Coimbra: Almedina, 2000, pp. 96-97.

用不同的制度，又或产生不同的效果，这种情况在分期给付与长期给付之间表现得更为明显。

首先，在合同的解除中，法律会视乎涉及即时给付或分期给付还是长期给付而产生或不产生追溯效力。《澳门民法典》第 428 条第 1 款规定："一、解除具追溯效力；但该追溯效力违背当事人之意思或解除之目的者除外。"换言之，如同法律行为的不完全有效一样，合同解除的效果（合同效力的消灭）并非在解除的这一刻产生，而是追溯至合同成立之时。① 这样，一方面，合同的解除消灭在解除时仍然存在的债权及债务；另一方面，如果当事人在合同解除前曾经作出即时给付又或作出分期给付，基于合同解除所产生的具有追溯力的消灭合同效力的效果，当事人便须回复假设没有成立合同时应有的状态。由于有关即时给付又或分期给付基于被解除的合同而产生，所以法律便要求受领该等给付的人（原债权人）向作出给付的人（原债务人）返还有关给付。例如，假设甲以 3 万元向乙购买一张按摩椅，双方约定甲分十个月支付价金，每期 3000 元，而乙则在订立买卖合同时将该椅交付甲。在甲支付了五个月的价金后，如果甲或乙解除该买卖合同，基于解除的追溯效力，甲乙必须回复订立该买卖合同前的状态。换言之，甲乙必须将他们所受领的给付向对方作出返还，即甲须向乙返还该张按摩椅，而乙则须向甲返还他所受领的五个月的价金。②

然而，《澳门民法典》第 428 条第 2 款规定："二、如属持续或定期执行之合同，解除之范围并不包括已作出之给付；但基于该等给付与解除原因间存在之联系，使解除全部给付为合理者除外。"对于涉及长期给付的合同而言，原则上，有关合同的解除并不产生追溯效力。换言之，合同消灭的效果只在合同解除时产生，而不是在合同成立时产生。这样，当事人在合同解除前所存在及所作出的长期给付便不会受到合同解除的影响，因而当事人不用返还其曾受领的长期给付。例如，假设丙将一单位租予丁，为期两年。半年后，当事人依法解除该租赁合同。由于出租人与承租人的主要给付均是长期给付，所以该合同的解除并不具有追溯效力。换言之，出租人并不需要返还其已受领的租金（首半年的租金），而承租人亦只需向出租人返还租赁物即可。

① Carlos Alberto da Mota Pinto：《民法总论》，林炳辉等译，法律翻译办公室、澳门大学法学院，1999，第 369 页。
② 关于按摩椅的使用折旧则属另一问题。

就合同解除而言，为什么法律对即时给付（特别是分期给付）与长期给付作出不同对待呢？这是因为，长期给付中的时间因素限制了合同解除的追溯效力。由于长期给付的内容由其所持续的时间来决定，所以长期给付是基于时间的经过而产生的。然而，由于时间的经过是不可回复的，所以债权人所受领的长期给付便不可逆转地不能返还。以租赁为例，出租人所作出的给付表现为提供租赁物予承租人使用，它使出租人丧失在租赁期间对租赁物的享益，并使承租人获得这一享益。在租赁合同解除后，虽然承租人须向出租人返还租赁物，但对于承租人先前从使用租赁物所获得的享益而言，基于时间的经过，承租人实际上并不能将有关的好处返还出租人。因此，对于涉及长期给付的合同关系的解除，原则上不适用追溯效力。与此相反，对于分期给付而言，情况则有所不同。由于时间只作为分期给付的方式，且没有影响给付的内容，所以分期给付并不会基于时间的经过而变得不能回复。因此，透过合同的解除，法律可以要求当事人返还那些可以返还的给付。

另一方面，因债务不履行而导致期限利益丧失的情况仅适用于分期给付而不适用于长期给付。《澳门民法典》第 770 条规定："债务可分两期或多期清偿时，未履行其中一期，即导致全部到期。"从字面上看，这条所规定的债务涉及多期给付的情况，而可以构成多期给付的情况似乎包括分期给付以及周期性给付。然而，事实上，这条规定仅适用于分期给付的情况，而不适用于周期性给付。

对于分期给付而言，它其实是即时给付的特别情况，原则上，债务人须在某一时刻（通常是债权人作出对待给付之时）作出整个即时给付。然而，基于不同原因（如为促成有关交易），债权人会容许债务人不用一次性作出全部给付，而是让债务人可以在接续的不同时段作出部分给付。在这个过程中，债权人容许债务人分期作出部分给付的基础乃是他对债务人履行债务的信任，由于他相信债务人始终会如期履行整个债务，所以他便不要求债务人即时作出全部给付，并容许分期地作出部分履行。因此，法律便允许债务人享有分期给付的利益。然而，一旦债务人不如期作出双方所设置的分期给付，债权人原来的这一预期便会落空，他会因此而失去对债务人履行整个债务的信任。这样，设置分期给付的理由便不复存在，因而有关的债亦会回复原来的即时给付的状况。因此，面对债务人不履行其中一期的分期给付，债权人便可以立即要求债务人作出全部履行。以分期付款的买卖为例，假设某人购买一张按摩椅，原则上，他须立即支付全部价金，但由于按摩椅的价格颇高，所以买家通常不愿或不能即时支付全部价金，所以卖方一般容许买方先取得按摩椅，然后再分期支付价金。如果买方中途不再如期支付分期价金，那么卖方对买方履行该债务的信任便会落空，从而使到分期支付失去存在理由。这样，卖方便有权按原来的情况，要求买方立即作出全部给付。①

然而，对于周期性给付而言，它却不能适用《澳门民法典》第770条。周期性给付的内容不是预先确定的，而是根据所持续的时间而定的。换言之，周期性给付总是对应着相应的时间的经过而产生，如果在有关时间内仍然未进行，那么便不会产生相应的周期性给付或要求该周期性给付的权利。这样，在债务人没有作出其中一期或多期的周期性给付的情况下，由于对应将来的周期性给付仍然未产生，所以债权人亦无权请求那些仍然未存在的债权，因而他不可以基于债务人没有作出现在或过去的周期性给付而要求将来的周期性给付。以租赁为例，假设甲出租一单位予乙，为期两年。从第六个月开始，乙没有支付租金，而甲在第八个月要求乙支付租金。在这个情况下，他只可以要求支付第六个月至第八个月的租金。虽然该租赁合同为期两年，但甲现在却不可要求支付第九个月及以后的租金，这是因为，这些租金对应乙在将来对租赁物的享益，但基于这些享益尚未发生，甲要求这些对待给付（租金）的权利亦尚未产生。因此，即使乙没有支付已到期的租金，亦不会导致将来的租金到期。

六　给付的财产性问题

在债务法律关系中，法律对于给付设定了一些要求。《澳门民法典》第273条第1款规定："一、法律行为之标的，如在事实或法律上为不能、违反法律或不确定，则法律行为无效。"只有当有关给付具备可能性（possibilidade）、合法性（licitude）及可确定性（determinabilidade），其所属的债务法律关系才可有效设定。除了这些条件以外，有学者还提出给付的财产性（patrimonialidade），即给付必须为可以用金钱衡量的东西，以作为债务法律

---

①　此外，根据《澳门民法典》第927条，如果欠付的价款超过总价款的八分之一，卖方还可以解除有关买卖合同。

关系有效设定的条件。

传统以来，学说上一贯认为给付必须具有财产性，特别是债权人的利益必须具有财产性，否则有关债务便基于无法等值地针对债务人的财产而无法作出强制执行。例如，假设甲（卖方）与乙（买方）订立一份车辆买卖合同，对于甲的给付来说，它便具有财产性，这是因为，该车辆本身可以透过金钱来衡量，而且乙从该车辆的交付所获得的利益亦可以透过金钱来衡量，如可以节省其他交通费用，所以有关给付会受到法律的保护。

然而，这一说法却不能包含一些应受法律保护的人身性质的给付或事实给付的情况，因为债权人的利益往往不具有财产性，但这并不应妨碍有关给付的有效性。例如，某歌手在演唱会上对观众表演，对于这一给付而言，观众并没有获得任何金钱利益，他们通常只会获得兴趣及娱乐。若根据此说的理解，该给付便不受法律保护，而在演唱组织与观众之间亦不能建立一个有效的债务法律关系。

为此，上述理论渐渐被人抛弃，并慢慢引入了《意大利民法典》的学理规条。《意大利民法典》第1174条规定："债的标的的给付应当具有经济价值，并且应当与包括非财产利益在内的债权人利益相一致。"[1] 这样，对于那些支持《意大利民法典》上述学理的学者，便认为给付的财产性仅仅要求以给付本身的价值（该给付是否可以用金钱来衡量）来判断。像葡萄牙学者 Galvão Telles 所指出的，只要给付本身具有金钱价值，不论债权人是否从该给付获得金钱利益，该给付亦具有财产性。[2]

根据这一标准，对于人身性质的给付或事实给付而言，虽然债权人仅仅从给付获得一些非财产利益，但由于有关给付本身在市场上具有一定的金钱价值，所以有关给付都具有财产性，因而受到法律保护。例如上述例子，虽然歌手的表演不能为观众带来金钱利益，但该表演本身在市场上却具有一定的金钱价值，所以这个给付受到法律的保护。相反，对于某些给付（如交付一张没有客观价值的照片）而言，其在市场上价值低微，所以它不会受到法律保护，因而以它为标的的关系不能成立债务法律关系。

然而，随后的1966年《葡萄牙民法典》及现行《澳门民法典》均没有采纳上述任一见解。《澳门民法典》第392条第2款规定："二、给付不以

[1]　《意大利民法典》，费安玲等译，中国政法大学出版社，2004，第292页。

[2]　Galvão Telles, *Direito das Obrigações*, 6ª ed., Coimbra: Coimbra Editora, 1989, no.8, 转引自 Antunes Varela, *Das Obrigações em Geral*, Vol. I, 10ª ed., Coimbra: Almedina, 2000, p.101。

具金钱价值为必要，但应符合债权人受法律保护之某种利益。"在债务法律关系的有效性上，立法者既不要求给付本身具有财产性，也不要求债权人的利益具有财产性。

上述立法取向得到学理上的大力支持。其中，葡萄牙学者 Antunes Varela 在探究给付的财产性问题的过程中得出了这一要求渊源自罗马法的债务制度这一结论。① 事实上，在罗马法中，债只可以透过等价执行来实现，就是说，我们首先需要将欠缺作出的给付等价为金钱，并且随后执行有关的金钱。例如，若某一债务涉及标的物的交付，而债权人起诉以要求债务人履行，那么裁判官便会命令债务人将标的物交予债权人，同时定出在债务人不作出交付的情况下便会判处他须向债权人支付该标的物的两倍或三倍的罚金。然而，如果债务人仍然不交付该标的物的话，那么债权人便不可请求执行该标的物，他只可要求裁判官执行该标的物的两倍或三倍的罚金。这样，对于非金钱的给付而言，若债权人欲声请执行，他必须先将有关给付等价为金钱，从而透过执行有关金钱以满足其利益。如果有关非金钱给付不可以等价为金钱的话，那么便不能将给付等价以作出执行。因此，在罗马法中，法律会要求债务给付必须具有财产性，否则便不可以强制执行。既然现代法律均继承罗马法，那么对于债务制度（特别是债的给付方面）都毫不例外。正因如此，有关给付亦必须具有财产性，否则债权人便不可在债务人不履行债务的情况下请求作出等价执行或等价赔偿。

然而，基于这一理由而认为给付须具有财产性的想法是不正确的。事实上，虽然我们的制度继受于罗马法，但它与罗马法制度之间仍然具有一定的不同之处。首先，罗马法将标的物的等价倍数作为界定赔偿的标准，而我们却不采纳这一标准。《澳门民法典》第 557 条规定："仅就受害人如非受侵害即可能不遭受之损害，方成立损害赔偿之债。"《澳门民法典》第 558 条第 1 款规定："一、损害赔偿义务之范围不仅包括侵害所造成之损失，亦包括受害人因受侵害而丧失之利益。"在债务人不履行债务的情况下，法律并非将给付的等价作为损害赔偿的范围，而是根据债权人因债务人的不履行而遭受的损失的范围来界定有关损害赔偿。这样，与罗马法的情况不同，即使不同的债务法律关系均涉及相同的给付或相同价值的给付，但是各债务人却会因其各自债权人所遭受的损失不同而需要作出不同

---

① Antunes Varela, *Das Obrigações em Geral*, Vol. I, 10ª ed., Coimbra: Almedina, 2000, p. 102.

的损害赔偿。例如，假设甲、乙先后向丙车行购买同款汽车，但丙却没有分别履行交付车辆的义务。这样，虽然甲乙都可以选择要求丙作出损害赔偿，但他们各自的赔偿范围往往是不相同的。对于甲而言，由于丙没有交付该车辆，所以甲需要每天乘坐的士，因而丙需要向甲赔偿有关开支；对于乙而言，由于他平时都是步行的，所以丙便不需要向乙赔偿任何交通费用。从我们的赔偿制度可以看出，由于我们并非根据给付的价值来计算赔偿的数额，所以无论给付是否具有财产性，有关的赔偿机制都可以操作。

除了具有不同的赔偿规则以外，我们的法律制度亦设有罗马法所没有的权利保障机制。其中，法律就某些不涉及金钱给付的债权赋予债权人特定执行的权利。《澳门民法典》第817条规定："如以特定物之交付作为给付内容，则债权人在执行程序中有权要求透过法院向其作出该交付。"《澳门民法典》第818条规定："如债权之标的为作出可代替之事实，则在执行程序中债权人有权要求由他人作出该事实，费用由债务人负担。"《澳门民法典》第819条规定："一、如债务人有义务不为某行为却为之，且工作物已作成，则债权人有权要求将工作物拆除，费用由负有不作为义务之人负担。二、拆除工作物对债务人造成之损失远超过债权人所受之损失时，上款赋予之权利终止，而债权人仅按一般规定取得对损害赔偿之权利；但工作物构成对债权人之一项绝对权之侵害，且仅透过拆除方可停止该侵害者除外。"面对债务人的不履行，债权人不仅可以要求债务人作出损害赔偿，还可以透过有关特定执行，在法院的强制措施的协助下直接实现债务人应为的给付。透过特定执行的机制，即使构成债务标的的给付本身没有任何金钱价值，但我们仍然可以透过法院的强制执行来直接获得有关标的物或作出有关给付。

另一方面，法律亦设置了其他机制，它们可以在不考虑给付所具有的金钱价值下迫使债务人履行其债务，其包括强迫性金钱处罚、强迫性违约金以及在不履行双务合同情况下的合同解除权。对于前者，《澳门民法典》第333条规定："一、法院在判令债务人对因合同而拥有获得给付权利之债权人履行给付之同时，或在判令当事人终止侵犯绝对权利或承担损害赔偿义务之同时，可应权利被侵害之一方之请求、按照最适宜于有关个案之具体情况之处理方式，而判令债务人须就其有过错之迟延履行裁判而向受害人支付一项按日、按周或按月计算之金额，或判令债务人须向受害人支付一项按债务人每一有过错之违反裁判之行为而计算之金额；对裁判之迟延履行推定属有过错。二、对于命令作出该处罚之判决成为确定前之期间，不得设定强迫性金钱处罚，而就损害赔偿算出前之期间，亦不得设定该金钱处罚；但债务人纯粹以拖延为目的提起上诉而被判败诉者除外，在此情况下，有关处罚自命令该处罚之裁判被通知之日起适用。三、法院仅在认为合理之情况下，方作出强迫性金钱处罚之命令，而有关处罚金额须根据衡平原则确定，其中包括对债务人之经济条件、有关违法行为之严重性及处罚金额对达成强迫履行之目的是否适当作出考虑。四、对已设定具相同目的之强迫性违约金之情况，不适用强迫性金钱处罚；如属判令债务人对因合同而拥有获得给付权利之债权人履行给付之情况，且给付之内容系要求债务人具有特别之学历或艺术水平方可作出之不可替代之积极或消极事实，则对作出此命令之裁判，亦不适用强迫性金钱处罚。"《澳门民法典》第 799 条规定："一、对于不履行、瑕疵履行或迟延履行之情况，当事人得透过协议定出可要求给予之损害赔偿或可适用之制裁；前者称为补偿性违约金，后者则称为强迫性违约金。二、对违约金之性质有疑问时，视其属补偿性违约金。三、双方当事人得于同一合同中为不同目的定出多项违约金；然而，只就不履行情况定出一项违约金时，如其属补偿性质，则推定该违约金抵偿一切损失，如其属强迫性质，则推定该违约金抵偿一切可适用之制裁。四、违约金条款须以对主债务所要求之方式订立；如该债务无效，违约金条款亦无效。"透过法院的命令或当事人的约定，我们可以对债务人就其不履行应为给付而设定一个金钱处罚的制裁，从而迫使其如期作出给付。对于因合同不履行而生的解除权而言，《澳门民法典》第 790 条规定："一、基于可归责于债务人之原因以致给付成为不能时，债务人须承担之责任与其因过错不履行债务而承担之责任相同。二、如有关债务系由双务合同产生，则债权人不论是否有权获得损害赔偿，亦得解除合同；如债权人已履行其给付，则有权要求返还全部给付。"《澳门民法典》第 797 条规定："一、如因迟延而出现以下任一情况，则视为构成第七百九十条所指之债务不履行：a) 债权人已丧失其于给付中之利益；b) 给付未于债权人透过催告而合理定出之期间内作出。二、给付中之利益是否丧失，应依客观标准认定。三、在第一款 b 项所指之情况中，债权人除得选择第七百九十条所指之制裁外，亦得选择要求强制履行给付及给予有关迟延之损害赔偿，但按照有关催告债权人不得作后一种选择者除外；然而，债务人得就上述选择权之行使定出一合理期间，债权人须在该期间内作出选择，否则其要求强制履行之权利即告失效。四、以上各款之规定，并不影响经作出必要配合之第七百九十一条所定制度对部分不履行之情况之适用。"面对债务人的迟延履行，透过作出警戒性催告（interpelação admonitória），债权人可以选择解除双方所订立的双务合同，借此迫使债务人为获得债权人的对待给付而履行其债务。在这些情况下，有关机制的适用都不取决于给付的财产性。因此，与罗马法的情况不同，在性质上，我们赞同给付不须具有财产性的见解。

虽然如此，这并不意味着当事人对债务给付的设定可以毫无限制，以至于可以恣意设定一些毫无建树或无任何利益可言的债务给付。让我们回顾一下，尤其是重读《澳门民法典》第 392 条第 2 款的条文，可以发现，法律对给付财产性的问题设定了一个保留条款，那就是有关的给付"应符合债权人受法律保护之某种利益"。换言之，法律容许给付可以不具有财产性，但必须要求有关给付对债权人所产生的利益乃值得法律保护的。

然而，何谓这些"受法律保护之某种利益"呢？对此，葡萄牙学者 Antunes Varela 解释道：

> 它仅有的要求是：a）（约定的）给付符合债权人的实际利益；b）债权人的利益值得法律保护。关于具有财产价值的给付（如交付一笔金钱、一部汽车或一项房地产、提供有偿服务），其相关之债的有效性是没有任何疑问的；至于其他，法律便需要清晰的标准了。法律之所以要求给付必须符合（债权人的）一项受法律保护的利益，是因为：a）排除那些纯粹为满足债权人的顽皮或癖好的给付（写一部为债权人歌功颂德的书；不留长发或不穿露出膝盖的裙子；债务人以某种方式打扮；强迫一位舞台演员不得在某城市演出，以免其掩盖了另一名演员的知名度；等等）；b）排除那些虽然从其他规范体系——例如宗教、道德、礼仪、社会习惯——的角度考虑值得保护，但是却不值得法律特别保护的给付（每晚都背诵一定数目的经文或每月都作出特定的崇拜活动、每年都加入特定的宗教巡游队列、与某人重新建立关系等）。然而，债权人的利益也没有必要是客观的或对社会有用的，债也可以服务纯粹的个人或主观利益，因为这些利益很多都是值得法律保护的。

总的来说，给付应满足债权人的一项认真及合理的需要，这项需要从社会意义上应足以支持法律所固有的强制手段的介入。①

另一位葡萄牙学者 Menezes Cordeiro 并不完全同意 Antunes Varela 的理解，前一学者尝试以法律性（juridicidade）取代财产性来说明具有应受法律保护利益的给付的界限。其指出财产性是法律性的一个较为清晰的迹象，因而仅当某一给付本身不具有财产性时，法律才与该利益的需要联系起来。对于 Antunes Varela 所指的两个不受法律保护的情况，Menezes Cordeiro 指出第一个情况并不具有法律性，那些通俗的玩笑或无聊事情将属于非认真的表示或构成违反善良风俗的情况，除此之外，若依规则订立合同，那么则是可行的，而法律不要求给付必须在社会上具有意义。对于第二个情况，应作具体的分析判断，例如参与庙会或宗教游行可能具有舞台表演的性质，这完全是可以合同化的；又例如，某些宗教仪式的葬礼需要聘请打斋师傅；在相同场合，还会聘请一些人公开超度，对此该学者看不到相关法律行为的有效性会存在障碍。②

我们比较赞同学者 Menezes Cordeiro 的学理，并认为应从两个方面判断有关社会给付是否上升为具有法律性的债务给付。一方面，面对越趋开放的社会，那些所谓无聊的玩意或戏弄（例如夸夸群、搞笑电视节目、搞笑的娱乐表演等）可以作为债务法律关系的标的，只要有关的行为或活动没有违反法律，也没有超越或抵触善意、善良风俗或公共秩序等规范（《澳门民法典》第 273~274 条、第 326 条）；另一方面，对于其他社会规范的活动，包括宗教活动（如聘请宗教人士主持开光仪式）、仪式（如在结婚仪式中聘请大妗姐）、传统习俗（如聘请舞醉龙的表演嘉宾）等，如果有关活动在客观上具有法律性，又或当事人赋予有关社会活动法律性的话，则其上升为债务法律关系。然而，必须注意的是，从《澳门民法典》第 392 条规定的结构来看，给付法律性的（消极）条件似乎作为权利的妨碍性事实，因此，对不存在给付法律性的事实应由债务人负证明责任。

---

① Antunes Varela, *Das Obrigações em Geral*, Vol. I, 10ᵃ ed., Coimbra: Almedina, 2000, pp. 107-109.

② António Menezes Cordeiro, *Tratado de Direito Civil Português II*: *Direito das Obrigações*, Tomo I, Coimbra: Almedina, 2009, pp. 327-328.

第三节　约束

债务法律关系内有债权人、债务人及给付，此三者需由约束相连，相反，没有约束，就没有债权人及债务人，而且给付在法律上也变得毫无意义。因此，约束构成债务法律关系的第三个元素。

根据《澳门民法典》第 391 条规定对债所作的描述，法律会向债权人赋予要求给付的权利（债权），向债务人施加给付的义务（债务），并且对债权人的权利给予法律保障，从而使债务人必须按照债权人的意思向其作出有关给付。对于这样的一个现象，或者说所谓约束的现象，按照学理所作的静态拆解，可以展现为三个方面，分别是要求给付的权利（direito à prestação）、给付的义务（dever de prestar）以及保障（garantia）。

一　要求给付的权利

约束的第一个内容就是要求给付的权利，它作为一个权利（direito subjectivo），并且被赋予到债权人的身上，而后者可以根据其自由意思决定是否要求债务人作出有关给付。然而，在学理上，当我们谈及要求给付的权利这个机制的时候，它仅仅表现为债权人在诉讼外的领域所享有的权能。换言之，在提起有关诉讼之前，基于法律所赋予的要求给付的权利，债权人已经享有一些指向债务人的优势状况。具体而言，在这一层面上，债权人所享有的要求给付的权利可以分解为两个权能，即债权人的受领权与债权人的催告权。

（一）债权人的受领权

要求给付的权利首先表现为债权人的受领权，这一权能主要相对于债务人自愿作出给付的情况。在法律上，某人向他人作出某个给付必须以某个原因为基础。如果有关给付在欠缺法律原因的情况下作出，那么受领该给付的人便会处于不当得利的情况。根据《澳门民法典》第 467 条第 1 款及第 470 条第 1 款，由于受领给付的人没有法律原因而受领有关给付，所以他须向作出给付的人返还有关给付。然而，如果某人基于要求给付的权

利而受领对方所作出的给付，那么该给付便具有法律原因。这样，在作出有关给付以后，作出给付的人便不可以基于不当得利而要求受领给付的人返还其所受领的给付。换言之，在作出给付的债务人要求受领给付的债权人返还其所作出的给付的情况下，后者便可以主张清偿留置（soluti retentio）。

同样，基于债权人的受领权，在受领债务人的给付的时候，法律便不会认为债权人是因慷慨行为（赠与）而受领有关给付。《澳门民法典》第934条规定："一、赠与为一合同，透过该合同，一人出于慷慨意愿，使用自己之财产为另一立约人之利益而无偿处分一物或一项权利，又或承担一项债务。二、权利之放弃、遗产或遗赠之抛弃，以及依社会习惯而作出之捐赠，均不属赠与。"如果我们单纯从受领给付的行为来看，给付的作出与给付的受领可以被理解为双方的一个合意，且似乎会导致债权人获得给付的利益（单纯受益），这一表现在表面上符合赠与的类型特征。这样，赠与因忘恩的废止（《澳门民法典》第964条）、债权人的撤销权（《澳门民法典》第605条、第607条）、归扣（《澳门民法典》第1945条）等规则似乎将适用于债权人对给付的受领。然而，事实上却并非如此，透过债权人受领有关的给付，虽然他直接获得了给付利益，但其债权亦同时因履行而消灭，所以实际上债权人并没有获得任何利益。因此，只要基于债权人的受领权而受领有关给付，那么该行为便不会被视为慷慨行为，因而不适用关于慷慨行为的法律制度，亦不产生慷慨行为之效果。

由于债权人的受领权相对于债务人自愿作出履行的情况，所以这一权能仅反映出债权人的一个消极的态度。换言之，它仅涉及在债务人主动作出履行的情况下债权人单纯消极地受领其所作出的给付的情形。如果债务人不自愿作出给付，那么这一权能便没有任何的效用。

（二）债权人的催告权

为了确保债权人的积极性，其所享有的要求给付的权利亦表现为债权人的催告权。除了可以消极地等待债务人自愿作出履行以外，债权人还可以积极地要求债务人作出履行。然而，学者均普遍认为，这个积极要求的可能性并不需要推延至诉讼的领域。即使在诉讼以外的层面，债权人仍然可以主动要求债务人作出其应为的给付。

在债务法律关系中，虽然给付的作出取决于债务人的意思，且债权人不可以自身暴力来迫使债务人履行债务，但是这并不意味着债务人对于债务的履行而言享有完全的自由，这是因为，法律会向债务人施加法律义务，从而命令其作出有关给付，而在债务人不自愿作出给付的情况下，他便处于不法的状态，因而可能承受法律所施加的制裁。然而，该等制裁的施加却不是自动进行的，相反，透过权利的赋予，法律会让债权人决定对债务人施行有关的制裁。其中，在诉讼以外的领域，法律就是透过债权人的催告权来让债权人控制对某些制裁的适用的。

首先，《澳门民法典》第794条规定："一、只有在司法催告或非司法催告债务人履行债务后，债务人方构成迟延。二、然而，出现以下任一情况时，债务人之迟延不取决于催告：a）债务定有确定期限；b）债务因不法事实而产生；c）债务人本人妨碍催告，在此情况下，视其于按正常情况可受催告之日被催告。三、在上款a项所指之情况下，如给付应在债务人之住所履行，则债权人须于该住所要求有关给付，方可构成迟延。四、如债权未经结算，则在债权尚未结算时不发生迟延，但基于可归责于债务人之原因而未结算者除外。"债权人原则上可以透过催告来决定债务人是否处于迟延履行的状况。《澳门民法典》第793条规定："一、债务人只属迟延者，即有义务弥补对债权人所造成之损害。二、基于可归责于债务人之原因以致未在适当时间内作出仍为可能之给付者，即构成债务人迟延。"在构成迟延后，债务人便需要向债权人赔偿因迟延而造成的损害。这样，如果债务人不自愿履行债务，债权人便可以作出催告，透过迟延的威吓而迫使债务人作出给付。然而，如果债务人已经处于迟延状况，但他仍然不自愿履行，那么债权人则可以作出所谓的警戒性催告，使债务人变为确定不履行，从而可以解除双方所订立的双务合同（《澳门民法典》第797条第1款b项）。债务人为了保留他所享有的要求对待给付的权利，便须向债权人作出有关给付。

二 给付的义务

（一）给付义务的分类

相对于债权人的要求给付的权利，债务人亦承担了法律所施加的给付义务，它就是所谓的法律义务。法律会要求债务人按照债权人的要求作出

某项给付，从而满足债权人的利益。然而，为了避免债务人不作出有关给付，法律会向债务人设定相应的法律制裁（如《澳门民法典》第 787 条、第 793 条、第 796 条等）。如果债务人真的不作出其应为的给付，那么债权人便可以透过法律途径向债务人实施有关的制裁。

然而，在一个债务法律关系中，债务人通常不仅承担一个而是多个给付义务，但这些给付义务往往具有不同的来源以及重要性。为了可以更准确地理解不同给付义务的内容，我们可以对给付义务作出分类，分别是主要给付义务（deveres principais ou primários de prestação）、次要给付义务（deveres secundários ou acidentais de prestação）及附随行为义务（deveres acessórios de conduta）三类。

1. 主要给付义务

当我们谈及主要给付义务的时候，我们通常将之与有名合同联系起来。所谓的有名合同就是指法律以某一名称命名并且规定一套专属制度的某类合同，如买卖合同、赠与合同、租赁合同等。立法者规定了各种不同的有名合同，而每类有名合同则具有专属的经济社会目的，即当事人希望透过有关合同所直接获得的效果。有名合同的经济社会目的构成有关合同的典型特征，并且用以区别其他的有名合同或无名合同。

为了实现有名合同本身的经济社会目的，当事人须承担某个或某些给付义务，而这些与有名合同的经济社会目的相联系或构成有名合同特征的给付义务，便称为主要给付义务。以买卖为例，《澳门民法典》第 865 条规定："买卖系将一物之所有权或将其他权利移转以收取价金之合同。"买卖的经济社会目的是以价金来换取一物的所有权或其他权利，这样，对应这一目的的给付义务便作为主要给付义务，即卖方的物的交付义务与买方的价金支付义务（《澳门民法典》第 869 条 b、c 项），它们既作为买卖合同的主要特征，亦构成双方订立买卖合同的最终目的。又例如，对于租赁合同而言，《澳门民法典》第 969 条规定："租赁系指一方负有义务将一物提供予他方暂时享益以收取回报之合同。"其特征是一方在保留物的拥有权的情况下向他方暂时提供该物，从而收取报酬。因此，其所对应的主要给付义务便是出租人的交付及提供租赁物的义务以及承租人支付租金的义务（《澳门民法典》第 977 条及第 983 条 a 项）。又例如，对于劳动合同而言，《澳门民法典》第 1079 条第 1 款规定："一、劳动合同，系指一人透过收取回报而负有义务在他人之权威及领导下向其提供智力或劳力活动之合同。"其经济社会目的是一人透过在他方的权威及领导下向对方提供活动以换取对方的报酬，而其主要给付义务则分别是雇主的支付报酬义务及雇员的提供工作义务（第 7/2008 号法律《劳动关系法》第 9 条第 2 项、第 11 条第 1 款第 3 项及第 62 条）。

除了有名合同的情况以外，无名合同都存在主要给付义务。虽然法律没有对无名合同给予名称，亦没有规定专有的制度，但这并不妨碍不同的无名合同拥有其各自的经济社会目的，且存在对应有关经济社会目的的主要给付义务。例如，对于肖像权的使用合同，其经济社会目的乃透过一人同意他人使用其肖像以换取回报，因而其主要给付义务就是前者容忍他方使用其肖像（《澳门民法典》第 80 条）以及后者的支付报酬义务。

此外，对非因合同而生的债务法律关系，它们同样包含主要给付义务，这些义务主要构成有关债务法律关系的目的。例如，根据《澳门民法典》第 477 条，由于因非合同责任而生的债务法律关系的目的在于弥补受害人所遭受的损害，所以对应于这一目的的损害赔偿义务便构成这类债务法律关系的主要给付义务（《澳门民法典》第 556~566 条）；对于无因管理而言，由于其目的在于让本人补偿管理人在管理其事务过程中所作出的开支及损失，所以本人的偿还义务便构成其主要给付义务（《澳门民法典》第 462 条）；对于不当得利而言，基于其目的在于消除一人在欠缺原因下而得利的情况，所以其主要给付义务便是得利人的返还义务（《澳门民法典》第 467~473 条）。

2. 次要给付义务

第二种给付义务是次要给付义务，它基于辅助主要给付义务而生，并且旨在确保、预备、替代或补充主要给付义务的义务。根据有关目的的不同，我们可以将次要给付义务再细分为工具性的次要给付义务及替代性或补充性的次要给付义务。

第一类次要给付义务具有工具性，它主要为了确保主给付义务的完美或完整履行，又或为了预备主要给付义务的履行而向债务人施加且不构成主要给付义务的义务。例如，在买卖关系中，卖方的主要给付义务指向标的物的交付，但是，一方面，为了可以将标的物交到处于不同地方的买方，卖方原则上还承担标的物的运送义务（《澳门民法典》第 915 条）；另一方面，为了确保标的物能完好无缺地运送予买方，卖方亦承担了标的物的包装义务。对于这两个义务而言，它们本身因不涉及买卖的经济社会目的而不构成主要给付义务，相反，它们旨在预备（标的物的运送义务）或确保（标的物的包装义务）作为主要给付义务的物的交付义务的履行，所以它们都是次要给付义务。又例如，《澳门民法典》第 1093 条规定："委任人具有下列义务：a）向受任人提供为执行委任所需之资源，但另有约定者除外；……"在委任合同中，委任人交托受任人作出一些法律上的行为，为使受任人可完整地作出受托的工作，委任人需要向其提供必需的资源，这样，委任人提供资源的义务亦构成次要给付义务。此外，在劳动关系中，雇员的主要给付义务是提供工作，而有关工作原则上是在工作地点及工作时间内提供，第 7/2008 号法律《劳动关系法》第 11 条第 1 款第 2 项规定，雇员须"勤谨及守时"，雇员的勤谨及守时义务就是为了确保雇员履行提供工作的义务而施加的给付义务，因此亦属于次要给付义务。①

第二类次要给付义务则作为主要给付义务的替代或补充，就是说，它构成替代或补充主要给付义务的义务。在债务法律关系中，当债务人因可归责于他的原因而不能履行债务又或其处于确定不履行的状况时，债务人

---

① 根据《葡萄牙劳动法典》第 128 条的规定，"1-Sem prejuízo de outras obrigações, o trabalhador deve: a) Respeitar e tratar o empregador, os superiores hierárquicos, os companheiros de trabalho e as pessoas que se relacionem com a empresa, com urbanidade e probidade; b) Comparecer ao serviço com assiduidade e pontualidade; c) Realizar o trabalho com zelo e diligência; d) Participar de modo diligente em ações de formação profissional que lhe sejam proporcionadas pelo empregador; e) Cumprir as ordens e instruções do empregador respeitantes a execução ou disciplina do trabalho, bem como a segurança e saúde no trabalho, que não sejam contrárias aos seus direitos ou garantias; f) Guardar lealdade ao empregador, nomeadamente não negociando por conta própria ou alheia em concorrência com ele, nem divulgando informações referentes à sua organização, métodos de produção ou negócios; g) Velar pela conservação e boa utilização de bens relacionados com o trabalho que lhe forem confiados pelo empregador; h) Promover ou executar os atos tendentes à melhoria da produtividade da empresa; i) Cooperar para a melhoria da segurança e saúde no trabalho, nomeadamente por intermédio dos representantes dos trabalhadores eleitos para esse fim; j) Cumprir as prescrições sobre segurança e saúde no trabalho que decorram de lei ou instrumento de regulamentação coletiva de trabalho. 2-O dever de obediência respeita tanto a ordens ou instruções do empregador como de superior hierárquico do trabalhador, dentro dos poderes que por aquele lhe forem atribuídos"。对此，葡萄牙学者 Pedro Romano Martinez 指出，除了服从义务外，《葡萄牙劳动法典》第 128 条第 1 款所列的雇员义务均为次要给付义务，而对于勤谨及守时义务的违反，将导致雇员义务的瑕疵履行（Pedro Romano Martinez, *Direito do Trabalho*, 6° ed., Coimbra: Almedina, 2013, p. 463 e ss., 471, 758, 759）。而澳门学者 Miguel Quental 则指出，除了雇员的主要活动外，第 7/2008 号法律《劳动关系法》第 11 条规定亦施加了其他附随或次要义务（Miguel Quental, *Manual de Formação de Direito do Trabalho em Macau*, Macau: CFJJ, 2012, pp. 100-102.）。

的主要给付义务便会消灭（《澳门民法典》第 790 条、第 797 条）。然而，因为有关不履行是债务人的过错而引致，所以我们不可能要求债权人承受主要给付义务消灭的损失。基于此，在主要给付义务消灭的同时，法律会向债务人施加另一个新生的给付义务，即损害赔偿义务，并以这一义务替代被消灭的那个主要给付义务（《澳门民法典》第 787 条）。例如，甲向乙购买一个古董花瓶，并相约三天后交付以及转移所有权，若在订立该买卖合同当晚乙不小心摔破了该花瓶的话，乙交付该花瓶的义务便会基于履行不能而消灭，但乙却须因其过错导致的履行不能而向甲承担赔偿其损害的义务。又例如，假设甲向乙订购一批布料，以用于生产丙所订制的成衣，其后，乙没有如期交付该批布料，并导致丙解除与甲所订立的合同，基于甲对该批布料已经没有利益，所以乙便构成确定不履行，从而导致其交付该批布料的主要给付义务消灭，取而代之的就是乙的损害赔偿义务。此外，次要给付义务亦可用作补充主要给付义务，这在债务人的迟延中发生（《澳门民法典》第 793 条、第 795 条）。例如，在无偿的消费借贷中，借用人原则上只需要向贷与人返还借贷本金，但如果他没有如期履行该债务，除了这个主要给付义务以外，借用人亦须向贷与人赔偿迟延利息。

3. 附随行为义务

除了主要给付义务和次要给付义务以外，债务人在不同情况下还会被施加附随行为义务。这种义务与主要给付义务及次要给付义务完全不同，它们既不是构成债务法律关系本身的目的，亦不是为了确保、预备、替代及补充主要给付义务而存在。相反，附随行为义务是由善意原则产生的一系列义务。在债务法律关系中，尤其是涉及长期给付的债务法律关系，其充分体现着双方当事人的合作与配合，其中，债权人需要债务人的妥善履行，而债务人又需要债权人配合受领给付。这种合作与配合的关系要求双方必须以正确方式行事，如果他们在合作过程中作出一些欺骗、背信、损害对方的行为，尽管这些行为并没有违反主要给付义务及次要给付义务，但是双方的合作关系必然会受到破坏，甚至导致不能维持。因此，在债务法律关系中，法律引入了一套交易的道德规范，从而避免当事人因害怕受到不当损害而谢绝交易。这套交易的道德规范就是善意原则（princípio de boa fé）。《澳门民法典》第 752 条第 2 款规定："二、不论履行债务或行使债权，当事人均须以善意为之。"①

　　然而，由于善意原则在我们的法律制度中是一个不确定概念，其包含一套开放性的道德规范，所以我们需要将之演绎为不同的具体规则，才可以适用于不同的债务法律关系中。在不同的演绎方法中，其中一种就是创设各种附随行为义务。透过附随行为义务的施加，债务法律关系的当事人便间接地受到善意原则约束，从而使他们能正常地发展其债务法律关系。

　　人们一般会认为，基于善意原则而生的附随行为义务主要适用于长期的债务法律关系。由于这类的债会延续一段时间，所以它特别要求双方当事人之间的信任。如果一方当事人破坏了双方的信任关系，其债务法律关系便不能继续维持。例如，在租赁关系中，如果承租人破坏租赁单位的结构或装潢，又或他在发现租赁单位存在会破坏其结构或装潢的危险的情况下隐瞒有关问题，即使承租人如期支付租金，但出租人仍然会因承租人的行为而遭受损害。这样，为了防止该等损害继续发生，出租人最终可能会选择结束双方的租赁关系。鉴于长期债务法律关系需要确保及维持双方当事人之间的信任，所以法律必须向双方当事人施加一系列的附随行为义务，从而在符合善意原则下促使双方遵循正确的方向继续维持有关债务法律关系。然而，除了长期债务法律关系以外，即时债务法律关系同样需要施加一系列的附随行为义务。虽然即时债务法律关系并不要求双方当事人保持一个长期的信任关系，但是仍然要求确保人们对交易的信任。如果这些交易会导致人们遭到一些不当的损害，虽然这些交易最终能够达至其目的，但是人们亦不会冒着受到不当损害的风险而进行交易。例如，在买卖关系中，其经济社会目的是一人以一定价金来换取他人之物的所有权或其他权利。对于卖方而言，只要其将一物的所有权转移并将之交予买方，他便履行了其主要给付义务。然而，可能出现的情况是，该物本身是具有缺陷又或者具有其他物权负担的。如果卖方隐瞒有关缺陷或负担，又或者不用对有关缺陷负责，那么买方便不能正常使用该物，又或者其对该物的权利最终被消灭，从而使其遭受不当损失。为此，我们亦需要法律向这些即时债务法律关系施加附随行为义务，以确保人们对交易的信任。

　　这样，无论是长期的债务法律关系还是即时的债务法律关系，我们都

---

① 同样，在劳动关系中，第7/2008号法律《劳动关系法》第7条第2款规定："二、雇主及雇员在履行其义务及行使其权利时，应遵循善意规则。"

需要加入附随行为义务，以落实善意原则。然而，由于善意原则在适用上
具有广泛的弹性，而且在现实中我们又会遇到各种各样的债务法律关系，
所以法律亦会就各种不同的情况分别规定不同的附随行为义务。同时，面
对各种千差万别的附随行为义务，立法者则主要透过两种方式进行规范。
首先，法律会就不同的情况（如针对不同的有名合同以及不同的债务法律
关系）规定各种具体的附随行为义务，它们散见于各种有名合同的法律制
度之中。其次，立法者透过设立善意原则的一般规则（如《澳门民法典》
第 752 条第 2 款，第 7/2008 号法律《劳动关系法》第 7 条第 2 款，《澳门商
法典》第 106 条、第 627 条、第 633 条、第 661 条、第 666 条、第 686 条、
第 694 条、第 956 条，等等），对于没有作出特别规定的情况，法律会因应
各个具体债务法律关系的不同情形，透过演绎善意原则而得出相关附随行
为义务。例如，对于使用肖像权的无名合同而言，基于善意原则的要求，
使用方不应在有损提供方名誉的场合使用后者的肖像，因而产生不损害他
方名誉权的附随行为义务。

对于各种不同的附随性行为义务，德国学者 Siebert/Knopp 将它们归纳
为六种，分别是：小心谨慎义务（deveres de cuidado, previdência e
segurança）、通知及澄清义务（deveres de aviso e esclarecimento）、提供资讯
及提交账目义务（deveres de informação e prestação de contas）、合作义务
（deveres de cooperação）、他人财产及人身的保护义务（deveres de protecção e
cuidado com a pessoa e património da contraparte），以及不作为义务（deveres
de omissão）。[①]

第一类义务为小心谨慎义务，其要求债务人须采取措施确保债权人向
其交付或交托的物品或工作免于损坏或受损。例如，在租赁合同中，在出
租人交付及提供租赁物后，承租人须采取措施避免租赁物的损坏（《澳门民
法典》第 983 条 d 项）。如果承租人胡乱使用租赁物，又或者故意破坏租赁
物，他都会违反小心谨慎义务。又例如，在劳动合同中，雇员都必须热心

---

① Soergel/Siebert/Knopp, *Bürgerliches Gesetzbuch mit Einführungsgesetz und Nebengesetzen*, Vol. 2,
10ª ed., Stuttgart/Berlin/Köln/Mainz, 1967, p. 44 e ss., 转引自 Mário Júlio de Almeida Costa,
Direito das Obrigações, 5ª ed., Coimbra：Almedina, 1991, p. 58。然而，葡萄牙学者 Almeida
Costa 却作出不同的分类，他将附随行为义务分为小心谨慎义务（deveres de cuidado,
previdência e segurança）、告知及资讯义务（deveres de aviso e informação）、通知义务（de-
veres de notificação）、合作义务（deveres de cooperação），以及他人财产及人身的保护义务
（deveres de protecção e cuidado relativos à pessoa e ao património da contraparte）五种。

和努力工作（第 7/2008 号法律《劳动关系法》第 11 条第 1 款第 3 项），这样，对于雇主所交托的工作，如果雇员没有按雇主所指定的合理时间完成，那么他亦违反小心谨慎义务。除此以外，构成小心谨慎义务的情况还有：借用人谨慎使用借用物的义务（《澳门民法典》第 1063 条 d 项）、承揽人谨慎完成工作物的义务（《澳门民法典》第 1134 条）等。

第二类义务为通知及澄清义务，这类义务要求债务人在知道一些可能会损害债权人向其所交付物品或交托工作的事实后立即将有关事实知会债权人，从而让债权人有条件采取措施以避免或消除有关损害。例如，在租赁关系中，如果承租人知悉租赁物存在一些瑕疵或缺陷，又或有人就租赁物主张某些与出租人权利相冲突的权利，那么承租人便有义务将有关事实通知出租人，使出租人可以立即修补租赁物的瑕疵，又或即时对第三人的主张作出回应，从而避免租赁物承受即将产生或正在发生的损失又或避免出租人对租赁物的权利受损，这就是承租人的通知及澄清义务（《澳门民法典》第 983 条 g、i 项）。又例如，《澳门民法典》第 1087 条 c 项规定，受任人有义务就委任之执行情况尽快告知委任人；如未执行委任，则应尽快向委任人说明理由。这样，假设某人委托某律师为其提起诉讼，后者不仅须作出有关的诉讼行为，而且还需要不时将有关诉讼的进行情况（如通知委托人法院已对案件作出判决并且告知有关判决的内容）告知其委托人，从而让后者决定其后的诉讼方向及有关的诉讼行为。除此之外，我们亦可在其他债务法律关系中遇到这类附随行为义务，如借用人的告知义务（《澳门民法典》第 1063 条 g 项）、受寄人的通知义务（《澳门民法典》第 1113 条 b 项）以及在无因管理中管理人的告知义务（《澳门民法典》第 459 条 b 项）等。

第三类义务为提供资讯及提交账目义务，这类义务主要涉及管理他人事务的债务法律关系。对于这类债务法律关系而言，管理债权人的事务既成为债务人的主要给付义务，同时又表现为债务人的一项权力。为了避免债务人在管理债权人事务的过程中滥用其权力，我们必须确保债权人能清晰了解债务人所作出的管理工作，以便对其工作作出有效的监督。这样，法律便透过施加提供资讯及提交账目的义务，从而要求债务人向债权人提供有关管理的所有内容以及有关的金钱收支。例如，在上述委任关系中，律师不仅需要向其委托人告知诉讼的进行情况，而且在委托人的要求下，律师亦需要向其提供与该诉讼有关的文件（《澳门民法典》第 1087 条 b

项）。如果在委任的过程中涉及金钱的管理，那么受任人还需要向委任人提交账目（《澳门民法典》第 1087 条 d 项）。又例如，在无因管理的情况下，虽然管理人在没有许可下管理本人的事务，但由于涉及他人事务的管理，所以管理人亦需要向本人报告其所管理的情况以及提交账目（《澳门民法典》第 459 条 c、d 项）。

第四类义务为合作义务，其主要内容是要求债务人配合债权人作出某些活动。例如，在租赁关系中，某些工程须由出租人负责。然而，由于租赁物已交予承租人管领及使用，所以只有在承租人作出配合并容许出租人接触租赁物的情况下，出租人才可以进行有关工程。基于此，承租人便需要承担某些合作义务。首先，为了让出租人知道需要在什么地方进行什么工程，承租人必须让出租人检查租赁物（《澳门民法典》第 983 条 b 项）。其次，在出租人实际进行工程的时候，承租人亦须暂时容忍出租人对租赁物的占用（《澳门民法典》第 983 条 e 项）。此外，借用人的容忍检查及改善的义务（《澳门民法典》第 1063 条 b、e 项）以及受任人遵守指示的义务（《澳门民法典》第 1087 条 a 项）等都是合作义务。①

第五类义务为他人财产及人身的保护义务，它要求债务人必须确保债权人或其他人的人身及财产的安全。例如，在旅客运送合同中，运送人须确保乘客的人身及物品的安全，且需要对运送过程中对之所生的损害负责（《澳门商法典》第 758 条）。在货物运送合同中，运送人原则上须对货物在运送期间所遭受的灭失或毁损负责（《澳门商法典》第 770 条）。同样，在旅舍住宿合同中，旅舍主须确认旅舍住客及其伴侣的人身以及物品的安全（《澳门商法典》第 809、810 条）。这些都是他人财产及人身的保护义务。

第六类义务为不作为义务，其要求债务人不作出某些行为，例如借用人的不改变借用物使用用途的义务（《澳门民法典》第 1063 条 c 项）、借用人不提供借用物予第三人的义务《澳门民法典》第 1063 条 f 项）以及雇员的不竞业义务与保密义务（第 7/2008 号法律《劳动关系法》第 11 条第 1 款第 5 项）等。

对于以上各种附随行为义务而言，虽然它们都是法律义务，但是它们

---

① 此外，法律同样向债权人施加合作义务。《澳门民法典》第 802 条规定："债权人无合理原因不受领依法向其提供之给付，或不作出必要行为以配合债务履行时，即视为债权人迟延。"在债务人作出应为给付的时候，债权人承担了受领给付或配合债务履行的合作义务。

与主要给付义务及次要给付义务之间却存在较大区别。若将两者作出比较，我们可以发现在它们之间存在三方面的差别。

首先，主要给付义务和次要给付义务只在债务法律关系存续期间才存在，而在债务法律关系成立之前及消灭以后，这些义务都不会产生。例如，对于买卖合同的价金及物的交付义务而言，它们仅于买卖合同的订立与生效后产生（《澳门民法典》第 869 条），并且它们的履行及消灭导致有关买卖关系的消灭。同时，对于买卖合同的运送义务及包装义务而言，它们都不会在买卖合同成立前存在，亦不会在买卖关系消灭后存在。又例如，在租赁关系中，一旦当事人解除有关租赁合同，双方当事人的提供租赁物的义务以及支付租金的义务便消灭。然而，附随行为义务却横跨债务法律关系的整个发展过程，从债务法律关系的产生、发展以至消灭，法律都向有关的人施加不同的附随行为义务。在债务法律关系产生前，虽然双方当事人之间还不存在正式的约束关系，但是法律已经向他们施加一些附随行为义务。其中，最为突出的是所谓的合同前义务或合同前责任。《澳门民法典》第 219 条规定："一、一人为订立合同而与他人磋商，应在合同之准备及形成阶段内按善意规则行事，否则须对因其过错而使他方遭受之损害负责。二、上述责任按第四百九十一条规定完成时效。"正处于合同商谈阶段的当事人在有关债务（合同）关系还未成立的时候已经需要遵守一些行为义务，如须向对方提供真实的交易信息、不得欺骗或隐瞒对方当事人又或须就一些重要的交易信息通知对方等。如果违反了有关义务，即使债务法律关系最终没有成立，违反有关义务者亦须承担赔偿责任。[①] 同样，在债务法律关系消灭后，法律有时亦会向原债务人施加附随行为义务。例如，在买卖关系中，原则上，一旦买卖双方已分别履行价金与物的交付义务，有关债务法律关系便即告消灭。虽然如此，在该债务法律关系消灭后，卖方还继续被施加一些附随行为义务。其中，《澳门民法典》第 905 条规定，卖方承担了担保标的物的质量的义务，如果有关标的物存在瑕疵或缺陷，买方则可以要求卖方修补或更换该物（《澳门民法典》第 906 条、第 907 条）。

其次，主要给付义务与次要给付义务由债务人承担，但是附随行为义务既可以由债务人承担，亦可以由债权人承担，而且其相对人可以是第三人。一般来说，债务人通常同时是承担附随行为义务的人，例如，在使用

---

① 澳门特别行政区中级法院第 467/2013 号合议庭裁判。

借贷中，债务人（借用人）除了承担返还借用物的主要给付义务以外，同时也要承担谨慎使用借用物、告知贷与人以及容忍检查及改善等附随行为义务。然而，除了债务人以外，债权人往往亦承担附随行为义务，其最典型的例子莫过于债权人受领给付或配合履行的义务（《澳门民法典》第802~806条）。例如，甲向乙购买一套家具，在支付价金后，甲指定了运送家具的日期。这样，在没有废止或更改该指定的情况下，虽然甲作为交付该套家具的债权人，但是他亦承担了受领乙所运送的家具的义务。如果乙在指定的日期将该套家具送到甲的住处，但甲不予接收，甲即构成债权人迟延，从而须向乙赔偿拒绝受领而导致的损害。

另外，与主要给付义务及次要给付义务的情况不同，附随行为义务的相对人不一定是债务法律关系的主体，还可以是第三人。以租赁合同为例，《澳门民法典》第1021条第1款规定：“一、不论出租人是否须负责任，承租人均得在下列任一情况下解除合同：……b）租赁物存有之瑕疵或嗣后出现之瑕疵会危害承租人或其亲属之生命或健康。”在使用租赁物的过程中，出租人不仅需要确保承租人的人身安全，而且亦必须保障其亲属的生命与健康，否则承租人便可以此为由解除有关租赁合同。换言之，出租人所承担的附随行为义务不仅相对于承租人，而且还相对于债务法律关系主体以外的第三人。

最后，在违反义务的情况下，法律就有关违反涉及附随行为义务还是主要给付义务或次要给付义务而向债权人给予的保障亦不相同。对于主要给付义务或次要给付义务的违反，《澳门民法典》第807条规定，债权人可以向法院提起履行之诉，亦有权透过执行之诉强制实现有关给付。例如，在买卖关系中，如果卖方在取得价金后拒绝交付标的物，买方便可以要求法院判处卖方作出有关给付，并且在后者不遵守该判决的情况下请求法院强制将该标的物交予买方。然而，对于附随行为义务而言，严格来说，由于它们并不涉及本义的给付，而仅属于债务人的行事方式，所以在违反该等义务时，债权人既不可以透过履行之诉请求债务人履行该义务，亦不可以透过强制执行而实现之。相反，债权人最多只可以使债务人承受其他的制裁，包括作出损害赔偿又或解除合同。例如，在租赁关系中，根据《澳门民法典》第983条i项，承租人具有通知的义务。如果他违反了该义务，即知悉租赁物有潜在危险却不通知出租人，那么出租人并不能向法院请求命令承租人向其作出有关通知，更不可能请求法院强制作出有关通知。相反，如果承租人的不作为导致出租人遭受损害，后者则可以违反该附随行为义务为由而要求前者赔偿。又例如，对于出租人而言，他有义务确保承租人及其亲属安全使用租赁物。如果出租人违反这一义务，承租人并不能请求法院命令出租人在承租人及其亲属使用租赁物的过程中确保他们的人身安全，相反，根据《澳门民法典》第1021条，承租人最多只可以要求解除合同，同时要求或有的损害赔偿。

（二）要求给付的权利与给付的义务之间的关系

在债务法律关系中，法律就是透过分别向债权人及债务人赋予及施加要求给付的权利以及给付的义务而将两者联系起来的。原则上，债权人要求给付的权利与债务人的给付义务之间存在着对等的状况或对应的关系，即债权的存在或消灭决定着债务的存在或消灭，反之亦然；同时，债权人行使债权相对于债务人履行债务，而债务人履行债务又会相对于债权人行使债权。例如，在消费借贷中，贷予人拥有要求返还贷款权利的同时，借用人则承担返还该贷款的义务。当借用人因作出给付而履行其债务时，贷予人亦因受领给付而行使其债权，并同时导致债权债务的消灭。

然而，这一对应关系并不是绝对的，在某些情况下，债权与债务之间可能失去这一对应关系。首先，可以发生的是，即便债务人没有履行债务，债权人的债权仍然会基于其他原因而消灭。这些情况主要涉及债的其他消灭原因，包括代物清偿（《澳门民法典》第828条）、抵销（《澳门民法典》第838条）、更新（《澳门民法典》第848条、第849条）、免除（《澳门民法典》第854条）及混同（《澳门民法典》第859条）。以免除为例，《澳门民法典》第854条第1款规定："一、债权人得透过与债务人订立合同而免除债务人之债。"透过债权人与债务人的免除协议，债务人在不用履行其债务的情况下亦导致有关债务的消灭。除了这些原因以外，债权人的债权还会基于时效而消灭（《澳门民法典》第293条及续后条文的规定）。在这些情况下，债权的消灭便不取决于债务的履行。

其次，在其他情况下，债务人的债务基于其所作出的履行而消灭，但是在这一过程中债权人从来没有行使其债权。这种情况的典型例子就是提存，《澳门民法典》第832条规定："一、在以下任一情况下，债务人得透过存放应给付之物解除债务：a）债务人基于债权人本人之任何原因以致不能作出给付或不能稳妥作出给付，且债务人对此并无过错者；b）债权人处于迟延。二、提存属自愿性。"当债权人在客观上不受领债务人所作出的给付时，债务人便可以向法院或第三人提存其所应作出的给付，且在获得法院的确认后导致其债务的消灭（《澳门民法典》第 837 条）。对此，透过以提存的形式所作出的履行，债务人的债务便获得消灭，但是债权人从来没有行使其债权。因此，在这种情况下，债务的履行与债权的行使便失去对等性。

除此之外，在债务人向第三人或表见债权人作出有效履行的情况下，我们亦会遇到单凭债务履行且不需债权的行使便足以消灭有关债务的情况。以对表见债权人的履行为例，《澳门民法典》第 577 条规定："一、就债权之让与对债务人作出通知，即使非透过法院作出，或有关让与一事已为债务人接受时，让与即对债务人产生效力。二、即使在有关通知或接受以前，债务人对让与人作出支付或与其订立任何涉及该债权之法律行为，但受让人能证明债务人已知悉该让与之存在者，则债务人不得以有关支付及法律行为对抗受让人。"如果债权人向第三人让与其债权，他须就让与一事通知债务人，否则该让与便不对债务人产生效力。这样，如果债务人向表见债权人作出有关给付，那么该行为亦被视为履行，从而使债务人的债务消灭，即便真正债权人从未行使其债权亦然。

同样，那些向第三人作出有效给付之情况亦导致债权的行使与债务的履行失去对等性（《澳门民法典》第 760 条）。

三 保障

在约束中保障是最为重要的部分，它主要涉及在债务人不自愿履行义务的情况下法律容许债权人实现其债权的方法。在理论上，对于权利的实现而言，我们有自力救济与公力救济的方法。然而，在现代社会中，立法者原则上禁止权利人以自力救济来实现其权利（《澳门民事诉讼法典》第 2 条），除非遇到法律明确容许的情况，如自助行为（《澳门民法典》第 328 条）、正当防卫（《澳门民法典》第 329 条）、紧急避险（《澳门民法典》第 331 条）等，否则，面对债务人的不履行，债权人只可以透过公力救济来实现其债权。

关于债权的公力救济的规则，其适用《澳门民法典》第 807 条。该条规定："债务人不自愿履行债务时，债权人有权依法透过司法途径要求债务

之履行，并有权依法执行债务人之财产。"债权人以诉或诉讼（acção）来实现其债权，而这个诉既可以是履行之诉，也可以是执行之诉。

履行之诉属于给付之诉（acção de condenação），其旨在要求债务人作出其应为给付（《澳门民事诉讼法典》第11条第2款b项），并且旨在使法院作出构成执行名义（título executivo）的给付判决。在一般情况下，当债务人不自愿履行其债务，债权人必须首先提起履行之诉，以取得有关执行名义并在债务人不履行判决的前提下再另外提起执行之诉。然而，在债务人不履行债务的情况下，如果债权人选择行使损害赔偿的权利而不要求应为给付又或债权人不能要求应为给付而只可要求损害赔偿，那么他便不应或不可以提起履行之诉。相反，为了获得实现该损害赔偿权利的执行名义，债权人须首先提起损害赔偿之诉。

另一个诉讼是执行之诉（acção executiva），它旨在实际实现债权人所主张的要求给付的权利或损害赔偿权利，从而产生等同债务人自愿履行的效果。根据《澳门民事诉讼法典》第12条第1款，执行之诉以执行名义为条件。换言之，债权人只有持有执行名义，才可以提起执行之诉。这样，如果债权人没有任何执行名义，他必须首先提起履行之诉或损害赔偿之诉，并且在获得给付判决以后才可以再提起执行之诉（《澳门民事诉讼法典》第677条a项）。相反，如果债权人拥有非司法执行名义（《澳门民事诉讼法典》第677条b项至d项），他便可以不必提起履行之诉或损害赔偿之诉而直接提起执行之诉。

在执行之诉中，法院会针对债务人实施具体的法律制裁。《澳门民法典》第596条规定："债务之履行系以债务人全部可查封之财产承担责任，但不影响为财产之划分而特别确立之制度之适用。"债务人须以其全部财产而非其人身对债务的不履行承担责任。在这个被称为财产责任的原则下，法院在执行之诉中对债务人所实施的制裁便表现为针对债务人的财产作出一系列的强制措施。至于作出什么强制措施，则视乎债权人所欲实现给付的种类。具体而言，我们会视乎有关债权涉及金钱给付、物的给付还是事实给付而分别适用支付一定金额、交付一定物或作出一定事实的执行（《澳门民事诉讼法典》第12条第2款）。

在这三种执行之诉中，法律将支付一定金额的执行作为一般情况，这是因为，除了适用于债务人的应为给付为金钱给付的情况以外，它还适用于损害赔偿权利的执行。对于这种执行之诉而言，由于我们可以透过将债务人的财产转变为金钱以实现债权人的金钱债权，所以法院在此会作出使债务人的财产金钱化的强制措施，其包括查封、变卖及支付。查封是一个筛选的行为：由于债务人的财产对其所有的债权人负责，而且其财产价值又不会完全与待执行的债权价值对等，所以法院便需要在债务人的整体财产中选择某些个别的财产，以作为其后所进行的变卖及支付的标的。接着，法院便会变卖被查封的财产，透过变卖，法院将被查封的财产售予他人，从而将有关财产转变为金钱。最后，法院便会将变卖所得在扣除诉讼费用后向债权人作出支付。透过这些强制措施，债权人的金钱债权可得到实现。

另一种执行之诉为交付一定物的执行，它主要适用于债务法律关系的标的为物的给付的情形（《澳门民法典》第817条）。由于债务人作出物的给付的目的在于让债权人取得针对该标的物的事实管领，所以在债务人不自愿履行的情况下，透过交付一定物的执行，我们使债权人能获得标的物的事实管领。基于此，在这种执行之诉中，法院会作出扣押及交付以实现该目的。首先，透过司法扣押的作出，法院会从债务人的手上夺取后者对标的物的实际管领。其次，透过标的物的交付，法院会将其所获得的事实管领交予债权人。透过这两个措施，债权人便可以获得等同于债务人作出交付的效果。

最后的情况是作出一定事实的执行。对于这种执行而言，我们会根据有关给付的分类将其分为积极事实与消极事实的执行以及可替代事实与不可替代事实的执行（《澳门民法典》第818条、第819条）。其中，可替代事实的执行与不可替代事实的执行具有不同的执行步骤。对于可替代事实的执行，我们会透过第三人的替代而作出有关事实给付，而债务人则需要承担在该替代的过程中所产生的开支及赔偿。因此，法院会首先对有关开支及赔偿作出估价，然后便透过支付一定金额的执行措施来执行有关开支及赔偿的金额。对于不可替代事实的执行，由于在债务人不履行的情况下我们便不可以由第三人替代作出有关事实给付，所以债权人便不能要求执行这一给付，相反，他只可以将其债权转变为损害赔偿的权利，并透过支付一定金额的步骤以作出执行。

第三章

债的功能

第一节　债权人利益在债的制度中的反映

在界定债的概念的时候，立法者仅从静态及技术角度来描述。换言之，它透过主体（债权人与债务人）、客体（债务人的给付）及约束（债权、债务以及保障）三个结构元素，以识别债务法律关系。根据这一技术定义，凡具有上述结构元素的法律关系，不论其产生原因为何，我们都将之界定为债。这样，正如葡萄牙学者 Antunes Varela 指出的：“技术意义的债本身并不被设置为目的，它仅作为一个手段，一个为实现特定利益而由法律或当事人约定的法律技术工具。”①

虽然债务法律关系仅表现为向债权人赋予要求给付权利同时向债务人施加给付义务的关系，但法律并非为了建立这一约束关系而建立该关系。相反，法律之所以建立债务法律关系，恰恰是为了独立于该关系的目的，这一目的就是债权人的利益（o interesse do credor）。

诚如上文所述，在债务法律关系中，法律会倾向于保护债权人，因而会向债务人施以债务，同时又对债权人赋予债权。为何法律会建立债务法

---

① Antunes Varela, *Das Obrigações em Geral*, Vol. I, 10ª ed., Coimbra: Almedina, 2000, p. 158.

律关系以倾斜于债权人呢？正是为了实现债权人的利益。在人与人之间的关系中，两方的利益不一定处于平衡状态，其中一人可能占据不正当利益，而另一人则可能不当地失去利益或承受不正当的损害，如获得他人借款的人会享用不属于他的购买力，而被借款的人则失去属于他的购买力；被他人殴打的人会受到他不应该遭受的身体损害等。对此，为了保护不当地失去利益或承受不当损害的人能获得其应得的正当利益，法律便会在该两人之间建立这个技术意义的债务法律关系，从而实现正义。

虽然技术意义的债仅透过其结构性元素而非其目的来描述，但债的目的却能用以说明债务法律关系的存在本身，并且决定着债务法律关系的产生、变更及消灭。债的目的对债务法律关系的这一影响可以在《澳门民法典》的不同规定中找到端倪。①

首先，《澳门民法典》第392条第2款规定："二、给付不以具金钱价值为必要，但应符合债权人受法律保护之某种利益。"这里会以债权人的利益是否应受法律保护来决定有关的社会关系是否上升为债务法律关系。

其次，根据《澳门民法典》第757条，在区分涉及可替代给付与不可替代给付的债的时候，法律则将债权人的利益（债的目的）作为区分标准。

---

① 此外，在债权竞合或德国法所谓的请求权竞合（Anspruchskonkurrenz）的情况下，一人会同时拥有数个在结构上独立的债权，即具有多个结构上独立的债务法律关系。如果单纯从债的结构角度来分析这些债务法律关系，基于各个债务法律关系都存在独立的债权，债权人似乎可以一并行使这些债权，以多次获得相同的给付。例如，某人在乘坐出租车的过程中因出租车司机的疏忽驾驶而受伤，那么在该乘客与司机之间便同时产生两个债务法律关系：一是基于非合同责任而产生的损害赔偿之债（《澳门民法典》第477条），即因司机过错地不法侵犯乘客的权利，后者就其所受损害享有赔偿的权利；二是基于合同责任而产生的损害赔偿之债，即因乘客与司机所订立的运送合同，司机违反了保护他人财产及人身的附随行为义务，就这一义务的不履行，乘客则享有获得损害赔偿的权利。由于这两个债权都是彼此独立的，所以该乘客似乎可以透过一并行使这两个权利对相同的损害获得两次赔偿。又例如，在银行与客户的消费借贷关系中，为了便利银行追讨有关借贷，客户通常还会向银行签发一张本票。这样，在银行与客户之间便产生了两个结构独立的债务法律关系：一是消费借贷关系，银行有权要求客户返还借款；二是票据法律关系，银行有权要求客户支付本票上所载的金额。对银行而言，它似乎能同时行使这两个债权，从而就同一借贷金额收取两笔款项。对于这些情况，如果我们从债的目的方面来考虑的话，则可以解决债权人双重获益的情况。事实上，在上述债权竞合中，不同的债权都是为着同一目的，即债权人相同的利益，例如在第一个例子中，因非合同责任及合同责任所生的赔偿权的目的都是弥补乘客在有关交通事故中所受的损害；在第二个例子中，消费借贷关系与票据法律关系所生的债权都是为了令银行可以收回它给予客户的款项及其利息。这样，当债权人的利益已经透过其中一个债权的行使而获得满足时，其他债权亦会基于其目的业已实现而不再具有存在的理由，因而趋于消灭。

若双方协议给付必须由债务人作出，或由第三人作出给付会损害债权人的利益，则属于不可替代给付，反之为可替代给付。对于可替代给付而言，无论由债务人还是第三人作出，债权人都不可拒绝受领，且导致债权的消灭。在第三人作出给付导致债的消灭的情况下，技术意义的债根本没有发挥其作用，这是因为第三人并非在承担债务下为履行其债务而向债权人作出给付，而债权人同样在不能针对第三人行使债权下受领有关给付。因此，在债的结构的角度上，我们根本不能解释为何由第三人作出给付会导致债的消灭。相反，如果从债的目的分析，我们便可以解释这个债的消灭的现象：由于债权人的利益已经透过受领第三人的给付而获得实现，所以为满足该利益而存在的债权便失去了继续存在的理由。

再次，在履行不能的问题上，当我们要界定其为确定不能还是暂时不能时，我们必须根据债权人的利益来判断。《澳门民法典》第 781 条第 2 款规定："二、仅在有关给付于债权人仍具利益之期间，给付之不能方视为暂时不能；判断债权人是否仍具利益系从债之目的予以考虑。"在债务人不能作出给付的情况下，若该给付对债权人仍具有利益，则该不履行仅属于暂时不能；只有当该给付对债权人已不具利益时，才构成确定不能。例如日本发生地震以致当地某厂商停产，若零件订购商对停产的零件仍具有需求的话，厂商的不履行只属于暂时不能；相反，若某航空公司的某一航班因某地发生天灾而延误，而某乘客因假期已过而不需要再乘坐该航班的话，那么该航空公司的履行不能便属于确定不能。根据债权人的利益是否丧失，法律便决定了有关债务法律关系的不同命运。《澳门民法典》第 779 条第 1 款规定："一、基于不可归责于债务人之原因以致给付不能时，债务即告消灭。"因债务已不能履行，且有关给付对债权人已没有任何利益，所以债务消灭。而《澳门民法典》第 781 条第 1 款规定："一、给付之不能属暂时不能者，债务人无须对履行之迟延负责。"因债权人对将来可作出的给付仍保有利益，所以债务人的债务仍予以维持。

同样，在可归责于债务人的不履行中，法律也是以债权人的利益来识别迟延以及确定不履行的情况。《澳门民法典》第 797 条第 1 款及第 2 款规定："一、如因迟延而出现以下任一情况，则视为构成第七百九十条所指之债务不履行：a) 债权人已丧失其于给付中之利益；b) 给付未于债权人透过催告而合理定出之期间内作出。二、给付中之利益是否丧失，应依客观标准认定。"然而，在债务人没有在适当时间作出履行的情况下，如果债权人对有关给付仍然具有利益，则只构成债务人的迟延（《澳门民法典》第793条第2款）。例如预约出卖人没有在约定的日期或双方所订定的期间内订立买卖合同，在一般情况下，由于预约买受人对购买构成本约合同标的的不动产仍然存有利益，所以预约出卖人的不履行仅构成单纯迟延；若债权人对有关给付已丧失利益，则构成确定不履行。又例如，某对新人聘请一位摄影师在他们的婚礼进行期间进行拍摄，但该摄影师其后却没有出席。虽然该摄影师仍然可以在该对新人婚礼过后为他们拍照，但这一活动对该对新人而言已经没有价值，所以摄影师的缺席会构成确定不履行。

此外，在部分履行不能的情况下，无论是否可归责于债务人，法律均透过债权人的利益界定债权人能否解除有关合同。《澳门民法典》第782条规定："一、给付成为部分不能者，债务人就可能之部分作出给付即解除其债务，而在此情况下，他方当事人须作之对待给付应按比例缩减。二、然而，如有理由认定债务之部分履行于债权人并无利益者，债权人得解除有关法律行为。"《澳门民法典》第791条规定："一、给付成为部分不能时，债权人有权解除法律行为或要求就可能之部分履行给付，在后一情况下，如须作出对待给付，则应缩减之；在任何情况下，债权人仍享有对损害赔偿之权利。二、然而，如从债权人利益考虑，部分不履行对债权人非为重要时，则债权人不得解除法律行为。"若债务人不能履行部分债务，而债权人对余下部分的履行仍具有利益，债权人则无权解除合同，而只可以按比例缩减其对待给付；相反，若债权人对仍可能作出的给付没有利益，则可解除合同。例如，甲向乙订购200瓶陈年红酒，但乙不慎打破了一半而仅余下100瓶，由于在一般情况下甲对余下的100瓶红酒仍存有利益，所以甲只可以减少其一半价金；相反，假设丙向丁购买一组沙发，但其中的主沙发被烧毁，基于丙不会以其他款式的沙发来搭配没有被烧的沙发，所以丙对余下的沙发并没有任何利益，从而有权解除合同。

最后，在界定损害赔偿的范围上，法律同样根据债权人的利益来衡量。《澳门民法典》第560条第5款规定："五、定出金钱之损害赔偿时，须衡量受害人于法院所能考虑之最近日期之财产状况与如未受损害而在同一日即应有之财产状况之差额；但不影响其他条文规定之适用。"在计算金钱赔偿的数额时，法院会考虑债务人所没有作出的给付对债权人可能产生的利益，以计算出在没有不履行的情况下债权人应有的财产状况。

第二节　债作为债权人财产中的有价物

　　在传统的理论中，学者认为债本身的价值体现在给付之中。换言之，基于债务人向债权人作出应为给付，债权人便可以获得该给付所具有的利益。在债务人作出给付之前，债并不被视为具有任何的价值。然而，自权利证券化开始，人们已重新思考债本身所具有的价值。在具备充分的财产担保的法律保障的前提下，债的价值不再局限于给付。即使在债务人作出给付之前，基于债权人拥有足够的财产担保以及受到权利实现机制的保障，给付的预期本身已经具有一个独立于给付的价值。透过物化这些独立价值，债务法律关系的主体便可以将其在该关系中的状况如同有形物或无形物般转移，并作为他们（特别是债权人）财产的一部分。

　　"将债本身作为有价物"这一观念主要见于商法领域。透过债权证券（título de crédito），法律将债权文件化。债权证券的持有人可以单凭交付证券或背书从而将证券权利转移，亦可以相同方式将有关权利出质。

　　关于普通债权证券方面，《澳门商法典》第 1071 条规定："一、证券之受款人仅按其与出票人磋商所定之条件取得债权。二、即使出票人不愿将债权证券流通，后手持票人亦得透过善意且无重大过失之取得行为而拥有债权。"《澳门商法典》第 1093 条规定："一、移转无记名式证券时，须有转让人与取得人间所达成之约定，并须将证券交付予取得人；交付得由转让人作出，或由他人依从转让人之指示作出；将证券交付予取得人指定之第三人，视为交付予取得人。二、如取得人已持有该证券或在占有改定之情况下，则无须作出交付。三、设定债权后，无记名式证券之所有权得以适用于取得动产所有权之方式取得，并得因抛弃而以动产丧失之方式丧失。四、得将无记名式证券所生之债权让与，但移转时须将证券交予受让人。"《澳门商法典》第 1103 条规定："一、指示式证券之移转，得透过背书为之，并须将证券交付予被背书人；证券之交付按关于无记名式证券之规定为之。二、指示式证券得以普通让与方式移转，在此情况下，产生普通让与之效力。三、如属让与之情况，移转债权时须按第一款之规定交付证券。"《澳门商法典》第 1106 条规定："一、背书转让证券上所生之所有权利，包括证券上无载明之人之担保或物之担保，但另有约定者除外。二、即使属法律容许作保证之指示式证券，保证亦受关于保证之规定规范。"《澳门商法典》第1127条规定："一、为使记名式证券之移转对签发人及第三人产生效力，应在证券上及签发人之登记中附注取得人之名称，或将签发予取得人之新证券交付予取得人，并在登记中就该交付作出附注。二、证券上及登记中所作之附注应由出票人作出，并由其承担责任。三、如移转人请求作出新证券之附注或交付，则应透过公证文件证明其身分及处分证券之能力。四、如取得人请求作出新证券之附注或交付，则应出示证券及证实其权利。五、如签发人在本条规定之情况下作出移转所需之行为，则无须承担责任，但作出该行为时有过错者除外。"《澳门商法典》第1128条规定："一、如法律并无禁止，记名式证券得以背书方式移转。二、背书时应记载被背书人之名称，并由背书人注明日期及签名；如证券尚未完全清偿，背书时亦应由被背书人签名。三、证券之背书移转仅于在证券登记中作出附注时，始对签发人产生效力。四、被背书人如透过背书之连续而证明其为证券之持票人，得请求作出上指附注。"

关于特别债权证券（票据）方面，《澳门商法典》第1144条规定："一、所有汇票，即使未明示记载指定人条款，亦得背书移转。二、如出票人在汇票上有'不可付指定人'或同义记载，该票仅得按普通债权让与方式移转，并仅产生该让与之效力。三、不论付款人是否已承兑，汇票亦得背书转让予付款人，或背书转让予出票人或汇票上其他共同债务人，彼等亦得再背书转让。"《澳门商法典》第1147条第1款规定："一、背书转让汇票上一切权利。"《澳门商法典》第1225条规定："一、付给确定之人之支票，不论是否载有'可付指定人'条款，均得背书移转。二、如付给确定之人之支票上有'不可付指定人'或同义记载，该票仅得按普通债权让与方式移转，并仅产生该让与之效力。三、支票得背书转让予出票人或支票上其他共同债务人，彼等亦得再背书转让。"《澳门商法典》第1228条第1款规定："一、背书转让支票上一切权利。"

关于债权证券的出质方面，《澳门商法典》第1115条规定："一、如背书载有'为担保'、'为出质'或其他含意为设立质权之记载，则被背书人得行使证券所生之一切权利，但由其作出之背书，仅具委托代理背书之效力。二、质权之记载应明显与背书相连，并有背书人之签名；为设定质权，须将证券交付，并就质权作出约定。三、签发人不得以基于其与背书人间之个人关系之抗辩对抗被背书人，但被背书人在取得证券时明知其行为有损出票人者除外。四、如属规定背书人须负责清偿之证券,则背书人须在质权债务范围内负责清偿证券。五、背书人与被背书人之内部关系受以债权为标的物之质权之一般规定规范。"《澳门商法典》第1152条规定:"一、如背书有'为担保'、'为出质',或其他担保之记载,持票人得行使汇票上之一切权利,但仅得以代理人资格背书。二、共同债务人不得以基于其与出票人或前手持票人间之个人关系之抗辩对抗持票人,但持票人在取得汇票时明知其行为有损债务人者除外。"

除了商法以外,在民法领域内,立法者更明确承认移转债的状况的专门规则,它们分别是债权的让与(《澳门民法典》第571~582条)、单纯债务的移转(《澳门民法典》第590~595条)及合同地位的让与(《澳门民法典》第418~421条)。

鉴于立法者承认这些独立价值的可让与性,作为债的积极状况的债权本身更可成为债务人债务履行的一般担保(《澳门民法典》第596条),并透过诉讼法的相关规定确保债权的变价与支付。《澳门民法典》第810条规定:"如债务人之某项债权被查封,而该债权因取决于被执行人或其债务人意思之原因在查封后消灭,则该消灭对执行人亦不产生法律效力。"《澳门民事诉讼法典》第742条规定:"一、对债权之查封系透过通知债务人有关债权归由负责执行之法院处置而为之。二、债务人须声明有关债权是否存在,并声明该债权所具有之担保、其到期日以及对执行可能属重要之其他情况;如不能于接获通知时作出声明,则其后须以书录或简单之声请为之。三、债务人不作上述声明时,视其确认有关债务存在,且该债务之内容一如指定作为查封对象之债权时所定者。四、如债权人有意识地作不实声明,须负上恶意诉讼人之责任。五、法官得许可或请提出执行请求之人、被执行人或任何已提出清偿要求之债权人作出被认为属必要之行为,以维护所查封之债权。六、如债权透过出质提供担保,则扣押出质物并适用查封动产之规定,或转移债权以作执行;如该债权透过抵押提供担保,则于有关登记中作查封之附注。"《澳门民事诉讼法典》第743条规定:"一、查封债权证券中所包含之权利系透过扣押有关债权证券为之;如属可能,亦须命令就查封所导致之负担作附注。二、如证券中所包含之权利具有债之性质,则亦须遵守关于查封债权之规定。三、所扣押之债权证券寄存于本地区政府库房之负责实体,由法院处置,但不影响下款规定之适用。四、如有关证券受停止流通制度约束,又或须寄存于金融机构者,则查封系透过告知受寄实体该等证券由法院处置为之。"

与此同时，债权亦可以作为物权的标的，这就是所谓的权利物化之现象，最典型的例子就是债权的质权。《澳门民法典》第 676 条规定："仅在权利之标的为动产及权利为可移转时，方可就有关权利设定质权。"《澳门民法典》第 681 条规定："一、出质之债权在可请求时，质权人即应收取之，而质权随即以满足该债权之给付物为标的。二、然而，如有关债权之标的为金钱或其他可代替物之给付，则债务人之给付须向有关之两名债权人共同作出；该等利害关系人间无协议时，债务人得以提存方式作出给付。三、如同一债权为多项质权之标的，则本身拥有之权利优先于其他债权人之人方具正当性收取出质之债权；但其他债权人得要求债务人向该优先债权人作出给付。四、拥有出质之权利之人，仅在质权人同意下方得受领有关给付，在此情况下，质权即告消灭。"除此之外，债权亦可以作为用益权的标的（《澳门民法典》第 1373 条）。①

---

① 然而，学者 Oliveira de Ascensão 认为，对于债权的用益权的情况，作为用益权标的的并非债权，而是作为债权标的的给付。参见 Oliveira de Ascensão, *Direito Civil Reais*, 5ª ed. , Coimbra: Coimbra Editora, 2000, pp. 39, 40, 478-479。

第四章
债的性质

　　在认识债的概念、债的结构与债的功能后，我们基本上已经了解了债务法律关系的全貌。在这个情况下，我们自然而然会更深入地探讨债的本质。那就是说，在这个为了实现债权人利益而向债务人施加至少一项给付义务的法律关系中，最为核心的是一个什么样的权利义务关系，又或者说，在债务法律关系中有关的债权或债务是一个什么样的东西，且与其他性质的法律关系相比较又有什么标志性的特征。这些都是认识债务法律关系的根本问题。

　　在历史上，各学派对这一课题一直争论不休，并且随着债法基本法律制度的演变而接续出现了不同的理论。对此，我们尝试整理部分较具重要性的债的本质的不同见解，以便探求对这一根本问题最为正确的答案。

第一节　针对债务人人身的权力

　　第一个要介绍的理论是人格主义理论（teorias pessoalistas）。此说的其中一种见解由历史法学派的创始人萨维尼（Friedrich Carl von Savigny）提出，他主要根据古罗马法的债务法律制度来说明债的本质，认为债表现为债权人支配债务人行为的权力。

　　萨维尼指出："以他人为标的的权利关系并非如此简单，因为这些人可以呈现出两种完全不同的外貌。如此，他人可以如同物一样受到自身意思及权力的支配，如果这一支配是绝对的，他人则丧失其自由及人格特征，因而在事实上我们便不是行使对人的支配，而是对物的支配。我们的这一权利就是对人的所有权，而这一现实就是罗马人的奴隶制度。然而，若我们想呈现一个支配他人但不失其自由的权利关系，一个类似但区别于所有权的权利，这必然要求该支配不涵盖该人的整体，而仅仅针对他的其中一个行为。在此情况下，该行为不再由该人自由裁量，而是受我们意志的支配。这样，这个针对他人特定行为的支配的权利关系便被称为债。"①

　　换言之，萨维尼认为债表现为一个针对债务人人身的权利关系。然而，根据葡萄牙学者 Antunes Varela 的观点，萨维尼的理论似乎能够解释原始罗马法的债务制度。在这个时期，债表现为人身关系，而债权人的权利最终则指向债务人的人身，在债务人不履行债务的情况下，债权人可以剥夺债务人的自由、人格甚至生命。这样，债权人便可以拥有支配债务人人身的权力。然而，自古罗马的柏艾特里亚法（*Lex Poetelia Papiria*）开始②，债权人被禁止针对债务人的人身实施制裁（禁止将债务人拘禁、出售及杀害），而只可以针对债务人的财产实施制裁。如此，我们便难以理解债权人对债务人人身享有支配的权力。③

　　此外，无论我们认为债是一个支配债务人人身的权力，还是一个支配债务人行为的权力，我们都不能全面地解释债的现象。如果我们将债描述为支配（domínio）的权力，那么它必须如同物权一样令权利人对其客体拥有直接及绝对的控制力。然而，在现代的债务制度中，由于我们已完全抛

---

①　*System des Heutigen Römischen Rechts*, 1981, Tomo 1, §53, pp. 261-262.

②　按照奥古斯都时期的历史学家李维（Livy）所述，"nexum"因过分残忍且因一名高利贷者 Lucius Papirius 的猥亵事件而被废除。在公元前 326 年，一名男孩 Gaius Publilius 因担保了其父亲的一项债务而成为 Papirius 的债奴。由于该男孩年轻且样貌俊美，所以 Papirius 欲性侵他。起初 Papirius 尝试以下流的对话进而诱奸他，但被男孩拒绝。Papirius 继而失去了耐性并提醒男孩只是债奴，应任人鱼肉，但男孩拒绝了 Papirius 的步步紧逼。Papirius 于是扒光了男孩的衣服并不断用鞭抽打他。男孩其后挣脱了并跑到街上向人求助，男孩的哭诉引起越来越多人关注。其后愤怒的群众抬着受伤的男孩到元老院，迫使执政官召开会议修改债务人法律，最终元老院颁布了 *Lex Poetelia Papiria*，以禁止以债务人的肉体抵偿债务而改为以其财产抵偿。自此，所有因 "nexum" 而被囚的债务人都得到释放，且禁绝 "nexum" 为合法契约。Livy, *History of Rome*, VIII 28, "The Perseus Digital Library", Retrieved on May 10, 2007.

③　Antunes Varela, *Das Obrigações em Geral*, Vol. I, 10ᵃ ed., Coimbra: Almedina, 2000, pp. 133-135.

弃人身责任制度，所以我们再也看不到债权人对债务人人身的直接及绝对的控制力。同样，债权人亦不可能直接控制债务人的行为，前者最多可以利用法律所规定的制裁以限制债务人的自由，从而迫使后者作出有关行为，但是债务人最终是否作出有关行为，还是取决于债务人的意志，而债权人对此却没有任何的控制力。因此，在债权人与债务人的行为之间，并非如萨维尼所指称般具有支配的关系，相反，两者之间必然存在债务人的意思这一中介。

在理论上，此说还会令人忽略债务人的意思在债务制度上的重要性。债务法律关系的存在是为了满足债权人的利益。在其正常的进程中，立法者希望透过债务结构的机制满足债权人的利益，而这一手段被称为"履行"（cumprimento）。作为满足债权人利益的其中一种手段（最理想的手段），履行构成债权满足与债务消灭的核心，并以其自愿的特征来区别于实现债权人利益的其他方法，特别是强制执行。这样，如果我们否定债务人的意思在债务制度上的重要性，我们便会破坏履行与其他满足债权的手段之间的划分，从而破坏债务法律制度本身的立法体系。

最后，认为债表现为针对债务人人身的权力的说法更不能解释为何在债务人不自愿履行债务的情况下债权人可以针对债务人的财产而不是其人身或行为作出强制措施。

第二节　针对债务人财产的权力

与上述理论相反的是物权主义理论（teorias realistas）。此说以萨维尼理论的缺陷之处为其出发点，其主张债并不是针对债务人人身的权力，而是针对债务人财产的权力。

在债务法律关系中，债务人的意思具有相当重要的地位，因为债务人的行为是否作出，最终取决于其意思。在债务法律关系中，债权人对于债务人的行为基本上是无能为力的，最终不可单凭债权人的意思令债务人作出某一行为，相反其需要债务人在自愿的情况下，才会作出相关给付。因此，分析到最后，这种社会关系完全显示不出任何具有法律价值的东西，因为在债务人履行债务的过程中，债权人只可完全被动地取决于债务人的自由意思，所以在此阶段债权人完全没有法律上的工具可以使用。与此相反，只有在债务人没有自愿履行债务的情况下，才显示出法律的强制性，这是因为直至这一刻债权人才可以针对债务人的财产作出各种强制措施，而只有这一现象才构成债的核心。由此得出，债务法律关系并非体现在债权人对债务人自由意思的消极等待上，而是体现在，当债务人不履行债务时，债权人可以针对债务人的财产作出一系列强制措施上，而这些强制措施则构成债的基本核心。

与人格主义理论相比，此说确实能解释部分债的现象，但我们却不能认为它是正确的。如果将债仅仅理解为债权人针对债务人财产所实施的权力，那么便无法解释在社会上发生的大部分不需要求助于诉讼及强制措施的债务法律关系，特别是合同关系。在这些关系中，债务人都是因守约或信服于法而自愿履行债务，又或者在债权人要求对方履行下债务人因害怕承担法律责任而自愿履行。如果根据上述见解来解释这些现象，我们便不能将它们界定为债务法律关系，因为它们完全没有体现出债权人针对债务人财产实施强制措施的权力，所以此说无法将债涵盖社会上发生的、不需要求助于强制执行的债务关系。

即便我们认为清偿留置亦具有法律性并将之纳入债权人针对债务人财产的权力的范围内，物权主义理论仍然不能解释债的现象的所有情况。首先，对于一些涉及事实给付的债，这些债务法律关系并没有触及任何物或金钱的交付，而是涉及债务人的单纯举动，甚至是不作为。由于这些涉及事实给付的债并不会对债务人的财产造成任何的变动，所以按照物权主义理论，我们并不能将这些现象界定为债。例如，一名律师受聘提供法律意见，这一事实给付的作出并不会对该律师的财产造成任何的减损或移转，故在客户接受律师的法律意见的情况下难以理解客户对律师的财产享有什么权力。

与此同时，对于物的给付的债务法律关系来说，此说亦难以周全。举例来说，虽然债务人将一件价值 5 万元的物件交给债权人，他的财产便少了 5 万元，但这并不意味着债权人具有针对债务人财产的权力，这是因为这一权力必须取决于对债务人财产的优先效力（preferência）和追及效力（sequela）。[1]

假设甲借 100 万元给乙，而乙为担保债务的清偿，便以自己的一个独立

---

[1]　Antunes Varela, *Das Obrigações em Geral*, Vol. I, 10ᵃ ed., Coimbra: Almedina, 2000, p. 138.

单位向甲设定抵押权。在这个情况下，甲便拥有针对乙那个独立单位的权利。《澳门民法典》第 682 条第 1 款规定："一、债权人有抵押权时，有权从属于债务人或第三人之特定不动产、或等同物之价额中受偿，该受偿之权利，优先于不享有特别优先权或并无在登记上取得优先之其他债权人之权利。"甲对于该独立单位所拥有的抵押权便具有优先及追及的效力：一方面，即使乙还有丙及丁两个债权人，且乙亦曾将同一个独立单位抵押给丙，只要甲的抵押权先于丙的抵押权作出登记，则甲可优先于丙从该房子的价值获得清偿，亦会优先于丁受偿；另一方面，无论该独立单位继续属于乙，还是由乙出售予戊，甚至戊其后再将该独立单位赠与给己或该房子被庚所占有，只要乙没有履行债务，甲都可以直接执行它。

与此相反，在债务法律关系中，断言债权人对债务人的财产拥有所谓的权力其实是错误的，因为它从来没有优先效力及追及效力。我们举例说明之：假设甲是乙、丙及丁的债务人，且拥有两个独立单位，但债权人乙对该两个独立单位并没有抵押权及其他担保物权。对乙而言，若其拥有针对债务人甲的财产的权力的话，那么对于甲的两个独立单位而言，甲的债权应该如同其拥有抵押权的情况一样享有优先及追及效力。然而，事实并非如此，一方面，《澳门民法典》第 599 条第 1 款规定："一、如债务人财产不足以完全满足各项债务，则在无优先受偿之正当原因下，各债权人有权就债务人之财产总值按比例受偿。"无论乙的债权是否先于丙及丁的债权设定，在甲没有履行债务的情况下，如果乙欲以该两个独立单位来满足其债权，他必须与丙及丁竞合来分享它们的价值以清偿有关债务。另一方面，乙对该两个独立单位的权力仅以甲拥有它们为条件，若甲在不履行债务之时将之出售予戊，那么乙便不能以它们来清偿债务。由这个例子得出，债权人针对债务人的财产根本谈不上有任何的权力。

除了结构上的问题以外，此说亦无法合理说明债的目的。债务法律关系的中心是债务人的履行，而债务人以其财产向债权人所作出的担保只不过具有次要目的，那就是迫使债务人履行有关债务，并且在债务人不履行时确保债权人的利益不会受到损害。然而，此说将债的目的主次颠倒，仅放大针对债务人财产的权力，而剔除了履行这个主要目的，这将导致物权主义理论在目的论上的谬误。在实证法上，我们可以看到作为主要目的的履行在债务法律关系中的主宰地位（《澳门民法典》第 395 条及第 779 条第 1 款），这是物权主义理论所不能否定的。

第三节　作为财产与财产之间的关系

物权主义理论在极端情况下还有引致完全的去人格化的倾向，而主张这一极端见解的学者还将债务法律关系降调为两个财产之间的关系：债不再是债权人与债务人又或债权人与债务人财产之间的约束，而是债权人财产与债务人财产之间的交换或转移的现象。换言之，此说建立在一个纯粹财产变动的视角上：以一个消费借贷关系为例，倘若借用人向贷与人借取了10万元，从而须向贷与人偿还10万元本金及1万元利息，那么该借贷关系则表现为有10万元从贷与人的财产中流到借用人的财产中，其后再有11万元从借用人的财产中返回或转移到贷与人的财产中。

不难发现，此说会立即招惹批评。承认债为财产之间的关系等于完全否认法律的人文价值。在法律上，究竟是财产为人服务，还是人为财产服务呢？答案不言自明。在以人为本而构建的法律体系中，极端的物权主义理论必然会被整个法律体系所否定。

而从技术角度来看，极端的物权主义理论也无法说明部分实证法规则。诚如上文所述，我们的法律制度设有债权的让与、债务的移转及合同地位的让与等机制。《澳门民法典》第571条第1款规定："一、不论债务人同意与否，债权人均得将部分或全部债权让与第三人，但该让与须不为法律规定或当事人约定所禁止，且有关债权非属因给付本身性质而不可与债权人本人分离者。"《澳门民法典》第590条规定："一、债务之单纯移转，得透过下列任一方式为之：a）透过原债务人与新债务人订立之合同，而该移转须经债权人追认；b）透过新债务人与债权人订立之合同，而该移转无须经原债务人同意。二、在上述任何情况下，仅于债权人有明示意思表示时，移转方解除原债务人之债务；否则，原债务人与新债务人将负连带责任。"《澳门民法典》第418条规定："一、在相互给付之合同中，任一方当事人均得将其合同地位移转予第三人，只要他方立约人在有关合同订立前或后同意该移转。二、如他方立约人之同意系在让与合同地位之前作出，则仅自该人获通知有关让与或承认该让与时起，让与方产生效力。"在上述制度中，其共同之处为债务法律关系的主体（债权人或债务人）会出现变更。这样，如果说债只是财产与财产之间的关系，那么便不应接受主体的变更，

否则将破坏债务法律关系中两组财产的不变性，从而影响财产之间的价值变动的后果。

最后，极端的物权主义理论亦无法解释各项取决于债权人或债务人自由意思的规则，例如催告权（《澳门民法典》第 794 条第 1 款）、提起履行之诉的权利（《澳门民法典》第 807 条）、特定执行的权利（《澳门民法典》第 817~819 条）、代物清偿（《澳门民法典》第 828 条及续后条文）、免除（《澳门民法典》第 854 条及续后条文）等。如果认为债是财产与财产之间的关系的话，我们则无法解释为什么债权人可以自由决定是否行使有关的权利，相反，法律应强迫其权利的行使，才能确保财产的变动或移转。明显地，这是应予废弃的学说。

第四节　债务责任理论

一　债务责任理论的基本内容

不论是人格主义理论还是物权主义理论，它们均以债是一个统一的关系为基础。然而，在德国，部分学者却以不同的出发点为基础，将债务法律关系拆分为债务（Schuld）及责任（Haftung）两个部分，从而发展出债务责任理论。此说认为，债可划分为债务与责任两个关系，两者不仅各自有其特性，还互相独立。在债务范畴，债的内容主要是给付的义务，后者表现为债务人作出某行为的必要性；而在责任范畴，债表现为债务人需要屈从于债权人对其财产所作出的执行措施，又或者表现为针对债务人财产的类似屈从的状态。

对于债权人而言，他在这两个层面上都享有不同的状况。在债务层面上，债权人享有受领给付的法律期待。这里所说的是法律期待，而不是要求给付的权利，两者是不相同的。它们的不同之处在于，权利是可以请求的，但该理论认为，在债务层面上，债权人正处于不可请求的状况，即在法律上无权主动要求债务人作出给付，因为债务人的给付或履行主要建基于他的自由意志。对债权人而言，他唯一可以做的就是处于消极状态，期待债务人自愿作出履行。当债务人自愿作出履行后，债权人的期待才具有法律上的意义。

虽然债权人在债务的层面上仅享有受领给付的期待，但该期待并非单纯事实上的期待，如子女在父亲去世前对父亲的财产所享有的期待。然而，在债务法律关系中，有关期待是具有法律意义的期待，其不同之处在于，当债权人受领债务人自愿作出的给付后，债权人会享有清偿留置的抗辩。如果债务人在作出给付后主张不当得利，要求债权人返还其所作的给付，债权人就可以清偿留置为理由提出反对，主张债务人的给付是因履行债务而作出的，在法律上视为具有正当原因而作出财产给予的情况。透过这个清偿留置的抗辩阻止债务人重新获得其所作出的给付。

除了债务层面之外，债还包含责任，它的内容与债务层面所发生的情况截然不同。责任层面存在于债务人不自愿履行债务的情况，由于法律要求债务人作出相关的行为，当他不作出有关行为时，债务人便需要承担责任，有关的债便转化为责任。在责任层面，债权人的状况与债务层面的状况并不相同，债权人不再处于消极状态，反而是拥有相关权利，在法院的配合下可针对债务人的财产作出强制措施。换言之，债权人享有真正的权利，而不仅是单纯的法律期待。

从实体法的角度来看，责任层面具有类似于担保物权的表现。债务人会以其财产向债权人作出担保，担保债务人的责任。然而，此担保与一般的担保不同，前者所针对的是债务人的整体财产而不是某个特定物，所以其针对的对象在法律上等同集合物。抽象地说，债权人可以直接针对债务人全部财产作出强制措施。

总的来说，根据债务责任理论，债被分割为债务与责任两个关系。在债务层面，债权人仅享有受领给付的法律期待；在责任层面，债权人则对债务人的所有财产享有担保的权利。

二 债务责任理论的论据

为了更深入地了解债务责任理论，我们现探讨这一见解的立论论据。这一见解认为，从实证法的不同规则可归纳出，债不一定同时包含债务与责任两个层面。换言之，债务层面与责任层面两者是相互独立的。

作为上述见解的主要论据，我们首先看看自然债的情形。《澳门民法典》第 396 条规定："单纯属于道德上或社会惯例上之义务，虽不能透过司法途径请求履行，但其履行系合乎公平之要求者，称为自然债务。"《澳门民法典》第 398 条规定："自然债务适用法定债务之制度中不涉及强制给付部分之规定；但法律另有特别规定者除外。"透过这些规定，我们可以看到，在自然债的情况下，只有债务，但没有责任关系。《澳门民法典》第 397 条第 1 款规定："一、因履行自然债务而自发给付，不得请求返还……"债权人拥有清偿留置的抗辩，这是债务层面的表现。在这个层面上，债务的履行完全取决于债务人的自由意志，但债权人享有受领给付的法律期待。换言之，如果债务人自愿履行的话，债权人就可受领他的给付，日后债务人要求债权人返还其所作出的给付时，债权人有权拒绝作出返还（《澳门民法典》第 397 条）。然而，自然债并没有包含责任的关系，因为《澳门民法典》第 398 条规定自然债不适用强制实现给付的规则。换言之，当债务人不自愿履行债务时，债权人不可针对债务人的财产作出任何强制措施，亦不可向法院声请相关的执行。这就是所谓"有债务而无责任"的情况。

其次，在保证的关系中，我们亦会发现其债务和责任之间具有相互独立的关系。《澳门民法典》第 623 条第 1 款规定："一、保证人就债权之满足负担保之责，因此其本人须对债权人承担债务。"《澳门民法典》第 630 条规定："保证之内容与主债务之内容相同，且其担保范围包括因债务人迟延或过错而产生之法定及合同规定之后果。"《澳门民法典》第 634 条第 1 款规定："一、债权人已尽索债务人之所有财产而未能满足其债权时，保证人无权拒绝履行债务。"从这些规定可以看到，在主债务与保证之间，债务与责任是互相独立的。我们以下面的例子来说明。

假设甲借钱给乙，而乙以丙作保证人以担保其债务的履行。原则上，由于丙仅具有担保的角色，所以甲只可要求乙履行债务。仅当乙不履行债务时，甲才可以针对丙的财产作出执行。透过这个关系，我们可以看到，在主债务人和保证人之间，债务和责任是互相独立的。在债务层面上，只有主债务人承担债务。换言之，只有乙有向甲履行的义务，而丙则没有义务作出履行。在责任层面上，作为保证人，丙须对乙的不履行承担责任，即在乙不履行债务的情况下，甲可以针对丙的财产作出执行。由此可见，在保证的关系中，有关的债务与责任是互相分离、互相独立的。

与上述情况相似，对于由第三人设定质权或抵押权的情况，又或者为担保将来的债而设定质权或抵押权的情况，都会出现债务与责任互相分离的情况。假设甲借钱给乙，而丙则为担保乙的债务将他的某一房子向甲设定抵押权。与保证的情况相同，在债务的层面，只有乙才是债务人，丙则没有履行的义务；在责任的层面，作为担保物所有权人的丙，须因乙不履行债务而向甲承担责任。

又例如，甲银行和乙订立银行便利合同，双方约定，甲承诺向乙提供一个限额融资，乙为担保这个将来的债，便将一套房子抵押给甲。对于这一设定抵押权的行为而言，《澳门民法典》第 682 条第 2 款规定："二、抵押权所担保之债务，得为将来或附条件之债务。"因此，乙设定抵押权的行为是有效的。然而，由于在设定抵押之时，乙对甲仍然未设定该抵押权所担保的债务，所以有关的将来的债还未存在债务层面的关系。相反，在责任的层面上，由于乙已经向甲设定了抵押权，以担保有关将来之债的履行，所以乙对甲而言已经存在了相应的责任。

再次，除了债务与责任相互独立或分离的情况以外，我们还会遇到一些情况，债务人所承受的债务与责任具有不同的范围，其可以发生责任的范围小于债务的范围的情况，亦可以出现责任的范围大于债务的范围的情况。

第一种情况的典型例子就是遗产。《澳门民法典》第 1909 条规定："一、属限定接受遗产时，仅由财产清册内所列之财产承担有关负担，但债权人或受遗赠人证明存在其他财产者除外。二、属单纯接受遗产时，对负担之承担亦不超出所继承财产之价值，但在此情况下，继承人须证明遗产之价值不足以支付有关负担。"在债务人死亡的情况下，其继承人仅在其所继承的遗产的限度内承担责任，即使被继承人的债务较其遗产为多亦然。举例来说，假设乙欠甲 1000 万元的债务，同时他又有一套价值 500万元的房子。其后乙死亡，其继承人丙继承了该房子。在这个情况下，即使丙因继承而承受该 1000 万元的债务，且他本身又有另一套价值 500 万元的房子，但他仅须以其所继承的那套房子的价值为限向甲承担责任。由此可见，在继承的情况下，继承人所承担的责任可以少于其所继受的债务。

最后，我们亦会遇到债务人所承受的责任多于其债务的情况。在连带之债中，《澳门民法典》第 505 条第 1 款规定："一、如多名债务人中任何一人均负有全部给付之责任，而全部给付一经作出时，全体债务人之债务随即解除者，或如多名债权人中任何一人均有权单独要求全部给付，而全

部给付一经作出时，债务人对全体债权人之债务随即解除者，均为连带之债。"《澳门民法典》第 517 条规定："一、作出超过本身须分担部分之给付以满足债权人权利之债务人，有权向每一共同债务人要求偿还其各自须分担之部分。二、如连带债务仅为债务人中一人之利益而被承担，则该债务人在求偿阶段须负责偿还全部给付。"每个连带债务人须负有全体债务人的给付责任，即使他仅承担部分给付的债务，甚至完全不应承担任何的债务亦然。

举例来说，假设甲和乙所驾驶的两车发生碰撞，而该碰撞又导致路人丙受伤。不论甲和乙是否存在过错，亦不论他们的过错或风险的比例，他们任一人对丙都负有全部的赔偿责任。换言之，若丙遭受了 100 万元的损失，即使甲与乙各对该交通事故存在一半的过错，他们任一人对丙都负有 100 万元的责任。然而，由于甲仅存在一半的过错，所以在他全数赔偿给丙以后，他有权向乙求偿乙应付的 50 万元。换言之，甲最终所承受的债务仅为 50 万元，但责任却有 100 万元，即债务人甲所承受的责任大于其债务。

三　对该理论的评析[①]

表面上，债务责任理论似乎合理，但是这一理论本身却存在两个问题。

一方面，作为债务责任理论的立论基础，断言债包含两个互相独立的关系是不正确的。在债务法律关系中，我们根本不应僵硬地将之拆分为债务与责任两个关系，相反，在债务与责任之间根本不存在任何的独立性。为了证实这点，我们可以反驳上述例子所作出的归纳。

我们首先看看自然债的情况，这一见解认为，自然债是有债务而没有责任的情况。然而，我们立刻可以作出批评，严格来说，自然债并不是法律上的债务，它只不过是单纯道德或社会惯例上的义务（《澳门民法典》第 396 条）。与法定之债不同，自然之债本身并没有强制性或制裁性，所以有关的债务并不是法律义务。既然自然之债并不是法定之债，所以不应以此为论据。

对于保证的情况，其真正的内容其实与债务责任理论所描述的不同。

---

① 对债务责任理论进一步的评论可参看 Antunes Varela, *Das Obrigações em Geral*, Vol. I, 10ª ed., Coimbra: Almedina, 2000, pp. 147-153。

我们可看看《澳门民法典》第 623 条第 1 款最后一句的表述："因此其本人须对债权人承担债务。"我们发现，在法律上，保证人并非单纯作为承担责任的人，而是被界定为债务人或从债务人，其与主债务人一样，有义务向债权人作出应为的给付。此外，《澳门民法典》第 628 条第 2 款规定："二、然而，即使主债务因债务人无行为能力、意思之欠缺或意思之瑕疵而被撤销，但保证人于提供保证时明知该撤销原因者，则该保证仍为有效。"在主债务人的债务被撤销后，保证人的债务有可能还独立存在。在这个情况下，如果在保证人的责任背后没有任何债务的基础，我们则不能说明为何他要承担责任。在主债务人没有债务的情况下，既然保证人还要承担责任，这意味着保证人是真正的债务人。因此，在保证的情况下，我们并没有遇到债务与责任分离的情形。

同样，在抵押或质押的情形中，无论发生第三人设定抵押或质押，还是设定担保将来之债的抵押或质押，有关的债的债务和责任都没有互相分离。在上述情况下，即使物的所有人须因债务人不履行债务而承担责任，我们也不能认为债务与责任互相分离。这是因为，一方面，与保证的情况不同，抵押人或出质人在法律上不会被视为债务人；另一方面，即使在担保将来之债的情况下，抵押人或出质人似乎承担了没有债务的责任，但是实际上导致该责任产生的名义并不是债，而是担保物权，所以该责任根本不是债本义上的责任。

为了说明抵押人不具有债务人的身份，我们可以再看看刚才的例子：甲是乙的债权人，丙以他的一套房子向甲抵押以担保乙的债务。在乙不履行债务的情况下，甲有权执行丙的那套房子，但如果该房子不够清偿有关债务，那么甲只可针对乙的财产作出执行，而不可执行丙的其他财产。丙承担有关责任的原因单纯是他作为抵押物的所有人，而非应履行债务的人，他仅以担保物权之名来承担责任。如果丙已经将抵押物转让予丁，基于丙已不再是负有抵押权负担的物主，他不需要对甲再承担任何责任。相反，丁因取得而成为物主，他须以该物的价额为限对甲承担责任。由此可见，在抵押与质押的情况下，抵押人与出质人的责任单纯基于担保物权的机制而生，而有关的债务与责任并没有出现分离。

除了没有债务与责任互相分离的情况以外，债务与责任的范围互不等同的情况其实亦没有出现，它仅仅作为一个表象而已。

对于债务责任理论所指的责任小于债务的情况，我们同样可以遗产的例子反驳上述断言。在上述例子中，我们看到，丙仅须以 500 万元的房子来清偿对甲的 1000 万元的债务，这似乎是责任小于债务的情况。然而，由于这一现象乃在继承中发生，而继承制度又是为了尽量确保死者原来的法律关系不受影响而存在，所以我们应从乙还未死亡的角度来分析上述现象。假设乙还未死亡，则乙继续是甲的债务人且负有 1000 万元的债务，同时乙以其拥有的唯一财产——价值 500 万元的房子——来担保该债务的履行。在这个情况下，虽然乙不能以其财产对甲承担全部的责任，但这仅属于乙的偿还能力问题，而不属于责任小于债务的情况。如果乙其后取得价值 500 万元的另一套房子，他仍然需要以该房子全数承担余下 500 万元的债务责任。在乙已死亡的情况下，透过继承的制度，法律仅仅确保甲乙的债务法律关系可以继续存在及维持不变，即使由丙继受乙作为主体的法律关系，法律尽可能使该等法律关系如同乙仍然生存般继续下来。既然在乙未死亡的情况下并没有出现责任小于债务的情况，在其死亡的情况下亦不构成这一情形。因此，将继承人对死者债务的责任限于死者的遗产并不意味着责任小于债务。

对于连带之债这个所谓责任大于债务的情况，我们很容易明白为何债务人需要承担超出他应承担的份额的责任。在法律上，连带之债可以分为两个关系，一是外部关系，它涉及全体连带债务人与债权人之间的债务法律关系；另一个是内部关系，它涉及各个连带债务人之间的求偿关系。在外部关系中，每一债务人不仅承担全部给付的责任，他同时是全部债务的债务人，因为他应该向债权人作出全部给付。在内部关系中，已作出全部给付的债务人则成为针对其他债务人的债权人，但并不会因为这样而使前者在外部关系中没有承担全部给付的债务。因此，在连带之债中，特别是在外部关系中，并没有发生责任大于债务的情况。

根据上述所作的评析，我们可以作出以下总结：债的现象并非如债务责任理论所主张般包含债务与责任两个互相独立的关系，既不可能出现没有责任的债务，亦不可能出现没有债务的责任，更不可能出现范围不同的债务与责任。债务与责任其实为两个互相依存的统一体，责任必须以债务的存在为前提条件，只有某人违反了义务，不作出应为的行为或作出不应为的行为，法律才对其施以制裁，所以责任必以债务为基础。同样，没有责任的债务亦是不具意义的，因为它只会将应然降格为单纯的道德规范，从而使债务的求偿变得软弱无力，故它并不存在于法律领域之中。既然债务与责任属于同一个现实，且它们又不存在任何独立性，所以没有必要将债割裂为两个不同的关系。

如果将债割裂为两个关系，则会颠倒债务法律关系在现实中的表现。在债务的层面中，债权人不仅拥有消极地受领债务人履行债务的法律期待，法律还承认债权人有权作出不同的积极措施以迫使对方履行债务。首先，《澳门民法典》第 794 条第 1 款规定："一、只有在司法催告或非司法催告债务人履行债务后，债务人方构成迟延。"《澳门民法典》第 793 条第 1 款规定："一、债务人只属迟延者，即有义务弥补对债权人所造成之损害。"债权人可以透过催告及其所引致的迟延责任迫使债务人履行。其次，在债务人处于迟延的情况下，《澳门民法典》第 790 条第 2 款规定："二、如有关债务系由双务合同产生，则债权人不论是否有权获得损害赔偿，亦得解除合同；如债权人已履行其给付，则有权要求返还全部给付。"债权人可以透过合同解除权的行使以迫使债务人结束迟延的状况并作出应为的给付。最后，《澳门民法典》第 807 条规定："债务人不自愿履行债务时，债权人有权依法透过司法途径要求债务之履行，并有权依法执行债务人之财产。"债权人亦可以提起履行之诉，让法院在其理由成立的情况下判处债务人履行债务。若将债拆分为债务与责任的话，上述积极措施都是在债务层面发生的。如此，债务责任理论要么无法正确地说明债务层面的内容，要么无法区分债务与责任。若强行将上述表现纳入责任的范畴内，我们最终将混淆债的手段与目的。

第五节　古典理论——统一的对人权

面对以上各说本身的巨大缺陷，我们既不接受萨维尼的人格主义理论及物权主义理论，也不接受债务责任理论，相反，大部分学者均倾向支持古典的人格主义理论。此说与萨维尼的人格主义理论不同，其标的并非针对债务人的人身，而是针对其行为或给付。债不再是一个支配他人的权力，而是一个请求他人作出给付的权利，其特征在于债务人与债权人之间的互相配合：一方面，债务人保留支配自身行为的权力，并对是否作出给付拥有最终的决定权；另一方面，债权人可以要求债务人作出履行，法律会针对债务人施加约束，将履行的应然性强加于债务人的身上，同时将不履行带来的制裁作为威吓，迫使债务人在决定是否作出给付的问题上作出一个合乎法律的决定，同时，法律亦会将实施制裁威吓的权利赋予债权人，由债权人决定是否及如何使用不同的制裁措施使债务人自愿作出给付。

在债务人不履行债务的情况下，虽然债权人可以针对债务人的财产作出执行，但这一现象完全与债的本质无关，最多只作为债的手段，而非债的目的。事实上，债的存在是为了满足债权人的需要，而不是为了让债权人支配债务人的财产。一旦不能满足或已经满足债权人的需要，不论债务人是否拥有财产，有关的债都会消灭。相反，即使债务人没有财产，只要债权人的需要仍未满足且仍有可能满足，有关的债仍会存续至不能满足或业已满足有关需要为止。因此，债是一个统一的对人关系，而执行的手段只是作为一个工具，以确保给付的实现，而非作为独立于给付义务的另一个存在。

第五章

债权与物权

第一节　区分债权和物权的各个学说[1]

　　在认识债的本质后，我们现在探讨另一个古老问题，那就是债权与物权的区分。在财产法的范畴，自古罗马时期以来，一直有对人之诉（actio in personam）及对物之诉（actio in rem）的划分，其后经注释学派与后注释学派发展成对人权（ius in personam）与对物权（ius in rem）的区分，以至后期对人权与物权的区分。[2]

　　在采纳《德国民法典》的五编体制后，《澳门民法典》建立了债、物权、亲属及继承的法律制度，它们分别对应债务法律关系、物权状况、亲属关系及继承关系。在这些关系中，亲属关系与继承关系主要涉及人的身份及相关的人身权，而债务法律关系及物权状况则涉及财产权。为了确定不同财产关系或状况所应适用的法律制度，我们须首先将之识别为债权或物权，从而界定其相应的效力。因此，我们需要认识债权与物权的区别，

---

①　关于区分债权和物权的各个学说以及对其的评析，可参见〔葡〕马光华（José Gonçalves Marques）《物权法》，唐晓晴译，澳门大学法学院打印教材，第 38~43 页。

②　唐晓晴：《拉丁法系视野下的物权概念及物权与对人权（债权）的区分》，载易继明主编《私法》（第 8 辑第 2 卷），华中科技大学出版社，2010，第 93 页。

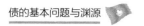

从而准确定性各种各样的财产关系。

在区分债权与物权的问题上，不同学说采取了不同的标准。具体而言，我们可以将之归纳为四种学说，分别是对物关系说、对人关系说、债权一元说及物权一元说。

一 对物关系说

对物关系说认为，物权和债权的主要区别是，物权是人对物的关系，或人对物的支配关系。在这个关系中，人可以直接接触物，该人可以单凭自己的意志决定该物的命运，例如，某人拥有所有权，他可以自行而不需他人的配合直接对物进行使用、收益或处分（《澳门民法典》第1229条）。与此相反，债权并非人对物的直接关系，即人不可以直接接触物，他必须透过另一个人作中介，在得到后者的配合下才可以接触物，例如，在使用借贷这个债务法律关系中，借用人不可直接接触借贷物，他必须透过贷予人提供借贷物才可接触该物（《澳门民法典》第1057条）。因此，根据对物关系说，债权是"人—人—物"的三角关系，物权是"人—物"的直线关系。

二 对人关系说

另一个学说为对人关系说，此说主要为反驳对物关系说而生。它认为对物关系说以"人—物"关系为出发点是错误的，这是因为，在法律上，物只是且只可以是法律关系的客体，而只有人才可以成为法律关系的主体。因此，所有法律关系只可以在主体之间建立，而不可以在主体与客体之间建立。换言之，根本不存在人与物的关系。

既然如此，我们应如何区分债权与物权呢？此说认为，无论是债务法律关系还是物权关系，它们都是人与人之间的关系。然而，在债务法律关系中，权利人与义务人都是特定的主体，权利人只可以要求特定的人履行义务，除此以外，不能要求其他人履行。在物权关系中，所谓人与物的关系其实只是人与人之间的关系所体现出来的表象，一个人之所以能直接接触物的原因是他排除了其他人对该物可能有的接触。然而，与债务法律关系不同，其他人实际上不一定与该物有所接触，我们亦不能预先确定谁会与该物有所接触，法律只是假定他们会潜在地接触到该物，因而会向他们施加不干扰权利人享有该物的义务，即所谓普遍不作为义务（dever geral de abstenção/obrigação passiva universal）。因此，物权关系是权利人与不特定人之间透过对后者施加普遍不作为义务而建立的关系。

三　债权一元说

此说建基于对人关系说，认为债务法律关系与物权关系都是对人的关系。然而，与对人关系说不同，此说认为债权与物权并没有本质上的区别，无论债务法律关系还是物权关系都有义务人，它们的区别仅仅在于义务人的数目。在债权的情况下，义务人的数目较少；在物权的情况下，义务人的数目较多。因此，物权的结构其实与债权相同，物权是强权利（direitos fortes），而债权则是弱权利（direitos fracos）。

四　物权一元说

与此相对，物权一元说以对物关系说为基础，认为债权和物权的情况都表现为人与物之间的接触，或人对物的权利。两者的区别仅在于接触的强度或程度不同。在物权关系中，权利人对物的接触是直接（directo）而即时（imediato）的，他不需要以另一人为中介就可直接接触物；而在债务法律关系中，有关的接触是间接及不即时的，权利人须等待债务人交付物以后，才可对物享有直接及即时的权利，所以债权可被看成间接的物权。

第二节　债权与物权的准确区别

上述四种学说（特别是第一种和第二种）都反映了债权与物权的部分区别，但是它们所描述的外貌都是不全面的。对物关系说仅说明人对物的部分，而对人关系说则仅说明人对人的部分，但事实上，这两个部分并非互相矛盾及互不兼容，相反，它们恰恰全面地勾画了债权与物权各自的基本特征及区别。因此，如果我们对上述见解作综合认识，我们便可以准确地界定债权和物权之间的区别。从这个方向出发，我们可以归纳出债权和物权所具有的各个不同之处。

一 对人的合作关系及对物的支配关系

从关系的形态来区分，债权表现为对人的合作关系，物权表现为对物支配关系。对于债权而言，由于其设定目的在于维护债权人的利益，为此法律向债务人施加法律义务，债务人需要配合，透过给付的作出以满足债权人的利益。债权人和债务人双方建立合作的关系，债权人需要有关给付，但他不可单凭自己的意思或行为实现其利益，而需要债务人的合作，透过债务人履行债务，从而实现债权人的利益。双方当事人间须互相配合，而债权人利益的实现则需要得到债务人的合作。

与此相对，物权则不是合作的关系，而是人对物的直接支配关系。正如对物关系说所主张，物权最主要的内容是界定人对物可享有何种接触及哪种支配。透过这一界定，权利人可以在不用求助于他人的情况下直接支配标的物。与债权不同，在物权状况中，我们主要确定物的归属问题，对此，单纯依赖人—人关系的角度不一定能在设定物权之时确定这一问题。举例来说，某人取得一块石头，他不用向世上所有的人逐一申明那块石头是他的，只要其有效取得该物，在法律上便可以直接接触它。关于对人关系说所作出的反驳（不存在人对物的关系而只存在人对人的关系），事实上也并非完全成立，这是因为，法律在界定人与物之间的关系时，同时也在界定人与人之间的关系，也就是说，界定物的归属其实是界定人与人之间的关系。这一表现完全反映在他物权的情况中，在界定某人对物享有某项他物权时，我们实际上是在界定所有权人与该人之间的关系。

举例来说，在一土地上，除了所有权，还可能设定了用益权与地役权。《澳门民法典》第 1229 条规定："物之所有人，在法律容许之范围内及在遵守法律规定之限制下，对属其所有之物享有全面及排他之使用权、收益权及处分权。"《澳门民法典》第 1373 条规定："用益权系指对属他人之一物或一项权利在一段期间内全面享益而不改变其形态或实质之权利。"《澳门民法典》第 1434 条规定："地役系指在一房地产上设定之负担，旨在为另一房地产提供专有利益，即使两个房地产属于同一主人；负担地役之房地产称为供役地，受益之房地产称为需役地。"法律不仅界定了所有权人、用益权人及地役权人对该土地的接触或支配范围，同时还确定了所有权人、用益权人与地役权人之间的关系：用益权人有权不改变土地的形态而对它全面享益，地役权人（如其享有视役权）有权禁止在供役地上兴建阻碍需役地视线的建筑物，而所有权人则有权在上述限制以外全面支配该土地。

如果单纯认为物权是人对不特定的人之间的关系，便无法解释除所有权人外，其他人对该标的物也可以拥有他物权的情况，也无法界定其他人可拥有何种内容的他物权。以上例来说明，根据对人关系说，当某人对一地段拥有所有权，其他人便承受了普遍不作为义务，从而使他们不能干扰所有权人对该地段的享益。这样，我们就不能解释为何用益权人及地役权人能够干扰对所有权人的地段的享用，亦不能解释他们对所有权人的地段可有多大程度的干扰，更不能解释为何作为地段所有人的所有权人对该地段反而不能干扰用益权人及地役权人的享益。

二 相对权与绝对权

除了上述区别以外，债权与物权的另一个区别是，前者是相对权，后者是绝对权，这一区别恰恰是对人关系说对债权与物权的区别所作的描述。在债务法律关系中，由于相对人必限于特定个人，所以在此情况下权利人只可以针对特定个人行使有关权利，同时只有特定个人才须承担义务。相反，在物权状况中，物权为绝对的权利，除物权人外，其他人都具有普遍不作为的义务，他们不可以干扰物权人对物权的支配，这就是所谓的对世效力（erga omnes）。基于物权的这一特性，在法律上，它被赋予两个债权所没有的效力，那就是优先效力（prevalência）及追及效力（sequela）。

当有物权设定的时候，这一物权会优于以后设定的物权，而且还会优于无论何时设定的债权。物权的优先效力基于物权的绝对性而生，如果某一物权的存在可使物权拥有人对抗其他人，我们就必须确保该权利能优于其他承受普遍不作为义务的人。因此，每个物权都具有优先的效力。

我们以抵押权为例。假设乙向甲借一笔钱，乙将财产抵押给甲，甲对财产拥有抵押权，它具有优先效力。如果乙还对其他人负有债务，甲的抵押权会优于一般债权人。如果债权人丙享有物权的担保，法律则以先设定的权利为优先，并可以对抗其他人。如果甲的抵押权是先设定的，则可优于丙后获得的抵押权，这是优先效力的表现。

相同情况还会在其他物权中发生，最典型的例子就是一物二权或一物二卖的情况。我们假设，甲拥有某个房子的所有权，他首先向太太乙设定用益权并作出登记，一年后，甲又向儿子丙设定另一个用益权并作出登记。由于乙的用益权首先设定，而丙的用益权较后设定，所以乙的用益权会优于丙的用益权。又例如，A 将某一古董花瓶出售予 B，双方约定一个星期后交付，但在此期间，A 以更高的价钱将该花瓶出售予 C，并立即交付该花瓶。在这种情况下，虽然 C 因交付而取得该花瓶的占有，但由于透过 A 与 B 先前订立的买卖合同，该花瓶的所有权已转移予 B，其所有权必然优于 C 较后设定的所有权。

除了优先效力外，物权还具有追及效力。物权人可以针对任何占有、持有或拥有标的物的人主张其物权，而不论该人是不是物权人的直接相对人，亦不会理会有关侵夺人与其前手之间的关系。在制度上，法律会建立不同机制以确保物权的追及效力。

首先，物权的追及效力发生在抵押权的身上。《澳门民法典》第 682 条第 1 款规定："一、债权人有抵押权时，有权从属于债务人或第三人之特定不动产、或等同物之价额中受偿，该受偿之权利，优先于不享有特别优先权或并无在登记上取得优先之其他债权人之权利。"无论标的物是在债务人还是第三人手上，只要没有履行有关债务，债权人都可以直接执行标的物。例如，乙向甲借了一笔款项，并将他的一套房子抵押予甲，在这种情况下，即使乙其后将该房子转让给丙，甲仍然可以直接执行丙的那套房子。

其次，所有权及其他用益物权亦包含此追及效力。假设甲借了一台电脑给乙，乙在该电脑交付后就将其卖给丙，并交付给他。对此，因为该电脑的所有权仍然属于甲，所以不论该电脑在何人手上，甲的所有权都可以追及该电脑。具体而言，该效果透过返还所有物之诉来实现。《澳门民法典》第 1235 条第 1 款规定："一、物之所有人，得透过司法途径要求占有或持有属其所有之物之任何人承认其所有权，并向其返还该物。"只要甲能证实他为该电脑的所有权人，他不仅可以要求借用人乙返还该电脑，还可以要求占有人丙甚至第三人返还。另外，基于追及效力，即使丙透过乙获得该电脑，他也不能以他与乙之间的关系来对抗所有权人甲。①

---

① 此外，根据《澳门民法典》第 1240 条，返还所有物之诉还适用于其他物权。

最后，法定优先权都具有追及效力。《澳门民法典》第 1309 条第 1 款规定："一、就共有物之某一份额之出卖或以之作代物清偿一事未获通知之共有人，只要自其知悉有关转让之基本内容时起六个月内提出声请，并在法院命令传唤之批示作出后八日内，将应支付之价金连同按其受益程度而应支付之有关公证及登记手续费与相关之取得税开支作出存放，即有权取得已转让之份额。"例如，甲与乙是某一单位的共有人，而乙则意欲将其份额出售予丙。由于甲对该份额拥有优先权，乙在出售前须向甲通知有关出售计划，以便甲可以相同条件优先取得有关份额。如果乙没有通知甲而直接将该单位出售予丙，甲则可以针对丙行使优先权，以取得有关份额。丙不能以他与乙之间的关系来对抗甲，即使丙已将该份额再转让他人，亦不妨碍甲针对取得人行使优先权。

与此相反，由于债权只是相对权，所以它并没有优先效力及追及效力。一方面，无论债权何时设定，它与其他债权均处于平等地位，任一债权人只可以与其他债权人竞合，以债务人的财产清偿。举例来说，假设丙是一个贸易公司，甲和乙在未授予代理权的情况下先后委托丙去买一部相同型号的汽车，其后丙以自己名义向丁购买一部该型号的汽车。《澳门民法典》第 1107 条规定："一、受任人有义务将在执行委任时所取得之权利，转移予委任人。二、如涉及债权，委任人得代替受任人行使有关权利。"受任人有义务将在执行委任时取得的权利转予委任人。换言之，丙为执行委任而购买的汽车，须转移予甲或乙。然而，由于甲与乙对丙的权利仅为债权，所以不论他们设定该等债权的先后为何，甲和乙对丙要求交付汽车的权利都是平等的。即使甲的债权先于乙的债权设定，甲要求丙转移该汽车的权利都不会优于乙。这样，在丙履行其债务之前，如果丙因没有足够财产清偿对另一债权人戊的债务而被宣告破产，作为其债权人的甲、乙与戊对丙的财产均享有相同地位，他们最多只可以按比例从丙所拥有的财产处受偿，而不得优先地取得那辆汽车。

同样，债权人对债务人的财产亦不具追及效力。举例来说，假设甲借钱给乙，而乙有两套房子。由于甲对乙享有债权，所以乙须以该两套房子担保甲的债权。在乙不履行该债务的情况下，甲可以在该债权的限度内执行乙的两套房子。然而，如果乙将两套房子已分别出售予丙及丁，基于两套房子已不属乙所有，甲原则上不可对它们作出执行。

三　类型开放原则及类型法定原则

除了上述区别外，债权与物权在我们的法律制度中亦有另一个外在区别。在《澳门民法典》的规定中，虽然我们可以看到立法者分别就各种合同及物权设定不同类型，但有关类型的性质并不相同。《澳门民法典》第392条第1款规定："一、当事人得在法律限制范围内自由设定给付之积极或消极内容。"《澳门民法典》第399条规定："一、当事人得在法律限制范围内自由设定合同内容，订立不同于本法典所规定之合同或在本法典规定之合同内加入当事人均接受之条款。二、当事人亦得将涉及两项或多项全部或部分受法律规范之法律行为之规则，纳入同一合同内。"基于合同自由原则，法律所规定的合同类型只是因应社会上较常见的典型而设，但当事人可以自由创设法律所没有规定的合同或合同类型，这构成类型开放的原则。

债权（合同）具有开放性的理由在于：债权只具有相对效力，故债的设定并不会影响当事人以外的其他人（res inter alios acta, aliis neque nocet neque prodest）。这样，为了更有效地满足每个人不同的需要，当事人对债权的设定享有最大程度的自治。即使立法者因应社会上经常出现的合同关系而设定了各种有名合同，但这并不妨碍当事人在法律容许的范围内自由设定有关的债权内容。

相反，《澳门民法典》第1230条规定："除法律规定之情况外，不容许对所有权设定物权性质之限制或其他具有所有权部分内容之权利；凡透过法律行为而产生之不符合上述要求之限制，均属债权性质。"物权则适用类型法定原则。虽然法律设定了不同的物权类型，但其不容许当事人创设新的物权类型或具有不同内容的物权，而只可选择法律所预设的类型。换言之，以用益物权为例，除了所有权外，当事人只可以选择设定用益权（《澳门民法典》第1373条）、使用权或居住权（《澳门民法典》第1411条）、地上权（《澳门民法典》第1417条）及地役权（《澳门民法典》第1434条）。如果当事人设定其他用益物权，基于违反物权类型法定原则，有关设定并不具有物权效力。

鉴于债权与物权存在这一区别，我们需要思考存在这一区别的理由。根据葡萄牙学者Antunes Varela的归纳，在物权范畴不适用类型开放原则的理由涉及以下三方面：对世效力、经济效益及公共利益。①

首先，由于物权具有绝对性及支配性，所以在设定物权的时候必然触及第三人的利益，例如，假设供役地的所有权人就其土地设定了地役权，这一设定不仅影响当时两土地的所有权人，还会影响日后的所有权人、物权人及使用该土地的人，他们同样会受到原土地所有权人所设定的地役权的限制。由于物权的设定会触及第三人的利益，因此，若采用类型开放原则，第三人的利益会基于当事人之间的约定而受到限制及约束。这些对第三人造成的限制及约束最终会损害交易安全，使人因不可预计的物权负担而不敢交易及取得财产。

其次，在罗马私法传统中，物权法代表私有制，而私有制的核心基础则是个人的所有权，这种物质分配体系被假定为最能有效地获得物的享益。根据这一假定，越少人分享一物，越能从该物获得更大效益；相反，越多人分享一物，从该物获得的效益便越小。这样，如果容许当事人设定各种各样的具有对世效力的物权，各种的物（特别是土地）便会承受各种各样的负担，最终会影响物的拥有人对物的享益，影响对物的利用。这一理由正好用以说明西方法典化运动背后的自由主义对中世纪封建制度的解放，透过废除不同的物权负担并限制不同物权的创设以解除中世纪社会制度对土地的桎梏。

最后，物权涉及土地制度，而土地制度又对一个国家或地区的政治制度有重大影响。为了确保政治制度的稳定，法律不容许单凭个人意志设定对整个政治制度有影响的限制。

基于上述理由，在物权的领域中，我们会适用物权类型法定原则。相反，由于债权或合同制度并不存在上述理由，所以仅适用类型开放原则。

四　其他区别

上述三个方面构成了债权与物权的基本区别。然而，除了这些区别以外，债权与物权之间还存有较为次要的不同之处。首先，物权的客体必然是特定的物或物化权利，但债权的客体则可以是特定物、不特定物或将来

---

① Antunes Varela, *Das Obrigações em Geral*, Vol. I, 10ᵃ ed., Coimbra: Almedina, 2000, pp. 187–188.

物，如种类之债或选择之债，同时，债权的客体还可以是事实，例如提供劳务。其次，物权适用一物一权原则，即对同一个物只可以存在一个所有权；对债权而言，则容许就同一个标的物设定多个债权。最后，在时间方面，物权与债权的效果亦有不同。对物权而言，法律规定了取得时效的制度（《澳门民法典》第1212条及续后条文）；债权所适用的时效则不是取得时效，而是消灭时效（《澳门民法典》第293条及续后条文）。这两套时效制度的作用正好相反：在物权方面，时效的完成会导致占有人取得对物的权利，特别是所有权；相反，在债权方面，时效的完成则导致债权人原来可行使的权利变得不能透过司法途径强制实现。

第三节　债权与物权所关联及近似之处

一　共同渊源

虽然债权与物权存在上述区别，但这并不妨碍两者具有一定程度的相似性。在债权与物权的产生方面，会出现共同渊源的情况。基于同一原因，可以同时产生债权和物权。这一现象主要与我们的法律制度在物权转移领域所采纳的意思主义模式相联系。《澳门民法典》第402条第1款规定："一、特定物之物权，基于合同之效力即足以设定或转移……"对于以合同转移物权的情况，一方面，有关合同导致交付标的物债务及其他债务的产生；另一方面，有关合同本身亦构成物权转移的原因。举例来说，基于一买卖合同，会同时产生债权与物权：一方面，《澳门民法典》第869条b项及c项规定，买卖会产生物的交付义务及价金的交付义务等债务；另一方面，《澳门民法典》第869条a项规定，买卖亦导致物的所有权或其他物权转移。

共因的现象亦会出现在具有物权效力的预约合同及优先权约定之中。在预约合同中，当事人仅有权要求他方当事人订立一特定合同（《澳门民法典》第404条）。由于其相对人仅仅是订立有关预约合同或作出有关许诺的特定人，所以预约合同当事人所享有的权利为债权。同样，在优先权约定中，权利人只可要求义务人（所有权人）在出售标的物之时以相同的条件优先出售予权利人，而不可以要求其他人（如标的物的取得人）将标的物向其出售（《澳门民法典》第 404 条）。然而，《澳门民法典》第 407 条第 1 款及第 415 条第 1 款规定，在预约合同或优先权约定中，为了确保预约取得人或优先权人最终取得有关标的物，当事人可以赋予有关预约合同或优先权物权效力。在这个情况下，预约取得人或优先权人便拥有一项取得物权（direito real de aquisição），使他们能从任何取得人身上直接取得标的物的所有权或其他物权。

二 属物之债与物权负担

同样，在债权与物权两种权利之间，我们还会遇到一些介乎两者中间的权利。这些权利有时候会表现为属物之债（obrigações propter rem），有时候则表现为物权负担（ónus reais）。在物权领域中，除了物权人的物权状况与其他人的普遍消极义务以外，还会出现所谓的物权法律关系（relação jurídica real）。这些物权法律关系往往衍生出不同的非独立的债。

按照葡萄牙学者 Manuel Henrique Mesquita 所述："属物之债仅应定性为那些作为一项物权身份的后果并约束相关物权人的积极内容的债。因此，所有向物权主体施加的特定消极行为的情况，哪怕是有利于另一或另一些主体，皆不属于这一概念。……这些禁止的目的或意义仅在于限制所有权的内容。倘禁止所有权人作出特定行为，法律并非将之包含于主体间的关系中（其并非创设技术意义的债），而是简单及单纯地勾画出支配权或绝对权的轮廓范围。"[①]

这样，共有人的开支义务（《澳门民法典》第 1310 条）以及分层建筑物所有权人对分层建筑物共同部分之开支义务（第 14/2017 号法律《分层建筑物共同部分的管理法律制度》第 7 条、第 8 条）便构成了属物之债。

属物之债在学理上被认为是物权或物权法律关系的内容，因此，其受到物权类型法定原则的约束。[②] 换言之，如果当事人创设一些法律所没有规

---

① Manuel Henrique Mesquita, *Obrigações Reais e Ónus Reais*, Coimbra：Almedina，1990，pp. 266-267.

② 唐晓晴：《分层建筑物的管理费与属物债权》，《法域纵横》2001 年总第 10 期，第 21~36 页；Oliveira de Ascensão, *Direito Civil Reais*, 5ª ed.，Coimbra：Coimbra Editora，2000，pp. 242-246；Manuel Henrique Mesquita, *Obrigações Reais e Ónus Reais*, Coimbra：Almedina，1990，pp. 282-291。

定的"属物之债",那么其只在当事人之间产生效力,而不得用以对抗或约束其他人,尤其是物的取得人。

另一种近似情况为物权负担。根据葡萄牙学者 Antunes Varela 所下的定义:"物权负担同样是为一物所固有且伴随该物而转移的、一般为周期性或重复性给付的债。"① 另一位学者 Oliveira de Ascensão 则指出:"物权负担为固有的权利,其基本内容为请求作为特定的享益物权的权利人一次性地或重复地交付物或金钱的权利。"②

物权负担被视为一种与属物之债相近似但又不相同的情况:属物之债并不具有流动性(ambulatoriedade),但是物权负担则依附于有关的物,使物的取得人在该物的价值限度内承担有关债务的履行。③ 然而,与属物之债一样,物权负担同样受制于物权类型法定原则。

在现行的法律制度中,物权负担仅仅作为一个残留物而存在,而构成物权负担的例子有:赠与物的权利保留(《澳门民法典》第 954 条)、生存配偶的扶养费(《澳门民法典》第 1859 条)等。值得注意的是,考虑到物权负担具有物权的特性,特别是具有对世效力,因此,物权负担的设定、变更或消灭均属于须登记之事实(《物业登记法典》第 2 条第 1 款 o 项、p 项及 q 项)。

三 债对第三人的效力

(一)具对世效力的债

虽然债是一个合作的关系,且债权亦只是一个没有优先效力及追及效力的相对权,但是在我们的制度中,存在一些被称为具有对世效力的债的特别情况。

第一种具有对世效力的债为享益债权(direitos pessoais de gozo),其中,又以租赁的情况具有最大程度的对世效力。有学者认为承租人对标的物的

---

① Antunes Varela, *Das Obrigações em Geral*, Vol. I, 10ª ed., Coimbra: Almedina, 2000, pp. 187-188.

② Oliveira de Ascensão, *Direito Civil Reais*, 5ª ed., Coimbra: Coimbra Editora, 2000, p. 586.

③ 关于物权负担的进一步论述,可参看 Oliveira de Ascensão, *Direito Civil Reais*, 5ª ed., Coimbra: Coimbra Editora, 2000, pp. 586-594; Manuel Henrique Mesquita, *Obrigações Reais e Ónus Reais*, Coimbra: Almedina, 1990, pp. 398-471。

享用构成一项物权，但这说法并不合理，这是因为，一方面，承租人对标的物的享用须取决于出租人对标的物的提供（《澳门民法典》第977条a项）；另一方面，物权的设定受制于"任何人不得转让超过自己所有权利之规则"（nemo plus juris ad alium transferre potest quam ipse habet），且对该规则的违反将导致欠缺转让的正当性以致有关法律行为无效（《澳门民法典》第882条及第950条），但是，法律对租赁并没有此要求，除了所有权人或其他用益物权的权利人以外，占有人或非物权人，即使对标的物没有物权，但仍然可以与承租人订立租赁合同。

《澳门民法典》第978条规定："如租赁物具有导致其原定用途不可完全实现之瑕疵、不具备为实现该用途所必需之质量或出租人所确保之质量，则该租赁合同在下列任一情况下视为不履行：a）该瑕疵最迟于交付时出现，且出租人不能证明其不知该瑕疵之存在属无过错者；b）该瑕疵于交付后出现，且其出现系因出租人之过错而造成者。"《澳门民法典》第979条规定："上条之规定不适用于以下所指之任一情况：a）承租人于订立合同或受领租赁物时，明知该物有瑕疵者；b）订立合同时，租赁物已有瑕疵且易于辨别者，但出租人确保租赁物无瑕疵或以欺诈手段隐藏瑕疵者除外；c）承租人须就瑕疵负责者；d）承租人应将瑕疵告知出租人而未告知者。"《澳门民法典》第980条规定："一、上两条之规定，经作出适当配合后，适用于下列任一情况：a）出租人无权提供租赁物予他人享益者；b）出租人之权利非为所有权，或在其所有权上存在之负担或限制超越该权利固有之一般限制者；c）出租人之权利不具备出租人所确保之特性，或该等特性因出租人之过错而于嗣后不存在者。二、上款所指之情况，仅在引致承租人永久或暂时不能就租赁物享益，或使其对该物之享益程度减低时，方视为合同之不履行。三、已获交付标的物且已缴足价金之房地产或单位之预约买受人，其对出租有关房地产或单位所具之正当性不受第一款b项之规定所影响。"

由上述条文得出，在违反"任何人不得转让超过自己所有权利之规则"的情况下，出租人最多被视为不履行有关租赁合同，但这并不导致有关租赁合同无效。在这个情况下，承租人因该租赁合同而生的权利并不受出租人不享有享益物权的状况的影响，前者对标的物的享用而言同样能享有"对世效力"，只有在面对真正的所有权人或用益物权的其他权利人时，承租人对租赁物的享用才须予让位。

由此得出，承租人的租赁权须以租赁合同为基础，且须取决于出租人的配合，因此，我们认为前述的权利仅为债权。虽然如此，承租人的租赁权却具有一定程度的对世效力，它表现为两个方面，一是买卖不破租赁（emptio non tollit locatum）的规则；二是享有占有的保护之诉。

关于第一个方面，《澳门民法典》第1004条规定："取得作为订立租赁合同基础之权利之人，继受出租人之权利及义务，但不影响登记规则之适用。"虽然承租人的租赁权仅为债权，但这一权利可以对抗租赁物的取得人所取得的所有权。在一般情况下，如果在设定一个债权后出现物权的设定或取得，基于物权的优先效力，较后设定或取得的物权也必然优于较早设定的债权，并使该债权归于消灭。例如，某单位的所有权人甲将该单位借予乙使用，若其后甲将该单位出售予丙，由于丙所取得的所有权会优于乙因使用借贷而生的权利，所以有关的借用会基于丙所有权的取得而消灭。然而，在租赁的情况下，承租人的租赁权会具有类似于物权优先效力的效力，即便出租人在订立租赁合同后才将租赁物转让予取得人，承租人的租赁权亦优于该取得人的所有权。

关于第二个方面，法律会赋予享益债权的债权人享有占有的保护方法，从而确保债权人对标的物的享益不仅可以对抗其债务人，而且还可以对抗其他不特定人。以租赁为例，《澳门民法典》第982条第2款规定："二、承租人被夺去租赁物或其权利之行使受妨碍时，得使用第一千二百零一条及续后各条所赋予占有人之各种防御方法，即使其对抗之人为出租人亦然。"《澳门民法典》第1203条规定："一、属向法院求助之情况，在受妨害或被侵夺之占有人是否拥有本权之问题上其权利尚未否定之时，其占有须予保持或回复。二、如占有不超过一年，则占有人仅在其对抗之人不具较佳之占有时，其占有方可予以保持或回复。三、有依据之占有视为较佳之占有；如属无依据之占有，则以时间较先者为较佳之占有；占有同时开始者，则以现时之占有为较佳之占有。"承租人不仅可以对抗出租人妨碍其租赁物的享益，还可以对抗其他事实上干扰其对租赁物享益的人。同样，借用人（《澳门民法典》第1061条第2款）及受寄人（《澳门民法典》第1114条第2款）的权利亦具有这一方面的对世效力。

（二）针对特定第三人行使的债权

另一种具有对抗第三人效力的情况表现为针对特定第三人行使的债权，

它们主要发生在民事责任之中。《澳门民法典》第 488 条规定："一、侵害他人致死时，应负责任之人有义务赔偿为救助受害人所作之开支及其他一切开支，丧葬费亦不例外。二、在上述情况及其他伤害身体之情况下，救助受害人之人、医疗场所、医生，又或参与治疗或扶助受害人之人或实体，均有权获得损害赔偿。三、可要求受害人扶养之人，或由受害人因履行自然债务而扶养之人，亦有权获得损害赔偿。"在发生民事责任的情况下，若受害人获得他人的救治，原则上施救者会成为债权人，其有权要求作为债务人的受害人支付救援的报酬或开支。然而，为了保障施救者不会因受害人的经济能力不足而不获支付救援报酬或开支，从而鼓励社会成员积极对受害人施予救援，同时考虑到民事责任的功能为将有关损害转嫁予责任人，受害人的债务人地位会因此而转嫁予责任人。换言之，有关的施救者可以直接要求责任人作出相应赔偿。相同的情况亦发生在扶养之债（《澳门民法典》第 1844 条及续后条文）中，而不论其为法定之债还是自然之债，只要受害人有义务向某一债权人作出扶养，基于民事责任的效力，债权人要求受害人扶养的债权亦可以变成针对责任人行使。

同样，透过民事责任的保险，受害人的赔偿权利亦可以转为直接针对保险人行使。原则上，民事责任的受害人与行为人之间的损害赔偿之债只在当事人之间产生效力，即受害人不得针对行为人以外的第三人要求赔偿，但是，如果是责任保险的情况，透过有关保险合同，受害人则可以无须行为人配合而直接请求保险人向其作出赔偿，这尤其在强制责任保险中发生。

在汽车强制责任保险中，第 57/94/M 号法令《修正汽车民事责任之强制性保险制度》第 45 条第 1、2 款规定："一、在追究强制保险中之交通事故之民事责任之诉讼中，不论其为民事诉讼或刑事诉讼，被诉之保险人必须参与，否则为非正当。二、如提出之请求不超过第六条第一款所指之限额，在民事诉讼中，诉讼必须仅针对保险人，如保险人愿意，得使被保险人参与诉讼。"关于工作意外及职业病之强制责任保险方面，第 40/95/M 号法令《核准对工作意外及职业病所引致之损害之弥补之法律制度》第 4 条规定："在不妨碍第十七条第一款之规定及由十月十八日第 58/93/M 号法令核准之社会保障一般制度之情况下，雇主实体对为其提供服务之劳工负本法规所规定之弥补责任及承担本法规所规定之负担。"同一法令第 62 条第 1 款规定："一、雇主必须将本法规规定的弥补责任转移予获许可于澳门特别行政区经营工作意外保险的保险人。"由此可见，受害人的赔偿权利具有针

对第三人（保险人）的效力。

（三）可由第三人行使的债权

除了债权人可以针对第三人行使债权以外，还可以出现由第三人直接针对债务人行使债权的情形，构成这种情况有债权人对债务人的代位。《澳门民法典》第 601 条规定："一、就债务人对第三人拥有之具财产内容之权利，债务人不行使时，债权人可对第三人行使之，但因权利本身性质或法律规定仅能由拥有该权利之人行使者除外。二、然而，上述代位仅在对满足或担保债权人之权利为不可缺少者，方可为之。"在某一债务法律关系中，如果债务人对第三人享有一项债权，而该债权的行使对债务人的债权人实现其债权为必须者，该债权人可以在债务人不行使该债权的情况下直接针对有关第三人行使债务人对该第三人的债权。举例来说，假设甲借了 30 万元给乙，而乙又对丙拥有 30 万元的债权，且除此以外没有其他财产，在乙不积极要求丙履行丙对乙的债务的情况下，甲可以透过行使乙对丙的债权而直接要求丙履行有关债务。

同样，在代偿利益中，有关债权亦可以由第三人行使。《澳门民法典》第 783 条规定："因导致给付成为不能之事实，债务人取得对特定物或对第三人之权利时，债权人得要求给付该物或取代债务人而取得其对第三人之权利，以代替原给付之标的。"《澳门民法典》第 792 条规定："一、第七百八十三条之规定，延伸适用于因可归责于债务人之履行不能之情况。二、如债权人行使上款所赋予之权利，则其有权获得之损害赔偿额相应减少。"我们假设，透过一买卖合同，甲向乙购买一辆二手汽车，约定一星期后支付价金、交付汽车及转移汽车的所有权。三日以后，该汽车被丙纵火焚毁，因丙的不法行为，他须向乙作出损害赔偿。另外，基于该辆汽车业已灭失，乙已不能履行交付汽车的义务，甲因此而不能获得有关汽车，但透过代偿利益，甲可以直接行使乙对丙要求作出损害赔偿的债权。

此外，在向第三人给付的合同（contrato a favor de terceiro）中，我们亦会遇到第三人行使债权的情况。《澳门民法典》第 437 条规定："一、透过合同，一方当事人得对在其许诺中具有应受法律保护之利益之他方当事人，承担向与该法律行为无关之第三人作出给付之义务；承担义务之当事人称为许诺人，作为许诺对象之立约人称为受诺人。二、双方当事人亦得透过向第三人给付之合同免除债务或让与债权，以及设定、变更、移转或消灭物权。"《澳门民法典》第438条规定："一、基于所约定之许诺而受利益之第三人，不论其接受与否，均取得获给付之权利。二、受诺人亦有权要求许诺人履行所作之许诺，但各立约人原意并非如此者除外。三、如许诺旨在解除受诺人对第三人之债务，则仅受诺人可要求履行有关许诺。"

构成向第三人给付合同的典型例子为人寿保险合同。《澳门商法典》第1034条规定："一、如属为第三人之利益订立之保险合同，得在合同中指定受益人，或于日后透过向保险人作出之书面意思表示，又或在遗嘱内指定受益人。二、受益人之指定只要可以充分理解及客观，即使以概括或间接方式指定亦有效。三、在遗嘱中将保险金额作出分配，在一切效力上，视为受益人之指定。四、投保人得指定受益人或改变已作出之指定而无须保险人许可。五、如投保人未指定受益人，则推定其保留随时指定受益人之权能；如于投保人死亡日仍未指定受益人且无确定受益人之客观准则，则保险金额转为投保人之财产。"另外，在涉及外地雇员的劳动合同中，雇主与劳务中介公司所订立的提供劳务合同亦构成向第三人给付合同，从而使雇员有权请求雇主向其支付按照前述合同所承诺的工资、津贴及补偿。①

---

① 参见澳门特别行政区中级法院第 322/2013 号、第 372/2012 号、第 780/2011 号、第 655/2012 号、第 396/2012 号、第 432/2012 号、第 180/2012 号、第 441/2012 号、第 132/2012 号、第 376/2012 号、第 267/2012 号、第 131/2012 号、第 91/2012 号、第 282/2011 号、第 781/2011 号、第 746/2011 号、第 779/2011 号、第 491/2011 号、第 597/2010 号、第 297/2010 号、第 757/2010 号、第 777/2010 号、第 573/2010 号、第 662/2010 号、第 69/2010 号、第 838/2010 号、第 779/2010 号、第 837/2010 号、第 780/2010 号、第 876/2010 号、第 774/2010 号、第 574/2010 号、第 824/2010 号、第 557/2010 号、第 414/2012 号、第 415/2012 号、第 374/2012 号、第 138/2014 号、第 90/2014 号、第 118/2014 号、第 420/2012 号、第 704/2013 号、第 169/2014 号、第 111/2014 号、第 680/2013 号、第 775/2010 号、第 627/2013 号、第 240/2013 号、第 189/2014 号、第 171/2014 号、第 308/2014 号、第 128/2014 号、第 168/2014 号、第 291/2014 号、第 345/2014 号、第 622/2014 号、第 384/2014 号、第 338/2014 号、第 583/2014 号、第 609/2014 号、第 483/2014 号、第 627/2014 号、第 653/2014 号、第 714/2014 号、第 662/2014 号、第 742/2014 号、第 697/2014 号、第 441/2014 号、第 681/2014 号、第 634/2014 号、第 749/2014 号、第 712/2014 号、第 195/2015 号、第 193/2015 号、第 168/2015 号、第 204/2015 号、第 400/2015 号、第 401/2015 号、第 395/2015 号、第 399/2015 号、第 486/2015 号、第 487/2015 号、第 574/2015 号、第 481/2015 号、第 624/2015 号、第 573/2015 号、第 534/2015 号、第 715/2015 号、第 609/2015 号、第 610/2015 号、第 878/2015 号、第 879/2015 号、第 1010/2015 号、第 844/2015 号、第 1018/2015 号、第 1009/2015 号、第 956/2015 号、第 966/2015 号、第 42/2016 号、第 38/2016 号、第 98/2016 号、第 274/2016 号、第 300/2016 号、第 353/2016 号、第 394/2016 号、第 376/2016 号、第 317/2016 号、第 322/2016 号、第 815/2016 号、第 894/2016 号、第 893/2016 号、第 170/2018 号及第 430/2018 号合议庭裁判。

（四） 第三人对债的参与

在其他的情况下，债仅具有相对效力，但这并不妨碍第三人参与债权人与债务人之间的债务法律关系。首先，《澳门民法典》第 757 条第 1 款规定："一、给付既能由债务人为之，亦能由对债务之履行有利害关系或无利害关系之第三人为之。"除了债务人须作出给付外，第三人亦可向债权人作出给付。虽然由债务人和第三人作出给付的情况不同，前者是基于债务人承担义务，后者是基于完全无约束下第三人可向对方作出履行，但两者的差异不会排除第三人向债权人作出给付的可能性。

除此之外，《澳门民法典》第 789 条规定："一、债务人须就其法定代理人或其为履行债务而使用之人之行为对债权人负责，该等行为如同债务人本人作出。二、经利害关系人之事先协议，得排除或限制上述责任，只要该排除或限制不涉及违反公共秩序规范所定义务之行为。"债务人亦可由第三人协助债务人以履行债务，且有关行为视为由债务人作出。还有，《澳门民法典》第 760 条规定："对第三人作出之给付不消灭债务，但下列情况除外：a）经当事人订定或债权人同意，对第三人作出给付会导致债务消灭者；b）债权人追认该给付；c）受领给付之人其后取得债权；d）债权人因债务之履行获益，且债权人并无合理利益不将给付视为向其本人作出；e）债权人为受领给付之人之继承人，并对该被继承人之债务负责；f）法律规定之其他情况。"在上述情况下，即使债务人向第三人而非债权人作出给付，法律仍然视债务人作出有效的履行。

四 其他关联

除了上述共同或近似之处以外，债权与物权还有其他的关联。首先，对于所有权的侵害而言，所有权人除了享有返还所有物的权利以外，在符合非合同责任的其他条件下，还可以因其所有权受到侵害而要求行为人作出损害赔偿。在上述情况下，对物权的侵犯可以导致非合同责任的债务法律关系的产生。

其次，在物权的分类中，除了用益物权及取得物权以外，还有担保物权。这些担保物权有收益用途的指定（《澳门民法典》第 652 条及续后条文）、质权（《澳门民法典》第 662 条及续后条文）、抵押权（《澳门民法典》第 682 条及续后条文)、特别优先受偿权(《澳门民法典》第 733 条及续后条文)及留置权(《澳门民法典》第 744 条及续后条文)等。虽然它们都是物权,但由于是功能性权利,故其存在都是以债务的履行为条件的。这样,若有关债务法律关系不存在或消灭,有关的担保物权同样有相同的命运(《澳门民法典》第 660 条、第 673 条、第 725 条 a 项、第 742 条及第 751 条)。

最后,对于某些物权而言,除了以有形物为其客体以外,同样可以债权本身为有关物权的客体。例如,根据《澳门民法典》第 1373 条,用益权的标的既可以是物,也可以是权利,而后者更包括债权。同样,《澳门民法典》第 662 条规定:"一、债权人拥有质权时,有权从属于债务人或第三人之不可抵押之特定动产、债权或其他权利之价值中,优先于其他债权人获得其债权以及倘有之利息之满足。二、第六百一十九条第一款所指之存放,视为出质。三、由质权所担保之债务得为将来或附条件之债务。"《澳门民法典》第 675 条规定:"凡前分节之规定,与权利质权之特别性质或以下各条之规定不相抵触者,经作出必要配合后,得延伸适用于权利质权。"除了物的质权外,债权人亦可以设定权利质权,以担保本人或第三人对质权人的另一项债务。

第二部分　**债的渊源**

第六章
债的渊源概述

　　我们现在进入本书的另一课题，那就是债的渊源（fontes das obrigações）。在语义上，渊源的意思是来源，而债的渊源则是指导致债务法律关系产生的法律事实。债本身是一个结构概念，它仅被描述为一个"人—人—给付"的法律关系，而这个法律关系的产生原因却不属于债的概念之内，相反，它仅作为一个外在于债的法律事实。

　　然而，这并不意味着债的渊源在债的法律制度中没有重要性。事实上，债可以由不同的法律事实产生，而由不同法律事实所产生的债又往往有一套自己的独特规则，这些规则并不适用于因其他法律事实而产生的债。在罗马法系的法律传统中，债总是围绕着两大板块而存在，那就是契约（contractus）与私犯（delicta）。债作为契约与私犯的集合，而契约与私犯本身又具有各自的独立性，各自有其自身的制度。除此之外，在债的集合中亦有遗留一些既不属于契约也不属于私犯的剩余物（子集），它们具有债的结构，但不具有契约或私犯的目的与功能。这些债的子集又可再划分成不同的机制，每个机制各自构成债的集合的不同元素，且各自也有其自身的规则。这样，在债的范畴内，我们可以如此表达上述各项之间的关系：债＝｛契约，私犯，其他（的债）｝。

　　在规范的层面，债与其元素之间的上述关系会导致以下结果：契约、私犯及其他（的债）各自有其专有的规则，但由于它们都属于债，所以亦有为数较多的共同适用的规则。正因如此，学术上对债的梳理以及立法上对债及其元素的规则的制定一直以来便成为一个困难的课题，而我们可以从债的渊源的不同划分窥探出债法体系的建立中出现的问题。

在历史上，对债的渊源进行划分最早采用二分法。盖尤斯（Gaius）在其法学阶梯中将债分为契约之债及私犯之债，[①] 其后又改为三分法，即除契约之债及私犯之债外还有其他各种原因的债。[②] 然而查士丁尼（Justinianus）的法学阶梯对债的渊源却采用了四分法，即契约、准契约、私犯及准私犯。[③] 这个四分法在中世纪以后一直被沿用，直至在法国的法典编纂运动中演变成由波蒂埃（Pothier）所提倡的五分法，即法律（或衡平）、合同、准合同、私犯及准私犯。[④]

债的五分法的采纳可见于《法国民法典》第 1011 条及第 1370 条。《法国民法典》第 1101 条规定："契约是一种协议，依此协议，一人或数人对另一人或另数人负担给付、作为或不作为之债务。"《法国民法典》第 1370 条规定："某些义务或债务，无论在承担义务或债务的人一方，还是在权利人或债权人一方，得无约定而发生。此种义务或债务，有些纯因法律之强制力而发生，有些系因负担义务或债务的人本人的行为而发生。因法律之强制力而发生的义务或债务，是并非己意而发生的义务或债务，诸如相邻所有权人之间的义务，不得拒绝法律规定的应当履行之职责的监护人或其他管理人的义务或债务，即属于此。由于债务人本人的行为而发生的债务是指，由准契约、侵权行为或准侵权行为而发生的债务。本章所规定者，即属此种债务。"[⑤]

然而，《德国民法典》对债的渊源并没有采用任一划分法，相反，其仅仅以并列方式排列出产生债务法律关系的各种法律事实。《德国民法典》第305 条规定："以法律行为成立债务关系以及变更债务关系的内容，当事人

---

① Gaius 3. 88. "Nunc transeamus ad obligationes, quarum summa diuisio in duas species diducitur: omnis enim obligatio uel ex contractu nascitur uel ex delicto."

② Dig. 44. 7. 1 pr. "Obligationes aut ex contractu nascuntur aut ex maleficio aut proprio quodam iure ex variis causarum figuris."

③ I. 3. 13. 2. "Sequens divisio in quattuor species deducitur: aut enim ex contractu sunt aut quasi ex contractu aut ex maleficio aut quasi ex maleficio prius est, ut de his quae ex contractu sunt dispiciamus harum aeque quattuor species sunt: aut enim re contrahuntur aut verbis aut litteris aut consensu de quibus singulis dispiciamus."

④ Pothier, *Tratado de las Obligaciones*, Buenos Aires: Heliasta, 1993, p. 11.

⑤ 《法国民法典》，罗结珍译，中国法制出版社，1999，第 282、328 页。

之间应当订立合同，法律另有规定的除外。"① 除了这条规定以外，《德国民法典》透过第二编"债务关系法"中的第七章"具体债务关系"列出债的各个渊源：买卖和互易（第 433~515 条）、赠与（第 516~534 条）、使用租赁和收益租赁（第 535~597 条）、借用（第 598~606 条）、借贷（第 607~610 条）、雇佣合同（第 611~630 条）、承揽合同和类似合同（第 631~651 条）、居间合同（第 652~656 条）、悬赏广告（第 657~661 条）、委任（第 662~676 条）、无因管理（第 677~687 条）、保管（第 688~700 条）、旅店主处物的携入（第 701~704 条）、合伙（第 705~740 条）、共有（第 741~758 条）、终身定期金（第 759~761 条）、赌博和打赌（第 762~764 条）、保证（第 765~778 条）、和解（第 779 条）、债务约定和债务承认（第 780~782 条）、指示证券（第 783~792 条）、无记名债券（第 793~808 条）、物的提示（第 809~811 条）、不当得利（第 812~822 条）及侵权行为（第 823~853 条）。

在意大利，其 1865 年民法典曾采纳五分法。该法典第 1097 条规定："债产生自法律、契约、准契约、私犯或准私犯。"然而，其后的新法典则改为采纳三分法。现行《意大利民法典》第 1173 条规定："债产生于契约、违法行为或者法律规定的任何其他产生债的行为或事实。"②

葡萄牙自律令时期起一直沿用盖尤斯的三分法，直至法典化运动为止。由于受到《法国民法典》的影响，葡萄牙在制定《塞亚布拉民法典》时亦继受了法学阶梯式的架构。然而，关于债的渊源的列举方面，《塞亚布拉民法典》却不如《法国民法典》般清晰。《塞亚布拉民法典》第 1 条规定："只有人才可享受权利及承担义务（obrigações）……"《塞亚布拉民法典》第 2 条规定："在这个意义上，权利是指作出或不作出特定事实的意思权能；而义务（obrigações）则指作出或不作出特定事实的意思上的必要性。"《塞亚布拉民法典》第 4 条规定："这些权利及义务（obrigações）产生自：1）人的本身性质；2）在无须他人配合下自身的事实及意思；3）自身与他人的共同事实及意思；4）单纯的他人事实及意思；5）单纯的法律规定。"另一方面，《塞亚布拉民法典》在其第二部分"权利的取得"的第二卷"透过自身及他人的共同事实及意思而取得的权利"的第一编中规定了

---

① 《德国民法典》，杜景林、卢谌译，中国政法大学出版社，2014，第 68 页。
② 《意大利民法典》，费安玲等译，中国政法大学出版社，2004，第 291 页。

"合同及债的总则"。《塞亚布拉民法典》第 641 条规定："合同是一份由两个或多个人互相转移某项权利或互相被施加某项债务的协议。"其第二编则规范了"各种合同",这些合同有婚姻(第 1056~1239 条)、合伙合同(第 1240~1317 条)、委任或代理(第 1318~1369 条)、提供劳务合同(第 1370~1451 条)、赠与(第 1452~1505 条)、借贷(第 1506~1536条)、射幸合同(第 1537~1543 条)、买卖合同(第 1544~1591 条)、兑换或互易(第 1592~1594 条)、租赁合同(第 1595~1635 条)、放贷(第1636~1643 条)、地租或指定年金合同(第 1644~1658 条)、长期租借合同(第 1689~1705 条)、保留年金合同(第 1706~1709 条)及和解(第1710~1721 条)。然而,无因管理(第 1723~1734 条)被规定在第三卷"透过单纯的他人事实而取得的权利及透过单纯法律规定而取得的权利"中,而民事责任则被规定在第四部分"权利的侵犯及弥补"的第 2361~2403 条之中。面对上述立法状况,当时的学者对债的渊源的划分采纳了五分法。

在其后的 1966 年《葡萄牙民法典》以及继受该法典的《澳门民法典》中,其立法架构主要采纳了 Vaz Serra 的民法典草案,而后者则受到潘德克顿学派及《意大利民法典》的影响并且在这一基础上所草拟。在这样的背景下,形成了现行《澳门民法典》第二卷"债法"第一编"债之通则"的第二章"债之渊源"中的五大类型:合同(第 399~450条)、单方法律行为(第 451~457 条)、无因管理(第 458~466 条)、不当得利(第 467~476 条)及民事责任(第 477~503 条),而在第二编的"各种合同"中,则规定了买卖(第 865~933 条)、赠与(第 934~968条)、租赁(第 969~1056 条)、使用借贷(第 1057~1069 条)、消费借贷(第 1070~1078 条)、劳动合同(第 1079 条)、提供劳务(第 1080~1082条)、委任(第 1083~1110 条)、寄托(第 1111~1132 条)、承揽(第1133~1156 条)、永久定期金(第 1157~1163 条)、终身定期金(第1164~1170 条)、赌博及打赌(第 1171 条)以及和解(第 1172~1174条)等合同。

骤眼看来,《澳门民法典》对债的渊源所作的划分似乎十分清晰,但是,在这一体系上还有不同的地方值得我们注意。事实上,在起草 1966 年《葡萄牙民法典》时,Vaz Serra 曾提议设置以下条文:"债产生自法律行为、不法事实或按照法律秩序而可产生债的其他行为或事实。"然而,该学者认为这一规定可有可无，所以其后删去有关条文并直接以章节的列举来划定各种债的渊源。① 这样，我们可以得出以下结论，那就是不论是 1966 年《葡萄牙民法典》还是《澳门民法典》，其均采纳三分法，而且在这两部法典的有关编章中，各种债的渊源并非以尽数列举的方式列出。

对于这一结论，我们在上文亦曾经指出，法律所没有列举的那些非独立的债，它们同样构成债的渊源。此外，对于合同而言，构成债的渊源的不仅仅是《澳门民法典》第 865~1174 条所规定的各种有名合同以及当事人之间所订立的无名合同或混合合同（《澳门民法典》第 399 条）。除此之外，还包括其他（有名）合同：商业企业之租赁合同（《澳门商法典》第 114~131 条）、合作经营合同（《澳门商法典》第 528~550 条）、隐名合伙合同（《澳门商法典》第 551~562 条）、寄售合同（《澳门商法典》第 578~580 条）、供应合同（《澳门商法典》第 581~592 条）、行纪合同（《澳门商法典》第 593~615 条）、承揽运送合同（《澳门商法典》第 616~621 条）、代办商合同（《澳门商法典》第 622~656 条）、商业特许合同（《澳门商法典》第 657~678 条）、特许经营合同（《澳门商法典》第 679~707 条）、居间合同（《澳门商法典》第 708~719 条）、广告合同（《澳门商法典》第 720~748 条）、运送合同（《澳门商法典》第 749~778 条）、一般仓储寄托（《澳门商法典》第 779~797 条）、旅舍住宿合同（《澳门商法典》第 798~819 条）、交互计算合同（《澳门商法典》第 820~830 条）、回购合同（《澳门商法典》第 831~839 条）、银行合同（《澳门商法典》第 840~910 条）、担保合同（《澳门商法典》第 911~961 条）、保险合同（《澳门商法典》第 962~1063 条）、租船合同（第 109/99/M 号法令《海上商事之法律制度》第 14~22 条）、海上货物运送合同（第 109/99/M 号法令《海上商事之法律制度》第 82~104 条）、航次租船合同（第 109/99/M 号法令《海上商事之法律制度》第 105~114 条）、定期租船合同（第 109/99/M 号法令《海上商事之法律制度》第 115~135 条）、多式联运合同（第 109/99/M 号法令《海上商事之法律制度》第 136~141 条）、海上旅客运送合同（第 109/99/M 号法令《海上商事之法律制度》第 142~180 条）、拖航合同（第 109/99/M 号法令《海上商事之

① Vaz Serra, "Fontes das Obrigações: O Contrato e o Negócio Jurídico Unilateral como Fontes de Obrigações", *BMJ*, n° 77, 1958, pp. 127-217, 转引自 António Menezes Cordeiro, *Tratado de Direito Civil Português II: Direito das Obrigações*, Tomo II, Coimbra: Almedina, 2010, p. 40。

法律制度》第 181~193 条）、海上保险合同（第 109/99/M 号法令《海上商事之法律制度》第 194~227 条）、救助合同（第 109/99/M 号法令《海上商事之法律制度》第 269~298 条）、出版合同（第 43/99/M 号法令《著作权及有关权利之制度》第 67~89 条）、舞台表演合同（第 43/99/M 号法令《著作权及有关权利之制度》第 94~102 条），以及房地产中介合同（第 16/2012 号法律《房地产中介业务法》第 18~24 条）等。

由于澳门的立法者采纳了民商分立的立法模式（法国模式），所以对企业主、企业及商行为均以《澳门商法典》来规范。在理论上，基于商法相对于民法的独立性，学者鲜有地在民事领域探讨各种商业活动，并且以商行为（《澳门商法典》第 3 条）及商业之债（《澳门商法典》第 81~84 条、第 563~577 条）的定性处理各种商事合同。虽然如此，上述各种商事合同的商行为及商业之债的定性并不妨碍将前者界定为债的渊源的事实。

《澳门商法典》第 4 条规定："本法典未规定之情况，由本法典中适用于类似情况之规定规范；如无该等规定，则由《民法典》中与商法之原则不相抵触之规定规范。"

对此，学者 Coutinho de Abreu 正确地指出："从表面上看，《商法典》第 3 条（即《澳门商法典》第 4 条）似乎规定民法不可直接适用于商事，而只是在商法本身无法以类推方式填补漏洞时，民法再予以填补。其实不然。商法实则是特别而不完整的法律模式，因此向普通法开放：直接由民法来规范商事问题。再者，商法上的缺失，并非都是真正的漏洞或空白（即违反法律计划的不周延或非完整性）。事实上，有些缺失符合商事立法设计，比如：有关合同类别的基本特征、法律行为一般制度（《葡萄牙民法典》第 217~294 条，即《澳门民法典》第 209~287 条）及合同一般制度（《葡萄牙民法典》第 405~456 条，即《澳门民法典》第 399~450 条）。"[①]

基于此，各种商事合同在现行制度下均构成债的渊源。除了《澳门商法典》的相关规定外，《澳门民法典》中有关债的规定亦完全具有可适用性。在相同的理由下，正如下文将谈到，一般债权证券（《澳门商法典》第

---

① 〔葡〕乔治·曼努埃尔·高迪纽·德·阿布莱乌（Jorge Manuel Coutinho de Abreu）：《商法教程》（第一卷），王薇译，法律出版社，2017，第 26~27 页。

1064~1133 条）及特别债权证券，后者包括汇票（《澳门商法典》第 1134~
1207 条/《统一汇票和本票法公约》附件一第 1~74 条）、本票（《澳门商法
典》第 1208~1211 条/《统一汇票和本票法公约》附件一第 75~78 条）及
支票（《澳门商法典》第 1212~1268 条/《支票统一法公约》附件一第 1~
57 条），同样是债的渊源。

第七章

合 同

第一节　概述

债的第一个渊源是合同，合同是双方法律行为（negócio jurídico bilateral），其相对于单方法律行为（negócio jurídico unilateral）。在这一区分中，"双方"与"单方"的表述很容易使人误以为前者必然是一个由两个人作出的法律行为，而后者必然是一个由一人作出的法律行为，这导致在法律定性上出现混淆。事实上，单方法律行为与双方法律行为，区分的标准并不在于作出意思表示者的数目，而在于意思表示的数目。

换言之，单方法律行为既可以由一人作出，亦可以由多人作出，后者的情况有：全体共有人向一人作出授权行为（《澳门民法典》第255条）、全体共有人设定一抵押权（《澳门民法典》第707条）等。同样，双方法律行为可以由两人作出，但亦可以由一人或三个以上的人作出。由一人作出的情况有：透过双方代理作出法律行为（《澳门民法典》第254条）。由三个以上的人作出的情况有：成立公司的合同（《澳门商法典》第179条）、共有物或共同财产的买卖（《澳门民法典》第1548条）等。

然而，不论一法律行为由多少人作出，只要其中存在至少两组互相对立但内容完全一致的意思表示，有关法律行为则是双方法律行为或合同。

在确定意思表示的数目上，我们会以利益团体的数目，即以当事人或当事方（parte）来界定。在合同的交易中，至少会有两方利益互相对立的人，这一内在的对立仿如零和游戏般，一方的得利等同于对方的损失，但双方在交易所带来的利益上却是相向而行或是共同的，即每一方均能满足其自身的需要。以一个买卖交易为例，买方的价金多付 1000 澳门元，卖方便多得利 1000 澳门元；买方少付 1000 澳门元，卖方便少收 1000 澳门元。然而，这一对立不是不对等的，仅当有关对立最终达成一致时，方能达成交易，而且在交易后双方均会获得所需。例如，在上述买卖交易中，若买方欲以 3000 澳门元购买一物，但卖方要求以 5000 澳门元出售，双方都会选择不交易；仅当双方都有意以 4000 澳门元买卖时，方能达成买卖合同，从而使买方获得其所需的物，而卖方则获得其所需的金钱。因此，在双方法律行为中，必定存在至少两组互相对立但内容完全一致且互为相向的意思表示。

虽然合同是债的渊源，但是合同本身并不为债所专有。基于私法自治原则，在私法的不同领域中，无论涉及人身关系还是财产关系，只要法律容许当事人自治，我们都会找到合同的机制。

首先，在婚姻关系中，其基础就是合同。法律承认私法自治，其不会强迫一人与另一人结婚。每个人都有自由决定是否结婚、与谁结婚等。虽然婚姻关系中有很多地方涉及强制性规范，但都容许透过合同方式来建立婚姻关系。《澳门民法典》第 1462 条规定："结婚系男女双方，拟按照本法典所规定之完全共同生活方式建立家庭而订立之合同。"结婚就是一个合同。在结婚的法定仪式中，男女双方最基本要说"我愿意"，才成立婚姻关系。

除了婚姻外，在继承的情况中亦存在合同的机制。《澳门民法典》第 1868 条第 1 款规定："一、一人透过合同放弃对在生之人之继承或放弃成为在生之人之特留份继承人，又或透过合同处分本身或第三人尚未开始之继承，称为继承合同。"这个合同的目的是要产生继承方面的效果，例如，双方约定某人死后必然要将某些遗产留给对方，并且在生前受到约束。虽然在澳门的继承制度中，继承合同原则上是无效的，但在例外情况下，可以透过继承合同产生一定的法律效果，例如，《澳门民法典》第 1571 条规定："夫妻双方均愿意互相放弃作为对方特留份继承人之资格者，可于婚前协定中载明。"

同样，在物权法中，亦会涉及单纯产生物权效力的合同，例如设定抵押权的合同（《澳门民法典》第 707 条），这是单纯物权方面的合同。

然而，在合同的现象中，我们仅关心作为债的渊源的合同。虽然在理论上我们可以根据所属的法律领域对合同进行划分，并且每个领域的合同又会受到它们专属的法律规则所调整，但这并不表示我们现在所探讨的合同就只规范于《澳门民法典》的"债法"卷之中。

诚如上文所述，我们的立法者采用了民商分立的法国模式，故但凡涉及商业活动的合同（商事合同）均规定在《澳门商法典》及其他单行法中。此外，在《澳门民法典》中，合同规则并非集中编排于债的渊源之中。受到概念法学的影响，《澳门民法典》采取了五编制及抽取公因式的技术，将某些规则抽象出来，成为整个民法的共同部分。其中，对于合同的现象，由于它可以在各个领域出现，而在各领域中的合同又存在一些相同的表现，所以立法者便将这些相同的规则抽象出来，并置于《澳门民法典》第一卷"总则"第二编"法律关系"第三分编"法律事实"之中。这些规则包括：合同（法律行为）意思表示之形式（《澳门民法典》第 209～210 条）、合同（法律行为）意思表示之方式（《澳门民法典》第 211～215 条）、合同（法律行为）意思表示之完成（《澳门民法典》第 216～227 条）、合同（法律行为）的解释及填补（《澳门民法典》第 228～231 条）、意思之欠缺及瑕疵（《澳门民法典》第 232～250 条）、代理（《澳门民法典》第 251～262 条）、条件及期限（《澳门民法典》第 263～272 条）、合同（法律行为）之标的及暴利行为（《澳门民法典》第 273～277 条）、合同（法律行为）之无效及可撤销（《澳门民法典》第 278～287 条）等。

除了合同的共同规则以外，对于作为债的渊源的合同，其专门的规则则被规定在《澳门民法典》的"债法"卷之中。此处，立法者对合同的规定分为三个部分。

第一个部分规定在《澳门民法典》第二卷"债法"第一编"债之通则"第二章"债之渊源"之中，立法者将合同作为债的其中一个渊源并对其作出专门的一般规定。一方面，由于独立的债有不同性质的渊源，而每种债的渊源又有其不同的特别规则，所以对于构成债的其中一种渊源的合同而言，立法者专属规定了一些只适用于它而不适用于其他渊源的规则；另一方面，对于合同的成立规则，由于它已规定在民法典的总则之中，所以已不需要在这个部分内对合同的成立再作出任何的规定。

如此，在这一体系下，构成上述内容的规则有：合同的一般规定（《澳门民法典》第 399～403 条）、预约合同（《澳门民法典》第 404～407 条）、优先权约定（《澳门民法典》第 408~417 条）、合同地位之让与（《澳门民法典》第 418~421 条）、合同不履行之抗辩（《澳门民法典》第 422~425 条）、合同之解除（《澳门民法典》第 426~430 条）、合同因情事变更而解除或变更（《澳门民法典》第 431~433 条）、履行之提前及定金（《澳门民法典》第 434~436 条）、向第三人给付之合同（《澳门民法典》第 437~445 条）及保留指定第三人权利之合同（《澳门民法典》第 446~450 条）。我们认为，上述条文乃合同在按照法典体系化的要求而被抽取公因规则后的剩余物，其主要是一些专属于债法上的合同一般效力的规则。在合同成立以后，它便会产生相应的法律效果。由于合同是一个法律概念，所以在现实中根本不存在纯粹的合同。相反，在现实中，合同以不同的类型在社会上存在。对于这些不同的类型，法律会设置不同的法律规则。然而，鉴于不同的合同类型都会产生一些相同的效果，因此，对于这些效果而言，在体系上便可以透过一套统一的规则来调整，而这个部分的规定便担当着此角色。

第二个部分规定在《澳门民法典》第二卷第一编第二章以外的其他章节，这些规定属于技术意义的债的一般规则。这些规则有：债的类型，其包括不确定主体之债（《澳门民法典》第 504 条）、连带之债（《澳门民法典》第 505~526 条）、可分之债及不可分之债（《澳门民法典》第 527~531 条）、种类之债（《澳门民法典》第 532~535 条）、选择之债（《澳门民法典》第 536~542 条）、金钱之债（《澳门民法典》第 543~551 条）、利息之债（《澳门民法典》第 552~555 条）、损害赔偿之债（《澳门民法典》第 556~566 条）及提供资讯及出示物或文件之义务（《澳门民法典》第 567~570 条）等；债权及债务之移转，其包括债权之转与（《澳门民法典》第 571~582 条）、代位（《澳门民法典》第 583~589 条）及单纯之债务移转（《澳门民法典》第 590~595 条）；债的一般担保，其包括无效之宣告（《澳门民法典》第 600 条）、债权人代位债务人（《澳门民法典》第 601~604 条）、债权人争议权（《澳门民法典》第 605~614 条）及假扣押（《澳门民法典》第 615~618 条）等财产担保之保全方法；债的特别担保，其包括担保之提供（《澳门民法典》第 619~622 条）、保证（《澳门民法典》第 623~651 条）、收益用途之指定（《澳门民法典》第 652~661 条）、质权（《澳门民法典》第 662~681 条）、抵押权（《澳门民法典》第 682~727 条）、优先受偿权（《澳门民法典》第 728~743 条）及留置权（《澳门民法典》第

744~751 条）；债的履行及不履行（《澳门民法典》第 752~827 条）；履行
以外之债务消灭原因，其包括代物清偿（《澳门民法典》第 828~831 条）、
提存（《澳门民法典》第 832~837 条）、抵销（《澳门民法典》第 838~847
条）、更新（《澳门民法典》第 848~853 条）、免除（《澳门民法典》第
854~858 条）以及混同（《澳门民法典》第 859~864 条）。

　　第三部分规定被置于《澳门民法典》第二卷"债法"第二编"各种
合同"之中，它主要规范在现实中经常遇见的各种具体的有名合同。在这
些有名合同中，立法者会透过两种方式设定相关法律规则，分别是候补性
规定以及强行性规定。原则上，法律会尊重合同当事人的自治权，所以有
名合同的有关条款由双方订定，且法律不直接介入双方之间的合同关系。
仅当当事人在约定合同的条款有所遗漏时，才需要《澳门民法典》的候
补性规定来填补有关的合同"漏洞"。在"各种合同"的编章中，属于候
补性规定的条文有《澳门民法典》第 894 条、第 904 条及第 974 条等。

　　与此相反，如果有关的合同内容除了涉及合同双方的利益外还涉及公
共利益，那么法律便不容许当事人以有名合同的名义对有关公共利益作出
处分，而是透过强行性规定的设置而强制介入双方当事人的合同关系，这
一情况的典型例子是劳动合同。《澳门民法典》第 1079 条第 2 款规定：
"二、劳动合同受特别法例规范。"第 7/2008 号法律《劳动关系法》第 14
条规定："一、雇主与雇员可自由订立规范工作条件的劳动合同，但不妨
碍以下各款规定的适用。二、雇主与雇员可协定与本法律的规定有异的合
同条款，但其施行不可使雇员的工作条件低于本法律的规定。三、如在合
同中订定的工作条件低于本法律对雇员的工作条件的规定，则该合同条款
视为不存在，并以本法律的规定代替。四、如雇主与雇员在合同中没有对
工作条件作出规定，则补充适用本法律的规定。"在劳动合同中，为保障
雇员的劳动权利，法律设置了不同的强行性规定，包括雇员的正常工作时
间（第 7/2008 号法律《劳动关系法》第 33 条）、每周休息日（第 7/2008
号法律《劳动关系法》第 42 条）、强制性假日（第 7/2008 号法律《劳动
关系法》第 44 条）、年假（第 7/2008 号法律《劳动关系法》第 46 条）、
缺勤（第 7/2008 号法律《劳动关系法》第 50 条）、产假（第 7/2008 号
法律《劳动关系法》第 54 条）、侍产假（第 7/2008 号法律《劳动关系
法》第 56-A 条）、获得报酬的权利（第 7/2008 号法律《劳动关系法》
第 57~65 条）等合同内容，而劳资双方在劳动合同中的约定倘违反上述强

行性规定，则无效。

第二节　合同自由原则

一　私法自治原则与合同自由原则

在私法范畴中，法律主要调整私人或个人利益。对于私人/个人利益的调整，几乎所有国家都会选择承认个人的自治权，由个人自己管理自身的利益。由于私法所涉及的利益一般都与公共利益无关，所以国家没有必要透过行政手段干涉个人利益。即使国家透过行政手段管理个人利益，在操作上国家也不能有效及充分地顾及每一个人。因此，较理想的调整手段就是给个人管理自己利益的权力，这便是私法自治原则。透过这一原则，个人可以根据自身需要来管理自己的利益以及自行决定相关的法律后果，从而发展自己的人格。

在制度上，私法自治原则有两个表现：自我决定以及自我负责。自我决定意味着个人可以决定自身的行为及处置自身的利益，同时他人则不可支配该人的行为或利益；自我负责则作为自我决定的后果，既然容许个人可以决定自身行为或处置自身的利益，那么在该人作出选择以后，他便应该对自己的行为或决定负责，同时其他人亦不应基于该人的行为或决定而承担任何责任。

关于自我决定方面，法律设置了三个机制来确保个人享有自我决定的权力，它们分别是权利（direito subjectivo）、所有权（propriedade）以及法律行为（negócio jurídico）。

权利的机制在整个私法制度中都具有相同的结构，而在债法中，自债务法律关系的产生至消灭，债权人一直享有债权，并且获法律赋予一系列的权能以决定有关债权的命运。例如，对于无期限的债，债权人可以自由决定是否及何时要求对方履行债务，无论其要求与否，在法律上都不会受到任何制裁（《澳门民法典》第 766 条）；在债权人要求对方履行债务的情况下，透过催告，债务人便会处迟延状态，甚至确定的不履行（《澳门民法典》第 794 条）；面对债务人的不履行，债权人可决定要求强制履行或执行

有关债务、要求债务人作出损害赔偿或要求解除合同（《澳门民法典》第797~807条）。同样，债权人亦可以不行使上述权利。另一方面，只要并非完全剥夺因不履行债务而生的权利，债权人与债务人可以预先对之作出限制（《澳门民法典》第798条）。此外，在得到债务人同意的情况下，债权人亦可以透过代物清偿（《澳门民法典》第828条）、免除（《澳门民法典》第854条）等机制改变有关给付甚至消灭有关债务。

关于所有权方面，《澳门民法典》第1229条规定："物之所有人，在法律容许之范围内及在遵守法律规定之限制下，对属其所有之物享有全面及排他之使用权、收益权及处分权。"法律赋予个人对属他所有的物享有几乎无限制的支配权利，从而让个人可自由处置其所有物并发展其人格。

最后的一个机制为法律行为。在私法中，对个人利益的管领，法律容许个人按其意思而处分，这一意思并非内在的，而是一个外在意思，即所谓的意思表示（declaração de vontade），个人透过作出意思表示令其想要的法律效果产生。这一情况的典型例子是遗嘱，《澳门民法典》第2016条规定："一、遗嘱行为系指一人为对其全部或部分财产作出死因处分而作出之单方及可废止之行为。二、就法律容许纳入遗嘱内之非财产性质之处分，如该等处分属某一以遗嘱方式作出之行为之一部分，则属有效，即使在该行为中并无任何具有财产性质之处分亦然。"个人可以任凭其自己的意思透过遗嘱安排其死后的财产分配，只要不对特留份造成损害（《澳门民法典》第1994~2015条），并且可以随时废止遗嘱（《澳门民法典》第2140~2145条）。同样，公开许诺（《澳门民法典》第453~456条）及公开竞赛（《澳门民法典》第457条）亦属于这一情况。

关于自我负责方面，私法自治原则要求个人须对自己决定作出的行为承担责任。基于个人的自由意志而作出的行为，若对他人的权利造成损害，该人须就自己的行为向对方承担民事责任，无论有关损害是基于个人的过错（《澳门民法典》第477条）还是风险（《澳门民法典》第492条及续后条文）导致的。

在私法自治原则的上述内容中，我们想要强调的是法律行为的机制。诚然，在理论上，个人可以透过其单方的意思管理自身的利益，但是，从社会的角度出发，人与人之间的利益是相互交错的，个人对自身利益的管理可能甚至必然触及他人的利益。因此，为确保其他人同样享有私法自治的空间，在管理自身利益的过程中，如果涉及他人利益，则个人亦必须尊重他人的意思。仅在有关利益的管理同时符合两人意思的情况下，方为正当。例如，某人想将其一单位出售以获得金钱，这一管理利益的行为必然会涉及另一个人（买方）的利益，所以须有双方的同意方能达成单位的买卖。在这个情况下，有关法律行为则表示为双方法律行为（negócio jurídico bilateral），或曰"合同"（contrato）。

合同的机制普遍存在于私法的范畴，如婚姻合同、物权合同（行为）及继承合同等。在债法中，合同则作为产生债务法律关系的最主要渊源。换言之，合同则作为私法自治原则的最大体现。正因如此，私法自治原则在合同的制度中表现为合同自由原则。

二 合同自由原则的内容及限制

《澳门民法典》第 399 条规定："一、当事人得在法律限制范围内自由设定合同内容，订立不同于本法典所规定之合同或在本法典规定之合同内加入当事人均接受之条款。二、当事人亦得将涉及两项或多项全部或部分受法律规范之法律行为之规则，纳入同一合同内。"

上述条文确立了合同自由原则（princípio da liberdade contratual）。从该条文的文义来看，合同自由原则的内容似乎仅表现为"在法律限制范围内自由设定合同内容"、"订立不同于本法典所规定之合同"、"在本法典规定之合同内加入当事人均接受之条款"及"将涉及两项或多项全部或部分受法律规范之法律行为之规则，纳入同一合同内"的自由，其等可被归纳为设定合同内容的自由。

然而，在事实上，从该条的文义可推演出合同自由原则的其他方面，即订立合同的自由及选择合同主体的自由。既然个人可自由设定合同内容，那么在逻辑上的必然前提是，个人有权选择是否订立合同。如果个人无权选择是否订立合同，则意味任何人会因特定的对方随便拿一份合同出来便必须订立之。这样将导致没有设定合同内容自由的结论。同样，在可以自由决定是否订立合同的前提下，在合同对象的选择方面必须自由。若个人不能选择订立合同的相对人，这必然意味着，个人在与被选定的人订立某合同时，他不能拒绝对方所提出的建议，并导致不能选择有关的合同内容。

基于此，我们可以总结出合同自由原则的内容：①订立合同的自由；②选择合同主体的自由；③合同内容的自由。除此之外，合同自由原则亦导致方式自由（《澳门民法典》第 211 条）及废止自由（《澳门民法典》第 400 条第 1 款）。

然而，上述各方面的合同自由并非完全绝对的，它们还是会受到一定的限制。如果合同自由触及公共利益，那么法律便会以强行性规范限制相关的自由。对于这些限制合同自由的强行性规范，澳门学者尹思哲详尽地列出了澳门的法律制度所遇到的各种情况。

订立合同的义务可以由双方意定，如在预约合同中，有订立本约合同的义务（第 404 条及续后数条），或由法律所规定，如通常以垄断形式提供水、煤气、电话服务或电力等公共服务的被特许企业，须与所有顾客订立合同；医生及律师应按有关职业道德规则，提供其专业方面的辅助。

在某些合同中，法律作出了特别规定，如在不动产租赁合同内订定出租人必须缔结合同，根据第 1648 条的规定，离婚后，夫妻一方须把家庭居所出租予另一配偶；又或同样在离婚的情况下，根据第 1042 条第 2 款至第 4 款的规定，夫妻一方之承租人的地位移转到他方时，出租人就必须与获移转承租人地位的一方订立合同。

根据《商法典》第 752 条的规定，在运送合同中也有运送的义务，缔约合同的义务，因为向公众提供服务的运送人，不得拒绝运送旅客或物品之请求，但有重大理由拒绝者除外；运送人之指示只要符合法律，则旅客、托运人及受货人必须依从。

此外，法律亦规定必须订立某些合同，如 11 月 28 日第 57/94/M 号法令所规定的强制性汽车保险合同，该法令第 1 条就规定机动车辆及其挂车，须在被许可的保险人处作出针对在其使用过程中对第三人所引致损害之民事责任之投保后，方得在公共道路通行；如工作意外保险合同，根据 8 月 14 日第 40/95/M 号法令第 62 条的规定，雇主必须将本法规所规定之弥补责任转移予获许可于澳门地区经营工作意外保险之保险人，而第 2 款又规定，对附于本法规之职业病表所规定之呼吸系统职业病——肺尘埃沉着病——之弥补，为社会保险基金之责任；分层所有权制度楼宇的火险合同，根据第 1338 条的规定，为建筑物投保火险属强制性，不论独立单位或共同部分均须投保；或 11 月 23 日第 39/2003 号行政法规订定的律师职业民事责任的强制保险合同。

　　有时，法律则规定合同地位的移转，如第 1004 条（及续后数条）、第 1042 条、第 1043 条及第 1047 条、第 1049 条及第 1056 条所规定，其中根据第 1047 条第 1 款的规定，转让商业企业时，亦可移转承租人之地位，而无须出租人之许可。而对于自由职业的情况，第 1049 条第 1 款则规定，承租人之地位可透过生前行为移转予继续在所租赁之房地产内从事同一职业之人，而无须出租人之许可。

　　另一方面，在某些情况中，法律则禁止特定人订立特定合同，如禁止让与争讼中的权利（第 573 条）、禁止出卖争讼之物或权利（第 867 条）、禁止禁治产人或准禁治产人对其监护人作出赠与、又或其他相对不可处分的情况（根据第 947 条及第 2029 条及续后数条的规定）。

　　有时，法律不容许一人在未获另一人同意下自由订立合同，如在夫妻不具正当的范围内，根据第 1548 条及第 1549 条的规定，夫妻双方不得在未得到配偶同意的情况下，将家庭居所转让或在其上设定负担，亦不得将之出租，同时亦不得对一般不动产转让或在其上设定负担。

　　选择另一立约人的自由是可以独立处理的，这方面亦视为可与或可不与某人订立合同的自由，而且自由受意定优先权及法定优先权限制（第 408 条及续后数条、第 1308 条及第 1446 条及第 1970 条）。在此允许由律师提供服务的诉讼委任、职业代理或法律咨询等方面亦受有限制（《律师通则》第 11 条及第 18 条）。

　　法律亦有限制设定合同内容的自由，如限制法律行为的标的（第 273 条）、规定必须遵守债之履行及不履行的一般制度或某类典型合同内的强制性规定。

　　尤其在不动产租赁方面，订定最长存续期为三十年（根据第 973 条的规定），而在最短存续期方面，规定从不动产租赁开始至合同期满或至其续期期满不足两年，则出租人无权在期满时单方终止合同（第 1038 条）；在消费借贷合同方面，订定最高利息，并规定如订立之利息高于法定利息之三倍，则视有关合同具有暴利性质（第 1073 条）；在劳动合同方面，尤其禁止雇主未经雇员书面同意，将其让与另一对其行使支配及领导权的雇主，强迫雇员取得或使用由雇主直接提供或其指定的人所提供的财富或服务，或扣留雇员的身份证明文件（《劳动关系法》第 10 条第 3 项、第 6 项及第 7 项），以及雇员不得以有偿或无偿方式让与报酬债权，因有关债权属不可查封的（《劳动关系法》第 65

条）。

最后，合同内容自由同样受善意原则规范。例如在劳动合同形成的领域，《劳动关系法》第 7 条第 1 款规定，在磋商及订立劳动合同时，双方应根据善意规则来进行；又或在附和合同之中加入合同一般条款……①

第三节　预约合同

一　预约合同的渊源及含义

由于合同的制度散见于《澳门民法典》的不同章节以及其他法律中，所以通常由不同的学科探讨合同各方面的制度。在债法学科中，我们主要集中探讨作为债的渊源的专有规则，而最为常见的就是预约合同（contrato-promessa）。

每当谈及预约合同时，我们便会直观地联想到预约买卖合同（contrato-promessa de compra e venda），例如，在楼花的买卖中，有关的楼宇在建成及完成各楼宇单位的分层登记前，房地产发展商与买家须首先以预约买卖合同的凭证达成楼花买卖的交易，其次再订立正式的买卖合同转移楼宇单位的所有权（第 7/2013 号法律《承诺转让在建楼宇的法律制度》第 6~9 条）。

诚然，预约买卖合同是预约合同最为典型的情况，也是预约合同制度诞生的来源。

事实上，关于预约合同制度的起源方面，在成文法上最早可以追溯至《法国民法典》的出卖的许诺（la promesse de vente）。《法国民法典》第 1589 条第 1 款规定："在双方当事人对标的物与价金相互同意时，出卖的许诺即转化为买卖。"《法国民法典》第 1590 条规定："如出卖的许诺以定金为之者，缔约当事人任何一方均得以下列方式自主解除之：交付定金者抛弃其定金；收受定金者，双倍返还其收受的定金。"②

---

① 尹思哲（Manuel M. E. Trigo）：《债法教程》，陈晓畴译，澳门大学法学院，2016，第 65~68 页。
② 《法国民法典》，罗结珍译，中国法制出版社，1999，第 370 页。

法国的出卖许诺制度在法典化运动中被葡萄牙所继受，而最早出现出卖的许诺的地方是 1833 年《葡萄牙商法典》。该法典第 IX 章第 XI 条第 463 款规定："一旦双方当事人对标的物及价金达成相互共识，出卖的许诺即具有买卖的效力……"其后，1867 年《塞亚布拉民法典》亦就出卖的许诺作出类似的规定，但在用语上将之改为买卖的相互许诺（promessa recíproca de compra e venda）。该法典第 1548 条规定："涉及确定价金及特定标的物的单纯买卖的相互许诺构成一份单纯为事实给付的协议，其按合同的一般规则所规范；然而，其不同之处在于，若有交付定金，其丧失或返还双倍的价值则作为有关损害赔偿，而任何由许诺卖方受领的款项均被视为定金。"

换言之，出卖的许诺（预约合同）最初被设想为在买卖合同中会遇到的一种特殊的情况，因而被规定在买卖合同的章节之中。也就是说，出卖的许诺仅仅是买卖合同的一个附属品，且其本身不具有任何独立性。

然而，首个真正将预约合同赋予独立性的地方是意大利。《法国民法典》随着拿破仑的军事征服被传入意大利半岛，当然也包括出卖的许诺的规则，但随着拿破仑的失败，《法国民法典》在当地也随之失去效力，取而代之的是意大利王国的 1865 年《意大利民法典》。虽然 1865 年《意大利民法典》中完全没有出卖的许诺的相关规则，但意大利人早已习惯了《法国民法典》中出卖的许诺的制度，尤其是在不动产交易领域。正因如此，意大利的学说及司法见解尝试弥补《意大利民法典》的不足，其中，意大利学者 Leonardo Coviello 就是首位对预约合同一般制度进行系统论述的意大利学者，其提出了"预约合同"（contratto preliminare）的概念，并认为预约合同理应如同本约合同一样具有独立性。虽然上述见解并没有立即成为主流意见，但随后意大利上诉法院于 1921 年 11 月 28 日作出的判决则明确承认预约合同与本约合同具有明显的分别。① 此后，预约合同作为独立的合同这一见解便得到广泛承认，尤其

---

① Nota, in *Giurisprudenza Italiana*, Volume XLVII-Anno, Parte prima, Sezione I, 1895, p. 667 e ss. ; Leonardo Coviello, *Dei Contratti Preliminari nel Diritto Moderno Italiano*, Milano, 1896; "Contratto preliminare", in *Enciclopedia Giuridica Italiana*, Volume III, Parte III, Sezione II, Milano, 1902, p. 68 e ss. ; Dieter Henrich, *Vorvertrag, Optionsvertrag, Vorrechtsvertrag*, Berlin-Tuebingen, 1965, p. 42；转引自 Ana Prata, *O Contrato-Promessa e Seu Regime Civil*, Coimbra：Almedina, 2006, pp. 200~205。此外，还可参阅唐晓晴《预约合同法律制度研究》，澳门大学法学院，2004，第 48~52 页。

是 1942 年的《意大利民法典》第 1351 条对预约合同作出了明确的规定。

在葡萄牙，虽然 1867 年《塞亚布拉民法典》仅承认买卖的相互许诺，但实践的需要促使学者主张扩大买卖的相互许诺的适用范围。[①] 与此同时，受到概念法学及意大利的立法影响，在制定 1966 年《葡萄牙民法典》之时，立法者便采纳了"预约合同"这个一般概念。同样，《澳门民法典》也因几乎完全继受 1966 年《葡萄牙民法典》，必然地接受了预约合同的相同规则，并且将其规定在《澳门民法典》第二卷"债法"第一编"债之通则"第二章"债之渊源"第一节"合同"之中。

诚然，与其他合同一样，预约合同的订立同样会创设债务法律关系并产生相关的债权与债务，故其作为其中一种债之渊源是毫无疑问的。

问题是，既然其他各种合同（如买卖、赠与、租赁等）被置于债法的分则之中，且预约合同也具有独立于本约合同的特性，那么立法者为何不把预约合同规范于债法的分则中，而将之安放在债的总则之中呢？这样又是否与其所具有的独立性相悖呢？

对于这个问题，澳门学者唐晓晴作出了一个很好的回答：

> ……然而，合同只是一个抽象概念（或 Heck 所称之编纂概念），是观察法律、说明法律的衍生结果。抽象概念为涵盖尽量多的事实，对规范对象的大量特征进行抛弃，因而根本无法直接对应生活现实。抽象概念只有在通过多层次的特征补充以后，方能清楚地表达规范者的规范意旨，从而对应生活事实。例如为合同这个概念加添特征而使其分为有偿合同与无偿合同、为有偿合同加添特征而成买卖、再为买卖加添特征则成为不同种类的买卖。
>
> 要使法律概念绝对准确，则其特征必须为尽量列举；为了涵盖足够多的生活事实，抽象概念所抛弃的特征便越多。相反，只有当法律概念所描述的特征足够多的时候，方能了解规范的意旨，直接

① Pedro de Ascenção Barbosa, *Do Contrato-Promessa*, Coimbra: Coimbra Editora, 1956, p.190; Reis Maia, *Direito Geral das Obrigações*, *Parte I-das Obrigações em Geral e dos Contratos*, Barcelos, 1926, p.348; Galvão Telles, *Manual dos Contratos em Geral*, 3ª ed., Lisboa: Livraria Petrony, 1965, p.189; Pinto Loureiro, "Contrato - Promessa. Responsabilidade Civil pela Sua Violação", in *RT*, ano 76.°, n.1720, 1952, pp.98-99; 转引自 Ana Prata, *O Contrato-Promessa e Seu Regime Civil*, Coimbra: Almedina, 2006, pp.251-253。

对应生活事实。抽象概念不可能达到这样的目的，因为千变万化的生活事实所表现出的特征实在太多了，根本不可能尽数列举。这时，类型化的思考便发生作用。类型对生活事实有足够多的特征描述，然而，其描述并非尽数列举，而是要构成一种可透过直观取得的整体印象。

债法上的有名合同便是符合类型思考的规范模式。有名合同都是法律上的类型而非抽象概念。合同的类型一般可对应法律生活中的具体存在；它们是从法律交易中产生的，立法者不过是将一些交易上已经成为习惯的模式总结并加以规整。例如，融资租赁合同开始出现时并没有被采纳为典型合同（有名合同），但是近期的很多立法均已将其列入典型（有名）合同的名单中。

预约合同并不是有名合同的类型。它是为了实现特定目的而作的合同分类，恰似合同之分为有偿与无偿一样。预约合同虽然对"合同"这个概念添加了一些特征，然而即使如此，它还是未能具备足以对应生活现实所需的特征。在缔约实务中，当事人可以缔结具体的买卖合同、租赁合同、承揽合同，却不可能缔结抽象的预约合同。预约合同必须再具体化为"买卖的预约合同"、"承揽的预约合同"、"公司参资的预约合同"等具体的合同类型。

所以，在民法体系中，预约合同的概念位阶应该是处于合同的概念之下，但又高于一切具体的合同类型（有名合同）。

……

正因为预约合同的这种位阶的特征，所以在分析预约合同的法律性质的时候，不可能像对待有名合同一样，将其归类为有偿或无偿、是否即时清结、是否要式、是否向第三人给付等等。这样的分类是没有意义的，因为一般而言，这些分类的对象是具有实质内容的合同类型，而预约合同性质抽象，只会在添加足够的特征之后方可对应生活事实。①

我们赞同这一见解。在澳门的法律制度中，预约合同应被视为合同的其中一个分类。《澳门民法典》第 404 条第 1 款规定，"一、某人基于

---

① 这一问题本身又与预约合同制度的逻辑矛盾相关，参见唐晓晴《预约合同法律制度研究》，澳门大学法学院，2004，第 69～102 页。

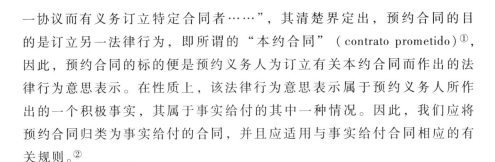

一协议而有义务订立特定合同者……", 其清楚界定出, 预约合同的目的是订立另一法律行为, 即所谓的 "本约合同" (contrato prometido)①, 因此, 预约合同的标的便是预约义务人为订立有关本约合同而作出的法律行为意思表示。在性质上, 该法律行为意思表示属于预约义务人所作出的一个积极事实, 其属于事实给付的其中一种情况。因此, 我们应将预约合同归类为事实给付的合同, 并且应适用与事实给付合同相应的有关规则。②

二 单务预约的问题

如果我们单纯注意《澳门民法典》中有关预约合同所在的位置、其相关规定以及立法者所使用的术语, 可以得出以下结论: 预约合同是一个合同, 又或者是一个双方法律行为。这一断言似乎清晰无遗。

然而, 如果我们回顾一下预约合同制度的演变 (出卖的许诺→买卖的双互许诺→预约合同), 那么, 上述断言并不是十分稳固的。正如上文所述, 虽然立法者对于作为预约合同目的的本约采用了本约合同的术语, 但其准确的含义并不是确确实实为一份双方法律行为或合同, 而是包括单方法律行为在内的法律行为而已。③

与此同时, 除了预约合同之外, 立法者还加入了 "单务预约" (promessa unilateral) 的概念。《澳门民法典》第 405 条规定: "如预约合同只拘束一方当事人, 且未定出约束之有效期间, 则法院得应许诺人之声请, 定出他方当事人行使权利之期间, 该期间结束时权利即告失效。" 法律容许仅约束一方当事人的预约合同, 问题是, 这确实是一份预约合同, 还是仅仅是一个预约的单方许诺?

---

① 在大部分情况下, 有关本约表现为合同, 即双方法律行为。然而, 学说亦接受以单方法律行为的订立为目的的预约合同。

② 例如, 根据《澳门民法典》第 757 条, 预约合同的给付在性质上属于不可替代给付, 因此原则上必须由预约义务人而不可由第三人代替其作出有关法律行为意思表示。预约合同的这一特性在适用等同原则的情况下具有重要的作用, 根据《澳门民法典》第 404 条第 1 款但书的规定, 预约合同不适用在本约合同中基于其本身存在之理由而不应适用于预约合同的规则, 究竟什么规则因其本身存在的理由不适用, 我们需透过比较预约合同与本约合同的性质而作出判断。

③ Galvão Telles, *Direito das Obrigações*, 7ª ed., Coimbra: Coimbra Editora, 1997, p. 101; Ana Prata, *O Contrato-Promessa e Seu Regime Civil*, Coimbra: Almedina, 2006, pp. 263-266.

大部分学说似乎没有正面回应这一问题，而是将注意力放在单务预约与双务预约的区分上。然而，也不乏学者明确表明预约合同（尤其是单务预约）就是双方法律行为。

澳门学者唐晓晴指出，单务预约与单方法律行为有所不同。所谓单方法律行为是指仅有一个意思表示或多个但组成同一组意思表示。换言之，即无论表意人的数目为单数或众数，但仅构成利益一致、方向一致的意思表示的法律行为。而单务预约是预约合同的一种特殊类型，倘若预约合同被视作合同，则单务预约亦是合同。合同必然是双方法律行为，即必须有两个或两个以上的内容彼此相对但又彼此汇合的意思表示，即多方的意思表示的合致。而合同之分为单务与双务，是以合同仅对一方产生义务或对双方均产生义务为区分标准的。所以，单务合同就是仅对一方立约人产生义务的合同，按此标准，亦可以推论出所谓单务预约即预约当事人中仅一方负有义务的预约合同，或按《葡萄牙民法典》的用语表达，即"仅拘束一方当事人"之预约。①

我们认为，上述结论，在大部分情况下，都是正确的。然而，我们并不认为单务预约必然是合同，它还应该包括那些构成单方法律行为的单方许诺的情况。

事实上，在《澳门民法典》中，立法者既承认原始的单务预约，也接受嗣后的单务预约，前者规范于《澳门民法典》第405条，而后者则规范于《澳门民法典》第404条第2款。《澳门民法典》第404条第2款规定："二、然而，如预约涉及法律要求以公文书或私文书订立之合同，则预约视乎属单务或双务而须在具有受预约拘束之一方或双方当事人签名之文书内作出，方为有效。"嗣后的单务预约产生自一个富有争论性的问题，那就是在双务要式预约合同中，倘若只有一方当事人签署预约合同，那么将导致什么效果？

毫无疑问的是，基于不遵守法定之方式，上述预约合同应归于无效（《澳门民法典》第212条）。问题是，对于作出签署的一方所作的预约许诺意思表示能否获得保留而继续有效？

这一问题在葡萄牙的学说及司法见解中曾经有重大争论，并且形成了

---

① 唐晓晴：《预约合同法律制度研究》，澳门大学法学院，2004，第231～295页。

两种见解，分别是无效说①及自动有效说。② 最终，葡萄牙最高法院 1989 年 11 月 29 日的判例确立了如下的司法见解："在当时生效的民法典第 410 条第 2 款的原始文本中，仅由一方签署的买卖不动产的双务预约合同为无效，但可视之为有效的单务预约合同，只要双方当事人具有此一意思。"

然而，这一判例并没有完全解决一方签署的双务预约合同如何能成为有效的单务预约合同的问题，并且演变为缩减说③及转换说④之争。

对于上述争论，葡萄牙学者 Antunes Varela 如此评论道：

> 要准确地解释该判例所载明的规则已不容易，更难说要弄明白其判决理由的说理方式。然而，如果我们将该判例所作的两个建议与在其之前出现的关于该问题的两个最重要理论作出对比，最高法院所定的解决方案的最合理解释似乎是下者：a）它既不接受将一方当事人签名的双务预约视为单务预约的直接有效说，也不接受根据第 292 条一般规定所导致的缩减的合同单纯部分无效说，这是因为该判例首先宣告合同无效，然后再将作为单务预约的有效性取决于当事人具有此一意愿的陈述及证明；b）按照其文义，该判例甚至不接受在按照法律于第 293 条的一般规定所宣示且学者们所界定的模式下将无效的双务合同转为单务预约的转换说，这是因为法律及学说以当事人的可推定或假定意思为转换的基础，但该判例却要求为这一效力而须有缔约人的真实或实际意思。简而言之，假如是这样的话，最高法院便会将仅由一方签名的双务合同判处为整体及系统地无效。只要简单阅读其判决理由，便可得出判例的精神并非如此。当在该判例最后部分中其为使双务预约可被视为有效的单务预约而要求当事人相符的

---

① 葡萄牙最高法院 1972 年 2 月 25 日、1979 年 6 月 7 日及 1985 年 5 月 28 日的合议庭裁判。

② 葡萄牙最高法院 1972 年 4 月 25 日、1974 年 7 月 2 日及 1977 年 6 月 2 日的合议庭裁判。

③ 葡萄牙最高法院 1992 年 11 月 3 日、1993 年 3 月 25 日、1995 年 3 月 21 日、1997 年 1 月 9 日及 1998 年 3 月 12 日的合议庭裁判，葡萄牙波尔图上诉法院 1995 年 12 月 18 日及 2001 年 6 月 18 日的合议庭裁判，葡萄牙里斯本上诉法院 2007 年 12 月 6 日及 2008 年 9 月 16 日的合议庭裁判，以及葡萄牙埃武拉上诉法院 2000 年 5 月 2 日及 2006 年 6 月 8 日的合议庭裁判。

④ 葡萄牙最高法院 1999 年 3 月 16 日、2002 年 11 月 5 日及 2003 年 11 月 25 日的合议庭裁判，葡萄牙里斯本上诉法院 2007 年 12 月 4 日的合议庭裁判及葡萄牙科英布拉上诉法院 1992 年 9 月 6 日的合议庭裁判。

意思时，最高法院所指的并非当事人的真实意思（它很少会赞同仅约束一方当事人），而是其可推定或假定意思。如此，该判例最终承认了合同的完全无效，但不妨碍根据第 293 条的一般规定转换为单务预约。①

对于上述判例及对该判例的解释似乎并没有直接回答我们的问题，但我们却可由此得出对界定单务预约所采取的应有立场。事实上，双务预约是一份合同，而合同是双方法律行为，其核心是双方意思表示之间的相互性，即两个意思表示相向而合，并互为原因。这样，法律对其中一个意思表示的非价即导致对两个意思表示之间相互性的摧毁，从而使另一个意思表示的存在及效力失去意义。换言之，对于仅由一方签名的双务预约合同，没有签名一方的意思表示因违反法定方式而无效，这同样将导致他方的意思表示因丧失存在及效力意义而被该无效所波及。因此，在这种情况下并不存在可独立有效的单务预约，而是整个双务预约合同无效。然而，《澳门民法典》第 286 条规定："无效或已撤销之法律行为，如具备另一不同类或不同内容之法律行为之实质及方式要件，得转换为该行为，但仅以按各当事人所谋求之目的，可假设当事人如预知有关法律行为非有效，即愿作出该另一法律行为之情况为限。"在符合转换的条件下，前述无效的双务预约则可转成仅由签署方的单方意思表示构成的单方许诺（单务预约）。

既然我们接受这一嗣后的单方许诺（单务预约），那么没有任何理由反对自始的单方许诺的有效性。换言之，一方可以透过单方法律行为（其可以表现为仅由其签名的预约许诺书）承诺在将来订立本约合同。然而，《澳门民法典》第 405 条规定："如预约合同只拘束一方当事人，且未定出约束之有效期间，则法院得应许诺人之声请，定出他方当事人行使权利之期间，该期间结束时权利即告失效。"不论是单务预约合同还是预约的单方许诺，受约束的一方无须无止境地承受缔约义务的羁绊，相反，其有权要求对方定出行使请求缔约权利的期间。

---

① Antunes Varela, *Das Obrigações em Geral*, Vol. I, 10ª ed., Coimbra: Almedina, 2000, pp. 325-326. 然而，该学者接着便指出，葡萄牙最高法院 1993 年 3 月 25 日的合议庭裁判在解释上述判例的过程中认为该判决所采纳的却是缩减说。

三 预约合同的制度

(一) 预约合同的等同原则

《澳门民法典》第 404 条第 1 款规定："……该协议适用有关本约合同之法律规定……"此条确立了预约合同的等同原则（Princípio da equiparação）。按照这一原则，预约合同原则上适用其相关的本约合同本身的法律制度。这一安排明显与法律所规定的有名合同的情况不同，对于后者，法律会因应各种有名合同的经济社会目的而设置专有的制度。以买卖为例，考虑到其经济社会目的是物（或物权）与金钱的互换（《澳门民法典》第 865 条），因此，法律对买卖设置了以下的专门规则：物权的转移、物与价金的交付义务（《澳门民法典》第 869~876 条）；物的定价规则（《澳门民法典》第 877~881 条）；他人财产之买卖（《澳门民法典》第 882~895 条）；附负担财产之买卖（《澳门民法典》第 896~904 条）；瑕疵物之买卖（《澳门民法典》第 905~915 条）；分期付款之买卖（《澳门民法典》第 927 条、第 928 条）；等等。

然而，对于预约合同而言，立法者对等同原则的采纳只意味着，预约合同没有其本身的制度，相反，其必须视乎作为预约合同标的的本约合同是哪个有名或无名合同而适用该有名或无名合同的法律制度。换言之，倘若是一份预约买卖合同，因其本约合同是买卖合同，那么对该预约买卖合同则适用买卖合同的规则；如果有关合同是一份预约劳动合同，则基于其本约合同为劳动合同而应适用劳动合同的法律制度。

明显地，立法者对预约合同的规则设置有异于各种有名合同。立法者作出不同处理的原因在于，预约合同不是有名合同，更准确地说，预约合同并不是合同类型。

对于这一理由，葡萄牙学者 Ana Prata 曾经作出更充分的说明：

> 预约合同的辅助或工具功能在其结构上具有不可磨灭的表现：由于它在功能上总是指向另一用以预备及确保其订立的法律行为，所以在结构上该法律行为构成其标的，且后者基于前者而存在。诚如上文所见，预约合同是一个不能独自存在的概念，其不构成特别合同，相反，其表现为一个只能透过与其他法律行为的结合而给予生命或意义

的开放性框架。

第 410 条第 1 款所表述的等同原则用以在制度的层面上反映出预约
合同的这种不可独立存在性以及作为工具的预约合同所服务的另一最
终订立的法律行为与该预约合同所具有的不可分割的联系。

既然没有单纯的预约合同，那么同样亦没有其专门的制度，除非
在那些因其共同的工具性质而被视为合理的方面。确定预约合同在其
存在亦即当透过其标的而获得标识的情况下被构成作为其标的的这一
法律行为的本身制度的规范所规定是一个独创的立法模式，其建基于
将预约纳入合同形成的流程单元的理解，并演绎为合同的形成在两个
不同时刻的阶段化。如果预约合同仅作为一项在订立确定合同上接近
达至的法律行为决定的工具而存在，那么法律将规定这个相同的协议
立即受制于为该确定合同而设的制度。①

这样，按照葡萄牙学者 Menezes Cordeiro 的归纳，根据等同原则，预
约合同适用以下规则。对于预约合同的前提，适用于本约合同的有关当
事人能力、正当性、标的的存在性及特征的规则。对于合同的形成，适
用有关当事人的意思、意思表示及意思表示的内容等规则以及涉及一般
合同条款的规则。对于合同的要件，涉及可对抗性、可确定性、合法性
及对法律、善良风俗及公共秩序的符合性的规则。对于合同条款，可适
用本约合同的条件、期限、负担、定金及违约金条款规则。在合同定性
上依从本约合同的性质，如本约合同为劳动合同，则预约合同具有劳动
合同性质；如本约合同为劳动合同或商事合同，则预约合同亦分别具有
劳动或商业性质；如本约合同为有名合同，则适用该有名合同的专门
规则。②

以预约买卖合同为例，其可适用的规则有：虚伪（《澳门民法典》
第 232 条及 1966 年《葡萄牙民法典》第 240 条）③、真意保留（《澳门
民法典》第 237 条及 1966 年《葡萄牙民法典》第 244 条）、意思瑕疵
的错误（《澳门民法典》第 240 条、第 241 条，1966 年《葡萄牙民法

---

① Ana Prata, *O Contrato-Promessa e Seu Regime Civil*, Coimbra：Almedina, 2006, pp. 441-444.
② António Menezes Cordeiro, *Tratado de Direito Civil Português II：Direito das Obrigações*, Tomo II, Coimbra：Almedina, 2009, p. 358.
③ 澳门特别行政区中级法院第 688/2014 号合议庭裁判。

典》第 251 条、第 252 条)、欺诈(《澳门民法典》第 246 条、第 247 条,1966 年《葡萄牙民法典》第 253 条、第 254 条)[1]、标的不能或不可确定性(《澳门民法典》第 273 条及 1966 年《葡萄牙民法典》第 280 条)[2]、定金(《澳门民法典》第 436 条以及 1966 年《葡萄牙民法典》第 442 条)、确定不履行(《澳门民法典》第 797 条第 1 款以及 1966 年《葡萄牙民法典》第 808 条第 1 款)[3]、金钱之损害赔偿的计算(《澳门民法典》第 560 条)[4]、将来物的买卖(《澳门民法典》第 202 条、第 870 条、第 871 条)[5]、瑕疵物的买卖(《澳门民法典》第 905~907 条、第 910 条,1966 年《葡萄牙民法典》第 913 条、第 914 条、第 917 条)[6] 等。

(二)等同原则的例外

虽然预约合同适用等同原则,但这不意味着其全部适用本约合同的规定。既然预约合同的存在就是为了将由合同商谈至合同订立的过程划分为两个阶段的话,那么预约合同与本约合同便必须具有其各自不同的法律规则。如果预约合同的法律制度完全等同于本约合同的话,那么预约合同便失去独立存在的意义,尤其是导致丧失预约合同延后合同效力的功能。[7] 因此,预约合同的等同原则存在例外情况。

《澳门民法典》第 404 条规定:"一、……但当中涉及本约合同方式之规定或因本身存在之理由而不应延伸适用于预约合同之规定除外。二、然而,如预约涉及法律要求以公文书或私文书订立之合同,则预约视乎属单务或双务而须在具有受预约拘束之一方或双方当事人签名之文书内作出,方为有效。"

从上述条文可以得出预约合同等同原则的两个例外情况,一是方式制度,二是效力制度。

---

① 澳门特别行政区终审法院第 3/2001 号合议庭裁判及澳门特别行政区中级法院第 639/2010 号合议庭裁判。
② 澳门特别行政区中级法院第 525/2006 号合议庭裁判。
③ 澳门特别行政区终审法院第 2/2003 号及第 44/2011 号合议庭裁判。
④ 澳门特别行政区终审法院第 5/2017 号合议庭裁判。
⑤ 澳门特别行政区中级法院第 642/2018 号及第 104/2013 号合议庭裁判。
⑥ 葡萄牙最高法院 2010 年 6 月 29 日的合议庭裁判。
⑦ 唐晓晴:《预约合同法律制度研究》,澳门大学法学院,2004,第 124~129 页。

在方式制度方面，从上述条文可以演绎出以下规则。首先，如果本约合同是不要式合同，那么预约合同也是不要式合同（《澳门民法典》第 211 条），例如，对于涉及本地雇员的劳动合同，原则上其无须遵守法定方式（第 7/2008 号法律《劳动关系法》第 17 条第 1 款），所以预约劳动合同可以透过口头方式订立①；同样，汽车的预约买卖合同（《澳门民法典》第 866 条的相反解释）、汽车的预约租赁合同、预约承揽合同及一般的债权让与预约合同（例如消费借贷债权让与的预约合同）亦是不要式合同（《澳门民法典》第 572 条第 1 款）。其次，如果本约合同要求以私文书的方式订立，不论法律是否要求对其签名作公证认定，其预约合同亦要求以私文书的方式订立。例如，不动产的预约租赁合同（经第 13/2017 号法律修改的《澳门民法典》第 1032 条第 1 款），汽车的抵押预约（第 49/93/M 号法令《核准汽车登记制度》第 4 条第 3 款），商业企业的转让、租赁、用益权的设定及质押的预约（《澳门商法典》第 103 条），船舶的预约买卖合同（第 109/99/M 号法令《海上商事之法律制度》第 10 条第 2 款）。最后，如果本约合同须以公证书或经认证文书作出，那么其预约合同亦须以私文书订立，例如不动产的预约买卖合同（《澳门民法典》第 866 条及《公证法典》第 94 条第 1 款）及不动产的抵押预约（《澳门民法典》第 709 条及《公证法典》第 94 条第 2 款 p 项）。

除此以外，法律的不同规定亦要求对某些预约合同必须采用特定的方式。

首先，《澳门民法典》第 407 条规定："一、就不动产或须登记之动产之转让或设定负担之预约，双方当事人得透过明示之意思表示及有关登记之作出而给予该预约物权效力。二、双方当事人给予物权效力之预约，应在经认证之文书内作出；然而，如法律对本约合同之方式未作此严格要求，则只需采用书面方式即可。"对于赋予物权效力的预约，上述条文规定有关

---

① 与澳门的情况不同，《葡萄牙劳动法典》第 103 条规定，"1-A promessa de contrato de trabalho está sujeita a forma escrita e deve conter：a）Identificação, assinaturas e domicílio ou sede das partes；b）Declaração, em termos inequívocos, da vontade de o promitente ou promitentes se obrigarem a celebrar o referido contrato；c）Atividade a prestar e correspondente retribuição. 2-O não cumprimento da promessa de contrato de trabalho dá lugar a responsabilidade nos termos gerais. 3-À promessa de contrato de trabalho não é aplicável o disposto no artigo 830.° do Código Civil"。劳动合同的预约为要式合同。

的预约合同必须符合以下三个条件：①载有赋予有关预约物权效力的明示意思表示；②须以经认证文书订立预约合同，除非本约合同不要求更严格的方式；③仅适用于不动产或须登记动产之转让或设定负担之预约，且须作出登记（《物业登记法典》第 2 条第 1 款 f 项及第 49/93/M 号法令第 5 条第 1 款 g 项）。

其次，在"三方约"的法律制度中，立法者亦对有关预约合同有更严格的要求。法律《不动产的转让预约和抵押预约》第 1 条规定："具买卖预约及设定意定抵押权预约的消费借贷合同（简称'具预约的消费借贷合同'），是指具混合内容的、必须兼备且只能具备下列法律关系的典型三方合同：（一）双方订立的不动产买卖预约；（二）与作为借用人的预约买受人订立的、提供资金以便其取得作为预约买卖标的的不动产的消费借贷；（三）贷与人和借用人订立的、在作为预约买卖标的的不动产之上为贷与人而设定的用作担保消费借贷的意定抵押权的预约。"《不动产的转让预约和抵押预约》第 2 条规定："一、具预约的消费借贷合同系以简单私文书签订。二、立约人的签名须经公证认定。三、如任一立约人为法人，其代理人的身分及权力须按照一般规定加以证实。"第 15/2001 号法律《不动产的转让预约和抵押预约》第 3 条第 1 款及第 2 款规定："一、将物权效力给予第一条所指合同的预约，必须作出《民法典》第四百零七条第一款所指的明示意思表示及有关登记。二、《民法典》第四百零七条第二款的规定不适用于具预约的消费借贷合同。"

再次，对于经济房屋的预约买卖合同而言，经第 13/2020 号法律修改的第 10/2011 号法律《经济房屋法》第 31 条规定："一、单位的买卖预约合同仅在完成地基工程后方可订立；如有地库层或裙楼，则单位的买卖预约合同仅在该地库层或裙楼的结构工程完成后方可订立。二、买卖预约合同尤其应载明：（一）有关主体的身份认别资料；（二）单位的识别资料及售价；（三）付款条件；（四）预约买受人仅可将单位作自住用途的义务；（五）预约买受人将单位作其他用途所导致的处罚及后果；（六）预约买受人不遵守付款条件所导致的后果；（七）预约买受人舍弃取得单位所导致的后果。三、买卖预约合同的立约人须由申请人担当。四、如申请人为按第二十六条的规定所甄选的家团中唯一的澳门特别行政区永久性居民，在其死亡或嗣后无能力的情况下，买卖预约合同的立约人可由同一家团的另一个具行为能力的成员担当。"① 上述条文没有要求合同当事人须采取较《澳门民法典》第404条第2款规定更为严格的合同方式，而是要求预约买卖合同的必要记载事项。②

最后，对于"楼花"的预约买卖合同而言，立法者同样以单行法规定其相应的法律制度，其中亦有要式方面的要求。第7/2013号法律《承诺转让在建楼宇的法律制度》第2条规定："为适用本法律的规定，在建楼宇是指计划兴建、正在兴建或已完成兴建但仍未获发有效使用准照的不动产；如属以分层所有权制度兴建者，则指仍未完成设定分层所有权确定登记的不动产，包括独立单位。"《承诺转让在建楼宇的法律制度》第3条规定："一、本法律适用于在建楼宇的承诺转让及承诺设定负担的法律行为，但不影响下款规定的适用。二、本法律不适用于：（一）在本法律生效前作出的法律行为，但不影响第二十六条规定的适用；（二）转让者为澳门特别行政区或公共实体的法律行为。"《承诺转让在建楼宇的法律制度》第6条规定："一、承诺转让在建楼宇的法律行为，以预约买卖合同或让与合同地位的合同作为凭证。二、承诺于在建楼宇上设定负担或承诺将合同地位让与他人

---

① 其原来的规定为："一、单位的买卖预约合同仅在按十一月八日第74/99/M号法令进行委托工程后方可订立。二、买卖预约合同尤其应载明：（一）有关主体的身份认别资料；（二）单位的识别资料及售价；（三）付款条件；（四）预约买受人仅可将单位作自住用途的义务；（五）预约买受人将单位作其他用途所导致的处罚及后果；（六）预约买受人不遵守付款条件所导致的后果；（七）预约买受人舍弃取得单位所导致的后果；（八）在签订买卖公证书前预约买受人及其家团成员不符合申请购买经济房屋的要件所导致的后果；（九）单位的补贴比率。三、买卖预约合同的立约人可由任何具行为能力并为澳门特别行政区永久性居民的申请人担当。四、如申请人为按第二十六条的规定所甄选的家团中唯一的澳门特别行政区永久性居民，在其死亡或嗣后无能力的情况下，买卖预约合同的立约人可由同一家团的另一个具行为能力的申请人担当。"

② 同样，最近生效的第17/2023号法律《夹心房屋法律制度》亦有相似之规定。该法律第27条规定："一、单位的买卖预约合同只可在完成地基工程后订立，但如有地库层或裙楼，则只可在该地库层或裙楼的结构工程完成后订立。二、买卖预约合同应载明：（一）有关主体的身份认别资料；（二）单位的识别资料及售价；（三）付款条件；（四）不可转让的负担；（五）不可转让的期间内，仅可将单位作自住用途的义务；（六）第三十五条第二款所指单位的出售，将单位售予房屋局；（七）第三十六条至第三十八条所指向房屋局缴付补价的义务；（八）第三十六条及第三十七条所指的优先权；（九）不可转让负担终止后，单位不再受本法律对自住用途的规定限制，但须维持居住用途；（十）在不可转让负担终止后，首次及其后的单位出售，须将单位售予澳门特别行政区永久性居民；（十一）将单位作其他用途导致的处罚及后果；（十二）不遵守付款条件导致的后果。三、买卖预约合同的立约人须由申请人担当。四、如申请人为按第二十一条的规定甄选家团的唯一澳门特别行政区永久性居民，在其死亡或嗣后无能力的情况下，买卖预约合同的立约人可由同一家团的另一个具行为能力的成员担当。"

的法律行为以私文书作为凭证。三、以上两款所指法律行为的立约人的签名须经公证认定。四、违反本条规定的法律行为无效。"《承诺转让在建楼宇的法律制度》第 7 条规定："一、预约买卖合同必须载有作为本法律组成部分的附件所载的事项，否则预约买受人可自上条所指公证认定之日起计一年内提出撤销合同。二、与上款所指事项的内容相抵触的合同条款视为不存在。"《承诺转让在建楼宇的法律制度》第 8 条规定："由律师作出声明，以确认预约买卖合同符合本法律及其他适用法例的规定，并指明预约买卖合同载有本法律附件所载的必要事项，且其他合同条款与该等事项的内容不相抵触。"《承诺转让在建楼宇的法律制度》第 9 条规定："一、当按第六条的规定申请公证认定时，须提交有关的物业登记证明。二、当出现下列任一情况时，公证员须拒绝对立约人的签名作出公证认定：（一）存在非以预约出售人、合同地位让与人或预约设定负担人的名义所作的临时取得登记；（二）预约买卖合同欠缺上条所指的律师声明。三、公证员须将经认定签名的合同副本，以及为认定签名所提交的一切文件副本存档。"《承诺转让在建楼宇的法律制度》第 13 条规定："一、第 15/2001 号法律《不动产的转让预约和抵押预约》有关在建楼宇的具买卖预约及设定意定抵押权预约的消费借贷合同须遵守本法律第四条、第六条至第九条的规定。二、如在订立具预约的消费借贷合同前已经订立预约买卖合同或让与合同地位合同，则具预约的消费借贷合同内须载明有关预约买卖合同或让与合同地位合同属其组成部分，以及载明第十条第三款至第六款所指临时登记的编号，否则无效。三、如在订立具预约的消费借贷合同前已经作出临时取得登记，则须在该登记上作出'已订立具预约的消费借贷合同'的附注。"

等同原则的另一个例外情况涉及预约合同本身效力的专有制度。根据《澳门民法典》第 404 条第 1 款，订立预约合同的目的在于约束合同当事人于将来订立一份本约合同。在合同自由原则下，交易的双方在互有共识下可以选择直接订立最终的交易合同（从预约合同的角度来看就是本约合同）而无须订立任何预约合同。然而，合同双方转为选择首先订立预约合同然后再订立本约合同的原因是，他们不希望又或未有条件直接订立本约合同，但同时又不希望他们的商谈结果在订立本约合同之前未获得法律化而不受法律的明确保护。这个在法律上延后本约合同效力产生的作用正是预约合同区别于本约合同的理由，这在物权转移的效力上表现得更为明显。

澳门学者唐晓晴曾经如此作出解释：

> 快速建立法律约束以及延后财产的转移均是交易上的现实需要，预约合同延后合同效力产生的功能正好是符合了这一现实需要。然而，历史告诉我们，满足这一现实需要的法律手段并非只有一个，预约合同在这一范畴发挥作用主要是因为自《法国民法典》以后，合同的缔结以合意主义原则作为前提。在这一个原则的统领之下，以转移标的物所有权为目的之合同的效力也在当事人达成合同的时候便产生，因此，交易当事人的上述基本需要便须另行以补充制度来满足。经过理论的发展与完善，预约合同的法律结构基本上可以与合意主义原则达致调和。①

这样，我们所得到的结论是，将来订立本约合同的约束以及本约合同效力的延后构成了预约合同的本身效力。结合预约合同等同原则的例外，我们可以透过排除法来剔除在本约合同中不适用于预约合同的法律规则。简而言之，凡是被某一预约合同所延后的本约合同的效力，其相应的规则均不适用于该预约合同。

对于其本约合同为要式行为的预约合同的情况，我们可以从被要求以要式覆盖的范围得出那些不适用于预约合同的本约合同效力的规则。《澳门民法典》第 212 条规定："欠缺遵守法定方式之法律行为意思表示为无效，但法律特别定出另一制裁者除外。"《澳门民法典》第 213 条第 1 款规定："一、凡在法律对法律行为意思表示所要求之文件作成前，或在其作成之同时所作之附带口头订定，均为无效；但如规定有关意思表示方式之理由不适用于该等订定，且能证明该等订定符合表意人之意思者除外。"对于那些基于法律所要求方式之理由所覆盖的意思表示的内容，它们均构成相关要式本约合同的专属效力，而相应的预约合同因未有满足法定方式的这一要求，所以与要式本约合同的专属效力有关的法律规则并不适用于预约合同。

对于其他的情形而言，便不可以一概而论了。事实上，预约合同在我们的法律制度中已不再是限于买卖许诺的情况，它可以作为任何一种有名

---

① 唐晓晴：《预约合同法律制度研究》，澳门大学法学院，2004，第 125 页。

合同、混合合同或无名合同的预备性合同，因此，物权的转移已不必然是本约合同的唯一专属的效力，例如预约劳动合同或预约租赁合同。另一方面，在具体的交易关系中，合同双方可以因应其不同的现实情况而透过预约合同或多或少地延后本约合同的各种效力，这一情况需要以具体个案来界定适用于某个预约合同自身效力的具体专门规则，而有关工作似乎须透过法律行为的解释及填补来处理（《澳门民法典》第 228~231 条）。

无论如何，既然预约合同乃发源于买卖许诺，那么对于预约买卖合同而言，还是较容易界定那些不适用于预约合同的本约合同规则。对于这一类型的预约合同而言，其所欲延后的正是所有权或物权转移的效力（《澳门民法典》第 869 条 a 项），因此，凡是与此一效力有关的本约合同规则均不适用于预约买卖合同。

构成上述情况的例子是出售他人之物规则。《澳门民法典》第 882 条规定："如出卖人不具出卖他人财产之正当性，则买卖属无效；但出卖人不得以无效对抗善意买受人，而存有欺诈之买受人亦不得以无效对抗善意出卖人。"毫无疑问的是，出售他人之物导致法律行为无效的效力取决于所有权或物权的转移。既然所有权或物权转移的效力被延后至本约合同产生，那么在预约买卖合同中便容许预约出售人承诺将暂时不属于他的标的物出售予预约买受人，只要在双方订立本约合同时预约出售人已具有处分该标的物的正当性即可。①

同样，共有人欠缺出售共有物正当性的规则（《澳门民法典》第 1307 条第 2 款）② 以及配偶一方欠缺出售共同财产或家庭居所正当性的规则（《澳门民法典》第 1547 条第 1 款及第 3 款、第 1548 条及第 1554 条）③ 亦不适用于预约买卖合同。

---

① 葡萄牙最高法院 1952 年 4 月 16 日、1965 年 10 月 29 日、1977 年 6 月 2 日、1989 年 4 月 27 日、1990 年 1 月 9 日、1990 年 9 月 30 日、1995 年 10 月 3 日、1996 年 7 月 4 日、1998 年 3 月 17 日、1998 年 4 月 23 日、2001 年 1 月 30 日、2003 年 2 月 25 日、2004 年 9 月 23 日、2005 年 1 月 20 日、2006 年 2 月 7 日、2006 年 11 月 2 日及 2009 年 6 月 18 日的合议庭裁判。在澳门，中级法院第 104/2013 号及第 642/2018 号合议庭裁判视为将来财产的预约买卖合同处理。

② 澳门特别行政区中级法院第 105/2008 号合议庭裁判以及葡萄牙最高法院 2002 年 10 月 17 日及 2014 年 5 月 29 日的合议庭裁判。

③ 澳门特别行政区中级法院第 198/2012 号合议庭裁判以及葡萄牙最高法院 1972 年 5 月 12 日、1975 年 2 月 4 日、1975 年 2 月 7 日、1995 年 3 月 2 日、1995 年 4 月 6 日、2005 年 1 月 13 日、2007 年 2 月 13 日及 2011 年 11 月 3 日的合议庭裁判。

四 预约合同与定金

(一) 定金制度的产生与发展

定金（sinal）是一个普遍存在的交易现象，人们在达成交易的同时，一方通常向对方交付一定的金钱或其他有价物，以确保双方的交易获得实际履行。这些交付予对方的金钱或有价物被称为定金。

在历史上，定金源自希腊的 ἀρραβών（arrha/arra）。在古希腊法律制度中，买卖是单纯作为物权合同来对待，只有在卖方将物交予买方后才产生买卖，在此之前不产生任何法律效果，包括不存在任何损害赔偿的机制，同时买方也不能取得任何东西。由于法律的僵化，所以当时希腊人在交易实践中逐渐形成了一个制度：在达至买卖时，买方先行交付一定的金钱或有价物，使交易在法律上产生约束力，当卖方不交付标的物给买方时，卖方便需要双倍赔偿他所收取的金钱或有价物，而当买方不购买时，卖方便没收所收取的金钱或有价物。这一交易习惯令双方在买卖产生效力前即时受到约束。

希腊的定金制度其后被罗马法所吸收，并得以演化发展。在罗马法的买卖制度中，在交付标的物之前，同样不会产生物权转移的效果，但是，与古希腊法不同，在罗马法中，在订立买卖合同之后，双方当事人就已经形成债务法律关系，一方有义务交付价金，另一方有义务将标的物交予对方。然而，罗马人还是看重定金的确定性功能，以作为合同成立的证据、充当价金的提前履行以及预先订定损害赔偿等。到查士丁尼皇帝后，定金逐渐倾向于反悔性，使定金的交付变成合同当事人解约的代价。[1]

自此时起，定金的确定性与反悔性成为不同时期不同立法的选择。其中，德国法（《德国民法典》第 336~338、359 条）、意大利法（《意大利民法典》第 1385~1386 条）及瑞士法（《瑞士债法典》第 158 条）倾向于前者，而法国法（《法国民法典》第 1590 条）则倾向于后者。[2]

在葡萄牙，立法者对这一问题的取态是模糊而且摇摆不定的。由《阿丰素律令》时期至《菲利普律令》时期，作为买卖合同附属机制的定金原则上被赋予反悔性质，但个别情况中的定金则具有确定性（《阿丰素律令》

---

[1]　António Pinto Monteiro, *Cláusula Penal e Indemnização*, Coimbra：Almedina, 1990, pp. 165-168.

[2]　António Pinto Monteiro, *Cláusula Penal e Indemnização*, Coimbra：Almedina, 1990, pp. 169-172.

第四卷第三十六章、《曼努埃尔律令》第四卷第二十四章及《菲利普律令》第四卷第十九章）。然而，在 1833 年《葡萄牙商法典》中，买卖许诺的定金原则上却具有确定性而非反悔性。在 1867 年《塞亚布拉民法典》中，（买卖许诺的）定金却又回复了反悔的性质（1867 年《塞亚布拉民法典》第 1548 条）。① 其后，虽然 1966 年《葡萄牙民法典》在承认预约合同的一般制度的同时亦确立了定金的一般规则，但是，一方面，立法者对定金的一般制度具有确定性还是反悔性并没有明确立场，另一方面，其原先的立法结合葡萄牙第 236/80 号法令以及第 379/86 号法令对预约合同制度尤其是定金规则的修改对定金制度又毫无疑问地造成灾难性的混乱，以致在学说及司法见解上对有关制度的可操作性及合理性均产生困惑。

立法上的混乱主要源于葡萄牙第 236/80 号法令的制定。在 1966 年《葡萄牙民法典》生效十多年后，葡萄牙国内的经济出现严重通胀及货币贬值的问题，这导致该法典第 442 条的定金规则无法保障预约买受人的正当利益，尤其是货币大幅贬值令预约买受人获得双倍定金赔偿的价值甚至低于其先前向预约出卖人交付定金的原价值，这一现实诱使预约出卖人选择赔偿双倍定金而放弃订立本约合同。该情况在居住用途的不动产买卖交易的领域显得更为严重：预约买受人透过订立不动产预约买卖合同及支付全部买卖价金而获提前交付不动产单位入住，但在等待订立买卖合同之际因货币严重贬值而诱使预约出卖人违约并选择赔偿双倍定金，但预约买受人不仅无法购买并须迁出已入住的不动产单位，而且其收回的双倍定金的价值亦低于其先前向预约出卖人交付定金的价值。这明显令信守预约合同的预约买受人不能利用当时的预约合同保障机制弥补因已交付定金及预约出卖人的违约行为而造成的双重损害。

为此，按照葡萄牙第 236/80 号法令的序言：

如此，须重新调整预约合同法律制度以适应目前的现实情况，为此在合同当事人之间（这通过对预约买受人的更有效保障）建立真正的平衡以及使单纯因谋利目的而生的合同解除失去动机。对此针对某些情况的赔偿作出更新并创设适合在任一情况下预约的确切履行的条件，即便透过特定执行亦然，尽管不妨碍基于法律已规定的情事变更

---

① Ana Prata, *O Contrato-Promessa e Seu Regime Civil*, Coimbra: Almedina, 2006, pp. 247-253；唐晓晴：《预约合同法律制度研究》，澳门大学法学院，2004，第 223~225 页。

而对法律行为作适当变更。……对于合同的解除而言，原则上，维持在有定金的交付下因应引致解除的人谁属而丧失定金或返还双倍定金的现行规则，但针对预约买受人因获交付标的物而产生维持交易的强烈期望并成为社会上可予考虑的事实状况之情形，法律设置了将不履行之时标的物的价值（实际遭受的损害幅度）作为由预约出卖人解除合同而生的损害赔偿，且赋予预约买受人就该债权针对同一标的物享有留置权之规则。另一方面，具择一性且在任何情况下，法律亦赋予同一预约方请求合同特定执行的权利。

然而，这部出于好意而制定的法律在其生效后立即遭到学者及司法界的猛烈批评，并且引发了极大的争议。

争议之一是葡萄牙第 236/80 号法令是否与原有制度并行适用。对此，主张肯定说的学者认为，这一法令仅旨在解决涉及居住用途的楼宇的预约合同，因而经修改后的《葡萄牙民法典》第 442 条及第 830 条规定仅作为例外规定而单纯适用于关系到本约为有偿、具物权效力目标的为已建成或待建成楼宇的预约合同。[①] 相反，主张否定说的学者认为，虽然立法者主要考虑到涉及自住用途的不动产物业的预约合同，但其意思在于修订并取代原有制度并作为一般制度适用于全部预约合同。[②]

争议之二是定金与特定执行权利之间的关系，尤其是按照经修改后的《葡萄牙民法典》第 442 条第 2 款及第 830 条第 1 款之条文，特定执行的权利应仅限于具有物之交付之情况，抑或是其他所有情况皆可以作出特定执行。

对于这一争论，葡萄牙学者 Antunes Varela 认为：

> 我们可以从《葡萄牙民法典》第 830 条的新文本看到与这一问题有关的两个修改，一是立法者以"在任何情况下"取代了"在无相反

① Galvão Telles, *Direito das Obrigações*, 4ª ed., Coimbra: Coimbra Editora, 1982, pp. 93 - 94; *BMJ*, 306, 57 e 58; *RLJ*, 115, 208; 葡萄牙最高法院 1983 年 1 月 6 日及 1983 年 7 月 7 日的合议庭裁判; Calvão da Silva, *Sinal e Contrato Promessa*, 11ª ed., Coimbra: Almedina, 2006, pp. 187-191。

② Rui de Alarcão, *Direito das Obrigações*, Coimbra: Coimbra Editora, 1983, p. 135; Pires de Lima e Antunes Varela, *Código Civil Anotado*, Vol. Ⅱ, 2ª ed., Coimbra: Coimbra Editora, 1981, p. 94; Antunes Varela, *Das Obrigações em Geral*, Vol. I, 4ª ed., Coimbra: Almedina, 1982, p. 270; 葡萄牙最高法院 1983 年 11 月 10 日的合议庭裁判; Calvão da Silva, *Sinal e Contrato Promessa*, 11ª ed., Coimbra: Almedina, 2006, pp. 200-203。

之协议下"之表述，二是立法者删除了设有定金或违约金条款的相反协议规则，由此可以得出以下结论：一是定金的交付或对预约合同不履行的违约金条款不再作为预约合同特定执行的默示排除推定；二是对于一方不履行债务的情况，不论是否设有定金，也不论是否就不履行设定违约金条款（也就是这个意义的"任何情况"），均可以有特定执行，只要与所承担的债务性质不抵触即可。然而，最高法院的主流见解并不符合新文本的上述修改及第442条第2款的新文本，更不要说透过删除第830条原第2款便足以确立更具限制的解决方案（定金及违约金不再成为预约合同特定执行的障碍）这个理由而认为第830条第1款的新含义不能有异于最高法院所采纳者。这好像在说，透过立法者不满意单纯删除该规定及新增第1款的新规则的事实而标志着其意欲要求更多东西；而这一更为广泛的意图在该机制所被认知的疑问上无非是将特定执行的范围延伸至那些没有交付本约合同标的物的预约合同……在该法律文本所制定的内容上，更为合理的理解是第1款新文本的立法精神仅在于规范删除原第2款规定的后果，而非在这个革新外添加任何东西。无论如何，第442条第2款所要求的新限制较第830条第1款的含糊表述所得出的包容情况更为准确。[1]

与此相反，另一位葡萄牙学者 Calvão da Silva 提出了不同的理解：

立法者并没有需要在第442条中提及特定执行的权能，而应维持民法典的原有结构，从而由第830条规定预约合同的特定执行，并由第442条规定作为可归责不履行的赔偿制裁的定金。立法者在第442条第2款最后部分明确指出，设置定金者根据第830条规定享有特定执行权，亦可在没有本约合同标的物的交付下选择双倍定金赔偿，又或物的交付下的双倍定金或不履行时物之价值的赔偿，以重述（及加强）在第830条第1款（新文本）结合对同条第2款原始文本的废止中对预约合同一般规定所明确叙说的内容：尽管设有定金，但不论有没有本约买卖合同标的物的交付，预约买受人均可根据第830条规定请求合同

---

[1] Antunes Varela, *Das Obrigações em Geral*, Vol. 1, 5ª ed., Coimbra: Almedina, 1986, p. 310 e ss.; Antunes Varela, *Sobre o Contrato - Promessa*, 2ª ed., Coimbra: Coimbra Editora, 1989, pp. 81–87.

的特定执行，以作为损害赔偿的择一选项。基本上，这是第 236/80 号法令第 442 条第 2 款涉及特定执行部分作出增订的真正内容，因而这莫不是对第 830 条母规则的准用性引述或提述，而非对该条有所增减。①

Calvão da Silva 进一步指出：

> 从该法令的序言及立法理由来看，其"具择一性且在任何情况下"的语句莫不被理解为（赔偿）的择一情况以及双倍定金或不履行时的物之价值的赔偿的任何情况，从而在（任何）具有或不具有物的交付的情况下……预约买受人有权根据第 830 条（第 442 条第 2 款最后部分）请求合同的特定执行。另一方面，倘若第 236/80 号法令的序言所明示的立法理由是让预约买受人享有更有效保障以及消除单纯基于谋利目的而生的不履行的话——对此规定（在具有物的交付之情况下）赔偿的更新化以及在任何情况（不论是否设有定金，也不论是否交付本约合同的标的物）下为预约的确切履行创造适当条件，并删除了第 830 条第 2 款的原始条文——那么按第 442 条第 2 款所述将特定执行限于有物之交付的情况从而排除没有物之交付的情况便显得没有意义。而这一解释既没有加强第 236/80 号法令针对货币的严重贬值而保障预约买受人的立法理由，也与第 830 条第 1 款的新文本及对第 2 条原始文本的废止不相符，甚至其相对于第 830 条原始条文而言更是倒退，因后者如同现行条文一样没有区分具有及不具有物之交付的情况。除此之外，将特定执行从属或取决于本约合同标的物的提前交付对于不获提前交付标的物的预约买受人而言会造成不合理的不利，其只有权要求双倍定金的保障……但获物之交付的预约买受人则获得三重保障：有权获得不履行时物的价值、对物的留置权及特定执行权。这个巨大且不适度的不利是说不通的，且也无法理解亦无法协调履行及特定执行权利作为一个在逻辑及性质上的主角且在逻辑及目的上优于仅具次要或剩余适用的损害弥补及等价执行的事实……②

在司法见解上，葡萄牙最高法院倾向于后者。最终，1989 年 12 月 19 日的判例结束了这场争议，其认定"在第 236/80 号法令所引入的民法典第

① Calvão da Silva, *Sinal e Contrato Promessa*, 11ª ed., Coimbra: Almedina, 2006, p. 233.
② Calvão da Silva, *Sinal e Contrato Promessa*, 11ª ed., Coimbra: Almedina, 2006, pp. 236-239.

442 条第 2 款及第 830 条第 1 款的文本中，特定执行权不取决于向预约买受人作出预约合同标的物的交付"。

除此以外，在第 236/80 号法令的新规则对不动产的预约买受人而言是否给予过度的保护，同时对预约出卖人而言是否引致不适当及不合理损害的问题上亦存有争议。①

面对立法上的缺陷以及学说与司法见解的批评，葡萄牙最终透过第 379/86 号法令对预约合同制度及定金制度作出较为审慎的修改，并一直沿用至今。1966 年《葡萄牙民法典》第 442 条的现行文本规定："一、在设有定金之情况下，作为定金之交付物应抵充应为之给付；抵充不可能时，应予以返还。二、交付定金之当事人基于可归责于其本人之原因而不履行债务者，他方立约人有权没收交付物；如基于可归责于他方立约人之原因导致合同不被履行，则交付定金之当事人有权要求返还双倍定金；或当本约合同标的物已被交付，则返还该物或将移转或设定于该物之上的权利在不履行预约之日按客观标准订定的价额，但须扣除约定的价金，并返还定金和已缴付的价金部分。三、在上款的任何情况，非违约之一方当事人得选择声请合同之特定执行，有权根据第 830 条规定提出该声请；倘非违约方按上款规定选择该物或权利所多出的价额，他方当事人得提出履行预约而反对该权利之行使，但第 808 条规定者除外。四、除另有订定外，当合同之不履行已导致丧失定金或双倍支付定金，又或者支付该物或权利在不履行之日所增加之价额，则不作其他赔偿。"

明显地，上述修改已解决了第 236/80 号法令所存在的问题。然而，我们的法律制度并没有完全继受上述法律规则。事实上，澳门在回归前并没有牵涉到这两次预约合同制度的法律改革之中，相反，在现行《澳门民法典》生效前，关于预约合同制度除了适用 1966 年《葡萄牙民法典》外，还有第 20/88/M 号法律。根据该法律第 3 条，预约合同定金的交付不仅不会作为排除特定执行的相反协议又或与特定执行构成择一的救济手段，相反，定金的设置还被规定为作出特定执行的条件。这样的规则被视为是对定金的制度传统的颠覆②，所以在制定现行《澳门民法典》时无可避免地被当时

---

① Antunes Varela, *Sobre o Contrato-Promessa*, 2ª ed., Coimbra: Coimbra Editora, 1989, pp. 79-81.
② 关于第 20/88/M 号法律的立法过程及具体制度，可参见黄显辉《探讨澳门现行的预约合同制度》，《澳门法律学刊》1995 年第 2 卷第 2 期，第 65 页；唐晓晴《预约合同法律制度研究》，澳门大学法学院，2004，第 243~252 页。

的立法者所废弃。

立法者的这一意图可以在《澳门民法典》的起草人 Luís Miguel Urbano 对预约合同制度的修改所作的引介中看到：

> 如果民法典只是采纳由第 20/88/M 号法律所修改的承诺合同制度中的特点，那么我们认为是不适当的，因为法典在这方面的原有制度及它被修改之后的制度存在矛盾。修改后的制度着重某些具体的问题而没有利用修改原有制度的机会去保证及完善承诺合同制度的连贯性及畅顺性。

> 在民法典原始版本中，定金在承诺或预约合同中的作用正如一种对违约的补偿，但在实际上及在许多情况中，定金具有界定给予或不给予特定执行权的作用。在一九八八年对承诺或预约合同制度作出修改之后，制度主要是注重保护消费者的利益，因在这时期出现了很多房地产投机的情况。于是，对不动产承诺合同制度，修改了买方承诺者定金的法律意义。因为它和原有的制度相比较，定金已失去了原有的法律意义，相反，它有一个积极的意义。因特定执行权是属于买方，（即使两方已经声明排除这个可能性）。

> 我们相信，当时立法者在进行修改制度时，没有顾及到修改制度之后所引起的不良效果。因此，造成同一事情在同一合同中，对合同双方可以有两种不同的意义，对于承诺卖方，收受定金继续是一种剔除特定执行权的方法，因按规定，如果卖方收受定金就没有这个权利。但对于承诺买方，给予定金之后就意味着有特定执行权。

> 关注到这点，我们认为有必要对整个承诺或预约合同制度进行深入研究及重新检讨。修改的内容很多超越了有关特定执行权的问题。但是由于时间所限，我们只好提及草案中这一点。

> 在修改制度之后，无论有或没有定金，预约合同双方应该有特定执行权，除非这权利在合同中双方清楚声明不要，即使这样，也只能在没有承诺购买时才可以做这声明。

> 事实上我们放弃了定金是作为违约所产生的一种权利的概念。而同时采纳了预约合同原则上不是单方可废止的合同的概念。所以这种的看法能迎合越来越多人认为预约合同是作为取得物业权的一种前提，

因为行政或法律上的理由造成一时不能立刻进行物权交易。[①]

(二)《澳门民法典》中定金的法律制度

由于《澳门民法典》的起草人基本否定了第 20/88/M 号法律的制度，而且其又没有受到葡萄牙的两次预约合同的法律改革所影响，所以在预约合同的制度上基本是保持 1966 年《葡萄牙民法典》的相关规则，包括定金的制度。[②]

《澳门民法典》第 435 条规定："在买卖之预约合同中，预约买受人向预约出卖人交付之全部金额，即使以提前履行或首期价金之名义交付者，亦推定具有定金性质。"

《澳门民法典》第 436 条规定："一、在设有定金之情况下，作为定金之交付物应抵充应为之给付；抵充不可能时，应予以返还。二、交付定金之当事人基于可归责于其本人之原因而不履行债务者，他方立约人有权没收交付物；如因可归责于他方立约人以致合同不被履行，则交付定金之当事人有权要求返还双倍定金。三、非导致不履行之一方当事人得选择声请合同之特定执行，只要按一般规定该当事人有权提出该声请。四、除另有订定外，如因合同之不履行已导致丧失定金或双倍支付定金，则无须作出其他赔偿，但如损害之数额远高于定金数额，则就超出之损害部分获得赔偿之权利仍予保留。五、第八百零一条之规定，经作出必要配合后，亦适用之。"

对于上述条文所规定的定金制度，有若干问题值得我们注意。

关于定金性质的问题，澳门学者普遍主张现行制度是，定金仅具确定性，而不具有反悔性。[③] 而这也是《澳门民法典》的起草人 Luís Miguel Urbano 的立法思想，这个立法思想在《澳门民法典》法案的简要理由陈述中有清楚的记载：

在 1966 年民法典的原始文本中，预约合同定金的交付被视作为排除特定执行权利从而赋予反悔权利的手段，基于这一交付的经常性，

---

① Luís Miguel Urbano：《澳门民法典》，《澳门大学法律学院学报》1999 年第 7 期，第 61~62 页。

② 唐晓晴：《预约合同法律制度研究》，澳门大学法学院，2004，第 253~255 页。然而，《澳门民法典》第 436 条第 3 款、第 4 款下半部分及第 5 款的规定除外。

③ Luís Miguel Urbano：《澳门民法典》，《澳门大学法律学院学报》1999 年第 7 期，第 62 页；杜慧芳：《澳门民法典所规范之强迫履行方法》，载赵国强主编《澳门人文社会科学研究文选·法律卷》（上卷），社会科学文献出版社，2010，第 166~167 页；唐晓晴：《预约合同法律制度研究》，澳门大学法学院，2004，第 254~255 页。

在实践的大部分情况下，特定执行权利的排除与赋予之间的界限则由它来划定。

在 1988 年进行的预约合同制度改革，其所考虑的乃是对处于大量不动产投机时期的消费者的保障，故在涉及不动产的预约合同领域深入地修改预约买受人的定金获赋予之法律含义，这是因为，与先前的制度相反，法律规定在设有定金的情况下，其不再具有反悔性，相反，转而具有绝对确定性的含义。因此，在这些情况以及自此时起，特定执行权利必然地转而赋予给预约买受人，即使双方有明示的排除协议亦然。

然而，我们认为，立法者并没有从当时所作出的修改推出这些结论，而在这内容上，以法律的纯粹文义来看，自此时起在同一份合同的同一事实对合同的各方而言便具有完全相反的意思。对于预约出卖人而言，定金的受领继续作为排除针对预约买受人的不履行而要求特定执行权利的手段，但对于预约买受人而言，向预约出卖人交付定金的同一事实则转而获得了被不可动摇地赋予特定执行的含义。

由此显现的差异成为了起点，从而认为有需要重新思考整个预约合同的制度。……

这个观点的改变发生在对定金优先具有反悔权利这个观念的废弃上，其改为将预约合同看作为一个不可单方废止的约束手段，除非存在相反协议。这一角度对我们而言似乎更适合于那些通常因行政或法律手段的原因未能确定地转移所有权而先行订立的预约合同对当事人所生之含义。

我们认为，在现行制度中，法律对定金的性质所作的仅是确定性的推定。换言之，法律并没有排除反悔性定金的存在，且不禁止合同当事人设置反悔性定金。[1] 至于要判断当事人有否约定反悔性定金，这则取决于对法律行为意思表示的解释（《澳门民法典》第 228 条及续后条文），而且应由主张反悔性定金的一方（通常是违约方）对有关事实负有举证责任。

既然《澳门民法典》以确定性定金为基本规则，那么对定金制度的规范亦主要着眼于合同的成立、履行的抵充以及损害赔偿的订定。在预约合同的范畴内，透过《澳门民法典》第 404 条第 2 款的规定，预约合同在大

---

① 澳门特别行政区中级法院第 327/2017 号、第 629/2017 号及第 1002/2015 号合议庭裁判。

部分情况下均依赖有关的书面合同证明，而履行的抵充则与其他设置定金的合同一样适用《澳门民法典》第 436 条第 1 款。

关于订定损害赔偿的问题，《澳门民法典》第 436 条第 2 款规定将定金的价值或金额作为违约方应付的损害赔偿，对于交付定金者，其所交付的定金将作为对方当事人的损害赔偿，从而对方当事人有权没收定金；对于收取定金者，其所收取的定金亦作为对方当事人的损害赔偿，从而对方当事人除所交付的定金外有权要求收取定金者返还额外一倍的定金作为损害赔偿。

上述规则保留了 1966 年《葡萄牙民法典》的原有条文，但与葡萄牙其后两次的法律修改有着显著的分别。

第 236/80 号法令所修改的《葡萄牙民法典》第 442 条第 2 款规定："2. 交付定金之当事人基于可归责于其本人之原因而不履行债务者，他方立约人有权没收交付物；如因可归责于他方立约人以致合同不被履行，则交付定金之当事人有权要求返还双倍定金，或当有物的交付，该物在不履行时之价值，又或者，选择性地，根据第 830 条的规定请求合同的特定执行。"而第 379/86 号法令所修改的《葡萄牙民法典》第 442 条第 2 款规定："2. 交付定金之当事人基于可归责于其本人之原因而不履行债务者，他方立约人有权没收交付物；如因可归责于他方立约人以致合同不被履行，则交付定金之当事人有权要求返还双倍定金，或当本约合同标的物已被交付，则返还该物或将移转或设定于该物之上的权利在不履行预约之日按客观标准订定的价额，但须扣除约定的价金，并返还定金和已缴付的价金部分。"

不论是上述哪个版本的法令，在预约合同中有定金及本约合同标的物已交付的情况下，葡萄牙立法者倾向赋予预约合同取得人更大的保障，那就是其不仅可以要求他方当事人返还双倍定金，还可以选择要求他方当事人赔偿标的物在不履行时之价值或在同时返还定金及已缴付价值下经扣除约定价金的标的物在不履行之日的价值。

与葡萄牙的情况不同，我们的立法者严格强调损害赔偿的对等性。[①] 换

[①] 在第 236/80 号法令及第 379/86 号法令生效前，《葡萄牙民法典》亦强调有定金的预约合同在损害赔偿问题上的对等性，正如葡萄牙最高法院 2003 年 1 月 21 日合议庭裁判指出："注意的是，严格来说，不论违约方谁属，有关损害赔偿亦为对等；事实上，由收取定金者所作的双倍定金的返还可拆解为基于合同本身的解除及由此而生的原收取的一倍定金的本义上的返还加上以赔偿名义而作出的另一倍定金，而后者则等同于在交付定金者违约而应作之赔偿。"

言之，透过定金的交付而设定的违约赔偿金额，对交付定金的一方及收取定金的一方而言必为相同。这样，基于《澳门民法典》第 436 条第 2 款为强行性规定①，倘若当事人在有定金交付的预约合同中约定了不对等的损害赔偿，有关条款将因违反上述强行性规定而无效。

然而，法律规定了不适用上述规则的三个例外情况：①当事人约定除上述定金赔偿外还须作出其他赔偿（《澳门民法典》第 436 条第 4 款上半部分）；②倘若当事人所遭受之损害远高于定金数额，则还可获得超额部分之损害赔偿（《澳门民法典》第 436 条第 4 款下半部分）；③定金数额明显高于当事人所遭受之损害，则按衡平原则减少损害赔偿之金额（《澳门民法典》第 436 条第 5 款及第 801 条）。

五　预约合同与特定执行

（一）预约合同特定执行的可能性

另一个需作专门探讨的问题是预约合同的特定执行（execução específica）。在由合同产生的债务法律关系中，当债务人不自愿履行债务或违反其给付义务，法律即给予债权人两项择一的保障：给付的强制实现或损害赔偿。

给付的强制实现乃透过国家机器在无须债务人的意思介入下以替代的手段实现有关给付或给付的效果，从而满足债权人的需要。《澳门民法典》第 807 条规定："债务人不自愿履行债务时，债权人有权依法透过司法途径要求债务之履行，并有权依法执行债务人之财产。"除此之外，透过特定执行的机制，债权人可直接实现债务人所不自愿作出的特定物的交付、积极或消极事实的给付（《澳门民法典》第 817~819 条）。

另外，债权人亦可选择获得损害赔偿，以弥补其合同积极利益的损失。《澳门民法典》第 787 条规定："债务人因过错而不履行债务，即须对债权人因此而遭受之损失负责。"《澳门民法典》第 790 条第 1 款规定："一、基于可归责于债务人之原因以致给付成为不能时，债务人须承担之责任与其

---

① 对于这一性质，在比较法上，葡萄牙波尔图上诉法院 1992 年 7 月 6 日的合议庭裁判指出："在有定金的交付下，因不履行而生的损害赔偿强制地为民法典第 442 条第 2 款所规定者（根据第 442 条第 4 款）。"

因过错不履行债务而承担之责任相同。"《澳门民法典》第797条第1~3款规定:"一、如因迟延而出现以下任一情况,则视为构成第七百九十条所指之债务不履行:a)债权人已丧失其于给付中之利益;b)给付未于债权人透过催告而合理定出之期间内作出。二、给付中之利益是否丧失,应依客观标准认定。三、在第一款b项所指之情况中,债权人除得选择第七百九十条所指之制裁外,亦得选择要求强制履行给付及给予有关迟延之损害赔偿,但按照有关催告债权人不得作后一种选择者除外;然而,债务人得就上述选择权之行使定出一合理期间,债权人须在该期间内作出选择,否则其要求强制履行之权利即告失效。"

对于预约合同而言,倘若任一方当事人不履行预约合同,毫无疑问的是,他方当事人可按一般规定要求损害赔偿。而在有定金交付的情况下,预约合同的未违约方有权根据《澳门民法典》第436条第2款没收违约方所交付的定金又或要求收取定金的违约方返还双倍定金作为有关损害赔偿。

除此之外,《澳门民法典》第436条第3款及第820条还赋予预约合同当事人选择行使预约合同特定执行的权利,以便产生本约合同之法律效果,从而直接满足预约合同未违约方(债权人)的给付利益。

然而,预约合同的特定执行是一个创新的法律机制,法律对这一机制的设置克服了因合同自由原则而产生的障碍。事实上,该问题的逻辑是这样的:预约合同的标的是本约合同,即有关给付为当事人的一个法律行为的意思表示,但对于当事人而言,根据合同自由原则,其有权自由决定是否订立有关(本约)合同,因此,考虑到预约合同标的的独特性,他方当事人理应不得透过给付的强制实现机制强迫预约债务人履行其不自愿作出的订立本约合同的给付义务。

这正是《澳门民法典》及1966年《葡萄牙民法典》生效以前的普遍理解。事实上,当时生效的《塞亚布拉民法典》主要受到《法国民法典》的影响,而《法国民法典》在事实给付是否可特定执行的问题上采纳了"Nemo paecise potest cogi ad factum"的规则(《法国民法典》第1142条)。①

---

① 与此同时,《法国民法典》亦采纳了波蒂埃对可替代事实给付及不可替代事实给付所作的区分,对前者可作出特定执行(《法国民法典》第1143~1144条)。关于事实给付是否可作特定执行这一问题的演变,可参见 Calvão da Silva, *Cumprimento e Sanção Pecuniária Compulsória*, Coimbra: Coimbra Editora, 1995, pp. 216-220; Ana Prata, *O Contrato-Promessa e Seu Regime Civil*, Coimbra: Almedina, 2006, pp. 55-67; 唐晓晴《预约合同法律制度研究》,澳门大学法学院,2004,第104~109页。

对于预约合同而言，倘若预约债务人不自愿履行订立本约合同的义务，他方当事人唯一有权请求的就是由预约债务人作出损害赔偿。[①]

上述理解一直影响着继受《法国民法典》的欧洲国家，包括葡萄牙及意大利，直至意大利的诉讼法学者 Chiovenda 提出预约合同的给付在效果上的可替代性的见解，则颠覆了对预约合同不可作特定执行的传统想法。

按照 Chiovenda 所述：

> 在预约合同中，当事人有义务作出后来的意思表示，由此产生特定的法律效果，因为意思表示的给付乃当事人为创设这些法律效果而可处分的唯一方式。然而，这些法律效果既是他们的目的，也是法律欲予确认且诉讼所直接协调的东西。意思表示如同任何个人的作为给付一样具有不可替代性，但是当作为给付的实际后果或意思表示的法律效果可透过非债务人的行为实现时，作为给付，以及意思，在法律上则为可替代的。[②]

接着，Chiovenda 以预约买卖合同为例，来进一步说明对预约合同作出特定执行的可能性：

> 我们可以对有关案例作出总结：由预约买卖合同必然及首先产生有利于预约买方而不利于预约卖方的请求作出意思表示给付的权利（本约买卖合同），但在债务不履行的情况下，随即产生指向构成前者目的的法律效果的权利，即取得所有权；而这权利则透过诉讼实现。法官宣告取得所有权的判决将基于法律的相同意志而导致所有权的转移及对债务人的征收。[③]

Chiovenda 的上述见解直接决定 1942 年《意大利民法典》对预约合同特定执行规则的确立。《意大利民法典》第 2932 条规定："有缔结契约义务的

---

① 然而，法国法院就若干个案采取了与此不同的处理方法，对有关论述可参见 Ana Prata, *O Contrato-Promessa e Seu Regime Civil*, Coimbra: Almedina, 2006, 第 220 页。

② Giuseppe Chiovenda, "Dell'azione Nascente dal Contratto Preliminare", in *Rivista del Diritto Commerciale e del Diritto Generale delle Obbligazioni*, 1911, Vol. II, p. 106.

③ Giuseppe Chiovenda, "Dell'azione Nascente dal Contratto Preliminare", in *Rivista del Diritto Commerciale e del Diritto Generale delle Obbligazioni*, 1911, Vol. II, p. 106.

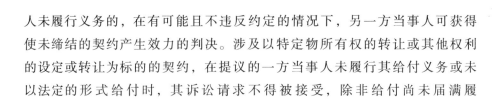

人未履行义务的，在有可能且不违反约定的情况下，另一方当事人可获得使未缔结的契约产生效力的判决。涉及以特定物所有权的转让或其他权利的设定或转让为标的的契约，在提议的一方当事人未履行其给付义务或未以法定的形式给付时，其诉讼请求不得被接受，除非给付尚未届满履行期。"①

1942 年《意大利民法典》第 2932 条的规定直接成为 1966 年《葡萄牙民法典》关于预约合同特定执行规则的基础，②并且由此时起人们逐渐认清给付可强迫性与可替代性的区分，以及接受由法院判决弥补由预约债务人不自愿作出的法律行为意思表示的可替代性。正如葡萄牙学者 Antunes Varela 对预约合同特定执行规则的确立的引述：

> 正是基于这一种无可比拟的更符合现代需要的指导思想，我国的新民法才在第 830 条中接纳了所谓的预约合同特定执行制度。第 830 条在其原始文本中规定："如一人承担订立某合同之义务，而不遵守该预约，则在无相反之协议下，他方当事人得获得一判决，以产生未被该违约人作出之法律行为意思表示之效力……"在实务上，法官修补违约人的意思表示的方法是通过判决的效力（将本约合同视为已经作出，即直接判定本约的基本效力，犹如声请人与被声请人真的已经缔结合同一样）。新的措施——相对于先前的制度而言是真正具有革命性的——所处理的并不是一切存在缔约责任的情况。原则上，它的延伸范围只及于以合同方式负有的缔约责任。所以，它是旨在保障预约合同之履行的。③

在澳门，不论在制定第 20/88/M 号法律还是后来的《澳门民法典》，立法者均沿用 1966 年《葡萄牙民法典》所继受的预约合同特定执行的上述规则，并且在该规则的基础上作出了适当的调整及增订，从而构成了《澳门民法典》第 820 条的现行条文版本。

---

① 《意大利民法典》，费安玲等译，中国政法大学出版社，2004，第 778 页。

② Pires de Lima e Antunes Varela, *Código Civil Anotado*, Vol. II, 3ª ed., Coimbra: Coimbra Editora, 1986, pp. 108-109.

③ Antunes Varela, *Das Obrigações em Geral*, Vol. I, 10ª ed., Coimbra: Almedina, 2000, pp. 336-337.

（二）预约合同特定执行的要件

《澳门民法典》第 820 条规定："一、如一人承担订立某合同之义务，而不遵守该预约，则在无相反之协议下，他方当事人得获得一判决，以产生未被该违约人作出之法律行为意思表示之效力，但此与违约人所承担债务之性质有抵触者除外。二、为着上款规定之效力，在预约合同中，单纯存在交付订金之事实或曾为合同之不履行而定出违约金，均不视为相反之协议，而预约系涉及有偿移转或设定房地产或其独立单位上之物权时，只要预约取得人已取得合同标的物之交付，即使有相反协议，预约取得人仍享有请求特定执行之权利。三、应违约人之声请，法院得在产生未被该违约人作出之法律行为意思表示效力之判决中，命令按第四百三十一条之规定变更合同。四、如须特定执行之预约系涉及订立移转或设定房地产或其独立单位上物权之有偿合同，而在有关房地产或其独立单位上设有抵押权者，则为着消除抵押权，预约中之取得人得声请在第一款所指之判决中，亦判违反预约之人向其交付被抵押担保之债务款项，又或交付作为合同标的之单位所涉及之债务款项，并向其交付已到期及未到期之利息，而该等利息系计至上述款项清付时为止。五、然而，仅在同时具备下列条件之情况下，方适用上款之规定：a）有关抵押权之设定后于预约之订立；b）有关抵押权之设定旨在就违反预约之人对第三人之一项债务作担保，且预约中之取得人非与该债务人共同承担该债务；c）抵押权之消灭既不先于上述移转或设定，亦非与其同时者。六、如属预约中之债务人可主张不履行抗辩之合同，而声请人在法院为其定出之期间内不作出其给付之提存，则有关诉讼将被判理由不成立。"

由上述条文得出，预约债权人在符合以下条件时可行使特定执行权利：①预约债务人不遵守预约合同；②没有相反之协议；③特定执行不与预约债务人所承担债务之性质有抵触；④在双务合同的情况下，预约债权人就其给付作出提存。

在不符合上述任一条件下，预约债权人不可行使特定执行权利，纵然预约债务人违反预约合同，预约债权人唯一的权利乃要求债务人作出损害赔偿。

关于相反协议的问题，根据《澳门民法典》第 820 条第 2 款上半部分的规定，单纯定金的交付或违约金的订定，并不视为存在相反协议。正如澳门特别行政区中级法院第 1002/2015 号合议庭裁判指出：

　　结合《澳门民法典》第 436 条及第 820 条规定，则结论出，基于第 820 条第 2 款上半部分规定之效力，尽管有定金的交付，但不得被解释为对特定执行的排除。我们的法律除了对违约的预约卖方施以赔偿双倍定金之义务外，还容许交付定金的预约买方选择作出特定执行以获得预约合同的履行。

　　这一规定与 1966 年《葡萄牙民法典》第 830 条第 2 款的原始文本以及经第 379/86 号法令所修改的 1966 年《葡萄牙民法典》第 830 条第 2 款的现行文本相反，后者规定，在设有定金或预约不履行的情况定出违约金，则视为有相反协议。① 另一方面，根据第 20/88/M 号法律第 3 条的规定，定金的交付更作为加强预约合同特定执行的条件。

　　与定金及违约金的设定不同，本约合同标的物（不动产）的交付并不作为预约合同特定执行的条件，相反，其成为排除相反协议的加重因素（《澳门民法典》第 820 条第 2 款下半部分），亦成为法律赋予留置权或优先受偿权的原因（《澳门民法典》第 745 条第 1 款 f 项、经第 236/80 号法令修改 1966 年《葡萄牙民法典》第 442 条第 3 款、经第 379/86 号法令修改的 1966 年《葡萄牙民法典》第 755 条第 1 款 f 项的现行文本及第 20/88/M 号法律第 2 条）。② 明显地，这一立场与经第 236/80 号法令修改的 1966 年《葡萄牙民法典》第 442 条第 2 款之规定不同，这最终导致葡萄牙最高法院于 1989 年 12 月 19 日所作出的统一司法见解，指出特定执行的权利并不取决于向预约买受人曾作出预约合同标的物的交付。在澳门，按照中级法院

---

① 第 236/80 号法令对于这一问题所采取的立场是有争议的。对此，澳门学者唐晓晴指出："关于定金与特定执行的关系方面，该次修改完全抛弃了 1966 年《民法典》的传统。它首先删除了第 830 条原文本中关于推定定金作为当事人排除特定执行的协议之条文（即其原来的第 2 款），并强调只要与预约合同的给付性质无冲突，则无论'在任何情况下'均可请求特定执行（修改后的第 1 款）。然而，第 830 条第 1 款的修改在文义上（其中提到的'任何情况'）却与第 442 条第 2 款所设的条件有所冲突。第 442 条的文义是清楚的：当预约合同设有定金时，仅在（本约的）标的物获得交付的情况下，无过错的一方可请求特定执行，换而言之，如本约的标的物未获交付，定金仍是双方悔约的唯一代价，无过错方无权请求特定执行。可是第 830 条却又提到无过错方无论'任何情况下'均可请求特定执行。很明显，第 442 条与第 830 条的规定是相互矛盾的。"唐晓晴：《预约合同法律制度研究》，澳门大学法学院，2004，第 238 页。另一方面，经第 379/86 号法令所修改的 1966 年《葡萄牙民法典》现行文本第 830 条第 2 款之规定并不适用于同一法典第 410 条第 3 款所规定之情况。

② 关于有关规定在时间上适用的问题，可参见澳门特别行政区终审法院第 41/2008 号合议庭裁判。

第 111/2007 号及第 682/2014 号合议庭裁判："在没有相反协议的情况下，法律并不要求为着采取特定执行必须取决于物的交付。《澳门民法典》第 820 条第 2 款所规定的是，倘若有物的交付，则即使存在相反协议，但仍可作出特定执行。"

此外，如果特定执行与预约债务人所承担债务之性质有所抵触，则不得作特定执行。按照葡萄牙学者 Ana Prata 所述，所承担的债务与特定执行有所抵触的情况不仅发生在本约合同所要求的合同意思的特定品质或资格为有关司法裁判所不可替代之情形，还有那些透过本约合同所产生的债务在性质上不可作强制执行之情形。① 如此，构成这一情况的有：婚约、立遗嘱的许诺、收养的许诺、认领的许诺②、预约劳动合同（在比较法上，《葡萄牙劳动法典》第 103 条第 3 款）③ 等。

关于要物行为的预约合同，学说普遍认为其不可作特定执行。④ 然而，葡萄牙学者 Ana Prata 则主张以下相反见解：

> 交付一物的实质行为不能透过司法弥补明显是难以理解的说法。明确的是，若有可强制执行的应为行为，它就是交付一特定物的行为。正如 Paolo Forchielli 所注意到，倘若正确的是判决不可自行产生物的交付效果，即令当事人取得物的占有，那么便看不到为何该判决不可透过该交付的执行决定来补充，这将补正构成要物合同的事实前提，同样也无法显示出，若有关判决产生被拒绝订立的合同的效果，它不能独立于物的交付（其可续后发生）而产生这些效果。后一情况基于以下前提：判决不是不自愿作出的法律行为意思表示的替代行为，在该判决中法官并非作为违约方的代表人或替代人，也不是代替被欠缺的合同的形成活动；故它无须构成合同的前提事实；判决仅限于产生法

---

① Ana Prata, *O Contrato-Promessa e Seu Regime Civil*, Coimbra：Almedina, 2006, p. 921.

② Ana Prata, *O Contrato-Promessa e Seu Regime Civil*, Coimbra：Almedina, 2006, p. 921.

③ Lobo Xavier, *Manual do Direito do Trabalho*, 2ª ed., Lisboa：Verbo, 2014, p. 659；Pedro Romano Martinez, *Direito do Trabalho*, 6ª ed., Coimbra：Almedina, 2013, pp. 414 – 415；António Monteiro Fernandes, *Direito do Trabalho*, 16ª ed., Coimbra：Almedina, 2012, pp. 252-253.

④ Antunes Varela, *Das Obrigações em Geral*, Vol. 1, 10ª ed., Coimbra：Almedina, 2000, p. 366；Almeida Costa, *Direito das Obrigações*, 4ª ed., Coimbra：Almedina, 1984, pp. 278-279；Galvão Telles, *Direito das Obrigações*, 6ª ed., Coimbra：Coimbra Editora, 1989, p. 125；Menezes Leitão, *Direito das Obrigações*, 9ª ed., Coimbra：Almedina, 2010, p. 235.

律行为的私人创设性行为所具有的效果，而这些效果不论符合或不符合该法律行为的要件也可被替代，更好地说，基于法律规定，在没有这些要件下代替这些效果。人们会说仅当法律行为的形成要件围绕法律行为意思表示而非当用于补充意思表示的其他行为时，才是如此。基于第 830 条第 1 款规定的单纯客观主义的解释，这一理解仅当为了限制该规定的可适用性才成立，这一目的可以是具有理由的，但理由必然不是这个，且应说明是什么理由。

因此，现在的问题是，为何普遍认为对要物合同的预约不能作特定执行呢？

在要求预约合同与本约合同需有相同方式的法律制度中，如此理解的人会指出，基于物的交付为本约合同的手续，没有该交付的预约便无效。在实践中，这等同否定要物合同的预约，从而不会发生其强制执行的问题。

当人们接受要物合同的预约，似乎只能以程序性质来反对特定执行：形成请求不得与作为前者组成部分的交付一定物的请求合并。事实上，若可透过司法手段获得物的交付，可发生的是，在特定执行之诉中的单纯司法决定不可作出不被订立的合同，而是须透过针对标的物作出司法扣押。可以说，法律没有规范缔约之债的特定执行之诉包含执行部分的情况，故这足以排除特定执行。这个反对理由或者可能成立。这足以断言订立本约合同的义务是如此不可兼容于相关的强制执行，而后者被理解为，正如我们所遇到的，一个主合同的单纯替代判决。这是充分的，但是难以具有说服力。正如 G. La Rocca 所强调的，判决不限于代替违约方的意思表示，而是代替合同效力的法律凭据，它无须也没有围绕该替代，而是须透过为对不获自愿订立的合同在其构成元素及其效果上被司法替代所必需的措施来补充。

对于一些学者而言，他们寻求一个用以说明在这些情况下缔约义务具有不可兼容性的理念，有关理念得到理论界的支持，那就是将物的交付表述为合同成立所必需的信任行为，并如此构成不可透过司法决定弥补的活动。然而，这些学者的理据仍然是脆弱的。事实上，一方面，将物的交付看作要物合同的构成元素这个功能概念并非毫无争议的；另一方面，即使接受该概念，它主要指向仅对物的交付人造成财产减损的无偿合同；事实上，如果不难接受信任关系出现在某些无偿要物合同（如使用借贷或无偿的消费借贷）中，那么在其他合同中（如无偿或有偿寄托，这是常见的提供劳务合同）则无法与之等同，这意味着该信任关系在合同的现实中并不重要。若要视该信任关系为交付物的一方当事人的缔约决定中所特别考虑的东西，它似乎不可担当在本质上不同于透过必须采用一定方式而实现的功能。

换言之，即使接受物的交付的要求具有容许合同当事人考虑在诺成合同中无须同样考虑的缔约意愿，但这对在物的交付前订立本约合同意愿的不存在而言不必然具有意义；这一情况发生在要求一定方式，该意愿也可确定形成及成立——甚至在预约合同中作出明确表示——但在法律上对其确认则需遵守法定方式。因此，看不到本约合同的要物性质必然意味着法律欲向当事人在未交付物之时保留放弃合同的权利。即使接受——这仍然是没有理由接受的——本约合同的现实构成排除对相关预约合同作特定执行的推定的情况，对当事人而言同样合法的是可以明示或默示约定保留作出特定执行的可能性。如果将有关情况置于此，这可能还不会根本地偏离 Vaz Serra 在界定消费借贷的预约应为暂时还是确定的预约时，又或其是否包含排除特定执行的协议时，寻求合同解释（当事人的意思）的见解。这演绎为——在没有接纳或无法毫无疑问地接纳的结论中——在接受本约合同的要物性质包含排除对相关预约作强制执行推定的情况下，认为至少可以在当事人约定容许强制执行下接受后一情况。①

我们认为这一赞成特定执行的见解更为正确。事实上，要物合同的预约可否作特定执行取决于两个问题：一是有关本约合同在欠缺物的交付下的效力如何；二是在诉讼上应如何提出特定执行的请求从而使到有关判决可产生本约合同之效果。

关于第一个问题，主流见解认为欠缺物的交付的要物合同并非无效，而是成为一份无名合同。② 这样，对于以要物合同为本约合同的预约合同而

---

① Ana Prata, *O Contrato-Promessa e Seu Regime Civil*, Coimbra: Almedina, 2006, pp. 926-931.

② Carlos Mota Pinto, *Teoria Geral do Direito Civil*, Coimbra: Coimbra Editora, 1993, pp. 398-399; Almeida Costa, *Direito das Obrigações*, 7ª ed., Coimbra: Almedina, 1998, pp. 238-242; António Menezes Cordeiro, *Tratado de Direito Civil Português I*, Tomo 1, Coimbra: Almedina, 1999, pp. 313-314. 关于要物合同的相关问题，可参见唐晓晴《论要物合同》，《澳门研究》2005年总第 28 期，第 18~25 页。

言，即使没有物的交付这个实质行为的作出，但透过预约合同的特定执行，也不导致无效的法律效果，因此，在实体法上有关债务性质并不妨碍特定执行效果的产生。

第二个问题才是我们需要注意的地方，正如葡萄牙学者 Ana Prata 所主张的，诉讼法上的障碍才是学者否定要物合同预约的特定执行的真正理由。事实上，对于预约债务人违反订立本约要物合同的情况，他方当事人为了达到本约合同的效果，至少须提出两项诉讼请求：一是宣告产生本约合同的效果；二是作出物的司法扣押及交付。然而，基于两者的诉讼目的不同，其诉讼程序不相兼容，故预约债权人不得在预约合同的特定执行之诉中提出物的司法扣押及交付。然而，如果只提出前一项诉讼请求，那么，按照欠缺物的交付的要物合同的上述见解，有关判决只产生形成一份无名合同的效果。基于前述判决欠缺任何给付命令，故其不构成执行名义（《澳门民事诉讼法典》第 677 条 a 项及第 678 条），从而预约债权人不具执行名义提出交付一定物的执行之诉。这样，基于欠缺物的交付，且有关欠缺无法透过强制执行实现，有关特定执行便无法产生本约合同的效果。基于这个原因，我们的意见是，在提出特定执行之诉时，除了宣告产生本约合同的效果的请求外，预约债权人还必须同时请求判处预约债务人交付本约合同的标的物，否则，若没有对有关情况作出补正，在诉讼上，基于无法产生本约合同的效果，这一特定执行之诉将与预约债务人所承担债务之性质有所抵触，从而导致有关诉讼不可行。

另一个有疑问之处是，对于旨在转让或设定物权的本约合同，尤其是预约买卖合同，预约转让人（尤其是预约卖方）或许诺设定物权的人在预约取得人违反预约的情况下是否有权作出特定执行。如果作出特定执行的一方为预约取得人（尤其是预约买方）的话，这毫无疑问是可以的，而且这也是立法者设置预约合同特定执行时所构想的典型情况。然而，如果反过来说，情况便完全不同：预约取得人违反预约合同，不自愿作出为订立本约合同所需的法律行为意思表示，预约转让人为了成就本约合同以取得转让价金，于是作出特定执行。

问题是，预约转让人是否与预约取得人一样可享有预约合同特定执行的权利？还是该权利仅专属于预约取得人，预约转让人是否只有权没收定金或要求预约取得人赔偿？

对于这一问题，澳门的学说中未有专门论述，而司法见解中也未见相关案例。在比较法上，也未有葡萄牙学者论述这一问题，且几乎没有由预约转让人提起特定执行之诉的相关司法见解。①

如果我们从《澳门民法典》第 820 条的条文文义来看，似乎可以得出，立法者以"违约人"来表示预约债务人，并以"他方当事人"来表示预约债权人。换言之，上述条文在文义上没有区分预约转让人与预约取得人，只要任一方不遵守预约合同，他便成为"违约人"，而作出特定执行的"他方当事人"既可以是遵守预约的预约取得人，也可以是预约转让人。

然而，如果我们从预约合同特定执行的产生来看，便可以得出这一机制在创立之初仅旨在保障预约买方的利益，而未考虑预约卖方要求强制履行预约合同的需要，从而令我们怀疑立法者是否也对预约转让人赋予预约合同的特定执行权利。②

在预约合同特定执行的奠基者 Chiovenda 的最初设计中，面对着因欠缺明确的法律规则而令预约买方只可就预约卖方不履行订立本约合同义务的情况请求损害赔偿的不合理做法，这位诉讼法学者主张承认预约买方享有特定执行的权利，其目的就是透过有关判决"取得物的所有权"，而这个所有权转移的效果就是司法判决可替代债务人意思表示的行为。③ 换言之，"取得所有权"就是当初要赋予预约买方享有超过损害赔偿的给付强制实现（特定执行）的目的。虽然在其后的立法（1942 年《意大利民法典》、1966 年《葡萄牙民法典》、《澳门民法典》）中，预约合同特定执行的这一目的并没有明确地规定在有关条文中，但它实际上隐含在这些条文的语句之内，例如，1942 年《意大利民法典》第 2932 条第 1 款的"可获得使未缔结的契约产生效力的判决"、1966 年《葡萄牙民法典》第 830 条第 1 款及《澳门民法典》第 820 条第 1 款的"以产生未被该违约人作出之法律行为意思表示之效力"。这里所提及的"效力"、"使未缔结的契约产生效力"或"法律行为意思表示之效力"在特定执行的设计之初就是指取得所有权或转移所

① 唯一一个我们所能查到的司法见解为波尔图上诉法院于 2001 年 6 月 12 日的合议庭裁判，下文将对此作出论述。
② 然而，《澳门民法典》的起草人 Luís Miguel Urbano 似乎默认预约合同双方均有特定执行权。参见 Luís Miguel Urbano《澳门民法典》，《澳门大学法律学院学报》1999 年第 7 期，第 61~63 页。
③ Giuseppe Chiovenda, "Dell'azione Nascente dal Contratto Preliminare", in *Rivista del Diritto Commerciale e del Diritto Generale delle Obbligazioni*, 1911, Vol. II, p. 106.

有权的效果。① 同时，考虑到 Chiovenda 在提出预约合同的特定执行时面对的乃是不动产预约买卖合同，在其设置的提存的要件上，有关设计旨在适用于价金的提存，而反过来说对不动产的提存而言则似乎显得格格不入（1942 年《意大利民法典》第 2932 条第 2 款、1966 年《葡萄牙民法典》第 830 条第 5 款及《澳门民法典》第 820 条第 6 款）。

对于预约转让人而言，其提起预约合同特定执行之诉便不具有上述目的：以预约买卖合同为例，倘若预约出卖人请求作出特定执行，其目的便不是为了取得原属于他的标的物的所有权，而是为了获得本约买卖合同的价金。在比较法上，葡萄牙波尔图上诉法院于 2001 年 6 月 12 日的合议庭裁判曾承认预约卖方可行使特定执行的权利，但其与一审法院判决判处作为预约买方的被告支付价金款项的理据并不相同，后者认为，"考虑到《民法典》第 817 条及第 406 条第 1 款规定，仅显示原告（预约卖方）有权要求判处被告履行其没有按时作出的给付"；前者在回应原告（预约卖方）是否有权请求预约合同的特定执行时指出："由于本案并不涉及移转《民法典》第 830 条第 4 款所指财产的预约合同，因此，仅当没有相反协议下才可作特定执行，而该条第 2 款规定倘有定金交付或就不履行预约定出违约金则视为有相反协议。案中，预约合同约定了由作为被告的配偶夫方为履行该预约而交付的任何款项具有定金的性质，但事实上作为被告的配偶夫方并没有交付任何金额，故实际上并不存在任何定金。因此，并不妨碍原告方请求作出特定执行。"然而，在上述案件中，葡萄牙波尔图上诉法院最终仅限于判处作为被告的配偶夫方支付相当于本约买卖合同价金的款项及迟延利息，但维持驳回预约卖方特定执行（确认有关判决产生未被违约人作出之法律行为意思表示之效力）的请求。

对于上述案例，我们认为，由于法院驳回了预约合同特定执行的请求，故其所判处的支付相当于本约买卖合同价金的款项及迟延利息的决定并非建基于本约合同的效力，而是建基于预约合同的效力。因此，严格来说，葡萄牙波尔图上诉法院最终没有宣示产生本约合同的效果，从而得出预约卖方在该案中并没有成功行使预约合同特定执行的权利的结论。

另一方面，如果预约转让人欲行使这一权利的话，我们认为，从《澳

---

① 当然，基于相同理由，除了所有权的转移外，还应包括用益权的设定或转移、抵押权的设定等物权变动的情况。

门民法典》第 820 条所欲实现的目的来看，我们会遇到两方面的障碍：一是预约转让人寻求特定执行以实现其利益方面的必要性；二是以特定执行限制预约取得人取得标的物自由的正当性。

对于预约转让人而言，其作出特定执行的典型目的在于获得本约合同的价金。由于其是金钱之债，其标的与损害赔偿的标的（金钱赔偿）并无分别。这样，面对预约取得人违反预约合同的情况，预约转让人的损害，包括不能获得本约合同转让价金的损害，可透过损害赔偿予以弥补（《澳门民法典》第 787 条、第 790 条第 1 款及第 797 条第 1 款至第 3 款）。如果预约取得人有交付定金，那么预约转让人可以没收该定金作为有关损害赔偿，而在预约转让人的损害远高于定金的情况下还可以就超额部分获得额外赔偿（《澳门民法典》第 436 条第 2 款及第 4 款）。在葡萄牙，正如前述葡萄牙波尔图上诉法院的合议庭裁判所提到，基于定金所具有的反悔性质，倘若预约取得人曾交付定金，预约转让人则没有特定执行的权利。

如此，假设容许预约转让人作出特定执行，我们便会遇到以下荒谬操作：为作出特定执行，预约转让人需拿出其标的物（通常是不动产）以作提存，其后法院宣告产生本约合同的效果，并判处预约取得人向预约转让人支付本约合同的价金，而作为对价预约取得人获转移标的物的所有权，但是，当预约取得人不履行价金支付义务，预约转让人便需透过执行之诉查封及变卖预约取得人的财产，而预约转让人即时知悉的财产就是上述本约合同的标的物，那就是说，预约转让人需查封及变卖原属于他的标的物以获支付预约取得人所欠付的本约合同的价金。相对于预约转让人保留拥有有关标的物并额外获得损害赔偿的后果，预约转让人对特定执行的选择显然是多余的，且不会给予其任何好处。因此，与预约取得人的情况不同，我们看不到预约转让人有什么理由可求助特定执行以获得透过损害赔偿的机制所不能获得的利益，只有当有关本约合同为互易合同（《澳门民法典》第 933 条）时方可另当别论。

对于预约取得人而言，倘若容许预约转让人作出特定执行，那么其后果将会是，本约合同标的物的物权在违反预约取得人的意思下透过判决的效力强行转移予预约取得人，这将违反合同原则（princípio do contrato）。同样，古罗马文献中的"invito non datur beneficium""alteri stipulari dari nemo potest"等格言亦构成对未经预约取得人同意而向其转移标的物物权的反对理由。要考证这些格言是否适用于这一情况十分简单，就是要回答以下的问题：即使预约取得人订立了预约合同但其后违反缔约义务，在其愿意向预约转让人赔偿全部损失的情况下，他最终是否有权反对取得标的物的物权呢？

我们认为，这涉及预约取得人的自由权（人格权）的问题。《澳门民法典》第 72 条第 1 款规定："一、任何人均享有自由权。"《澳门民法典》第 69 条第 5 款规定："五、对人格权所作之合法自愿限制得随时废止，即使对他方当事人之正当期待造成损害而须负赔偿义务者亦然。"在澳门的法律制度中，物权（或更为广泛的财产权）的存在目的在于发展权利人的人格，故个人获法律赋予处分任何物或物权的自由，因此，个人对是否取得一物或维持对该物的支配享有绝对的自由，包括赠与必须获受赠人同意（《澳门民法典》第 934 条）、所有人可自由抛弃物或物权（《澳门民法典》第 1229 条、第 1402 条第 1 款 g 项、第 1455 条第 1 款 c 项、第 725 条 d 项等）。明显地，预约取得人的自由权高于预约转让人特定执行的权利，从而使前者构成对后者的反对理由（《澳门民法典》第 327 条）。

（三）预约合同特定执行的特别情况

虽然葡萄牙第 236/80 号法令以及第 379/86 号法令从未在澳门适用，但这并不意味着前述立法对《澳门民法典》第 820 条的制订没有任何影响。事实上，预约合同特定执行中所引入的情事变更原则（princípio rebus sic stantibus）以及消除抵押权的情况（《澳门民法典》第 820 条第 3 款至第 5 款）正是源于上述两次立法而继受的规则。

关于情事变更原则，第 236/80 号法令所修改的 1966 年《葡萄牙民法典》第 830 条第 1 款规定："1. 如一人承担订立某合同之义务，而不遵守该预约，则他方当事人在任何情况下均得获得一判决，以产生未被该违约人作出之法律行为意思表示之效力，只要此与违约人所承担债务之性质没有抵触；应该人之声请，法院得在同一判决中，命令按第 437 条之规定变更合同。"而第 379/86 号法令所修改的 1966 年《葡萄牙民法典》第 830 条第 3 款规定："3. 特定执行的权利，不可以被第 410 条第 3 款的预约所排除；应违约人之声请，法院得在产生未被该违约人作出之法律行为意思表示效力之判决中，命令按第 437 条之规定变更合同，即使情事变更后于迟延发生亦然。"

我们可以看到，《澳门民法典》第 820 条第 3 款的规定实际上复制了第 236/80 号法令对 1966 年《葡萄牙民法典》第 830 条第 1 款下半部分的增订，而非继受第 379/86 号法令所修改的 1966 年《葡萄牙民法典》第 830 条第 3 款的规定。而对于第 236/80 号法令增订情事变更原则的背景与理由，葡萄牙学者 Antunes Varela 清晰地指出：

> 这个对预约违约人偈有反应所作的单向提及在其所加入的法律文本中获给予的印象是，立法者意欲在透过《民法典》第 442 条所定的新制度向预约出卖人施加严苛对待后，给予预约出卖人一点甜头。
>
> 另一方面，极有可能促使立法者凸显由违约方（原则上为预约出卖人）提出的变更合同请求的事实为 1974 年 4 月革命及其后果对建筑业成本及工程实施期所造成的严重干扰。[①]

明显地，上述立法背景及理由与澳门当时及此后的实际情况完全无关，且葡萄牙的"四二五"革命及其反响和其导致的法律修订既不应该也没有任何合理理由适用于澳门。

无论如何，从实证法的角度出发，我们看看这一规范的增加对预约合同的特定执行所造成的变化。

首先，不论是《澳门民法典》第 820 条第 3 款还是葡萄牙两项法令的修改文本，乍看之下似乎都会认为是情事变更原则适用于预约合同特定执行的确认性规定，这是因为不论《澳门民法典》还是 1966 年《葡萄牙民法典》都有情事变更原则的一般性规定。《澳门民法典》第 431 条规定："一、当事人作出订立合同之决定所依据之情事遭受非正常变更时，如要求受害一方当事人履行该债务严重违反善意原则，且提出该要求系超越因订立合同所应承受之风险范围，则该受害当事人有权解除合同或按衡平原则之判断变更合同。二、解除合同之请求提出后，他方当事人得透过接受合同按上款规定被变更之意思表示，反对该请求。"

事实上，既然《澳门民法典》第 431 条（1966 年《葡萄牙民法典》第 437 条）已规定了情事变更原则的一般规则，那么为何还在预约合同特定执行中重复作出规定呢？

如果稍加留意，我们可以发现《澳门民法典》第 820 条第 3 款（第 236/80 号法令所修改的 1966 年《葡萄牙民法典》第 830 条第 1 款及第 379/86 号法令所修改的 1966 年《葡萄牙民法典》第 830 条第 3 款）所规定的情

---

① 　Antunes Varela, *Sobre o Contrato-Promessa*, 2ª ed., Coimbra: Coimbra Editora, 1989, p. 116.

事变更条款为专属适用于预约违约方（预约转让人）的规则。换言之，根据《澳门民法典》第 820 条第 3 款，仅预约违约方可以在特定执行之诉中主张情事变更条款。对于提出特定执行的预约债权人而言，既然针对预约债务人违反预约合同的情况选择了预约合同的特定执行，那么便意味着他已接受了预约合同的原有条件，而不论有关合同基础是否已发生变化。

然而，《澳门民法典》第 820 条第 3 款的规定对预约违约人而言是有利有弊的。一方面，预约违约人不受迟延的排除条款所约束（《澳门民法典》第 432 条）；另一方面，预约违约人只可要求变更预约合同，而不得选择解除合同。

另一个特别情况是在特定执行过程中发生的抵押权的消除。对于这一问题，葡萄牙的上述两项法令同样启发了《澳门民法典》的立法者，使其在预约合同的特定执行中引入关于消除抵押权的特别规则。第 236/80 号法令所修改的 1966 年《葡萄牙民法典》第 830 条第 2 款规定："2. 如预约买卖合同所涉及的都市房地产或其独立单位因为担保预约出卖人欠第三人之债务而设有抵押，而预约买受人无须对该债务负共同责任，则当该负担之消灭并非先于转移或与转移同时发生，则为着消除抵押权，预约买受人得声请上款所指之判决中，亦判违反预约之人向其交付该债务款项，又或交付作为合同标的之单位所涉及之债务款项，并向其交付已到期及未到期之利息，而该等利息系计至上述款项清付时为止。"而第 379/86 号法令所修改的 1966 年《葡萄牙民法典》第 830 条第 4 款规定："4. 如预约系涉及订立移转或设定房地产或其独立单位上物权之有偿合同，则取得人有权按第 721 条声请消除约束着该物权的抵押权；倘担保的消灭不先于或与上述物权移转或设定同时发生，为着消除抵押权，预约中之取得人得声请在第 1 款所指之判决中，亦判违反预约之人向其交付被抵押担保之债务款项，又或交付作为合同标的之单位所涉及之债务款项，并向其交付已到期及未到期之利息，而该利息将计算至上述款项清付为止。"

这个新增的措施是合理的，尤其是面对楼宇的发展商为融资的需要而将整个待兴建的物业抵押予银行的情况，其保障已订立预约买卖合同的小业主不因发展商其后无力清偿债务而在承担有关债务又或失去有关楼宇单位的选择上受到不当损害。正如葡萄牙学者 Antunes Varela 指出：

> 立法者的目的是不同且较为谦逊的。其仅欲确认将来成为不动产取
> 得人（只要有诉讼理由成立且有关判决转为确定，在该诉讼中最后成为

实际取得人）的预约买受人自此将物取得于手中，并由债务人（违约的预约出卖人）负责支付被担保债务的清偿所必需的款项。因此，其欲避免预约买受人承受第二次（在这次为由获判给物业所担保的预约出卖人的债务金额或被抵押物业的价值）支付物业价金的风险。[①]

基于此，我们可以从《澳门民法典》第820条第4款及第5款得出行使这一权利的要件：①特定执行之预约必须为涉及订立移转或设定房地产或其独立单位上物权之有偿合同；②在有关房地产或其独立单位上设有抵押权；③有关抵押权之设定后于预约之订立；④有关抵押权之设定旨在就违反预约之人对第三人之一项债务作担保，且预约中之取得人非与该债务人共同承担该债务；⑤抵押权之消灭既不先于上述移转或设定，亦非与其同时者。

上述各个要件均没有带来任何疑问，除了第一个要件。我们可以看到其接受了第379/86号法令所作出的修改，从而使其适用范围由原来的涉及都市房地产或其独立单位的预约买卖合同扩大至移转或设定房地产或其独立单位上物权之有偿预约合同。然而，我们对于上述适用范围应予以保留。按照这条规定的文义，除了本约为取得房地产物业所有权的有偿合同（尤其是买卖合同）的预约合同外，其他本约为取得或设定用益权、使用权、居住权或地役权的有偿预约合同，也可以适用《澳门民法典》第820条第4款及第5款。然而，结合《澳门民法典》第716条的规定，我们得出只有自主的所有权人方能正当地清除标的物上的抵押权，而对他物权人而言则没有此正当理由。[②]因此，我们认为应排除涉及处分他物权的预约合同的可适用性。

第四节　优先权之约定

一　概念

除预约合同外，另一种被置于总则的合同为优先权之约定（pacto de

---

① Antunes Varela, *Sobre o Contrato-Promessa*, 2ª ed., Coimbra: Coimbra Editora, 1989, p. 120.

② 在葡萄牙，第379/86号法令所作出的有关修改亦受到了猛烈的批评，请参见 Antunes Varela, *Sobre o Contrato-Promessa*, 2ª ed., Coimbra: Coimbra Editora, 1989, pp. 175-178；Ana Prata, *O Contrato-Promessa e Seu Regime Civil*, Coimbra: Almedina, 2006, pp. 970-971。

preferência）。《澳门民法典》第 408 条规定："优先权之约定为一种协议，基于此协议一方承担在出卖特定物时给予他方优先权之义务。"优先权协定是赋予一方优先权的合同，在该合同中，当义务人出售某一标的物时，倘若他方当事人行使优先权，义务人负有限定向优先权人出售标的物的义务。例如，甲死后，为了保留家业，继承人乙、丙及丁订立了优先权协议，约定任一继承人他日若将甲的遗产出售，其他继承人则享有优先权。这样，若乙从甲处继承了某一不动产，乙其后将该不动产出售，在其与戊订立买卖合同前，丙或丁则可行使优先权，请求乙以相同条件优先向其出售该不动产。

优先权的机制并非债法专属，而是属于物权范畴的概念，至少对此概念的来源来说如是。正如葡萄牙学者 Menezes Cordeiro 所述："优先权之约定来源于物权法，更准确地说是源于在质量上被分割的所有权的状况或集体所有权的残余状况。"①

鉴于上述属性，在我们法律秩序中，优先权的机制散见于不同法律规则之中，而这些法律规则所赋予的优先权被称为"法定优先权"。构成法定优先权的情况有以下几种。①共有人的法定优先权。《澳门民法典》第 1308 条规定："一、任何共有人向第三人出卖其份额或以其份额作代物清偿时，其他共同权利人享有优先权，且优先于其他法定优先权人。二、第四百一十条至第四百一十二条之规定，经作出适当配合后，适用于共有人之优先权。三、如有两名或两名以上行使优先权之人，则被转让之份额按各人所占之份额比例判给之。"②赎回权。《澳门民事诉讼法典》第 806 条第 1 款规定："一、被执行人之配偶及直系血亲卑亲属或直系血亲尊亲属有权以作出判给或变卖之价金，赎回已判给或已变卖之财产之全部或部分。"③供役地所有人对法定通行地役权的需役地的优先权。《澳门民法典》第 1446 条第 1 款规定："一、基于任何设定依据而附有法定通行地役权负担之房地产，其所有人在需役地出卖或用作代物清偿之情况下拥有优先权。"④共同继承人对继承份额的优先权。《澳门民法典》第 1970 条规定："一、出卖某一继承份额予他人或以该份额向他人作代物清偿时，各共同继承人按有关共有人优先权之规定而享有优先权。二、然而，行使优先权之期间为自接获有关通知时起计两个月。"除此之外，还有增资时的优先权（《澳门商法

---

① António Menezes Cordeiro, *Direito das Obrigações*, Vol. 1, Lisboa: AAFDL, 1988, p. 484.

典》第363条第1款、第469条及第470条）、认购可转换债券的优先权
（《澳门商法典》第441条）、特许经营人对企业的优先权（《澳门商法典》第
703条）及澳门特别行政区或公务法人的优先权（第10/2011号法律《经济房屋
法》第41条①及第11/2013号法律《文化遗产保护法》第41条）等。

除了法定优先权之情况外，基于合同自由原则，任何人还可以透过优
先权之约定自由向他人赋予优先权，且法律亦不限制优先权的原因种类。
在这一情况下，个人可因应不同需要或为实现不同目的而订立优先权之约
定。不论是哪种情况，概括来说，任何优先权之约定基本上也具有以下两
个功能，分别是作为一份预备合同以及作为转让协议的回复性条款。葡萄
牙学者 Menezes Cordeiro 指出：

> 前者被显示为一人打算与另一个仍然不愿意这样做的人订立某种
> 合同的情况，利害关系人可以已预备好其地位以准备订立确定合同，
> 从而约定一旦对方决定缔约，即须与其为之；后者则发生在某人于转
> 让一物时欲保留在将来获回复其权利的情况，为此与取得人约定，当
> 后者意欲转让该物时应对首个让与人为之。②

总的来说，不论是法定优先权还是优先权之约定，其对象均指向买卖
合同。然而，《澳门民法典》第417条规定："在以上各条有关买卖之规定
中可适用之部分，延伸适用于与买卖不相排斥之其他合同所涉及之优先权
相对义务。"这样，不仅买卖合同，优先权之约定还可以适用于租赁合同、
供应合同（《澳门商法典》第588条）、股之移转③等。

---

① 其已被第13/2020号法律所修改。
② António Menezes Cordeiro, *Direito das Obrigações*, Vol. 1, Lisboa: AAFDL, 1988, pp. 485-486.
③ 第6/2000号法律第2条规定，立法者废除了有限公司及其股东在股移转上所享有的法定优
先权。《澳门商法典》第367条之最初文本规定："一、公司对股之生前移转享有优先权；
公司不行使该权时，各股东根据其股之比例对该移转享有优先权；但章程另有规定者除外。
二、公司因取得而令资产净值低于公司资本额、法定公积金及章程规定之强制公积金之总
和时，不得行使优先权。三、如公司及股东未以挂号信获通知行使优先权，任何生前之移
转不产生效力，即使在当事人之间亦然。四、将拟作出之移转、有关价格、拟取得者之认
别资料及其他条件通知公司及股东后，公司首先得在四十五日内行使优先权，其后股东得
在十五日内行使该权利。五、拟移转之价格超出由与公司无任何关系之核数师对股评估而
得出之价格之百分之五十时，公司及股东均有权以评估所得之价格加上百分之二十五之价
格取得有关股。六、第三百七十三条第三款之规定，适用于公司因行使优先权而取得之股。
七、法院为本条之效力，应依职权将在任何诉讼中决定股之移转之裁判通知公司，而公司
应以书面方式转告股东。八、章程不得对股之生前移转订出其他限制。"

二 优先权之约定与预约合同

考虑到优先权之约定与预约合同同样作为旨在订立另一份确定合同的预备合同，以及两者在某种程度上均限制了义务人的合同自由，因此，学者惯常将优先权之约定与预约合同作出比较，以考究两者之间在性质上所存在之异同。

对此，葡萄牙学者 Galvão Telles 认为优先权之约定为附条件之单务预约合同，而有关条件就是订立确定合同的决意，两者的不同之处在于，预约合同在其订立之时已经界定了本约合同的内容，但优先权之约定并没有预先界定将来合同的内容，其债务仅为给予某人以优先于其他人的方式参与他方所决意订立的某一合同。① 另一位葡萄牙学者 Carlos Barata 则主张，优先权之债为一项消极的债，即不与其他任何人订立转让作为优先权标的物的合同，但不包括优先权人，除非其放弃该优先权。②

然而，我们所认同的乃主流见解——一个不同于预约合同的积极的债。葡萄牙学者 Antunes Varela 指出：

> 优先权协定的典型客体在于：如义务人真的缔约，他必须选择优先权人为缔约人。义务人答应在最终缔约时，优先选择与特定人（既可以是另一缔约人，也可以是第三人）而不是其他人缔约。正是这一种另类的、具有积极事实给付的合同……它是义务人在决定缔约时选择特定相对人的一个承诺……无论是优先权的通知程序还是优先权之诉都不仅仅是要毁灭义务人与其他人商定的合同计划或者合同本身（例如当有人有义务不在特定土地上建造建筑物，则任何这样的建筑物都会被除去）；它也不是仅仅向受害人赋予请求赔偿的权利。在任何情况下，优先权协定都会走得更远，当义务人有所承诺，缔约人的选择便会由司法途径作出，从而使优先权人获得其已被承诺的合同地位；

---

① Galvão Telles, *Direito das Obrigações*, 7ª ed., Coimbra：Coimbra Editora, 1997, pp. 163-165.
② Carlos Barata, *Da Obrigação de Preferência：Contributo para o Estudo do Artigo* 416.º *do Código Civil*, Coimbra：Coimbra Editora, 1990, p. 150 e ss., 转引自 Menezes Leitão, *Direito das Obrigações*, Vol. I, 9ª ed., Coimbra：Almedina, 2010, p. 272。

它甚至不会让义务人有权能放弃合同计划或解除已作出的出让。[1]

另一位葡萄牙学者 Menezes Cordeiro 亦指出：

> 当义务人将其订立合同的意图告知优先权人，如果认为其所遵守的是一项积极债务，则这一告知具有要约的性质；相反，如果其债务仅为不作为义务，债务人则可以在作出告知后撤回：只要其不与第三人订立合同即履行了义务。另一方面，如果债务人只需不与第三人订立合同，则优先权之诉的效果便仅仅是破坏不该订立的合同而非让优先权人取代订立合同的第三人的位置。[2]

三 一般的优先权之约定与具物权效力之优先权约定

当上文提及优先权约定的时候，我们所说的是仅具有债的效力或相对效力的优先权之约定。换言之，有关优先权只是一项债权，优先权人只可以针对义务人行使优先权，而不可针对任何第三人行使。除了一般的优先权约定外，法律还承认被赋予物权效力的优先权约定。

一般的优先权约定与具物权效力的优先权约定之区别在于其成立要件以及其效果上。

在成立要件上，法律对于一般的优先权约定只规定了方式的特别规则，而对于其他的成立要件则适用法律行为之一般规定。

《澳门民法典》第 409 条规定："如法律就有关买卖要求以公文书或私文书方式为之，则在出卖时给予他人优先权之义务，仅于具有受拘束之人签名之文书内载明时，方为有效。"对于需以公文书或私文书方式订立的买卖合同，如不动产的买卖合同或股之移转合同，其优先权约定则需以私文书方式订立，而对于其他情况的优先权约定则遵从方式自由原则（《澳门民法典》第 211 条）。然而，应注意的是，对于需以私文书方式订立的优先权之约定，法律仅要求有受拘束之人的签名，却没有要求他方当事人（优先权人）签署有关约定。

---

[1]　Antunes Varela, *Das Obrigações em Geral*, Vol. 1, 10ª ed. , Coimbra: Almedina, 2000, pp. 393-395.

[2]　António Menezes Cordeiro, *Direito das Obrigações*, Vol. 1, Lisboa: AAFDL, 1988, pp. 504-505.

这样，我们可以作出以下结论：优先权之约定不仅可以表现为具有双方意思表示的合同，而且还包括仅由义务人作出意思表示的单方许诺或单方法律行为的情况。无论是前一种情况还是后一种情况，有关的优先权之约定亦为有效，但是，我们不能忽略各利害关系人互为优先权人之情况，如各继承人就其等所继承之遗产所订立的优先权约定或有限公司之各股东就公司股之移转所达成的优先权之约定，这些情况必须为合同，且各表意人须遵守上述方式要求，否则导致有关约定无效。

对于具有物权效力的优先权约定，法律则要求更为严格的方式及手续。《澳门民法典》第 415 条第 1 款规定："一、有关不动产或须登记之动产之优先权，如符合第四百零七条所定之关于方式及公开之要件，得按照当事人之约定而具有物权效力。"订立具有物权效力的优先权约定须同时符合以下前提要件：①针对不动产或须登记动产；②双方当事人作出赋予物权效力的明示意思表示；③视乎有关买卖合同须以公文书还是经认证之文书订立而须分别以经认证之文书或私文书方式订立；④须就具有物权效力之优先权约定作出登记（《物业登记法典》第 2 条第 1 款 f 项）。

在效果上，具有物权效力的优先权约定与一般的优先权约定的区别在于前者将赋予权利人一项取得物权（direito real de aquisição），从而使优先权人的权利具有对世效力（erga omnes），即产生可对抗义务人以外的任何人的效力。具有物权效力的优先权约定的这一表现更为倾向于法定优先权，故立法者将前者作出类同但仅次于后者，且不同于一般约定优先权的对待：赋予具有物权效力的优先权人优先权之诉（《澳门民法典》第 415 条第 2 款及第 1309 条）以及容许具有物权效力的优先权人在执行、破产、无偿还能力或类似程序中行使优先权（《澳门民法典》第 416 条及《澳门民事诉讼法典》第 791 条）。

四 优先权的行使

优先权之约定在成立后会产生一个债务法律关系，当中一人享有优先权，而另一人（原则上为物之所有人）则为义务人。根据《澳门民法典》第 408 条，有关义务仅于义务人出卖标的物之时产生，而其内容就是义务人须向优先权人而非第三人出售标的物。

优先权的行使所带来的上述表现见于《澳门民法典》第 408 条规定之

中。根据这条的表述"一方承担在出卖特定物时给予他方优先权之义务"，优先权的行使在出售特定物的时点发生，即优先权的行使首先取决于所有人或优先权的义务人进行买卖的交易，这时优先权人便可以行使其优先权。

《澳门民法典》第410条进一步规定了行使优先权的具体流程。该条规定："一、优先权之义务人欲出卖约定之标的物时，应将出卖之计划及有关合同条款通知权利人。二、权利人应于接获通知后八日内行使其权利，否则该权利失效；但属权利人须遵守之期间较短或义务人所给予之期间较长之情况除外。"优先权之约定的正常履行方式及过程可以拆解为三个环节：①义务人欲出卖约定之标的物；②出卖计划及其合同条款之告知；③权利人在期限内行使其权利。

义务人意欲出卖标的物为优先权之约定获给予意义的重要标志，在此之前，有关的优先权约定的效力被冻结，其情况仿如停止条件成就前的法律行为一样。在义务人未有任何出售意欲之前，优先权人的权利是不可请求的，而义务人亦没有任何义务将标的物出售予优先权人。换言之，义务人有绝对自由决定是否出售标的物，而倘若义务人一直没有出售标的物的意欲，优先权人则无法行使其优先权。《澳门民法典》第414条规定："优先权及与其相对之义务不得于生前或因死亡移转，但另有订定者除外。"若义务人由订立优先权约定至其或优先权人死亡亦一直没有出售标的物的意欲，优先权人的权利甚至会直接归于消灭。

应注意的是，虽然法律以"意欲出售"的表述来界定可以行使优先权的时刻，但这个"意欲出售"并不是指单纯出售的意图。如果义务人向优先权人所告知的仅仅是买卖的要约，基于后者的优先权仍然未产生效力，故优先权人对义务人买卖要约的拒绝并不导致其优先权失效或被视为抛弃。[①]

葡萄牙学者 Menezes Cordeiro 指出：

> 优先权约定的义务人可能会于以下三个时刻向优先权人作出告知：1）在商谈之时；2）提出要约之时；3）在提出要约之后至承诺产生效力之前。然而，在商谈阶段作出上述告知是不可能的，这是因为当时仍然未有一个确切、确定及确实的要约可传达予优先权人，因此，该告知仅应在存在一个合同要约的情况下与之同时或在其之后但在承诺

---

① Antunes Varela, *Das Obrigações em Geral*, Vol. 1, 10ª ed., Coimbra: Almedina, 2000, p. 381；葡萄牙最高法院2016年12月15日之合议庭裁判。

之前作出，又或在承诺之后至其产生效力之前作出。①

我们同意上述学者的见解，义务人告知义务的产生由提出要约之时起至义务人与第三人所订立的合同产生效力之时止，具体产生义务的时刻视乎义务人与第三人所商谈的买卖交易的具体情况而有所不同。按照对交易习惯的梳理，我们可以将有关的交易分为没订立预约合同的买卖与有订立预约合同的买卖两类情况。对于没有订立预约合同的买卖，买卖双方自商谈至订立买卖合同可以没有任何的中间环节，以即时买卖为例，在场的买卖双方只要互相同意买卖价金便立即成立买卖合同，且基于合同的效力将同时转移物之所有权（《澳门民法典》第 869 条），这时义务人（卖方）的告知义务便是在其作出买卖的意思表示之前产生。

对于有订立预约合同的买卖，尤其是不动产的买卖交易，其交易过程表现为商谈→预约→买卖合同，因此，应将提出预约合同的要约之时作为义务人产生告知义务之时点，有关义务将延续至其与第三人所达成的买卖本约合同产生效力之时为止。当然，在一般情况下，即使义务人与第三人已达成预约合同甚至买卖合同，但在标的物的所有权被移转予第三人之前，义务人同样可以履行优先权约定之义务，优先将标的物售予优先权人，但是，在这个情况下，义务人将对第三人承担违约责任（《澳门民法典》第 787 条及续后条文）。反过来说，倘若义务人履行与第三人所订立的预约合同或买卖合同，则构成对优先权约定的违反，从而亦须对优先权人承担上述违约责任。这样，为了避免违约责任的产生，同时亦为了遵从善意原则（《澳门民法典》第 752 条第 2 款），义务人应在与第三人所订立的预约合同或买卖合同中加入行使优先权的停止条件，从而再向优先权人履行告知义务。

关于如何履行告知义务，法律仅规定须通知"出卖之计划"及"有关合同条款"，对此，学者认为有关的告知无须遵守任何方式，甚至可透过口头方式为之。② 然而，以口头方式作出的告知对义务人而言并不具有充分的保障。一方面，优先权人可以否认义务人曾作出上述口头告知；另一方面，即使证实义务人曾作出告知，其也难以证明告知的具体内容，尤其是有没有交代整个出卖计划及合同的具体条款。因此，法律所规定的告知内容决定了一个倾向于书面的告知方式，尤其是涉及已订立预约买卖合同的情况，

---

① António Menezes Cordeiro, *Direito das Obrigações*, Vol. 1, Lisboa: AAFDL, 1988, pp. 492-493.

② Galvão Telles, *Direito das Obrigações*, 7ª ed., Coimbra: Coimbra Editora, 1997, pp. 166-167.

其最为简单快捷但充分的方式是将有关的合同文本告知优先权人。

在告知出卖计划及合同条款的过程中还会遇到一个问题，就是义务人是否应将买方的识别资料同时告知优先权人，对此学者有不同见解。其中，葡萄牙学者 Oliveira Ascensão 认为法律仅要求告知合同条款，而第三人的姓名不被包括在内，故不应告知优先权人。[1] 葡萄牙学者 Galvão Telles 主张基于善意原则而要求告知对优先权人而言具有决定性因素的所有情节，包括第三人的识别资料。[2] 葡萄牙学者 Menezes Cordeiro 同样认为应以善意原则界定告知的内容，对于第三人的识别资料，除了向公众的要约邀请外，由于它对优先权人是否行使优先权的决定有重要影响，故亦应告知优先权人。[3] 葡萄牙学者 Antunes Varela 则主张仅当针对因共有而生的优先权或因租赁等关系而生之优先权，方须告知第三人的识别资料。[4] 葡萄牙学者 Menezes Leitão 认为只要第三人的身份已被确定，即须告知该人之姓名，理由是倘若不指出第三人的姓名，则优先权人无法核实被告知的买卖条件的真实性，这将导致优先权的行使变得没有意义。[5]

我们较为倾向于 Galvão Telles 及 Menezes Cordeiro 的见解，应根据善意原则以在具体个案中界定是否须告知第三人的识别资料（尤其是姓名），且因应每一具体交易的情况而有所不同。除了善意原则外，我们还不应忽略优先权约定所具有的人身性质（《澳门民法典》第 414 条）。换言之，优先权约定不仅基于交换经济的因素而订立，其更看重优先权人与义务人的社会关系。这样，对于优先权人而言，其优先权的行使亦不单纯取决于经济因素，更重要的是由关系的因素决定：第三人与优先权人的关系往往更为影响优先权的行使，而这是义务人无法独立作出判断的。因此，原则上义务人须同时将第三人的识别资料告知优先权人，否则不视为已确切履行优先权约定之义务。至于第三人的识别资料有助于优先权人核实买卖条件真实性的理由，我们认为其并不具有决定性，这是因为，一方面，优先权人单纯被告知第三人的姓名并不意味着优先权人能找到第三人或与其联络，

---

[1] Oliveira Ascensão, "Preferência do Arrendatário Habitacional：Notificação, Caducidade, Renúncia", in *ROA*, 53, 1993, p. 691 e ss. ; 转引自 Menezes Leitão, *Direito das Obrigações*, Vol. I, 9ª ed. , Coimbra：Almedina, 2010, p. 261。

[2] Galvão Telles, *Direito das Obrigações*, 7ª ed. , Coimbra：Coimbra Editora, 1997, p. 167.

[3] António Menezes Cordeiro, *Direito das Obrigações*, Vol. 1, Lisboa：AAFDL, 1988, p. 492.

[4] Antunes Varela, *Código Civil Anotado*, Vol. I, 4ª ed. , Coimbra：Coimbra Editora, 2000, p. 392.

[5] Menezes Leitão, *Direito das Obrigações*, Vol. I, 9ª ed. , Coimbra：Almedina, 2010, p. 261.

从而不足以核实有关买卖条件的真实性；另一方面，对于有书面告知交易条款的情况（如告知预约合同的副本），在现行法律制度下有关告知的真实性已获得最大的刑法保障（《澳门刑法典》第244条），故没有任何理由单纯基于这一原因而导致应提供第三人的识别资料。

在义务人将买卖计划及合同条款告知优先权人后，后者有权于八日内决定是否行使优先权，而八日期间的规定是候补规范，法律容许当事人在优先权之约定中另行订定较长的期间，也可订定较短的期间。面对义务人所作的告知，优先权人可以有三种反应：①声明放弃优先权；②于行使期限内不作任何表示；③声明行使优先权。在前两个情况下，有关优先权将归于消灭，这时义务人则不受任何约束而可将标的物出售予第三人。

若优先权人决定行使优先权，其声明则等同于承诺，这是因为义务人向优先权人所作出的告知等同于要约。[1] 倘若义务人的告知透过司法通知为之，则行使优先权的决定应透过声请或书录中的声明之方式作出（《澳门民事诉讼法典》第1220条第2款）。在其他情况下，有关声明须按一般规定通知义务人。原则上，买卖合同将于义务人收到有关通知时成立，但是，如果有关买卖合同属要式行为，那么便会视上述意思表示的作出为成立预约合同之时，从而使优先权人受约束于订立本约买卖合同，且在其不订立本约合同的情况下将受制于预约合同的特定执行（《澳门民法典》第820条）。如果上述意思表示不符合预约合同之方式，那么优先权人其后违反订立买卖合同的承诺将导致其承担合同前责任（《澳门民法典》第219条）。[2]

五 行使优先权的特别情况

除了上述情况外，法律对优先权的行使还规定了两种特别情况。一方面，优先权的行使可以发生在义务人将标的物连同与优先权无关的另一物转让予第三人，又或同时将价金及其他给付作为标的物对价的情况；另一

---

[1] Almeida Costa, *Direito das Obrigações*, 12ª ed., Coimbra：Almedina, 2009, p. 449；Menezes Leitão, *Direito das Obrigações*, Vol. I, 9ª ed., Coimbra：Almedina, 2010, p. 262；Jorge Leite Areias Ribeiro de Faria, *Direito das Obrigações*, Vol. I, Coimbra：Almedina, 1990, p. 295.

[2] Almeida Costa, *Direito das Obrigações*, 12ª ed., Coimbra：Almedina, 2009, p. 450；Menezes Leitão, *Direito das Obrigações*, Vol. I, 9ª ed., Coimbra：Almedina, 2010, p. 263；Galvão Telles, *Direito das Obrigações*, 7ª ed., Coimbra：Coimbra Editora, 1997, p. 168；葡萄牙最高法院1975年7月18日及2006年2月21日之合议庭裁判。

方面，我们亦可能遇到优先权竞合的情形。

《澳门民法典》第 411 条规定："一、义务人欲将标的物与他物以一总价一并出卖者，优先权人对标的物行使优先权时得以按比例计得之价格为之；然而，如非造成相当损害即不能将标的物与他物分离，则义务人可要求优先权之范围扩及他物。二、上款之规定，适用于具有物权效力之优先权且标的物已与他物一并出卖予第三人之情况。"

上述条文规定，对于与其他物一并买卖的情况，为计算优先权标的物的买卖价金，我们须判断该标的物与其他物之间是否可以分割。倘是，则按照两物之间的价值比例来确定对应于标的物的价金及其他物的价金，并将前一价金作为行使优先权的价金条件。假设甲将 X 单位出租予乙居住，而甲乙在租赁合同中约定乙对该单位享有优先权，其后，甲意欲以 800 万元价金将 X 单位及有独立分层登记的 Y 车位一并出售予第三人丙，倘若乙欲行使优先权，则需按 X 单位与 Y 车位的价值比例（假设得出两者价金分别为 680 万元与 120 万元）来确定 X 单位的买卖价金条件（680 万元），并以该条件来决定是否行使优先权。

然而，倘若优先权标的物与其他物具有不可分割的关系，有关买卖价金则不可分割，但这并不引致优先权的无法行使，相反，这时优先权的范围将扩大至该不可分割且原来不构成优先权标的之其他物上。在上述例子中，如果 Y 车位没有独立的分层登记且附属于 X 单位，但甲与乙的优先权约定只包括 X 单位而非 Y 车位，这时，若乙欲行使优先权，其必须接受 800 万元的买卖价金，但该优先权的标的不仅为 X 单位，而且还包括 Y 车位。

同样可能发生的是，第三人以买卖价金及其他给付为对价以获取义务人转让标的物的情况。《澳门民法典》第 412 条规定："一、如义务人获得第三人许诺作出一从属给付，而优先权人却不能作出该给付，则该给付应以金钱补偿；如该给付不能以金钱衡量，则排除优先权，但可推论即使无订定该给付，出卖仍要进行者，又或该给付之约定系为排除优先权而作出者除外。二、如从属给付之约定系为排除优先权而作出，即使该给付能以金钱衡量，优先权人亦无义务作出该给付。"

上述条文规定了四个层面的处理方法：首先，如果优先权人可作出该从属给付，则优先权人应以买卖价金加上该从属给付行使优先权；其次，如果优先权人不能作出该给付，而且该给付可以金钱作等价衡量，则将买卖价金与该金钱等值的总和作为行使优先权的价金条件；再次，如果该给付不可以

金钱衡量，则排除优先权；最后，如果该给付对义务人不重要，又或是义务人与第三人为排除优先权而合谋定出的，则无须考虑该从属给付。

例如，乙对某单位约定赋予甲优先权，其后将该单位以 500 万元出售予明星丙，双方约定除前述价金外丙还须为乙的商业企业进行剪彩表演活动。由于甲不能作出相同的剪彩表演活动，故须判断该给付能否以金钱衡量。倘该给付价值 100 万元，则甲须以 600 万元的价金条件行使优先权。倘若对乙而言该剪彩表演活动只可由明星丙进行，且无法以金钱等价衡量，那么甲的优先权便被排除，除非乙与丙仅为排除甲的优先权而加入剪彩表演活动，又或该活动对乙而言并不重要，则以 500 万元为行使优先权的价金条件。

除了上述情况外，我们还会遇到复数优先权人的情形。《澳门民法典》第 413 条规定："一、如优先权同时属于数人，则该权利只能由全体权利人共同行使；然而，如其中一人之权利消灭或一人声明不欲行使权利，则其权利添加予其他权利人享有。二、如拥有优先权之人多于一人，但仅能由其中一人行使，在未确定行使权利之人时，须由全体权利人出价竞逐，而超出原定价格之金额归转让人。"

上述条文可将优先权的竞合分为两种情况：一是优先权同时属于数个优先权人所拥有；二是优先权分别由不同的优先权人拥有，且数个优先权之间都不能互相兼容。

第一种情况的典型例子为共有人对共有物的优先权（《澳门民法典》第 1308 条第 3 款）、继承人对继承份额的优先权（《澳门民法典》第 1970 条）等。在这类的优先权竞合中，各优先权人得共同行使优先权，而其价金的支付及标的物所有权的取得将按比例为之。倘若当中某优先权人的权利消灭或其抛弃优先权，原有的优先权份额将增添予其他优先权人。

第二种情况是，优先权人有数人，但各优先权人之间的优先权互不兼容。例如，甲乙丙三兄弟共同出资购买了一单位，其后甲与堂兄丁订立了具物权效力的优先权约定，之后又与其表妹戊订立另一份优先权约定，后来甲因欠己的债务而被提起执行程序，在该程序中甲对该单位所拥有的份额被查封，而甲在后来的司法变卖中接纳了庚以 100 万元购买该份额的标书，但甲乙丙的母亲、甲的妻子、乙、丙、丁及戊均欲以上述价格取得上述份额。

这时，《澳门民事诉讼法典》第 806 条规定："一、被执行人之配偶及直系血亲卑亲属或直系血亲尊亲属有权以作出判给或变卖之价金，赎回已判给或已变卖之财产之全部或部分。二、有关价金应于赎回时寄存。"《澳门民事诉讼法典》第 808 条规定："一、赎回权优于优先权。二、然而，如有数名优先权人，且该等人之间曾进行出价竞投之程序，则必须按最高之出价赎回有关财产。"《澳门民事诉讼法典》第 809 条规定："一、赎回权首先由被执行人之配偶行使，其次为被执行人之直系血亲卑亲属，再后为其直系血亲尊亲属。二、如有数名直系血亲卑亲属或直系血亲尊亲属同时请求赎回财产，则亲等较近者优于亲等较远者；如属同一亲等，则在各个请求赎回财产之人间进行出价竞投程序，并以出价最高者优先。三、如声请赎回财产之人未能立即证明婚姻或血亲关系，则给予其合理期间附具有关文件。"

《澳门民法典》第 1308 条规定："一、任何共有人向第三人出卖其份额或以其份额作代物清偿时，其他共同权利人享有优先权，且优先于其他法定优先权人。二、第四百一十条至第四百一十二条之规定，经作出适当配合后，适用于共有人之优先权。三、如有两名或两名以上行使优先权之人，则被转让之份额按各人所占之份额比例判给之。"

《澳门民法典》第 416 条规定："约定优先权不优于法定优先权；如约定优先权不具有物权效力，则对在执行、破产、无偿还能力或类似程序中所进行之转让，亦不得行使之。"

结合上述条文规定，我们需排列各优先权的先后顺序，顺位较先的优于较后的优先权，而对处于同一顺位的优先权，则以价高者得的竞投方式处理。

六　违反优先权的后果

如果优先权约定的义务人没有按照上述规则与第三人进行买卖，包括没有履行告知义务、没有向优先权人告知法律所要求的必要内容或直接向第三人订立买卖合同，则义务人违反了优先权之约定。

当谈及优先权约定的违反时，葡萄牙学者所指的都是义务人因没有履行上述义务而导致履行不能的状况，即义务人已透过买卖合同将标的物移转予第三人的情况。这时，我们会区分一般的优先权约定与具有物权效力的优先权约定，并对两者赋予不同的后果。

对于一般的优先权约定而言，其义务的违反仅导致损害赔偿（《澳门民法典》第 787 条及续后条文）。

然而，如果是具物权效力的优先权约定，除了损害赔偿的权利外，优先权人还可以选择提起优先权之诉（acção de preferência）。《澳门民法典》

第 415 条第 2 款所准用的第 1309 条规定："一、就共有物之某一份额之出卖或以之作代物清偿一事未获通知之共有人，只要自其知悉有关转让之基本内容时起六个月内提出声请，并在法院命令传唤之批示作出后八日内，将应支付之价金连同按其受益程度而应支付之有关公证及登记手续费与相关之取得税开支作出存放，即有权取得已转让之份额。二、优先权及有关诉权不受转让之变更或废止所影响，即使该变更或废止系因自认或透过司法程序之和解而生者亦然。"

由上述条文得出优先权人透过优先权之诉获判给标的物所必须符合的要件：①义务人没有将买卖一事告知优先权人；②优先权人自其知悉转让之基本内容时起六个月内提起优先权之诉；③在法院命令作出传唤批示后八日内提存买卖价金、按受益程度而应支付之公证及登记手续费以及相关取得税开支。

在优先权之诉中，值得讨论的是应以谁为被告提起有关诉讼，除了取得人（买方）以外是否还包括义务人？

葡萄牙学者 Antunes Varela 主张优先权之诉为消极的必要共同诉讼，其理由是：

诉讼不应仅仅针对取得人而提起，而且还要针对出让人，因为法律有意地要求在优先权之诉中传唤的被告是复数而不是单数的，倘若它想限制取得人在诉讼上的消极正当性，又或者不想对在法典的筹备工作中所提出的问题表态，它肯定会采取其他方案……

……当民事法律已经凸显出（在第 416 条及续后条文）优先权的债权性质方面（法定优先权本身也采用这些规定：第 1117 条第 2 款、第 1380 条第 4 款、第 1535 条第 2 款，等等），那么对于旨在行使优先权的诉讼的正当性问题便不得不将优先权之诉视为产生自出让人的一项不法事实的方式解决，而不是继续将它视为一个单纯的取代或代位取得人的诉讼。

在第 416 条及续后条文明确地提醒后仍然忽视优先权关系（复合的关系）的债权性质方面以及作为提出优先权诉讼之基础的出让人的不法事实，至少是等同于造就与其理由自相矛盾的既判案的机会。[1]

---

① Antunes Varela, *Das Obrigações em Geral*, Vol. 1, 10ª ed., Coimbra：Almedina, 2000, pp. 384–386.

葡萄牙学者 Menezes Leitão 同样支持 Antunes Varela 的见解，并认为引致优先权之诉的原因是义务人不履行优先权的义务，故在其不被起诉下审理这一问题是没有意义的。①

然而，Antunes Varela 的上述见解遭到其他学者的反对。其中，葡萄牙学者 Menezes Cordeiro 虽承认由 1966 年《葡萄牙民法典》第 1410 条第 1 款最后部分所使用的复数被告的表述较难得出仅针对物之占有人的结论，但其认为："基于优先权之诉为物权诉讼，其旨在针对物之占有人实施追及效力，因此，其看不到违约的让与人在程序中的角色。另一方面，假设存在数次的移转，优先权人并不因此而被禁止行使优先权，但这难道要针对全部人起诉吗？这是为了什么呢？"② 另一位葡萄牙学者 Almeida Costa 亦反驳 Antunes Varela 所主张的产生相互矛盾的既判案的理据，其指出："（在优先权人其后针对义务人的诉讼判决）所发生的矛盾只围绕决定的理由，故不会使各裁判内容的实际共存变成不能。现时学说认为既判案的机制并非同样具有避免各判决之间的单纯理论上（亦即位于判决理由中）的矛盾的功能。因此，立法者认为不影响在法律制度中交由民事诉讼实现之目的之上述风险并不能合理说明须造就必要共同诉讼的状况以排除判决之间倘有的理论上的冲突，尤其是考虑到复数当事人的现象对诉讼的提起所带来的不良影响。"③

无论如何，《澳门民法典》第 1309 条最终并没有保留复数被告的表述，而 1966 年《葡萄牙民法典》第 1410 条第 1 款最后部分所使用的复数被告的表述后来亦已被其第 68/96 号法令所删除。然而，没有疑问的是，倘若优先权人同时请求损害赔偿，又或主张义务人与第三人的买卖为虚伪行为，有关诉讼则为必要共同诉讼。

如果已有买卖计划（如已订立预约合同）的义务人单纯没有履行告知义务，但其与第三人仍然未订立买卖合同又或有关买卖合同仍未产生效力，那么优先权人又有什么权利呢？

与学者所讨论的情况不同，上述情况尚未构成履行不能的情形。然而，葡萄牙学者并没有指出这一可能性的处理方法，而仅仅区分一般的优先权约定与具有物权效力的优先权约定，并对前者适用损害赔偿以及对后者可

---

① Menezes Leitão, *Direito das Obrigações*, Vol. I, 9ª ed., Coimbra: Almedina, 2010, p. 267.

② António Menezes Cordeiro, *Direito das Obrigações*, Vol. 1, Lisboa: AAFDL, 1988, p. 499.

③ Almeida Costa, *Direito das Obrigações*, 12ª ed., Coimbra: Almedina, 2009, pp. 455-456.

选用损害赔偿或优先权之诉。现时的问题在于，对于一般的优先权约定的情况，假若优先权人在义务人与第三人订立买卖合同之前知悉这一买卖计划，他是否只能呆呆等待义务人不法地与第三人订立买卖合同，并且等待至买卖产生效力后才可要求义务人作损害赔偿呢？

这显然是不合理的，也不符合法律对每一权利（包括优先权）所给予的适当诉讼保障的有效保护原则（《澳门民事诉讼法典》第 1 条第 2 款）。

从比较法上看，除了优先权之诉外，1966 年《葡萄牙民法典》并没有任何机制保护处于这一状况的优先权人，而优先权之诉只适用于具有物权效力的优先权约定。然而，在澳门，立法者就预约合同的特定执行新增了一条延伸性规定。《澳门民法典》第 821 条规定："上条（第 820 条）第一款及第六款之制度适用于存在订立合同法定义务之情况。"这样，面对义务人违反优先权约定但仍然未订立买卖合同的情况，我们认为，优先权人得透过特定执行之诉以产生未被该违约人作出之法律行为意思表示之效果。

第八章

单方法律行为

第一节　单方法律行为的效力问题

单方法律行为（negócio jurídico unilateral）是仅由一个意思表示构成的法律行为。在债法范畴上所说的单方法律行为涉及由一个意思表示已可产生债务法律关系上的约束，并使一方须向对方作出给付的情况。债权人或债务人单凭其一方的意思表示即导致债权债务的创设。

关于单方法律行为的债权效力问题，即单方法律行为是否具有单独作为债之渊源的效力，学说的立场不太明确。在以单方法律行为设定债权债务的情况下，往往会牵涉到两个人的利益，其中，一方是债权人，即有权要求对方作出给付的主体，另一方是债务人，即有义务作出给付的主体。如果在债务法律关系中容许以单方法律行为建立一法律关系，即意味着只需要透过债权人或债务人其中一方的意思表示已可创设对方的权利或义务，这无疑损害了对方的自治或自决权。

基于此，学理上及立法上基本否定将单方法律行为作为债的渊源，它们的基础主要是古罗马法的合同原则（princípio do contrato）。① 按照这一原

---

① 关于合同原则的论述可参见 Antunes Varela, *Das Obrigações em Geral*, Vol. 1, 10ᵃ ed. , Coimbra: Almedina, 2000, pp. 436–441。

则，对于债的设定而言，除了法律直接产生的债（无因管理、不当得利、民事责任等）以外，要创设给付义务以及相应的请求给付的权利，必须有债权人及债务人的协议。具体而言，这个原则可以表现为两个方面，一是不可单凭债权人的一方意思表示导致另一人承担债务并成为债务人；二是不可未经债权人的同意，单凭债务人一方的意思表示导致前者享有债权。①

对于合同原则的第一个表现而言，为了让任何人不因他人的意思而受到损害，不应容许以一人的单方意思表示为自己设定一债权而同时向他人设定一债务。例如，甲以书面形式表示乙向他赠与一书本，在没有得到乙的同意的情况下，单凭甲的意思表示不导致债的设定，甲既不会因此成为债权人，乙亦不会因此成为债务人。

除了任何人不因他人的意思而受损害之外，合同原则还表现为任何人不得在违背其意思的情况下成为受益人。如果一人希望向他人设定或赋予一项权利，他不可单凭其单方的意思表示为之，同时亦需要得到该人的同意，否则会对他人的自由造成损害，甚至可能对他人造成实际的损害。以赠与为例，如果赠与人欲将某一物赠与他人，根据合同原则（《澳门民法典》第939条），他必须得到受赠人的同意，有关赠与才产生效力。如果受赠人不同意，该赠与即不产生效力。虽然受赠人单纯在赠与获得权利，但这个权利不一定为他产生实际利益，有时甚至会造成一些损害。例如，乙的家中有一堆垃圾，若乙可通过单方法律行为把这堆垃圾赠与甲，即乙可透过一单方意思表示而令甲成为权利人，那么甲便突然间拥有该堆垃圾的所有权。因此，根据合同原则，在赠与的情况下，赠与人的单方意思表示并不导致受赠人获得债权。同样，在免除的情况下，根据合同原则（《澳门

---

① 然而，在债权人可否基于他人的意思表示而获得权利的情形中，亦存在一些例外。在这些情况下，不一定需要事先获得债权人同意而使其获得一利益；相反，只要确保债权人可对有关利益嗣后作出处分或作出否决，则容许由其他人作出令债权人获得利益或权利的法律行为。同样，在《澳门民法典》里亦规定了这些例外情况，例如《澳门民法典》第707条抵押权的设定。这里容许以所有权人单方意思表示设定抵押权，使债权人在没有参与的情况下获得利益，即抵押权，而债权人可以在事后监控有关的行为：若其觉得抵押权的设定对他是没有用处的，他可以抛弃抵押权（《澳门民法典》第725条d项的规定）。除了这个情况之外，对于《澳门民法典》第437条所规定的向第三人给付之合同，该合同的第三人（没有作为合同当事人的人）亦可以基于他人之间的合同而获得权利且无须获得其同意。根据《澳门民法典》第438条及第441条，第三人可以嗣后拒绝接受有关许诺。虽然可以透过合同使第三人获得一些权利，但亦可以透过事后拒绝以废止有关权利，这亦构成合同原则的例外情况。

民法典》第 854 条），仅在得到债务人同意的情况下，免除才产生效力。

第二节　《澳门民法典》中作为债的渊源的单方法律行为

《澳门民法典》明确地采纳了合同原则，其规定在未得到他人同意的情况下，一人既不可以透过其单方意思表示向他人设定债务，亦不可为他人设定债权。虽然如此，立法者对合同原则保留了一定的例外情况，并以类型法定（numerus clausus）的形式规定构成债的渊源的单方法律行为。《澳门民法典》第 451 条规定："单方许诺作出一项给付时，仅在法律规定之情况下该许诺方具约束力。"法律以不同的条文分散地容许个人可透过特定的单方法律行为设定债务法律关系，而只有符合法律规定的任一情况方可透过单方法律行为设定债权债务。

既然采用了类型法定原则，那么法律究竟接受何种构成债的渊源的单方法律行为的类型呢？在《澳门民法典》第二卷第二章"债之渊源"第二节"单方法律行为"中，我们可以看到，立法者所注意到的单方法律行为乃建基于其公开性（publicidade）的特质上。正如葡萄牙学者 Antunes Varela 指出：

> 考虑到该表示所展现的公开性、其公开地承诺的给付所产生的正当期待、经常以类似的创举为基础的社会利益之目的，以及自罗马法知名的单方允诺（pollicitationes）起法律所倾向赋予这类表示的约束特征，对合同原则给予例外是可予理解及有理由的。[1]

正是因为法律认为表意人所公开作出的乃一项认真而非戏谑的意思表示，而作为受意人的公众或不特定人对这项认真的意思表示产生信任，并对按照表意人的意思所产生的后果有所付出或期许，所以为了确保公众或不特定人的信赖，法律必须承认这些单方的意思表示具有法律的约束力，而不取决于公众或不特定人对该单方意思表示的接受。相反，倘若法律不承认此类型的单方意思表示的法律效力，将助长社会上的食言（venire contra factum proprium）之风，不仅令大众的信任受损，而且在某程度上还会对

---

[1]　Antunes Varela, *Das Obrigações em Geral*, Vol. 1, 10ª ed., Coimbra: Almedina, 2000, p. 441.

善意原则造成损害。

在《澳门民法典》第 453 条至第 457 条规定中，立法者规定了两类单方法律行为，分别是公开许诺（promessa pública）及公开竞赛（concursos públicos）。基于这两类单方法律行为的公开性，法律承认它们构成真正的债之渊源。

一 公开许诺

《澳门民法典》第 453 条第 1 款规定："一、对处于特定状况之人或作出特定积极或消极事实之人，透过公告许诺作出一项给付者，许诺人即时受许诺约束。"所谓公开许诺，是透过在公共地点或传播媒介以公开方式刊登的公告所作出的意思表示。在该表示中，表意人以某一特定状况的发生或特定行为的作出为条件，以决定表意人向处于特定状况或作出特定行为的人承担一项给付义务。前述的意思表示可以透过报章、电台或电视、互联网等媒介，也可以透过在公共地点张贴声明而作出，其典型例子有寻犬启事。

公开许诺的相对人则是不特定人，任何人只要处于表意人所预设的特定状况，又或作出表意人所预设的特定行为，该相对人即取得许诺人所许诺的一项债权。虽然相对人仅在处于特定状况或作出特定行为时方享有债权，但这并不意味着有关单方法律行为只在这一时刻才具有法律效力。对于许诺人而言，其意思表示的公开将使他人对许诺人的意思表示产生信赖，故许诺人须对他人的信赖负责，使其受到自己所作出的意思表示的约束。基于此，一旦作出有关公开许诺，该许诺便马上对许诺人产生约束力。即使仍然未有任何相对人符合许诺人所预设的特定状况或作出特定行为，也不妨碍有关债务法律关系业已成立。

另外，《澳门民法典》第 453 条第 2 款规定："二、许诺人无相反意思表示时，对未着意于许诺或未知悉许诺而处于预定状况或已作出有关事实之人，亦须就其许诺负责。"在公开许诺中，除了不需要对方作出任何意思表示之外，法律甚至不要求对方知悉公告的存在，只要有关之人符合公告上之条件，则可立即要求许诺人履行有关之债务。换言之，相对人对公告的主观认知以及相对人的意思表示对于单方法律行为而言完全没有重要性。例如某一寻犬启事中，某人承诺给予寻获小狗之人 1000 元。在这种情况下，该则启事一经张贴，便构成公开许诺。即使某甲并不知悉该寻犬启事而在街上发现遗失的小狗并收养回家，且其后因得悉失主而将小狗归还，某甲在寻回小狗时对寻犬启事的不知情也并不妨碍有关债务法律关系的成立。相反，只要在客观上符合有关的状况，即寻回小狗并交还失主，便立即对许诺人构成约束。

在作出公开许诺后，原则上该公开许诺会一直约束许诺人，直至有关公开许诺所预设的特定状况或特定行为成就以及表意人履行所许诺的给付为止。假若一直没有成就公开许诺所预设的特定状况或特定行为，在理论上许诺人会无限期受到许诺约束。

为了避免上述无限期约束对许诺人所产生的不确定性，法律设置了两个机制以消除这一无限期约束的状况。第一个机制是期限条款。《澳门民法典》第 454 条规定："许诺人就其公开许诺无定出有效期，或许诺本身未因其性质或目的而须具有效期者，该公开许诺在未废止之前继续有效。"第二个机制是废止权。《澳门民法典》第 455 条规定："一、对无定出有效期之公开许诺，许诺人可随时废止；对具有效期之公开许诺，仅在具有合理理由时方可废止。二、在任何情况下，如废止未依作出许诺之方式或等同方式为之，或预定之状况已出现或有关事实已作出者，该废止不产生效力。"

二　公开竞赛

另一种构成债的渊源的单方法律行为的情况为公开竞赛。《澳门民法典》第 457 条第 1 款规定："一、以提供给付作为一项竞赛之奖赏者，仅于公告内定出竞赛人报名之期限时，给付之提供方为有效。"

公开竞赛乃针对不特定人且附有奖赏的游戏活动的邀请表示，其债务性表现为主办者或许诺人给予奖赏的承诺。在生活上，我们常常遇到的抽奖、问答游戏比赛、征文比赛等活动，均可构成公开竞赛的情况。对于主办者或许诺人而言，公开竞赛的邀请表示一经作出，其即时受到有关告示约束，而成为债务人。然而，法律要求公开竞赛的表示必须符合不同的有效性条件，例如报名期间、奖赏的内容等，使有关公开竞赛具有可操作性，否则将基于法律行为之标的不具有可确定性而无效（《澳门民法典》第 273条）。

与此相对，凡参与竞赛之人，均可以在其后成为有关债权人。然而，

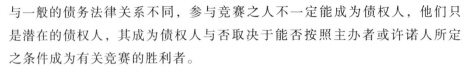

与一般的债务法律关系不同，参与竞赛之人不一定能成为债权人，他们只是潜在的债权人，其成为债权人与否取决于能否按照主办者或许诺人所定之条件成为有关竞赛的胜利者。

《澳门民法典》第 457 条第 2 款规定："二、有关接受竞赛人参赛或授予何人奖赏之决定权，属公告内所指之人专有；无指定时属许诺人专有。"基于私法自治原则，主办者或许诺人也可以设定给予奖赏的条件，如游戏规则、评分标准等，这些条件决定着债权人的身份以及债务的内容。

第三节　履行之许诺及债务之承认

除了公开许诺及公开竞赛之外，《澳门民法典》第 452 条还规定了履行之许诺及债务之承认。然而，与前两类单方法律行为不同，履行之许诺及债务之承认并不具有任何公开性，而立法者将之置于单方法律行为内的理由亦与公开性完全无关。

《澳门民法典》第 452 条规定："一、一人仅以单方意思表示许诺作出一项给付或承认一项债务，但未指明原因者，债权人无须证明基础关系；在出现完全反证前该基础关系推定存在。二、然而，如未要求以文书以外之其他方式证明基础关系，则上述许诺或承认应在文书内作出。"

此条所设想的是此种情况：一人签下了一文件承认欠另一人一笔款项，那么对方便可以拿着这份文件要求该人支付该笔款项以履行债务，而无须证明双方之间的基础关系。换言之，持有该份文件便导致许诺方负上一项债务，而许诺方必须透过完全反证方能推翻有关基础债务关系的存在。在这样的情景中，我们会发现存在两个法律事实：一个是导致该基础债务关系产生的法律事实，如消费借贷合同的订立；另一个是许诺作出有关给付或承认该债务的表示这一法律事实。如果我们首先忽略第二个法律事实，我们可以看到，那个导致该基础债务关系产生的法律事实本身是相关的债务法律关系的渊源（例如消费借贷合同乃偿还款项债务的渊源）。即使没有第二个法律事实，有关债务亦会基于第一个法律事实而产生，而且有关债务乃基于后者而非前者产生，那么这个履行之许诺及债务之承认仍然会是导致债务产生的债的渊源吗？更准确地说，既然立法者透过《澳门民法典》第 452 条将履行之许诺及债务之承认置于单方法律行为的章节中，那么它便获承认为独立于导致基础债务关系产生的法律事实并构成债的渊源的单方法律行为吗？

从有关规范所在的体系位置来看，履行之许诺及债务之承认似乎像德国法（《德国民法典》第 780~781 条）一样被立法者视为抽象法律行为（negócio abstracto）。

然而，这一理解普遍不被主流学说所接受。其中，葡萄牙学者 Vaz Serra 指出：

> 正如先前所述，这些法律行为具有使债权人获得更为安全的好处，但同时会造成不当得利的不便。当然这可以透过诉或抗辩来反对不当得利，但这一反制方法首先不被接受对抗所有的人（对第三人而言可能不得为之），而且对债务人而言此一方法未见得较不采纳抽象法律行为的制度更为完美。还有，这也便利当事人利用抽象许诺来隐藏其等欲隐藏的具有不法性或不道德的关系从而造成不便。①

另一位葡萄牙学者 José Lebre de Freitas 同样否定抽象法律行为的见解，并主张履行之许诺及债务之承认仅导致诉讼上的抽象（abstracção processual），这位学者进一步解释道：

> 诉讼上抽象的概念演绎为举证责任的倒置，其建基于具效力原因的概念，即具有法律效果的原因，它等同于导致债务的事实本身。免除债权人对基础关系的证明责任意味着免除其证明在其他情况下其需证明（《民法典》第 342 条第 1 款）的创设权利的事实。因此，《民法典》第 458 条（《澳门民法典》第 452 条）规定与抽象法律行为的实体法上的概念完全无关，而且这里所用的原因的概念亦不应与法律行为的原因概念相混淆。②

---

① *BMJ*, n.° 83, pp. 34–36.
② José Lebre de Freitas, *A Confissão no Direito Probatório*, Coimbra：Coimbra Editora, 1991, pp. 387–391. 此外，还可参见 Antunes Varela, *Das Obrigações em Geral*, Vol. 1, 10ª ed., Coimbra：Almedina, 2000, p. 442。

司法见解同样支持上述主流学说，例如，澳门特别行政区中级法院第422/2019 号合议庭裁判较详细地指出："具有签名且记载一项债务或一项给付的单方许诺的确认性表示具有由《澳门民法典》第 452 条所定的证明力……尽管可受惠于《澳门民法典》第 452 条所设立的推定，但持有被认可为执行名义私文书的债权人在执行之诉中可因被执行人的反对而被质证……"①

与履行之许诺或债务之承认所不同的情况为债务不存在的承认（reconhecimento negativo de dívida）。按照葡萄牙学者 Antunes Varela 的定义，债务不存在的承认建基于（宣示）不存在一项债的确信。② 从表面上看，履行之许诺及债务之承认表现为对一项债务存在的单方确认，而债务不存在的承认则为对一项债务不存在的单方确认，两者似乎只是内容相反，但在功能上同样是针对权利的存在/不存在的一个确认意思表示。然而，事实并非如此，债务不存在承认的构成必须取决于对债权存在具有不确定性的状况，并且透过该承认予以终止，相反，如果单纯对一项已确定存在的债权作出宣示其不存在（消灭）的意思表示，那么它不得透过单方法律行为为之，而必须作出债务的免除（《澳门民法典》第 854 条及续后条文）。③

---

① 除此之外，还可参看澳门特别行政区终审法院第 110/2019 号合议庭裁判、中级法院第 1269/2019 号合议庭裁判，葡萄牙最高法院 2005 年 3 月 8 日的合议庭裁判以及波尔图上诉法院 2001 年 5 月 17 日的合议庭裁判。关于界定履行之许诺及债务之承认属抽象法律行为还是要因行为的实践意义，可参看葡萄牙波尔图上诉法院 2019 年 11 月 12 日的合议庭裁判。然而，该裁判认为有关行为既不是纯粹的要因行为，也非纯粹的抽象法律行为，而是一个介乎两者之间的非典型法律行为。

② Antunes Varela, *Das Obrigações em Geral*, Vol. 2, 7ª ed., Coimbra: Almedina, 1997, p. 252.

③ 关于债务不存在的承认及免除的更多内容，可参见 Vaz Serra, "Remissão, Reconhecimento Negativo da Dívida e Contrato Extintivo da Relação Obrigacional Bilateral", *BMJ*, n.º 43, 1954, pp. 79-91。此外，还可见澳门特别行政区终审法院第 21/2013 号、第 13/2013 号、第 44/2012 号、第 31/2008 号、第 38/2008 号、第 40/2008 号、第 42/2008 号、第 53/2007 号、第 27/2008 号、第 14/2008 号、第 17/2008 号及第 46/2007 合议庭裁判，以及中级法院第 710/2013 号、第 681/2008 号、第 308/2008 号、第 313/2008 号、第 364/2008 号、第 249/2008 号、第 335/2008 号、第 380/2008 号、第 407/2008 号、第 427/2008 号、第 317/2007 号、第 491/2007 号、第 294/2007 号、第 313/2007 号、第 210/2014 号、第 368/2009 号、第 72/2014 号、第 317/2010 号、第 867/2009 号、第 794/2010 号、第 469/2009 号、第 148/2011 号、第 11/2011 号、第 910/2012 号、第 318/2010 号、第 316/2010 号、第 1014/2010 号、第 124/2011 号、第 192/2011 号、第 981/2012 号、第 875/2012 号、第 780/2012 号、第 788/2012 号、第 888/2012 号、第 851/2012 号、第 765/2012 号、第 218/2012 号、第 44/2012 号、第 143/2011 号、第 191/2011 号、第 51/2011 号、第 216/2011 号、第 615/2010 号及第 233/2011 号合议庭裁判。

第四节　构成单方法律行为的其他情况

在商法中，我们还可以找到能产生债务法律关系（商业债务）的单方法律行为，但是立法者承认它们作为合同原则例外情况的理由却不同于上文所述者。该情况就是所谓的债权证券（título de crédito），这类法律行为的理论基础由合同说（teoria da contratualidade）蜕变成单方法律行为理论（teoria da unilateralidade）的理由在于其在市场上的流通性以及对善意的保护。

关于债权证券这方面的理由，葡萄牙学者 Ferrer Correia 曾作出如下解读：

> 债权证券法律制度的出现乃完全被塑造为对善意第三人利益的保护。凡透过法定转移方式取得债权证券者应可相信其文义的内容，并且受到保障以对抗任何在该证券流通前期所偶然发生的不规则性的主张。另一方面，该保障的范围及程度展现为令债权证券成为适合于便利及激发其流通的意图。债权证券的存在就是为了流通。经济生活的最大需要使将债权等同物一样进行交易变为必然，但只有债权证券有一套可确保其简便流通的制度方能完全实现这一功能。这套制度必须对善意第三人作出最大的保护。为了实现这一目的，必须脱离法律行为理论的根本原则，且必须适用一套不同于民法债权让与的转让规则。[①]

正是流通的需要以及对善意的保护使债权证券具有不同于民法上债务法律关系的创设及移转的合意规则。首先，债权证券具有文义性（literalidade）、抽象性（abstracção）及自治性（autonomia）[②]；其次，证券之债

[①]　Ferrer Correia, *Lições de Direito Comercial*, Vol. 3, Coimbra：Coimbra Editora, 1975, pp. 11-12.

[②]　Ferrer Correia, *Lições de Direito Comercial*, Vol. 3, Coimbra：Coimbra Editora, 1975, pp. 41-78；Fernando Olavo, *Direito Comercial*, Vol. 2-2ª parte, Fascículo I, 2ª ed., Coimbra：Coimbra Editora, 1978, pp. 25-40.

（obrigação cambiária）仅透过债权证券的签署及投入流通而成立。①

债权证券这样的特别规则将会产生以下的效果：其债务法律关系的成立无须受意人或受让人的接受，就是说，债的产生无须合意，仅取决于签立人的单方意思表示。②

这样，对于汇票、本票及支票等特别债权证券而言，其出票（saque）③、背书（endosso）④、承兑（aceite）⑤、保证（aval）⑥ 及参加承兑（aceite por intervenção）⑦ 等均构成单方法律行为。

然而，对于其他债权证券而言，我们会遇到另一个问题：单方法律行为的类型法定原则是否适用？

---

① 按照开立说（teoria de criação），证券之债只需签署即可成立，而无须投入流通。然而，葡萄牙学者 Ferrer Correia 并不赞同，其认为开立说的主要论据（《统一汇票和本票法公约》附件一第16条）并没有明确包括汇票欠缺流通的抗辩的可对抗性。由此一条文仅得出，汇票权利及由其而生的各种权利的拥有性独立于前手持票人之拥有性的欠缺，只要现在持有人能应有地合理说明其占有的取得（透过一系列合规则的背书），但其并不必然得出，现在持有人乃是相对于被夺去占有的签立人的票据债务的权利的拥有人，也不能得出这权利乃有关票据所固有的其中一项权利，从而无法得出该债的创设可独立于该汇票的自愿投入流通。……被夺去占有的票据持有人不能以欠缺自愿投入流通的抗辩对抗任何人以免除其给付义务的解决方法并不具有合理性。对该持票人而言，除了丧失汇票的拥有权及其所固有的票据债权外，还要求他承担支付的义务，这种做法既不公道也不可取……而对于票据的取得人所给予的保护应受到一定限制，该限制是为了适当及合理平衡第三人与签立人之间的利益所必需……（否则）一个极度牺牲签立人的制度将由始至终地对流通造成阻碍。参见 Ferrer Correia, *Lições de Direito Comercial*, Vol. 3, Coimbra: Coimbra Editora, 1975, pp. 87-90。
② Pinto Coelho, *Lições de Direito Comercial*, Vol. 2, Fascículo IV, Lisboa, 1955, pp. 44-53; Fernando Olavo, *Direito Comercial*, Vol. 2-2ª parte, Fascículo I, 2ª ed., Coimbra: Coimbra Editora, 1978, pp. 84-88.
③ 对于汇票适用《澳门商法典》第1134条、第1136条/《统一汇票和本票法公约》附件一第1条、第3条；对于本票适用《澳门商法典》第1208条/《统一汇票和本票法公约》附件一第75条；对于支票适用《澳门商法典》第1212条、第1217条/《支票统一法公约》附件一第1条、第6条。
④ 对于汇票适用《澳门商法典》第1144~1153条/《统一汇票和本票法公约》附件一第11~20条；对于本票适用《澳门商法典》第1210条第1款a项/《统一汇票和本票法公约》附件一第77条第1款a项；对于支票适用《澳门商法典》第1225~1235条/《支票统一法公约》附件一第14~24条。
⑤ 《澳门商法典》第1154~1162条/《统一汇票和本票法公约》附件一第21~29条。
⑥ 对于汇票适用《澳门商法典》第1163~1165条/《统一汇票和本票法公约》附件一第30~32条；对于本票适用《澳门商法典》第1210条第3款/《统一汇票和本票法公约》附件一第77条第3款；对于支票适用《澳门商法典》第1236~1238条/《支票统一法公约》附件一第25~27条。
⑦ 《澳门商法典》第1189~1191条/《统一汇票和本票法公约》附件一第56~58条。

大部分学者均主张肯定的答案，[1] 尽管有部分学者认为在立法层面上应接纳债权证券类型的开放性。[2] 主张肯定说的学者的主要论据在于债权证券的非类型化将抵触《葡萄牙民法典》第457条（其相应于《澳门民法典》第451条）之规定。相反，主张否定说的葡萄牙学者 Pinto Furtado 则认为，《葡萄牙民法典》第457条的规定并不使人认为合同原则具有强制性，而该条所述的"在法律规定之情况"的其中一个就是债权证券。既然它们被法律所规定，那么便不能仅透过该条文达至在该领域生效的类型法定原则。[3]

与葡萄牙现行立法的情况有所不同，对于这个问题立法者已在我们的法律制度中作出了明确的回答。[4]《澳门商法典》第1064条规定："法律无特别规范之债权证券，只要在其上载明签发该类证券之意思，且法律对该类证券并无禁止，即得签发。"其明确承认对债权证券适用类型开放的规则。

这样，在《澳门民法典》第451条确认单方法律行为适用类型法定原则的条件下，《澳门商法典》第1064条却规定对债权证券适用类型开放的规则，两者之间是否互相冲突？应如何理解两者的关系？特别法优于一般法，还是其他？

我们认为，考虑到两部法典乃在澳门后过渡期期间同时编纂及制定，根据《澳门民法典》第8条第3款，应推定立法者所制定之解决方案最为正确。事实上，在类型思维中，我们并不排除在某一类型中存在子类型的可能性，而对子类型适用类型开放规则并不抵触对主类型所适用的类型法

[1] Fernando Olavo, *Direito Comercial*, Vol. 2-2ª parte, Fascículo I, 2ª ed., Coimbra: Coimbra Editora, 1978, pp. 67-68; Soveral Martins, *Títulos de Crédito e Valores Mobiliários*, Parte I, Vol. I, Coimbra: Almedina, 2008, pp. 30-31; Oliveira Ascensão, *Direito Comercial*, Vol. III, Lisboa, 1992, pp. 60-62.

[2] Alberto dos Reis, *Dos Títulos ao Portador*, Coimbra: França Amado, 1899, n.º 38; Vaz Serra, "Títulos de Créditos", *BMJ*, n.º 60, 1956, p. 25.

[3] Pinto Furtado, *Títulos de Crédito*, 2ª ed., Coimbra: Almedina, 2015, p. 55.

[4] 按照《澳门商法典》的起草人 Augusto T. Garcia 所述，这亦是《澳门商法典》其中一个革新点。参见 *Código Comercial Versão Portuguesa*, Macau: Imprensa Oficial de Macau, 1999, 序言第167~172点。

定原则，最为典型的例子就是地役权（《澳门民法典》第 1434~1435 条）。①
因此，我们认为，在适用《澳门民法典》第 451 条及《澳门商法典》第
1064 条之规定的情况下，债权证券可构成产生（商事）债务法律关系的单
方法律行为的一个法定类型，而在债权证券中，法律则开放性地容许当事
人自由设定不同内容的债权证券，只要有关的设定符合法律对债权证券此
一类型所设置的特征。

① Orlando de Carvalho, *Direito das Coisas*, Coimbra：Coimbra Editora, 1977, p. 263；〔葡〕马光
华：《物权法》，唐晓晴译，澳门大学法学院打印教材，第 201 页；Oliveira Ascensão, *A Tipi-
cidade dos Direitos Reais*, Lisboa：Livraria Petrony, 1968, pp. 126-127。

第九章

无因管理

第一节　概述

　　在私法自治的视角下，个人有权决定及管理自身的事务与利益，同时，个人也可以把自身的事务与利益交予他人来决定及管理，这些情况主要透过与他人商谈的方式实现，透过双方所达成的合同，一方有义务为他方利益而介入他方的事务，并作出各种各样的给付。对于标的为事实给付的合同而言，其通常涉及上述管理他人利益的情况，如劳动合同（《澳门民法典》第 1079 条）、提供劳务合同（《澳门民法典》第 1080 条）、委任合同（《澳门民法典》第 1083 条）、寄托合同（《澳门民法典》第 1111 条）、承揽合同（《澳门民法典》第 1133 条）、寄售合同（《澳门商法典》第 578 条）、行纪合同（《澳门商法典》第 593 条）、承揽运送合同（《澳门商法典》第 616 条）、代办商合同（《澳门商法典》第 622 条）、广告合同（《澳门商法典》第 720 条）及运送合同（《澳门商法典》第 749 条）等。同样，个人也可以透过代理的机制（《澳门民法典》第 251 条），让他人处理自己的事务以及安排自己的利益，不论有关的代理是意定的（《澳门民法典》第 255 条），还是法定的，如未成年人父母的代理权（《澳门民法典》第 1736 条、第 1744 条）及监护人的代理权（《澳门民法典》第 1791 条、第 1736

条及第 1798 条）。

除了上述情况以外，个人在未经他人同意下不可以介入他人的事务，否则将侵犯他人的自决权。同时，《澳门民法典》第 477 条第 1 款规定："一、因故意或过失不法侵犯他人权利或违反旨在保护他人利益之任何法律规定者，有义务就其侵犯或违反所造成之损害向受害人作出损害赔偿。"若个人未经他人同意而介入他人的事务，并对他人造成损害，则构成民事责任，因而须对后者承担赔偿义务。

既然在法律上个人未经他人同意不得介入他人的事务，这是否意味着个人对他人的事务及利益置之不顾，对于他人的需要无动于衷呢？假设有一老人在街上无故晕倒在地上，路旁有数名途人经过目睹，但无人理会，既不施以救援，亦不报警求助，最终老人因得不到及时的急救而死亡。

《澳门刑法典》第 194 条第 1 款规定："一、在发生使他人生命、身体完整性或自由有危险之严重紧急状况，尤其该状况系由于祸事、意外、公共灾难或公共危险之情况而造成时，不提供不论系亲身作为或促成救援而排除危险之必需帮助者，处最高一年徒刑，或科最高一百二十日罚金。"法律透过前述罪状规定了一项命令，要求个人须在他人人身安全受威胁时提供救助，否则将受到刑事处罚。

除了施加上述救助义务以外，在民法上，对于救助者而言，法律还因其施以救助而赋予其一定的权利，而这一情况则被命名为无因管理（gestão de negócios）。

《澳门民法典》第 458 条的规定："一人未经许可而管理他人事务，且此管理系为事务本人之利益，并本于为该人管理之意思为之者，即属无因管理。"同一法典第 462 条第 1 款规定："一、如所从事之管理与本人之利益及其真实或可推知之意思相符，则本人必须就管理人有依据认为必要之开支，连同自作出开支时起计之法定利息一并偿还予管理人，并赔偿其所受之损失。"同一法典第 464 条还规定："一、管理人不因有关管理而享有收取任何报酬之权利；但有关管理行为属管理人所从事之职业活动范围者除外。二、在可收取报酬之情况下，第一千零八十四条第二款之规定适用于有关报酬之订定。"在成立无因管理的情况下，介入他人事务的人（称为管理人）可要求被介入事务的人（称为本人）返还前述所作的必要开支及利息并赔偿有关损失，甚至支付相关报酬。①

与刑法上的救助义务相比，无因管理有更大的适用范围：前者仅针对灾祸事故导致他人的人身安全遭受危险的情况，且仅要求义务人提供合理的救助（《澳门刑法典》第194条第3款）；后者不仅适用于挽救他人生命、身体完整性及自由之情况，还包括所有为他人利益及符合他人意思而避免他人人身或财产权利减损又或使其权利有所增益之情况。

简而言之，无因管理主要发生在管理人善心帮助他人（本人）之情况下。明显地，行善助人的行为属于道德的范畴，而透过将之订定为无因管理以及赋予管理人权利，行善助人的道德举措获得法律化。虽然助人者是本着善心而不是为获得权利或回报而帮助他人，但将其法律化并使助人者获得弥补损失甚至报酬权利的做法，乃是发挥着不同功能的。一方面，无

---

① 除了上述一般规则之外，在具有高风险的海上（商事）活动的范畴内，也就救助行为设置了专门的规则。第109/99/M号法令第280条规定："一、所有自愿提供救助服务且其服务有成效之人，包括实际参与救助之船舶经营人、船长、船员或船舶经营人之辅助人，均有权获救助报酬。二、承租人仅于承担救助服务之实施并为此而租赁船舶时，方有权获报酬；确定其应获报酬之金额时，应考虑其为租船承担之责任，以及所支付之租金及其他开支。三、公共当局及其人员，仅于彼等所提供之救助服务超出其正常职务范围时，方有权获报酬。"同一法令第283条规定："一、确定报酬，应以鼓励救助作业为目的，并综合考虑下列各标准：a）船舶及其他财产获救后之价值；b）救助人在防止及减少环境损害方面之技能及努力；c）救助人取得之效果之程度；d）危险之性质及程度；e）救助人在救助船舶、其他财产及人命方面之技能及努力；f）救助人所用之时间，支出之费用及遭受之损失；g）救助人或救助设备所冒之责任风险及其他风险；h）所提供之服务之及时性；i）用于救助作业之船舶及其他设备之可用性及使用情况；j）救助人之设备之备用状况、效能及设备之价值。二、报酬金额不得超过船舶或其他财产获救后之价值，而可追偿之利息及诉讼费用不包括在报酬金额内。"同一法令第284条规定："一、救助人对构成环境损害危险之船舶或船上货物进行救助作业后，按上条之规定获得之救助报酬，少于按本条之规定确定之特别补偿时，救助人有权从该船舶经营人处获得相当于第三款所指费用之特别补偿。二、如救助人在上款所指情况下，以其救助作业避免或减少环境损害，船舶经营人按第一款之规定应向救助人支付之特别补偿，得另行增加，增加数额可高达救助人所付费用之百分之三十；然而，如法院认为适当，并考虑到上条第一款所定之有关标准后，得进一步增加该特别补偿数额；但在任何情况下，增加总额不得超过救助人所付费用之百分之一百。三、为以上两款之效力，救助人所付费用，系指救助人在救助作业中合理支付之费用及实际上合理使用救助设备、投入救助人员之合理费用。确定救助费用时，应考虑上条第一款h项至j项规定之准则。四、本条规定之全部特别补偿，仅于超过救助人按上条之规定能获救助报酬时，方可支付，支付金额为特别补偿超过救助报酬之差额部分。五、因救助人之过失而未能防止或减少环境损害时，得取消或减少救助人按本条规定应得之特别补偿。六、本条之规定，不影响船舶经营人之求偿权。"同一法令第285条规定："一、获救之人无须支付报酬。二、在引致救助作业之事故中，参与救助作业之人命救助人，有权从救助人因救助船舶或其他财产、防止或减少环境损害而获得之救助款项中，获得合理份额。"

因管理的机制填补了私法自治原则的缝隙，并使行善助人的行为正当化。诚如上文所述，私法自治原则表现为自我决定及自我负责两个方面，其分别引申为合同及民事责任两部分，而这两部分将形成以下两个规则：管理他人事务必须存在合同；没有合同而管理他人事务，若对他人造成损害，个人则须负民事责任（甚至刑事责任）。在一人热心帮助另一人的情况下，若事前没有获得后者的同意，前者帮助的行为往往很容易会落入民事责任的罗网之中，最终可能使前者的善行引致恶果，这明显不符合正义及道德，也会驱使社会成员逐渐形成自私、冷漠及对他人的困境漠不关心的氛围，损害社会互助及团结的精神。相反，透过无因管理的机制，法律将行善助人的行为正当化，使管理人在管理他人事务的过程中无须对本人所造成的损害负民事甚至刑事责任（《澳门民法典》第462条、第463条以及《澳门刑法典》第30条第1款），① 从而让社会成员不因担忧赔偿或受罚而失去热心助人的高尚情操。另一方面，法律还规定得更进一步，不但确保助人者不因其救助行为而负民事或刑事责任，而且保障助人者至少不因救助他人而令自己遭受损失，并将有关损失转移至因此获益的被救助人身上，从而对社会互助及团结的精神起着激励作用。对于助人者而言，其行为除了能获得社会认同及道德上的赞许以外，将其损失转移予被救助者的效果能让社会成员无后顾之忧而全力投入救助；对于被救助人而言，鉴于其是救助行为最终的受益人，由其承受助人者因救助行为而造成的损失的做法是理所当然的，也是符合分配正义的。

基于上述内容，我们可以作出如下总结：①对于涉及人的生命、身体完整性及自由的救助方面，法律施加作为命令，而社会成员在合理的范围内均负有救助义务；②对于其他情况的救助，法律原则上没有作为命令，而有关救助行为是任意性的；③对于符合无因管理的救助行为，法律将排除其偶有之民事或刑事责任；④同时，透过向管理人赋予弥补权利，法律将救助行为对助人者所生的损失转嫁予因救助而获益的被救助人；⑤无因管理的设置并非旨在强迫或迫使社会成员救助他人，而是为了激励救助行为，维护及强化社会上的互助及团结精神。

---

① 当然，这并不排除管理人因违反其对本人固有之义务（尤其是继续管理义务及符合本人利益及意思之义务）而负之赔偿责任。《澳门民法典》第460条第1款规定："一、管理人须对在从事管理中因其过错而造成之损害向本人负责，以及对因其管理之不合理中断而造成之损害向本人负责。"

第二节　无因管理的条件

《澳门民法典》第458条规定："一人未经许可而管理他人事务，且此管理系为事务本人之利益，并本于为该人管理之意思为之者，即属无因管理。"在法律上，无因管理的成立取决于三个条件，分别是：①管理他人的事务；②为本人的利益及具有为本人作出管理的意思；③未经许可。

一　管理他人的事务

无因管理的第一个条件是管理他人的事务（direcção de negócio alheio），"他人的事务"是一个笼统的法律用语，而不是一个严格的法律概念。事实上，立法者仅仅是为了表达一个日常的含义，从而区分"我的"与"他的"，并将前者排除于无因管理之外。简而言之，凡是涉及他人利益的事宜，都构成他人的事务。

对于他人的利益而言，法律并没有限定他人的哪些利益才构成他人的事务。相反，任何涉及他人利益的事宜，无论是否可以透过金钱来衡量，都可以纳入他人的事务之中。一方面，他人利益包括财产性利益，即可以用金钱来衡量的好处。例如，进行使房屋变得更为安全的装修、受领一笔能满足某项债权的款项、扑灭一场火、保管某一财物等。另一方面，他人利益亦包括非财产的利益，即不可以金钱来衡量的好处。例如，甲被人打劫，乙为保护甲而击退或制服劫匪，对此，乙的救助行为除了确保甲的财物不被劫匪抢走以外，还保障甲的人身安全不受威胁。

只有当管理人管理他人的事务，即管理他人的利益，才符合无因管理的第一个条件。所谓管理他人的利益，就是指管理人介入了他人（本人）的利益范围这个事实状况。

在什么情况下管理人会介入他人（本人）的利益范围呢？那就是管理人作出了一些能直接决定、保全或影响他人利益的行为。具体而言，其首先可以表现为管理人作出的法律行为。例如甲有一个房子，但是甲去了外国读书，这个房子一直都没有人居住，也没有人管理，日子久了，该房失修导致外墙表面剥落。乙作为甲的邻居，为了甲的利益去修补该房屋而避免其他人受到损害，故其聘请装修师傅丙，双方订立一承揽合同以便维修甲的房子。这时，乙所作出的管理行为便表现为一法律行为（承揽合同），不论该法律行为是乙以自己的名义还是以甲的名义作出的。同样，在维修该房子后，若乙为避免该房子被丢空及无人管理而将之出租予丁，并订立一租赁合同，这一行为也属于管理他人的事务。

除了法律行为外，一些并非旨在产生法律效果的实质行为亦构成管理他人事务的行为。例如，戊的房子发生火灾，但戊与其家人早已去了外国而无人管理，邻居己为使戊的房子及房内物品不被焚毁而破门入屋，最后扑灭了大火。虽然己并非作出法律行为，且救火的行为又与法律行为无关，但是并不妨碍该行为被涵摄于管理他人的事务之中。

然而，有疑问的是，这一条件是否包含主观上的他人事务（negócio subjectivamente alheio）的情况？[①]

我们假设以下情况：小强向市政署弃养一只小狗，其后小狗逃脱，并在路上被小明发现，小明因认为那只小狗是某人遗失的而好心把那只小狗拾回家中为他人饲养，以等待小狗的主人领回它，并且在这一过程中作出了购买狗粮及为狗只美容等行为。那小明的前述行为是否属于管理他人的事务？[②]

又例如，在某一拍卖会中，拍卖品是凡·高（Vincent van Gogh）的一幅名画，而黄先生本人对那幅画并没有任何兴趣，但他知道其生意伙伴李先生对那幅画志在必得，并十分希望买到它，于是黄先生便为李先生以最高价钱成功投得那幅画。这时黄先生是否管理他人的事务？

这一问题在理论上存在分歧，总的来说分别有客观说、主观说及二元说的见解。客观说从归属的角度出发，以行为的效果或利益终归于谁来决定有关事务是"本人的"还是"他人的"，而完全不理会管理人的主观认知及意图。与此相反，主观说则仅仅以管理人的主观认知及意图为基础来确

[①] 关于主观上的他人事务的含义，可参见 Menezes Leitão, *A Responsabilidade do Gestor perante o Dono do Negócio no Direito Civil Português*, 1ª ed., Coimbra：Almedina, 2005, p. 170 e ss.；Menezes Leitão, *Direito das Obrigações*, Vol. 1, 9ª ed., Coimbra：Almedina, 2010, pp. 510-511。

[②] 随着第 4/2016 号法律《动物保护法》的生效，动物在实证法上成为特别的动产，并且受到法律的特别保护。根据上述法律第 2 条第 4 项、第 5 条第 1 款及第 2 款、第 17 条及第 29 条第 1 款第 1 项的规定，饲主不得随意遗弃动物，否则将构成行政违法行为，且不适用《澳门民法典》中关于抛弃所有物的规则，但是，第 4/2016 号法律《动物保护法》似乎并不禁止根据《澳门民法典》第 1243~1248 条对无主动物的先占。

定事物的归属，只要管理人主观上认为有关行为乃为了他人且后者为最终受益人而作出的，即属于他人的事务，至于行为的效果或利益客观上归属于谁，则不具有重要性。最后，二元说则采用双重标准，视乎有关事务是客观上的他人事务还是主观上的他人事务而适用客观说或主观说。

对于上述争论，我们认为，在任何情况下，我们都不应忽略，在个案中究竟是否有条件确定有关事务是"他人的"。正如无因管理其中一个功能是损失的转嫁，如果我们仅能确定有关的利益只可能属于"本人"，又或根本无法确定所谓的"他人"究竟是谁，那么便不能实现无因管理的转嫁功能，更无从认定有关管理行为涉及"他人的事务"。

二　为本人的利益及具有为本人作出管理的意思

无因管理的第二个条件是为本人的利益及具有为本人作出管理的意思。明显地，这是一个主观要件，除了管理人所作出的行为属于管理他人的事务以外，法律还要求管理人在主观上是为了本人的利益以及具有为其作出管理的意思而作出有关的管理行为。

一方面，管理人必须意识到他所管理的利益属于他人所有，而不是错误地认为这些利益属于自己所有而作出管理行为。如果一人认为有关的利益是自己的，因而才作出管理行为的话，即使客观上该等利益属于他人所有，也不构成无因管理。相反，《澳门民法典》第 466 条第 1 款规定："一、将他人事务认作本身事务管理者，仅于该管理被承认时方适用本节之规定；在其他情况下，该管理适用不当得利之规则，但不影响对有关情况应予适用之其他规则之适用。"除非本人承认有关的管理行为，否则最多只构成不当得利。例如，小偷甲偷取了车主乙的一辆汽车，并将之售予朋友丙，其后，那辆汽车有故障，朋友丙于是将汽车驶至车厂维修，在维修后，车主乙于某日发现那辆汽车并将之取回，而朋友丙则要求车主乙向其返还维修汽车的开支。在前述例子中，虽然朋友丙维修汽车的行为在客观上属于管理他人（车主乙）的事务，但因他错误地认为有关利益属己所有而作出维修行为，故他不能以无因管理的规则要求车主乙返还维修汽车的开支。

另一方面，管理人仅仅意识到他所管理的利益属他人所有并不足够，法律还要求管理人作出管理行为的目的在于为他人的利益或满足他人的需要，而不仅仅是为了自己的利益①。同时，管理人还需要具有为他人作出管理的意思，即管理人具有意图将透过其管理所获得的效果归于本人。例如，甲借了一辆汽车予乙使用，其后乙欲将汽车交还予甲，故乙前往甲家，不料甲已出国旅行，甲同屋的朋友丙便提议乙把汽车交给他，待甲回来后再转交予甲。假设乙真的把汽车交予丙，法律会要求以下的主观要素：首先，丙意识到乙交付的汽车涉及甲的利益；其次，丙受领乙的给付是为了保护甲的利益；最后，丙必须有意图将其受领所得归于甲。与此相反，如果管理人在作出管理行为时，虽然意识到这个行为涉及他人的利益，但他仍有意地将管理行为所获得的利益归于自己，那么便不能成立无因管理，同时还可能承担民事责任（《澳门民法典》第 466 条第 2 款）。例如，在上述例子中，丙在获得甲的汽车至甲回来的期间，擅自驾驶那辆汽车游玩及代步。这样，有关燃油及泊车的开支便不能以无因管理而要求甲承担。如果丙在驾驶期间撞毁那辆汽车，那么他还须对甲承担赔偿责任。

三　未经许可

最后一个条件为未经许可（falta de autorização）。正如无因管理这一表述所示，未经许可恰好是无因的同义词，也就是说，未经许可这一条件标志着无因管理机制的存在理由。诚如上文所述，私法自治原则的确立使法律形成了合同及民事责任两大范畴，而法律也对这两个范畴设置了不同的强制性及任意性规范。在一般情况下，个人对他人利益的介入，在法律上将被置于其中一个范畴（要么合同，要么民事责任）之中，并适用有关范畴所属的规则。例如，在上文的例子中，若房东甲与邻居乙是合同关系，使乙为甲装修房子的话，那么便适用承揽合同的制度；若小强与小明是合同关系，使小明为小强照顾小狗的话，那么便适用寄托合同的规则；若李先生以合同要求黄先生为其投得凡·高的名画，那么便适用委任合同的机制。

当不存在上述情况，对他人利益的介入将不可避免地落入民事责任的

---

① 　然而，倘管理人同时为他人利益及自身利益而作出管理行为，这并不妨碍无因管理的成立。对此，可参见 Almeida Costa, *Direito das Obrigações*, 12ª ed., Coimbra: Almedina, 2009, p. 476; Antunes Varela, *Das Obrigações em Geral*, Vol. I, 10ª ed., Coimbra: Almedina, 2000, pp. 453-455; Vaz Serra, "Gestão de Negócios", *BMJ*, n.º 66, 1957, pp. 97-99; 以及澳门特别行政区终审法院第 3/2012 号合议庭裁判。

范围内，而为了上文所述的理由，法律把某些情况划拨为无因管理而排除民事责任的适用。因此，未经许可这个条件构成无因管理的根本特征。

在谈及未经许可这个表述时，我们会直观地把它与合同联系起来。换言之，当本人与管理人之间就管理的行为而言不存在合同关系时，方能成立无因管理；但若本人与管理人之间订立了合同，管理人的管理行为则是在有许可的情况下作出的，因而不成立无因管理①。

然而，未经许可的外延却不限于此。

除了合同的情况以外，授权（《澳门民法典》第 255 条）同样被视为许可，因而亦排除无因管理的适用，而受权人所作出的管理行为亦将按照代理的规则对他人产生效力（《澳门民法典》第 251 条）。同样，在某些情况下，虽然被管理人没有以合同或授权的方式同意管理人作出管理行为，但这也不排除管理人所作出的管理行为并非在未经许可下而作出。法定代理的情况便如是（《澳门民法典》第 1736 条、第 1744 条、第 1791 条及第 1798 条），例如，儿童甲因遗赠而获得一个房子，倘该房子已经破旧不堪，其父母于是找人修葺该房子，并将房子出租予他人，从而获取租金以供养甲，这一情况无疑应适用亲权的制度，而不适用无因管理。

必须注意的是，这里所指的"许可"（autorização）须区别于"承认"（aprovação），前者导致排除无因管理的适用，而后者则导致将不规范的管理接受为无因管理（《澳门民法典》第 463 条）。

第三节　无因管理的效力

一旦符合上述三个条件，原则上即成立无因管理。作为其中一个债的渊源，无因管理的成立将导致债务法律关系的创设，在这个关系中，债权人为管理他人事务的人，即管理人（gestor），债务人为被管理其事务的人，即本人（dono do negócio），而给付则主要是开支的支付及损失的赔偿。然而，这只是对无因管理所生债务法律关系的简单描述。事实上，无因管理是一个复合的债务法律关系，除了管理人与本人以外，无因管理的成立还会对第三人的法律状况产生一定的影响，从而在"管理人—本人"、"管理

---

① 澳门特别行政区中级法院第 108/2014 号合议庭裁判。

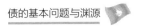

人—第三人"以及"本人—第三人"之间产生不同的法律效果。

为了更清晰地说明无因管理在这三个主体之间所产生的效果,我们将无因管理的效力分为三个层面探讨,分别是管理人对本人的义务、本人对管理人的义务以及本人对第三人所处的法律状况。

一　管理人对本人的义务

在管理人与本人的关系中,其给付义务是单向的,但这并不妨碍管理人被法律施加一系列的附随性行为义务,而本人则相对而言成为相应的权利人。这些义务分别为继续管理义务、符合本人利益及意思之义务及其他义务。

(一)　继续管理义务

《澳门民法典》第 460 条第 1 款规定:"一、管理人须对在从事管理中因其过错而造成之损害向本人负责,以及对因其管理之不合理中断而造成之损害向本人负责。"从前述条文最后部分可以看到,管理人须对其在管理过程中不合理中断管理行为而对本人承担赔偿责任,由此引申出本人的继续管理义务。

值得留意的是,我们应如何理解两个貌似对立的命题呢?

一方面,管理人并没有义务管理本人的事务;另一方面,管理人在作出管理行为后有义务继续管理本人的事务。

我们以一个例子说明之:甲的房子因污水渠爆裂而不断漏出污水,邻居乙不忍看见甲屋内的装修、家具、电器及艺术品被污水毁坏,因而自行破门入屋替甲维修水渠,但乙在维修过程中将裂缝弄得更大,最终因不胜污水的恶臭而急忙离开甲的房子,并忘记把大门修好及锁上,且其后又因事忘记处理污水渠爆裂的问题。最后,甲屋内的物品全被污水损毁,且有几件艺术品还被小偷入屋盗去无踪。乙应否向甲赔偿前述损失呢?

明显地,继续管理义务是基于善意原则而衍生的义务。在管理人介入之前,基于私法自治原则,本人所处的困厄状况应自我负责,而管理人无义务承受或分担有关状况。然而,在管理人介入后,按照事情的正常发展,管理人的介入往往令其他潜在的管理人停止协助本人,从而使管理人变为处于"独占"的情况,若其中断介入,将使本人失去被其他人救助的可能,并导致原先可以避免的损失。例如,假设甲货船遇上海难沉没,当时附近有乙船及丙船可施以救援，若乙船首先驶至甲船的船员处进行救援，丙船见状便会认为无须其协助也能成功救援，因而离开现场，这时，乙船对救助而言便变成了独占的情况，若其无故离开现场而不施救的话，甲船的船员将失去获得丙船救助的机会而死亡。同时，管理人在介入本人的事务时，有可能令本人所处的困厄状况变得更糟，这时管理人也应继续进行管理以除去有关困厄状况，如上述例子，乙的介入使甲屋内的污水渠漏出更多的污水，同时又损坏了甲的大门，故乙应继续处理好有关状况。

同样，我们也可以用私法自治原则说明管理人的继续管理义务：管理人在事前可以自行决定是否介入本人的事务，一旦决定介入，管理人便须对其所作的决定及行为负责。

（二）符合本人利益及意思之义务

管理人的另一个义务是符合本人利益及意思之义务。《澳门民法典》第459条规定："管理人应遵守下列义务：a）以符合本人之利益，且在不违反法律或不违背公序良俗下以符合本人真实或可推知之意思而进行管理……"对于管理人所作出的管理行为，法律会要求它在客观上必须同时符合本人的利益以及本人的意思，因为只有这样管理人才算是履行其对本人的义务。"符合本人利益及意思之义务"很容易与"为本人利益且为该人管理的意思"相混淆，但事实上两者是不同的，后者乃作为无因管理的构成要件，在时间上具有在先性，表现为管理人的主观意志，且用以界定无因管理与非无因管理之情况；前者则作为管理人的义务，表现为管理行为的客观效果，且用以区分合规范的无因管理（gestão de negócios regular）与不合规范的无因管理（gestão de negócios irregular）。

对于管理是否符合本人的利益而言，其主要以客观的标准来判断有关管理行为对本人的财产或利益所造成的效果，当管理人所作出的行为可以令本人的财产有所增加，或令其财产避免减损，又或在其人身利益上免受侵害或得以保全，即符合本人之利益。例如，在上文的例子中，乙帮助甲维修其房子，使其房子免于失修而毁损以及令途人受伤，同时，乙又替甲把其房子出租予丁，使甲的房子不至于被空置，同时又为甲带来收益，乙的这些管理行为都是符合甲的利益的。与此相反，在上文关于灭火的例子中，若己在扑灭大火后，误以为戊屋内的所有物品都被大火烧毁，且意欲为戊清理房子，因而把所有物品丢弃掉，但事实上，戊屋内的物品并没有

207

毁损，只是被大火的黑烟弄脏而已，稍加清洁即可回复原状，这样，己丢弃物品的行为不仅没有令戊的财产增加或避免其减损，而且还使戊的财产遭受损失，故有关管理并不符合戊的利益。

除了要符合本人的利益外，有关管理亦必须符合本人的意思。与前者相反，其须以本人的主观想法判断，从而考究本人假定处于有关状况其是否会选择作出管理人所作出的管理行为。若管理人的行为合乎本人意愿的，即符合本人的意思，若本人没有此意愿者，则不符合本人的意思。

我们如何能认知本人的意愿？而在不能认定本人的意愿时应如何处理？

我们假设，小丽因厌世而自杀，但不遂而重伤昏迷，且有生命危险而急需做手术，关医生因救人心切，在未联络其家人也未获任何同意下，擅自进行手术，最终成功挽救了小丽。那关医生的救助行为是否符合小丽的意愿呢？

又例如，在上文的例子中，乙替甲维修及出租房子，但甲一直没有回澳，且无法与甲联络，那么乙的上述行为又是否符合甲的意愿呢？

《澳门民法典》似乎给了我们答案。根据该法典第 459 条 a 项，本人的意思既可以是真实的意思，也可以是可推知的意思。

如果管理人在作出管理的时候，已经知道了本人的意愿，那么便会判断有关管理行为是否符合本人的真实意思。相反，如果本人没有表露过其任何意愿，而管理人也不知道本人的意愿，则考虑其推定的意思。

对于管理人而言，其管理行为须同时符合本人的利益以及本人的意思，而这也决定着无因管理的法律效果。

《澳门民法典》第 460 条规定："一、管理人须对在从事管理中因其过错而造成之损害向本人负责，以及对因其管理之不合理中断而造成之损害向本人负责。二、管理人所作出之行为与本人之利益或其真实或可推知之意思不符时，即视管理人之行为有过错。"同一法典第 462 条规定："一、如所从事之管理与本人之利益及其真实或可推知之意思相符，则本人必须就管理人有依据认为必要之开支，连同自作出开支时起计之法定利息一并偿还予管理人，并赔偿其所受之损失。二、如管理未按上款之规定为之，本人仅依不当得利之规则负责，但属下条所规定之情况除外。"

在一般情况下，符合本人的利益与符合本人的意思之间是等同的，即符合本人利益的管理通常都会符合本人的意思。然而，这并不是绝对的，我们也会遇到一些情况，管理人的管理行为虽然符合本人的利益，但与本人的意愿相左，同样，有关的管理行为也可以不符合本人的利益，但符合本人的意愿。在前述的情况下，管理人是否应被视为已履行符合本人利益及意思之义务呢？面对着本人的利益与其意思的冲突，应以前者还是后者优先？

正如上文的例子，关医生的手术成功挽救小丽的生命，但小丽根本不想生存，更不想进行该手术，那么关医生是否已尽了符合本人利益及意思之义务？又例如，兰某是某宗教的虔诚教徒，而该宗教严禁教徒接受输血，一天，兰某因交通意外而大量失血及昏迷，被送往医院后，医生认定其不接受输血的话马上会死亡，故在无兰某及其家人同意下，向兰某输血，并成功救了兰某，但对兰某而言，他不希望违反戒律，故他宁愿死也不接受输血。如此，医生是否已尽了符合本人利益及意思之义务？

在理论上，同样存在不同见解：有人认为应以本人的意思优先，故管理人不应作出不符合本人意愿的管理行为，不论有关管理是否符合本人的利益；有人认为本人的利益应优于其意思，管理人所作的管理行为必须符合本人的利益；还有人认为不应硬性定出两者的层级，而应灵活地衡量两者之比重，但不应忽略本人的意思在其利益的管理上的分量。

对于上述不同理解，我们更倾向以本人意思为优先的说法，而这一见解亦更为符合《澳门民法典》第 459 条 a 项之规定。毕竟无因管理所涉及的问题是对本人利益的管理，在私法自治原则下，似乎只有本人更具正当性定出哪个方案才真正合乎其自身的利益，也只有他才最终有资格决定如何处置其本身的事务。即使有关做法不符合其利益，这也属于本人可处分的范围。只有当本人的意思超出有关范围（如违反法律或善良风俗），其方让位于本人的利益①。

（三）其他义务

《澳门民法典》第 459 条规定："管理人应遵守下列义务：……b）在能将承担管理一事通知本人时，立即为之；c）在事务完结、管理中断或应本人要求时，向本人报告管理之情况；d）向本人提供有关管理之一切资料；e）将在从事管理期间自第三人所受领之一切，或有关结余，并将自应交付时起计之有关款项之法定利息，一并交付本人。"管理人对本人还分别负有

---

① 澳门特别行政区中级法院第 1007/2012 号合议庭裁判似乎同样倾向以本人意思为优先的立场，尽管其更进一步地认为，倘所作出的管理行为是本人所反对者，则不成立无因管理。

通知义务、提交账目义务①、提供资讯义务以及交付受领物义务。

事实上，上述各项义务并不是为无因管理所独有，对于所有涉及他人利益或事务的管理的债务法律关系，管理人都无可避免获施加上述义务。例如，对于委任合同而言，《澳门民法典》第 1087 条规定："受任人具有下列义务：a）按委任人之指示，作出一切属委任范围内之行为；b）应委任人之请求而向其报告有关管理状况；c）就委任之执行情况尽快告知委任人；如未执行委任，则应尽快向委任人说明理由；d）于委任终结或委任人要求时，提供报告；e）向委任人交付从执行或从事委任事宜中所收受之一切，只要未在履行该委任合同中被正常耗用者。"对于寄托合同而言，同一法典第 1113 条规定："受寄人有下列义务：a）保管寄托物；b）如知悉寄托物可能出现某种危险，或知悉第三人就该物主张拥有某些权利，而寄托人并不知悉此事实者，应立即通知寄托人；c）将寄托物连同其孳息返还寄托人。"对于行纪合同而言，《澳门商法典》第 595 条规定："行纪人有义务：a）采取适当措施以保护委托人之利益及依从其指示；b）向委托人提供相关资讯，尤其须就行纪之执行立即作出通知；c）就已作出之法律行为向委托人提交帐目，并向其交付交易所得。"对于代办商合同而言，《澳门商法典》第 628 条规定："代办商尤其有下列义务：a）依从不影响其自主权之他方之指示；b）向他方提供所请求之资讯或为有效管理所必需之资讯，尤其关于顾客偿付能力之资讯；c）向他方解释关于市场情况及发展前景之事宜；d）根据约定条件或有必要时，提交帐目。"

值得注意的是，虽然法律对管理人施加了上述各项义务，但是在具体个案中，管理人并不一定同时负有上述全部义务，它们会根据管理人所作的管理行为的不同而或多或少的适用于管理人。至于其程度及范围如何，则须根据善意原则在具体案件中作出衡量。例如，甲因看见乙被丙打劫而见义勇为击退丙，按照有关情节，甲便无须承担通知义务、提交账目义务、提供资讯义务以及交付受领物义务。

（四）管理人违反义务的后果

诚如上文所述，在无因管理中，管理人对本人所承担的为法律义务，

---

① 参见澳门特别行政区中级法院第 387/2009 号及第 189/2001 号合议庭裁判，其指出事实上的管理人（administradora de facto）有义务向分层建筑物所有人大会提交账目，尽管这两份合议庭裁判并没有明确承认事实上的管理人所作的行为构成无因管理。

故管理人违反有关义务将承担赔偿责任。《澳门民法典》第 460 条第 1 款规定："一、管理人须对在从事管理中因其过错而造成之损害向本人负责，以及对因其管理之不合理中断而造成之损害向本人负责。"

毫无疑问，我们可以将管理人的上述责任界定为民事责任，而且还是因不法事实所生之责任，故其成立取决于同时符合一般民事责任所要求的各项要件。

然而，在各项要件中，理论界在管理人过错的标准方面存在分歧。

虽然无人对《澳门民法典》第 460 条第 2 款的情况有任何疑问，因其规定"二、管理人所作出之行为与本人之利益或其真实或可推知之意思不符时，即视管理人之行为有过错"，但是，在其他情况下，我们如何界定管理人是否有过错？

有一种意见认为，管理人应与侵权人一样，适用《澳门民法典》第 480 条，而此条规定："一、侵害人之过错由受害人证明，但属法律推定有过错之情况除外。二、在无其他法定标准之情况下，过错须按每一具体情况以对善良家父之注意要求予以认定。"[1]

另一种意见认为，对管理人不应适用与侵权人一样的过错标准，这是因为，管理人是在热心助人的动机下作出管理行为的，这已不适合采用抽象过错标准，更毋宁说，对本人而言，虽然管理人的行为并非完美，但无论如何也较本人得不到帮助而遭受恶果的情况好，故应采用与侵权不同的具体过错标准[2]。

似乎更为合理的应是折中说，其视乎管理人是否作出属其职业的管理行为，又或管理人是否处于"独占"的情况，而决定可适用的过错标准。在符合前述任一情况下，既然管理人更具条件或按照具体情况其被期待更为谨慎地作出管理行为，那么应以抽象过错标准来判断其是否存在过错，相反，在其他情况下，我们不应忽略管理人的动机以及本人原来的遭遇，故应采用具体的过错标准[3]。

---

[1] 主张此说的见解有 Galvão Telles, *Direito das Obrigações*, 7ª ed., Coimbra: Coimbra Editora, 1997, pp. 189-190。

[2] 主张此说的见解有 Antunes Varela, *Das Obrigações em Geral*, Vol. 1, 10ª ed., Coimbra: Almedina, 2000, pp. 460-462。

[3] 关于更详细的论述可参见 Almeida Costa, *Direito das Obrigações*, 12ª ed., Coimbra: Almedina, 2009, p. 485。

二 市人对管理人的义务

诚如上文所述，在无因管理中，管理人对本人负有一系列的义务，但与此同时，本人对管理人也负有义务，且有关义务更构成无因管理这一债务法律关系的经济社会目的的内容。总的来说，本人对管理人的义务分别有开支的支付义务、赔偿损失的义务及支付报酬的义务。

《澳门民法典》第462条第1款规定："一、如所从事之管理与本人之利益及其真实或可推知之意思相符，则本人必须就管理人有依据认为必要之开支，连同自作出开支时起计之法定利息一并偿还予管理人，并赔偿其所受之损失。"同一法典第464条规定："一、管理人不因有关管理而享有收取任何报酬之权利；但有关管理行为属管理人所从事之职业活动范围者除外。二、在可收取报酬之情况下，第一千零八十四条第二款之规定适用于有关报酬之订定。"

然而，在确定本人对管理人的义务之前，我们须区分本人作出承认以及没有作出承认两种情况。

《澳门民法典》第463条规定："对管理之承认，即导致放弃对因管理人过错所造成损害之赔偿请求权，并视为承认上条第一款赋予管理人之各项权利。"

第一种情况是本人对管理人的管理作出了承认。随着承认的作出，本人立即产生了对管理人的上述义务。在本人获悉管理人所作的管理行为后，本人可作出"承认"（aprovação），以接受管理人之前对其所作出的管理。这是一个概括的行为，其意味着本人对管理人所作管理的整体同意。在作出承认后，本人随即承受开支的支付义务、赔偿损失的义务及支付报酬的义务。

然而，在很多时候，本人对管理人的管理行为所作出的接受表示并非真正的"承认"，而只构成"追认"（ractificação），后者并不会产生《澳门民法典》第463条之效果[1]。

---

[1] Antunes Varela, *Das Obrigações em Geral*, Vol. 1, 10ª ed., Coimbra: Almedina, 2000, pp. 467-469; Almeida Costa, *Direito das Obrigações*, 12ª ed., Coimbra: Almedina, 2009, pp. 487-488。与此相反，Pessoa Jorge 则主张本人所作出的追认将默示地导致对管理人的管理行为的承认，对此请参见 Pessoa Jorge, *Direito das Obrigações*, Vol. 1, Lisboa: AAFDL, 1975/1976, p. 229。

事实上，"承认"与"追认"十分相似，但它们的效果却不相同。在无因管理中，本人既可能作出承认的表示，也可能作出追认的表示。然而，"追认"与"承认"是两个不同的概念，且两者的内涵不同。承认是本人对管理人的管理行为所作出的整体性接受，它是针对整个管理行为作出的。相反，追认是无权代理的一个补救机制，《澳门民法典》第261条第1款规定："一、无代理权之人以他人名义订立之法律行为，如未经该人追认，不对该人产生效力。"在代理人没有代理权而以被代理人的名义与第三人作出法律行为的情况下，有关法律行为不对被代理人产生效力，但是透过追认，原来不对被代理人产生效力的法律行为变为对该人产生效力。对于无因管理的情况，可以发生的是，管理人所作出的管理行为表现为其以本人的名义与第三人所作出的法律行为。例如，甲为乙的利益将乙的房子以乙的名义出租予丙。由于本人事前并没有许可管理人作出有关法律行为，所以该管理人是在无权代理下作出这些法律行为的。对此，透过本人的追认，这些无权代理的法律行为便会对本人产生法律效力。

既然追认发生在无权代理的情况，那么它与承认最基本的分别在于，追认只限于管理人以本人名义与第三人作出法律行为的情况，而承认则涵盖无因管理的所有行为，包括无权代理的情况。

由于"追认"与"承认"是两个不同的概念，所以在无因管理的情况中，本人不一定同时作出承认与追认，既可以只对管理作出承认，不对无权代理的法律行为作出追认，也可以只对无权代理的法律行为作出追认，不对管理作出承认。例如，甲见其邻居乙的房子空置多年，故为乙清洁及翻新其房子，同时又以乙的名义把房子出租予丙，对乙而言，若其认同清洁及翻新的行为，但不同意把房子出租，他可以只作出承认而不作出追认；若其接受有关租客及租金，但不满意甲所做的清洁及翻新，则乙可仅限于追认租赁合同，而不承认甲的管理行为。

对于本人而言，作出承认与否是完全自由的，其可视乎该管理行为是否对其产生帮助及是否符合其意愿而决定。在某些情况下，本人最终可能不承认有关管理行为。这时，根据《澳门民法典》第462条第1款，我们须判断有关管理是否符合本人的利益和意思，以决定本人对管理人的义务。如果符合本人的利益和意思，即使本人不作出承认，他也负有相同义务；相反，本人则无义务支付开支、报酬及赔偿损失了。

然而，这并不意味着本人无须承担任何义务。《澳门民法典》第462条

第 2 款规定："二、如管理未按上款之规定为之，本人仅依不当得利之规则负责，但属下条所规定之情况除外。"如果管理人所作的管理行为令本人获益，管理人则可以根据《澳门民法典》第 467 条及续后条文所规定的不当得利规则要求本人返还有关利益。

三 本人对第三人所处的法律状况

除了管理人与本人的关系以外，无因管理的成立亦会对第三人造成一定的法律效果，这些情况主要发生在管理人在管理本人事务的过程中，与第三人订立了一些法律行为，而有关法律行为本身构成管理行为，如上文所述的例子，甲与丙订立一承揽合同，使丙维修属乙所有且空置已久的破旧房子，维修后又把房子出租予丁。对于丙、丁而言，无因管理的成立对有关的承揽合同及租赁合同产生一定影响，而法律会视乎管理人是以谁人的名义与第三人订立法律行为确定有关法律行为的效力。

其中一个可能性是，在管理的过程中，管理人以自己的名义与第三人订立法律行为。由于管理人有权决定自身的权利义务范围，所以有关法律行为所生的法律效果会直接归于管理人。然而，由于有关法律行为是管理人为本人利益及为其管理的意思而作出的，所以管理人有义务将法律行为所产生的法律效果转移予本人。这一情况与无代理权之委任的情况相同，《澳门民法典》第 1107 条第 1 款规定："一、受任人有义务将在执行委任时所取得之权利，转移予委任人。"同样，根据同一法典第 459 条 e 项的规定："e）将在从事管理期间自第三人所受领之一切，或有关结余，并将自应交付时起计之有关款项之法定利息，一并交付本人。"

如果管理人以本人的名义与第三人订立法律行为，并旨在使有关法律效果在本人的权利义务范围内产生，那么，根据《澳门民法典》第 251 条，其属于代理的情况，但因本人事前并没有给予管理人许可，也没有作出授权，故适用无权代理的规则。根据《澳门民法典》第 261 条的规定，只有本人作出追认，有关法律行为才对第三人产生效力；若本人不作出追认，其则不受任何约束，而有关法律行为则不生效力，即使对第三人亦然。

第十章

不当得利

第一节　概述

一　实证法与原因理论的废弃①

众所周知且无争议的是，法律代表着正义。在不同的法律部门中，每一条法律规范莫不体现出正义。同样，在债法中，正义则表现为交换正义（justiça comutativa），而学者惯常将之演绎为不可不当得利原则。② 此种交换正义或不当得利的禁止着眼于财产或利益的取得，要么基于对价交换，要么基于相对人的意思（尤其是慷慨意思），要么基于损害的转嫁，要么

---

① 关于原因理论的详细探讨，可参阅徐涤宇《原因理论研究》，中国政法大学出版社，2005。

② Manuel M. E. Trigo, *Lições de Direito das Obrigações*, Macau: Faculdade de Direito da Universidade de Macau, 2014, pp. 111-112; Menezes Leitão, *Direito das Obrigações*, Vol. 1, 9ª ed., Coimbra: Almedina, 2010, pp. 54-56.

基于其他的法律规定。① 在这些情况以外，法律会认为一人对某项财产或利益的取得为不正义，并使该人在法律上失却留置有关财产或利益的正当性。

在理论上，尤其是在法国的法学理论上，上述现实被称为原因（葡文为 causa，法文为 cause）。事实上，早在中世纪的时期开始，随着经院哲学对亚里士多德哲学作系统的吸收及发展，注释法学派（glosadores）及评论法学派（comentadores）便尝试利用亚里士多德的四因说（causa materialis、causa formalis、causa efficiens 及 causa finalis）来解释及发展古罗马法，并采用原因（causa）这个术语来说明古罗马法中的债（obligatio）以及财产给予的法律性，从而解放古罗马法中契约（contractus）制度的形式主义。自此时开始，债不再因形式，而是基于原因的存在而具有法律性，简约（pactum）因原因的存在而"穿衣"（即成为 pactum vestitum），而不存在原因者则只成为裸体简约（nudum pactum），最终失去其法律性。与此同时，中世纪的法学家亦借助亚里士多德及经院哲学中的德性（virtudes）来说明在法律上的交换正义以及慷慨的善性，并且将作为德性表现的原因作为财产给予的法律性的基础。

后来，随着人文主义（humanistas）及其后理性法学派（jusracionalis-

---

① 在上述各种情况中，最为常见且最典型的情形为对价交换：若一人想从他人身上获得好处，他必须同时他人付出对等的好处，方能获得；若一人从他人身上获得了好处，但他却没有付出对等好处的话，他便须将他所获得的好处返还予对方。至于其他情况，实际上同样是基于法律对有关得利作出承认而使一人对有关得利的留置获赋正当性，除非一人所获得的得利乃基于他人的慷慨意思，而这一情况方构成对价交换的真正例外。这样，对于不可不当得利原则（princípio do não enriquecimento sem causa）的命名而言，我们认为，考虑到不当得利的禁止在实证法上已透过不当得利的机制规则化，故有关命名仅反映出作为债的渊源的不当得利制度而已。事实上，基于实证法已将大部分原应构成不当得利的各项情况以各种独立且区别于不当得利的规则制度化，故上述命名将令人对实证法上不当得利制度残余化的做法产生疑问。因此，我们并不同意使用上述命名。然而，如果要能涵盖所有正当得利的情况而对上述原则作出命名的话，最为准确的命名不可避免地应是要因原则（princípio da causalidade）。不幸的是，由于此一命名将导致人们混淆上述现实与物权转移的基本原则（要因原则），我们认为在债法中应避免使用这一命名。为此，我们主张以对价交换原则（princípio da contrapartida）取代不可不当得利原则的命名。对于我们所主张的命名，应注意的是有关对价的表述。虽然葡文"contrapartida"可以对应于中文"等价"与"对价"，但在中文的使用上，两者的含义存在着区别，且我们不主张使用"等价"的表述，这是因为，"等价"或"等价交换"具有"相同价值"或"相同价值的交换"这一含义，但是在合同的范畴中法律从来没有要求在交换的给付或利益之间必须存在相同的价值。相反，只要至少在客观或主观上具有价值的对应，法律亦承认有关合同有效且不可（单方）变更（《澳门民法典》第 245 条、第 275 条及第 431~433 条规定的相反解释）。

216

tas）的兴起，"原因"的概念被注入新的含义，这是因为，合同从债的概念中独立了出来，作为被探讨的中心，同时"原因"这一概念亦逐渐地由合意（consenso）所取代，以作为说明合同法律性的理由。自此，"原因"被赋予客观的意义，从而使其被放逐为合同的分类标准，以便说明不同合同的经济社会功能。

直到其后法典编纂运动时期，以多玛（Domat）及波蒂埃（Pothier）为代表的法国法学派在"客观原因"的基础上，又重新赋予了"原因"主观的含义，使"原因"由作为说明合同的经济社会功能的概念转变为与合同当事人的意图（intenção）及动机（motivo）相联系的一个心理元素。最终，"主观原因"在《法国民法典》的制订过程中被沉淀下来而成为合同成立的其中一个有效条件。《法国民法典》第 1108 条规定："契约有效成立应具备四项根本条件：负担债务的当事人的同意；其订立契约的能力；构成权利义务客体的确定标的；债的合法原因。"同一法典第 1131 条规定："无原因之债，或者基于错误原因或不法原因之债，不发生任何效力。"而同一法典第 1132 条规定："即使原因未予表明，契约仍然有效。"同一法典第 1133 条还规定："如原因为法律所禁止，违反善良风俗或公共秩序，此种原因为不法原因。"①

然而，在德国，原因的概念却往相反方向发展，其被视为给予法律行为的一个基础（Grund），并用以说明负担行为与处分行为又或债权行为与物权行为的分离，最终确立了一个不要因的抽象原则（Abstraktionsprinzip）。

在葡萄牙，虽然其立法者在制订民法典的过程中曾先后继受《法国民法典》及《德国民法典》，但是无论在立法上还是在理论上却没有采纳上述原因理论，这是因为，与原因有关的大多数内容已隐含在法律行为之中，因此，对原因理论的接受变得没有重要性。正如葡萄牙学者 Manuel de Andrade 所形容的，"原因"是一个可有可无的概念。②

同样，在澳门，基于继受葡萄牙的法律传统，原因理论也同样因上述理由而遭到废弃。

诚然，对于涉及原因理论的内容，其似乎都已在法律继受及法典化的

---

① 《法国民法典》，罗结珍译，中国法制出版社，1999，第 283、287 页。

② Manuel A. Domingues de Andrade, *Teoria Geral da Relação Jurídica*, Vol. Ⅱ, Coimbra: Almedina, 1992, p. 349. 转引自唐晓晴《债权意思主义模式下物权要因原则的不必要》，《澳门研究》2003 年总第 19 期，第 43 页。

过程中被实证法所完全吸收，且从不同规定中可以找到有关"原因"的残余内容。

首先，《澳门民法典》第 273 条规定："一、法律行为之标的，如在事实或法律上为不能、违反法律或不确定，则法律行为无效。二、违反公共秩序或侵犯善良风俗之法律行为无效。"《澳门民法典》第 274 条规定："如法律行为单纯在目的上违反法律或公共秩序，又或侵犯善良风俗，则仅双方当事人之目的相同时，该法律行为方为无效。"对于法律行为的原因违反法律、公共秩序或善良风俗的情况，法律对其等已规定了无效的法律效果。

同样，如果涉及当事人订立法律行为的动机又或法律行为的基础（错误），则分别适用《澳门民法典》第 240 条至第 247 条。其中，《澳门民法典》第 240 条规定："一、法律行为之意思表示得因表意人之重要错误而撤销，只要该错误为受意人可认知之错误、或系因其所提供之资讯而产生。二、同时符合下列条件之错误为重要错误：a）错误系涉及对错误表意人之意思起决定性作用之动机，以致错误人如知悉真相，即不会作出有关法律行为，或仅在实质性不同之条件下方作出此行为；b）一般人处于错误表意人之位置时，如知悉真相，即不会作出有关法律行为，或仅在实质性不同之条件下方作出此行为。三、具有一般注意力之人处于受意人之位置，按照有关法律行为之内容及具体情况，以及当事人所处之状况，可察觉有关错误者，此错误视为可认知之错误。四、然而，如表意人已接受有关错误出现之风险，或按照有关具体情况表意人应承担此风险，又或该错误系因表意人之重大过错而造成，则有关法律行为不得宣告为无效或撤销。"而同一法典第 245 条规定："如错误涉及构成法律行为基础之情事，则可按照经作出必要配合之第四百三十一条之规定撤销或变更有关法律行为。"此外，《澳门民法典》第 246 条规定："一、意图或明知会使表意人陷于错误或继续陷于错误，而作出任何提议或使用任何手段者，视为欺诈；受意人或第三人隐瞒表意人之错误，亦视为欺诈。二、按照在法律交易上之一般观念视为正当之惯用提议或手段，只要不违反善意原则，即不构成可产生法律后果之欺诈；如按照法律、有关法律行为中之订定或上述观念，并无义务向表意人说明情况，则隐瞒错误亦不构成可产生法律后果之欺诈。"

另一方面，在法律行为中，如果出现客观上的给付失衡（desequilíbrio objectivo das prestações）的情况，法律会因应不同的情况作不同的介入。如果有关给付失衡在作出法律行为之前或同时发生，《澳门民法典》第 275 条第1款规定："一、有意识地利用他人之困厄状况、无技能、无经验、轻率、依赖关系、精神状态或性格软弱，而使其承诺给予自己或第三人利益、或使其给予自己或第三人利益，且根据具体情况，上述利益系过分或不合理者，有关法律行为得以暴利为理由予以撤销。"处于失衡的一方则有权撤销有关的法律行为。例如，乙因其家人丙有急病因而急需大量金钱作医疗费，而甲对乙的某一房子颇感兴趣，且清楚知道乙的亲属患有重病而急需用钱，为此，甲利用乙的不利状况以大幅低于市价的价钱购买乙的房子，对于这一暴利行为，乙便可以根据上述规定撤销。

在上述情况下，有关法律行为会分别产生无效及可撤销之效果。《澳门民法典》第282条规定："一、宣告法律行为无效及撤销法律行为均具追溯效力，应将已受领之一切给付返还，不能将之返还时，则作等价返还。二、一方当事人已将应返还之物无偿转让，而不能要求或实际上不能使取得人将之返还，亦不能使出让人返还该物之价值时，则取得人替代该出让人承担有关义务，但仅以其所取得之利益为限。三、第一千一百九十四条及续后各条之规定，得直接或类推适用于以上各款所规定之情况。"在宣告无效或撤销后，法律会向受领给付的一方或双方施加返还义务，使他们返还那些基于已经被取消的原因而受领的给付，从而回复符合交换正义的状况。例如，甲向乙的车行订购了一辆名贵房车，并且向乙交付了10万元的定金，其后，甲向法院提起诉讼，请求以意思瑕疵错误为由撤销前述法律行为，最终获得法院撤销，如此，因甲乙的法律行为已被撤销，且乙没有向甲付出任何对价，故其有义务返还已没有原因受领的10万元定金。

如果客观上的给付失衡发生在法律行为的成立以后，那么处于失衡的一方则有权根据情事变更原则解除合同或变更合同的内容。《澳门民法典》第431条规定："一、当事人作出订立合同之决定所依据之情事遭受非正常变更时，如要求受害一方当事人履行该债务严重违反善意原则，且提出该要求系超越因订立合同所应承受之风险范围，则该受害当事人有权解除合同或按衡平原则之判断变更合同。二、解除合同之请求提出后，他方当事人得透过接受合同按上款规定被变更之意思表示，反对该请求。"

这时，《澳门民法典》第427条规定："无特别规定时，解除之效力等同法律行为之无效或撤销，但不影响以下各条规定之适用。"《澳门民法典》第428条规定："一、解除具追溯效力；但该追溯效力违背当事人之意思或解除之目的者除外。二、如属持续或定期执行之合同，解除之范围并不包括已作出之给付；但基于该等给付与解除原因之间存在之联系，使解除全部给付为合理者除外。"与无效或可撤销的情况一样，合同的解除同样会导致返还义务的施加，从而回复到符合交换正义的状况。例如：某商人承租了某一地段用作经营酒店，其后该区被政府界定为不可经营酒店的区域。此时，由于该情事出现嗣后的不正常变更，令该承租人继续付出租金，但他不可再经营拥有租赁用途的酒店业务。换言之，维持租赁合同对承租人而言已完全没有效用，而且按照善意原则及有关风险的分配亦不应继续要求其履行合同，故他可以解除有关租赁合同。如果承租人早前预付了多一年的租金，那么在其解除合同后，便可要求出租人返还其已失去原因受领的那笔租金。

上文所列举的法律条文及例子显示，"原因"的不同内容实际上已被实证法的不同规定所吸收并成为有关规则的一部分，因此，似乎已没有必要接纳原因以及原因理论。

二 原因在不当得利制度中的重生

然而，如果我们谈论到不当得利（enriquecimento sem causa）的话，那么便不是同一回事了。

事实上，虽然澳门以及葡萄牙的法律传统都并无二致地废弃了原因理论，但是在同一时间承认了不当得利的制度。《澳门民法典》第467条第1款规定："一、无合理原因，基于他人受有损失而得利者，有义务返还其不合理取得之利益。"同一法典第470条第1款规定："一、为履行债务而作出给付，但在给付时该债务已不存在者，得请求返还所作出之给付，但不影响有关自然债务之规定之适用。"同一法典第471条第1款规定："一、一人因可宥恕之错误而将他人债务认作本身债务予以履行者，享有返还请求权；但债权人因不知悉作出给付之人之错误，以致已不拥有债权凭证或债权担保、任其权利时效完成或失效或在债务人或保证人仍有偿还能力时未行使其权利者除外。"同一法典第472条规定："一人因误认自己必须履行某人之债务而为该人履行债务者，对债权人不享有返还请求权，而仅有权要求已获解除债务之人返还其不合理收受之利益；但债权人在受领给付时明知该错误存在者除外。"从上述规定可以看到，在不当得利的制度中，法律都将不存在原因作为对由此而获得利益或给付的人施加返还义务的适用条件，因此，为了得出某人是否承担不当得利的返还义务，我们首先要分析该人获得利益或给付是否有原因（causa）。

然而，如果我们确实完全否认原因理论的话，那么便无法判断是否存有不当得利的情况，故这也等同于全盘否认不当得利在我们法律制度中的存在。

反过来说，只要有不当得利制度存在的一日，原因理论都不会消亡。虽然原因理论在合同制度中已再无立足之地，但并不意味着它会在民法以及民法理论中完全消失。

问题是，尤其是立法层面（ius condendum）上，应否及是否需要不当得利的制度？而在实证法中，又是否还有缝隙能让不当得利制度继续生存，以继续维护交换正义以及对价交换原则？

毫无疑问，答案不能不是肯定的。

事实上，在某些情况下，即便是立法者本身也会认为某人所获得的利益是欠缺原因的，因而应适用不当得利制度。

首先，《澳门民法典》第1253条规定："一、如附合或混合之行为系出于恶意，且他人之物可在不受损之情况下被分离，则应将之返还其物主，且该物主尚有权就所受之损害收取赔偿。二、然而，如他人之物非受损即不能分离，且其物主不欲取得合成物或混合物及支付按不当得利规则计得之价额予作出附合或混合行为之人，则此人应向该物主返还其物之价额及作出损害赔偿。"同样，《澳门民法典》第1259条亦规定，对于添附的情况，某人（作出添附行为的人、物主或其他人）会因这一事实而取得属于他方所有的物，又或添附的价值，但在这一过程中，该人并没有付出任何对价以获得有关的物或价值，而对方则在没有获得任何对价下失去有关的物或价值，这明显与交换正义是不符的，而立法者也认为该人所获得的利益是没有原因的，因此，在上述情况下会适用不当得利的规则。

同样，《澳门民法典》第1429条规定："一、地上权定有期间者，期间一经届满，土地所有人即取得工作物之所有权。二、除另有订定外，地上权人在上述情况下有权收取按不当得利规则而计得之赔偿。三、地上权人须就其在工作物上故意造成之毁损负责；地上权人无权因返还工作物而收取任何赔偿时，亦须就其过错所造成之一切毁损负责。"土地所有人会基于地上权期间的届满而取得工作物的所有权，而有关取得同样是不以土地所有人的对待给付为条件的，因此，法律亦视土地所有人对工作物所有权的取得为不当得利。

而《澳门民法典》第 1198 条规定："一、占有人无论属善意或恶意，均有权就其所作之必要改善而收取赔偿，亦有权在不损害占有物之情况下，取回在占有物上所作之有益改善物。二、如因避免占有物受损害而不取回改善物，则权利人须向占有人支付按不当得利规则而计得之改善物之价额。"所有人会取得占有人对占有物所作出的有益改善物，只要占有人在不损害占有物的情况下不能取得改善物，这时，由于所有人也是在没有付出对价的情况下取得有关改善物，法律亦视之为不当得利的情况。

另一方面，《澳门民法典》第 784 条规定："一、双务合同中之一项给付成为不能时，债权人即无义务履行对待给付；如已履行，则有权按不当得利之规定要求返还。二、如给付系因可归责于债权人之原因而成为不能，则债权人仍有义务履行对待给付；但债务人因债务解除而获得某种利益时，须于债权人之对待给付中扣除该利益之价额。"在双务合同中，如果其中一方出现不可归责于债务人之履行不能的情况，而他方已向该方作出对待给付，这时，基于这一对待给付已经不存在由该方受领的原因，故立法者视他受领该对待给付的情况为不当得利，并要求其向对方返还有关给付。

其他相同的情况可见于《澳门民法典》第 462 条第 2 款、第 466 条第 1款、第 1140 条及第 1914 条之规定。

除了法律明确规定存在不当得利的情况以外，还存在另一些情况，在这些情况下，虽然实证法已经规定了回复原状的机制以符合交换正义或对价交换原则，但在具体操作上仍然会出现事实上不能回复原状又或不能完全回复原状的情形，同时又会出现在事实上可以回复原状但在法律上又基于确保其他利益而禁止回复原状的情形，这些情况都会使某一方在没有作出对待给付的情况下获得不符合交换正义或对价交换原则的利益，对此，同样须借助不当得利制度以消除那些不符合交换正义或对价交换原则的状态。

还有一些情况，一人因偶然的事件而使他人在没有作出对待给付的情况下获利，但基于获得利益的人与因其得利而受损失的人之间完全不存在任何合同关系甚至任何法律关系，如果不存在不当得利的机制，遭受损失的人在实证法上便没有任何权利可以要求获得利益人的返还有关利益，因而违背交换正义或对价交换原则。

例如，某甲在一段时间内将车停在乙的车位上，使乙无法使用该车位，原则上，根据《澳门民法典》第 477 条及续后条文之规定，甲须负民事责任，以赔偿对乙所造成的损害，尤其是基于无法使用该车位而生的损失，但假设因出现一些情况，甲无须负民事责任（如不能证实有过错，又或损害赔偿之债的时效已经完成），对于甲而言，其便获得使用乙车位的利益，而无须向乙支付对价（尤其是租金）。

又例如，丙向丁购买一辆全新的汽车，为此丙向丁交付全部价金，而丁则把该车交付予丙，其后，丙发现那辆车存在瑕疵，经过一番维修不果后，丙向法院起诉要求解除上述买卖合同，法院最终判处解除合同，并命令双方分别向对方返还那辆汽车以及买卖价金。虽然基于解除的效力，双方被施加返还汽车以及买卖价金的义务，从而使双方的法律状况回复到订立买卖合同之前的状态，但是，在订立买卖合同至丙向丁返还那辆汽车期间，丙因使用那辆汽车而获益，但丁却因为丙的使用引致汽车的折旧（包括行车里数）而受到损失，这都是前述返还义务所无法覆盖的，但由于丁已向丙返还全数买卖价金，故丙对那辆汽车的使用是在完全没有对价的情况下作出的，从而违反交换正义及对价交换原则。[1]

另一方面，我们也常常会遇到以下情况：假设小黄到银行将一笔款项存入小林的账户之中，然而，因小黄提供的小林的银行账户号码有误，错误地将存款存入另一人小麻的银行账户之中。一方面，小黄并没有意愿向小麻赠与有关存款；另一方面，小麻在没有作出任何对待给付下获得小黄的存款，但在法律上，除了不当得利以外，没有其他机制可以请求小麻返还那笔因违反交换正义或对价交换原则而取得的款项。

同样，对于保证的情况，其也可以出现因重复履行义务而导致违反交换正义或对价交换原则的得利，但在实证法上却不能直接请求返还重复的给付。例如，甲借了 10 万元款项予乙，而丙则作为保证人担保了乙的债务，其后丙向甲偿还了前述欠款，但丙却没有将还款一事告知乙，由于乙不知悉丙已向甲清偿那笔欠款，故乙一星期后又向甲偿还 10 万元。在上述情况下，基于保证人丙向甲偿还 10 万元款项，使甲对乙的债权获得清偿而消灭，而乙其后再向甲偿还 10 万元，那么甲便是在无任何对价的情况下获得该笔款项，故甲理应向乙返还多收的 10 万元款项。然而，《澳门民法典》第 641 条规定："一、履行债务之保证人应就其履行通知债务人，否则，债务人因

---

[1]　在比较法上，我们可参阅葡萄牙最高法院于 2007 年 7 月 10 日作出的合议庭裁判。

错误而再作给付时，保证人即丧失其对债务人之权利。二、保证人因上款规定而丧失其对债务人之权利时，得以作出不当之给付为由，要求债权人予以返还。"在这个情况下，法律会视乙所作的履行具有原因，而甲受领乙所交付的 10 万元的行为没有违反交换正义或对价交换原则，这样，甲便变为没有任何对价而取得丙所交付的 10 万元了，故需要根据不当得利的制度要求甲向丙返还该 10 万元的款项。

除此之外，在债权让与的情况下债务人在获通知让与前向让与人履行债务（《澳门民法典》第 557 条）、在债权人争议权成立的情况下第三人以有偿方式取得的被争议财产被债权人执行（《澳门民法典》第 605 条、第 612 条）及在票据债务人与其前手的基础法律关系不完全有效的情况下前者因票据行为的抽象原则而向持票人履行票据债务（《澳门商法典》第 1150 条、第 1233 条、《统一汇票和本票法公约》第 17 条及《支票统一法公约》第 22 条）等情况，有关债务履行、被争议财产的执行及票据债务的履行均会被视为有效，但让与人对受让人、第三人对债务人以及票据债务人对其前手则需要求助于不当得利的机制以消除违反交换正义或对价交换原则的状态。

从上述各个例子可以总结出，实证法的不同规定并不能完全或穷尽地确保交换正义或对价交换原则不被违反，在这些情况下，须求助于不当得利制度这个一般规则，使受损害的人获返还他方所获得的不当利益。

第二节　不当得利的要件

根据《澳门民法典》第 467 条第 1 款的规定，不当得利的构成要件有三，分别是：①一人得利（enriquecimento duma pessoa）；②欠缺正当原因（sem causa justificativa）；③因他人受损而获得（à custa de outrem）。

一　一人得利

根据上述规定，由于得利之人被施加返还其不合理取得利益之义务，故首先须判断是否有人因某一事实或行为的作出而获得一些利益。与无因管理的情况不同，不当得利所涉及的利益必须具有财产性，而得利则意味着一人在其财产上出现正面的改变。

通常来说，这一正面的改变可以表现为一人积极财产的增加，例如，在上文的例子中，小麻无故获得小黄错误存入的 10 万元存款，使小麻的现金增加了 10 万元，这时小麻则属于得利。同样，得利也可以表现为消极财产的减少，例如，甲介绍朋友乙到丙财务公司借取一笔款项，虽然甲并没有表示其保证有关借贷，但其错误地认为其作为介绍人介绍乙借款会使其自动成为乙的保证人，因而在乙无法偿还亦不欲偿还的情况下主动替乙向丙偿还上述欠款，使乙对丙所负的偿还借款的债务消灭，因此，甲偿还欠款的行为也使乙得利。

在其他情况下，即便一人的积极财产没增加，且其消极财产也没有减少，也会发生得利的状况，这一情况主要表现为费用的节省。例如，丁非法侵占了戊的车位，其后丁容许其朋友己将车停在该车位上，但己一直误以为该车位属丁所有，才将汽车停在戊被侵占的车位上。虽然己将汽车停在戊的车位上的事实并不导致戊的财产有所增加，也不减少其债务，但由于这一事实使己不用承租另一车位以停车，因而无须额外支付车位租金，所以上述事实使己节省了费用，从而亦构成得利的情况。

二 欠缺正当原因

除了得利之外，第二个条件就是欠缺正当原因，这一原因意味着一人获得利益的正当理由，如果一人在具有正当理由的情况下获得利益，那么其得利是具有原因的，因而该人无须返还其所获得的利益；相反，如果他是在没有正当理由的情况下获得利益，那么其得利便欠缺原因或欠缺合理原因。

什么情况下的得利才是不具有正当理由的呢？

对于这一问题，我们须从上文所提及的原因理论中寻找答案。虽然在原因理论中，不同时期的学说对原因的含义都有不同的描述，但这并不妨碍我们对不同的正当理由作出归纳。事实上，我们可以将之整理为三个类别，分别是债的原因、合同的原因以及其他原因。

换言之，如果得利本身欠缺债的原因、合同的原因或其他原因，将符合不当得利的第二个条件。

（一） 欠缺债的原因

欠缺债的原因主要发生在给付的不当得利之中，就是说，得利人受领他人所作出的一项给付，且其因受领该给付而获得利益，例如，甲向乙给付了10万元，对乙来说，透过这个给付他便获得了10万元的利益。由于给付本身属于事实行为，所以，单独来看，给付本身在法律上并不具有说明意义。在上述例子中，若单独看甲向乙给付10万元的行为，我们并不能得出乙基于什么而受领那10万元，是甲赠与乙？是甲向乙偿还欠款？是甲向乙借出10万元？是甲向乙支付价金而取得一辆汽车？是甲向乙赔偿10万元？还是甲与乙兑汇外币而向乙支付10万元？单独来看，我们无从知晓，我们必须探究给付背后的原因，才能得知一人基于什么而受领他人的给付。

同样，在法律上，因给付而引致的财产移转（deslocação patrimonial）也必须探讨其背后的原因，只有当有关给付背后存在合理原因，受领给付的人才不会处于不当得利的状况。这一合理原因就是债的原因（causa de obrigação）。

在什么原因下一人可以受领他人的给付？

除了涉及下文所论述的合同原因的情况以外，债的存在就是受领他人给付的原因或合理原因。

《澳门民法典》第752条第1款规定："一、债务人作出其须为之给付者，即为履行债务。"同一法典第828条规定："如所给付之物或权利与应给付之物或权利不同，即使其价值较高者，亦仅在债权人容许时，债务人之债务方获解除。"而同一法典第832条还规定："一、在以下任一情况下，债务人得透过存放应给付之物解除债务：a）债务人基于债权人本人之任何原因以致不能作出给付或不能稳妥作出给付，且债务人对此并无过错者；b）债权人处于迟延。二、提存属自愿性。"一人向另一人作出给付是因为前者对后者负有一项债务，故有关给付可以是为了履行（cumprimento）而作出，可以是为了代物清偿（dação em cumprimento）而作出，也可以是为了提存（consignação em depósito）而作出等。同样，受领给付的人亦必须是为了满足其一项债权而受领，方存在合理原因。例如，在上述例子中，如果乙是因为甲欲偿还10万元的欠款而受领该给付，又或者他是基于甲向其作出损害赔偿而受领该给付，虽然单独来看，乙因受领该给付而得利，但其得利具有合理原因。

同时，《澳门民法典》第757条规定："一、给付既能由债务人为之，亦能由对债务之履行有利害关系或无利害关系之第三人为之。二、然而，已明确约定给付应由债务人作出，又或由第三人代为给付即损害债权人利益时，不得强迫债权人受领第三人之给付。"除了债务人的债务履行，原则上，第三人也可以作出给付，使债权人的债权得到满足，因此，如果第三人向债权人作出给付是为了代替债务人向债权人履行债务的话，那么债权人受领有关给付便具有合理原因。例如，在上述例子中，如果甲是为了代其朋友丙而向乙偿还丙所欠的 10 万元款项的话，那么乙所受领的给付便具有合理原因。

与此相反，《澳门民法典》第 470 条第 1 款及第 2 款规定："一、为履行债务而作出给付，但在给付时该债务已不存在者，得请求返还所作出之给付，但不影响有关自然债务之规定之适用。二、债务人向第三人作出之给付，在尚未按第七百六十条之规定使原债务获解除时，债务人得请求返还之。"同一法典第 471 条第 1 款规定："一、一人因可宥恕之错误而将他人债务认作本身债务予以履行者，享有返还请求权；但债权人因不知悉作出给付之人之错误，以致已不拥有债权凭证或债权担保、任其权利时效完成或失效或在债务人或保证人仍有偿还能力时未行使其权利者除外。"如果一人受领一项给付的背后并不存在任何的债，那么对该给付的受领便不存在合理原因，而受领给付的人则须向作出给付的人返还那些不当获得的利益。例如，在上文的例子中，小黄将 10 万元的存款存入其不认识的小麻的银行账户之中，其目的并不是清偿对小麻的一项债务，而是因为错误而作出该给付，上述给付的背后并不存在任何的债，故小麻获得该 10 万元存款的事实并不存在合理原因。

又例如，路人甲在横过马路时被乙所驾驶的汽车撞倒受伤，其后路人甲在诉讼中提起裁定给予临时弥补之保全措施。《澳门民事诉讼法典》第 348 条规定："一、在以死亡或身体受侵害为依据提起之损害赔偿诉讼中，作为附属于该诉讼之一项措施，受害人以及拥有《民法典》第四百八十八条第三款所指权利之人，得声请裁定以月定期金方式给予一定金额，以临时弥补有关损害。二、只要出现因所受损害而造成之困厄情况，且有迹象显示声请所针对之人有赔偿义务者，则法官批准所声请之措施。三、临时给付之金额由法院按衡平原则订定，而该金额于计算损害之确定金额时扣除。四、以上各款之规定，亦适用于以有关损害可能对受害人之食或住方面造成严重影响为依据而提出损害赔偿主张之情况。"假设法院认为甲的情况符合上述规定而批准有关保全措施，并命令乙在诉讼期间须向甲每月作出 1 万元临时弥补之定期金。然而，法院最终证实有关事故的发生完全基于甲的过错，并且裁定乙无须负民事责任。这样，《澳门民事诉讼法典》第350条规定："一、如命令采取之措施失效，则声请人应按不当得利之规定返还已收取之所有款项。二、如就损害赔偿之诉讼所作之终局裁判并未裁定作任何弥补，或裁定之弥补金额低于临时弥补之金额，则必须判处受害人返还应返还之部分。"对于甲在诉讼进行期间受领乙的临时弥补给付，由于作为其背后原因的民事责任损害赔偿之债并不存在，因此，甲透过乙的给付而获得的利益则视为不具合理原因，因而须向乙返还。

然而，在某些情况下，法律会基于不同原因而把一些原应不存在合理原因的给付拟制为具有合理原因的给付，同时又会把一些原应存在合理原因的给付拟制为不具有合理原因的给付，这时，只有受领后一给付的人才须按不当得利制度承担返还义务。例如，在上文关于保证的例子中，债权人甲的债权原本会因保证人丙的履行而消灭，而债务人乙其后向债权人甲所作出的履行会使后者在不存在合理原因下得利，但《澳门民法典》第641条规定："一、履行债务之保证人应就其履行通知债务人，否则，债务人因错误而再作给付时，保证人即丧失其对债务人之权利。二、保证人因上款规定而丧失其对债务人之权利时，得以作出不当之给付为由，要求债权人予以返还。"为保护债务人的信赖利益，法律视债权人甲受领债务人乙的给付具有正当原因，而保证人丙向债权人甲所作出的给付则被视为在不具有正当原因下作出，故债权人甲对保证人丙而言会构成不当得利的情况。

（二）欠缺合同的原因

在给付的不当得利中，虽然给付的受领是具有债的原因的，但在某些情况下，这并不意味着受领给付的人从给付中所获得的利益是具有合理原因的。即便受领给付的人可能是在具有债的原因的情况下受领有关给付，但是其因此所获得的利益却可能构成不当得利，这是因为，即便给付的背后存有一债，但债的背后却不存在合同的原因。

然而，与债的原因不同，在我们的法律制度下，要探求合同的原因以至界定其范围较其他东西显得更为复杂及困难，这是因为，合同的原因在很大范围内已经被实证法所吸收及剥离，这使得原来构成合同原因的元素被脱离于合同原因的范围以外。

首先，合同的原因不同于合同的标的。《澳门民法典》第273条规定，如果合同标的在事实或法律上为不能、违反法律或不确定，又或违反公共秩序或侵犯善良风俗，那么，即便一方当事人因该合同的履行而不当得利，但只会适用不完全有效的制度，而不视为不当得利的情况。例如，甲以 10 万元向乙购买一批氯胺酮，甲即时将 10 万元交付予乙，并约定乙于一星期后交付那批氯胺酮，然而，翌日，警方将乙拘捕，并扣押了那批氯胺酮，使甲最终不能获得它。在这一例子中，虽然乙受领 10 万元的给付理应构成不当得利，但法律却视甲与乙的合同为标的不法，并视之为《澳门民法典》第 273 条所规定的不完全有效，而不适用不当得利的制度。

其次，合同的原因也必须区分于合同的目的。《澳门民法典》第 274 条规定，合同的目的若违反法律、公共秩序或善良风俗，其后果为不完全有效，而非不当得利。例如，李老板不想结婚，但喜欢小朋友，于是其找到一代母丙为其代产一子，双方订立合同，约定李老板以 80 万元的报酬给丙为其怀孕并产子，有关报酬分两期支付，每期 40 万元，首期即时支付，而另一期则在丙产后将婴儿交给李老板时支付，丙在收取 40 万元以后，因在怀孕过程中对胎儿有了感情，故在产后丙决定不把婴儿交回李老板而独自抚养。在上述例子中，丙对于李老板的 40 万元同样是在没有合理原因下受领的，但法律却不视之为不当得利，而是认为其侵犯善良风俗，因而适用不完全有效之制度。

再次，合同的原因也不是合同的动机，后者的欠缺并不导致不当得利，而是导致合同的不完全有效。例如，在某一拍卖会中，拍卖品是毕加索的一幅名画，而某甲一直以来都是毕加索画作的收藏家，于是某甲为得到那幅毕加索的名画而参加拍卖，最终其以最高价格 1000 万元买入，在交易后，甲发现那幅画是仿制品，只值 10 万元。在这个情况下，虽然拍卖公司所出售的画作与买卖的价金不成比例，使拍卖公司获得不合理的利益，但法律只视之为意思瑕疵的错误，从而赋予甲享有根据《澳门民法典》第 240 条及第 241 条撤销有关交易的权利，而不适用不当得利的制度。

最后，对于给付失衡的情况，法律亦将之区别于欠缺合同原因的情形，并且作出不同的处理（《澳门民法典》第 275 条、第 431 条）。

既然法律将上述情况排除于合同原因的范围以外，那么是否不存在纯粹欠缺合同原因的情形呢？

事实上，我们可以在不同个案中遇到单纯欠缺合同原因的各种情形。

《澳门民法典》第 779 条规定：“一、基于不可归责于债务人之原因以致给付不能时，债务即告消灭。二、如产生债务之法律行为附有条件或期

限，而有关给付于法律行为成立之日为可能，但于条件成就或期限届至前成为不能，则该给付视为嗣后不能，且不影响法律行为之有效。"而《澳门民法典》第784条规定："一、双务合同中之一项给付成为不能时，债权人即无义务履行对待给付；如已履行，则有权按不当得利之规定要求返还。二、如给付系因可归责于债权人之原因而成为不能，则债权人仍有义务履行对待给付；但债务人因债务解除而获得某种利益时，须于债权人之对待给付中扣除该利益之价额。"在双务合同中，若一方当事人出现履行不能的情况，他方当事人所作出的给付便失去了合同的原因，因而前者从后者的给付所获得的利益便视为不具有合理原因。例如，甲乙双方订立一买卖合同，约定甲以5000元的价格向乙购买一件艺术雕刻品，甲预先向乙支付一半价金，即2500元，而乙则须于10日后交付该雕刻品及转移所有权，并在交付时支付余下的一半价金，然而，3日后，该雕刻品因地震而完全损毁。这样，虽然乙从甲所受领的那一半价金背后具有债的原因（《澳门民法典》第869条c项），但其丧失了合同的原因，因此乙所受领2500元的利益同样属于不当得利，须向甲作出返还。

同样，以下情况也会因为欠缺合同的原因而使受领给付的人所获得的利益构成不当得利：在债权人的争议权中，第三人取得的财产被债权人执行，因而使债务人从第三人处所受领的给付丧失合同的原因（《澳门民法典》第612条及第613条）；在登记制度的第三人纠纷中，在较后时间从同一权利人处取得不动产所有权或其他物权的第三人首先作出了取得登记，会导致在较早时间从同一权利人处取得互相冲突权利的第三人向同一权利人所作出的对待给付失去合同的原因（《物业登记法典》第5条），该权利人因而须按不当得利制度向该第三人返还所受领的给付；在票据行为等抽象法律行为中，被追索的票据债务人会基于其与前手的基础法律关系的不完全有效而使其前手免于被追索票据权利而导致债务的减少这一得利失去了合同的原因（《澳门商法典》第1150条、第1210条第1款a项及第1233条），因而对于其前手适用不当得利的制度。

（三）欠缺原因的其他情形

除了上述情形之外，我们还会遇到其他不当得利的情况，但是我们不能单纯以是否存在债的原因以及合同的原因来判断一人的得利是否具有正当的原因。例如，在上文的例子中，丁非法侵占了戊的车位，其后丁容许其朋友己的汽车停在该车位上，但己一直误以为该车位属丁所有，才将汽车停在戊被侵占的车位上，并节省了承租另一车位的费用。对此，虽然己是基于丁的慷慨意思而使用了戊的车位，并且节省了承租车位的费用，但我们仍不得不视己使用戊车位而节省费用的事实欠缺合理的原因。

同时，对于添附（acessão）的情况，《澳门民法典》第 1259 条规定："一、如一善意之人在他人土地上建造工作物，且该等工作物使房地产整体所增加之价值高于土地在建造工作物前之原价值，则作出此结合行为之人得透过支付该土地之原价值而取得该房地产之所有权；如行为人不选择取得该房地产，则该土地之主人享有下条所赋予之权利。二、如所增加之价值等于或低于土地之原价值，则工作物归土地之主人所有，但该人有义务向作成工作物之人作出损害赔偿，其价额系按不当得利规则计算；如土地之主人就其土地与工作物之结合上存有过错，则上述之价额可按该过错之程度而被提高至有关工作物在结合时所具之价值。三、作成工作物之人在进行工作时不知土地属他人所有，或曾获土地之主人许可作出该结合者，视为善意。"同一法典第 1260 条规定："恶意在他人土地上作成工作物者，土地之主人有权要求作成工作之人负担费用，将工作物拆除及恢复土地之原状，或有权选择透过支付按不当得利规则计得之价额而取得工作物。"对于不动产添附的情况，如果属于善意添附，且在添附后整个不动产所增加之价值等于或低于土地原来的价值，又或者在恶意添附的情况下，土地所有人选择取得有关工作物，工作物的所有权便归土地所有人，但同时法律亦会视土地所有人在取得有关工作物所有权的过程中所获得的利益为不当得利，因而要求其向作出添附行为之人返还有关利益。

与此相反，对于时效取得（usucapião）的情况，法律则有不同处理方法。《澳门民法典》第 1212 条规定："取得时效系指占有人对涉及所有权及其他用益物权之占有持续一定期间后，即可取得与其行为相对应之权利，但另有规定者除外。"同一法典第 1213 条规定："取得时效一经主张，其效力追溯至占有开始之时。"同时，对于不动产而言，《澳门民法典》第 1219条规定："如属有依据之占有，且已就取得占有之依据作出登记，则取得时效经过下列期间完成：a）占有属善意者，由登记日起计继续达十年；b）占有即使属恶意者，由登记日起计继续达十五年。"《澳门民法典》第 1220条规定："一、如属无依据之占有，或未就取得占有之依据作出登记，但已就单纯占有作出登记，则取得时效经过下列期间完成：a）占有属善意者，由登记日起计继续达五年；b）占有即使属恶意者，由登记日起计继续达十年。二、仅在承认占有人已和平及公然占有标的物五年或五年以上之判决转为确定后，单纯占有方可予以登记。"《澳门民法典》第 1221 条规定："不论占有是否属有依据，只要占有之依据及单纯占有均无作出登记，善意占有之取得时效仅在经过十五年后方完成，而恶意占有之取得时效则仅在经过二十年后方完成。"假设占有人甲恶意占有所有权人乙之土地，只要其为和平及公然占有，且占有经过 20 年期间，甲便取得该土地之所有权，而乙对该土地之所有权便会因为甲的取得而消灭。虽然甲无须任何对价取得乙土地的所有权，而且乙在没有收取任何对价下丧失该土地的所有权，但甲的得利在法律上并不被视为欠缺合理原因，因此并不构成不当得利。

面对上述各种不同情况，如何判断一人的得利是否欠缺合理原因呢？

这是一个难以回答的问题。

而在理论上，也有不同见解尝试回答这一问题。有的尝试按照是否存在财产移转的原因来判断是否具有合理原因，有的尝试以是否对他人权利有不法侵犯来判断，有的则尝试以权利本身的归属来界定是否具有合理原因。

对于这一问题，葡萄牙学者 Antunes Varela 的回答似乎更显得直截了当：

> 这样的得利不公平是因为，根据由法律所认可的财物的实质秩序，它应该属于另一方。在任何其他情况下，当要知道由某些事实所造成的得利是否基于合理原因，所遵循的就是这一个指导思想。这个问题纯粹是法律解释与填补的问题，它的目的是根据现行为确定财产的正确秩序。①

诚然，这似乎对界定是否欠缺合理原因提供了一个最好的答案。事实上，我们可以从整个法律制度本身来界定一人所获得的利益是否属于欠缺合理原因。

作为例子，我们可以看看所有权的情况。《澳门民法典》第 1229 条规定："物之所有人，在法律容许之范围内及在遵守法律规定之限制下，对属其所有之物享有全面及排他之使用权、收益权及处分权。"原则上，一物所生的全部利益，尤其是享用方面的利益，应属于所有权人，若任何人未经

---

① Antunes Varela, *Das Obrigações em Geral*, Vol. 1, 10ª ed., Coimbra: Almedina, 2000, p. 487.

其同意而不法享用该物的利益，有关利益的享用便不具有合理原因。

然而，如果涉及用益权人，那么情况便有所不同了。《澳门民法典》第1373 条规定："用益权系指对属他人之一物或一项权利在一段期间内全面享益而不改变其形态或实质之权利。"虽然法律规定一物的全部利益都归所有权人所有，但若出现了用益权人，那么所有权人在该物的享益方面便须作出让步，即用益权人可以优先于所有权人合法地从该物获得享用的利益，有关得利便不属于欠缺合理原因的情况。例如，在上文的例子中，虽然车位属于戊所有，但如果己对车位享有用益权，那么己因停车而节省的费用，便不属于欠缺合理原因，因而不成立不当得利。相反，假设己对车位只有抵押权，《澳门民法典》第 682 条第 1 款规定："一、债权人有抵押权时，有权从属于债务人或第三人之特定不动产、或等同物之价额中受偿，该受偿之权利，优先于不享有特别优先权或并无在登记上取得优先之其他债权人之权利。"基于抵押权只包含对标的物的处分利益，而不包括该物的享用利益，因此己对车位的实际使用便导致其在欠缺合理原因下得利。

三　因他人受损而获得

除了一人得利以及欠缺正当原因以外，法律还要求该人的得利是基于他人的受损而产生。换言之，一人的得利，便相对于另一人的损失，而且两者之间具有因果关系。

一般而言，一人的得利与另一人的损失之间是互相对应的，前者获得 1 元的利益，后者便相应地受到 1 元的损失。这样，如果我们说一人的得利表现为其积极财产的增加、消极财产的减少或费用的节省的话，那么另一人的损失便相应地表现为积极财产的减少或积极财产的不增加了。属于前一种情况的例子有：甲错误地将 10 万元款项存入乙的银行账户，导致乙增加了 10 万元现金，而甲则相应地减少了 10 万元现金；丙误认自己为丁的保证人，因而主动替丁向债权人偿还 5000 元欠款，丁因此而减免了 5000 元的债务，而丙却减少了 5000 元的现金。属于后一种情况的例子有：戊占用了己的一套房子，使戊每月节省了 8000 元的租金，而己因不能将房子出租而每月损失 8000 元的租金。

虽然一人的得利与另一人的损失通常是互相对应的，但这不是必然的。在某些情况下，两者可以不具有对称的关系，甚至出现一人得利而没有人

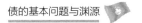

遭受损失的情况，又或者没有人得利但有人遭受损失的情况。例如，在上述例子中，戊占用了己的一套房子，使戊节省了租金，对于戊而言，如果没有占用己的房子，他可能只愿意以每月 6000 元的价格租屋居住，但对己而言，己因不能将房子出租而每月损失 8000 元的租金；王某看见其同屋朋友谭某新买了一盒雪茄并放到饭桌上，其出于好奇便抽了一口雪茄，使谭某损失了一支价值 300 元的雪茄，但对于王某而言，他根本不愿花费一分钱来购买雪茄，所以若王某没有抽那一口雪茄的话，他亦不会有任何花费；车主甲见到乙的车位空置多时，于是把汽车停在乙的车位上，每月节省了 2000 元的车位租金，但对乙而言，即便甲没有把汽车停泊，乙也不会将车位出租，更不会自己使用该车位，故乙没有因此而遭受任何损失。

无论是哪一种情况，我们均要求一人的得利直接基于另一人的损失而获得。与此相反，如果一人得利只是另一人遭受损失的间接结果的话，原则上便不构成不当得利了。例如，在车主丙不同意的情况下，朋友丁私自将丙的一辆被撞凹的汽车送到车厂戊处维修，使车主丙节省了费用，但丁因无力支付维修费而使车厂戊遭受损失。

第三节　不当得利的效果

在同时符合上述三个条件的情况下，便成立不当得利。《澳门民法典》第 467 条规定："一、无合理原因，基于他人受有损失而得利者，有义务返还其不合理取得之利益。二、因不当得利而须负之返还义务之标的主要系不应受领之利益、受领原因已消失之利益、或受领之预期效果终未实现之利益。"不当得利的成立将导致得利的一方负有返还义务，以便向受损的一方返还不应受领之利益、受领原因已消失之利益、或受领之预期效果终未实现之利益。

然而，法律对上述返还义务的施加以及客体范围等方面均设定了一定的限制，并且因应不当得利的不同情况而对不同的人施加有关返还义务。

一　返还义务的补充性

诚如上文所述，基于不当得利的制度与实证法的关系，前者所引致的返还义务无可避免地获赋予补充性（subsidiariedade）的特征。《澳门民法典》第 468 条规定："如法律给予受损人其他获得损害赔偿或返还之途径、法律否定返还请求权，又或法律对得利定出其他效果者，不得以不当得利要求返还。"返还义务的补充性意味着，在成立不当得利的情况下，我们须首先在整个法律制度中寻找是否存有解决该不当得利状况的法律机制，并且只有不存在这些法律机制，得利的人才被法律施加因不当得利而生的返还义务。具体而言，我们必须分析，法律就有关得利的状况是否已给予返还的途径、损害赔偿的途径、否定返还请求权或订定其他效果，仅当没有出现前述情况时，得利的人才负有不当得利的返还义务。

（一）法律给予返还的途径

第一个不适用不当得利的情况是法律已有返还途径之规定。诚如上文所述，对于暴利行为（《澳门民法典》第 275 条）、法律行为之目的违反法律、公共秩序或善良风俗（《澳门民法典》第 274 条）等情况，法律已经订定了不完全有效的法律效果。而《澳门民法典》第 282 条规定："一、宣告法律行为无效及撤销法律行为均具追溯效力，应将已受领之一切给付返还，不能将之返还时，则作等价返还。二、一方当事人已将应返还之物无偿转让，而不能要求或实际上不能使取得人将之返还，亦不能使出让人返还该物之价值时，则取得人替代该出让人承担有关义务，但仅以其所取得之利益为限。三、第一千一百九十四条及续后各条之规定，得直接或类推适用于以上各款所规定之情况。"即便法律行为的不完全有效导致存在不当得利的情形，但基于法律因不完全有效已向双方当事人施加返还义务，以便回复符合交换正义的法律状况，所以没有必要再根据不当得利的规则施加相同的返还义务。

基于相同的理由，如果出现法律行为解除的情况，同样也无须再施加不当得利的返还义务。《澳门民法典》第 427 条规定："无特别规定时，解除之效力等同法律行为之无效或撤销，但不影响以下各条规定之适用。"《澳门民法典》第 428 条规定："一、解除具追溯效力；但该追溯效力违背当事人之意思或解除之目的者除外。二、如属持续或定期执行之合同，解除之范围并不包括已作出之给付；但基于该等给付与解除原因之间存在之联系，使解除全部给付为合理者除外。"基于解除所产生的效力，双方当事人同时被施加相应的返还义务，以回复符合交换正义的状况，因此无须适用不当得利制度。例如，根据《澳门民法典》第 431 条所规定的情事变更原则，其将导致解除之效果，其返还义务已足以消除继续履行合同将导致的给付失衡的状况。同样，《澳门民法典》第 797 条规定："一、如因迟延而出现以下任一情况，则视为构成第七百九十条所指之债务不履行：a）债权人已丧失其于给付中之利益；b）给付未于债权人透过催告而合理定出之期间内作出。二、给付中之利益是否丧失，应依客观标准认定。三、在第一款 b 项所指之情况中，债权人除得选择第七百九十条所指之制裁外，亦得选择要求强制履行给付及给予有关迟延之损害赔偿，但按照有关催告债权人不得作后一种选择者除外；然而，债务人得就上述选择权之行使定出一合理期间，债权人须在该期间内作出选择，否则其要求强制履行之权利即告失效。四、以上各款之规定，并不影响经作出必要配合之第七百九十一条所定制度对部分不履行之情况之适用。"另根据同一法典第 790 条规定："一、基于可归责于债务人之原因以致给付成为不能时，债务人须承担之责任与其因过错不履行债务而承担之责任相同。二、如有关债务系由双务合同产生，则债权人不论是否有权获得损害赔偿，亦得解除合同；如债权人已履行其给付，则有权要求返还全部给付。"在双务合同中，如果出现债务确定不履行的情况，而债权人已经作出其对待给付，那么随后所引致的合同解除以及相应的返还义务将令债务人受领债权人的对待给付而引致的不当得利状态获得回复，因而无须再施加不当得利的返还义务。

（二）法律给予损害赔偿的途径

另一种情况是法律就不当得利给予损害赔偿的途径。《澳门民法典》第 556 条规定："对一项损害有义务弥补之人，应恢复假使未发生引致弥补之事件即应有之状况。"《澳门民法典》第 558 条规定："一、损害赔偿义务之范围不仅包括侵害所造成之损失，亦包括受害人因受侵害而丧失之利益。二、在定出损害赔偿时，只要可预见将来之损害，法院亦得考虑之；如将来之损害不可确定，则须留待以后方就有关损害赔偿作出决定。"与法律已规定返还途径的情况一样，透过损害赔偿的机制，一人得利而另一人受损的状况已透过赔偿义务的施加而将前者的得利弥补于后者的受损状态之中，因而已无须不当得利返还义务的重复介入。①

---

① 然而，这并不妨碍不当得利的范围大于民事责任损害赔偿范围的情况。

　　例如，某甲非法侵占了乙的车位，并将汽车停在乙的车位之上，而没有缴付任何租金，同时使乙被剥夺使用其车位的权利。《澳门民法典》第477条第1款规定："一、因故意或过失不法侵犯他人权利或违反旨在保护他人利益之任何法律规定者，有义务就其侵犯或违反所造成之损害向受害人作出损害赔偿。"甲的行为构成民事责任，故其须根据《澳门民法典》第556条及第558条，向乙赔偿其因不能使用该车位而引致的损失（如租金）。这样，原先甲获得节省费用而乙的财产减少或不能增加的状态便会随着损害赔偿义务的施加而消除，因此，无须再施以不当得利的返还义务。

（三）法律否定返还请求权

　　有时候，虽然一人在没有合理原因的情况下得利，但法律亦会认为这一不当得利的状况是可容忍的，因而否定不当得利的返还请求权，这时便不会适用不当得利的制度。

　　在澳门法律制度中，我们可以遇到否定返还请求权的不同规定。

　　《澳门民法典》第1844条规定："一、扶养系指为满足受扶养人生活需要之一切必要供给，尤指在衣、食、住、行、健康及娱乐上之一切必要供给。二、对于未成年之受扶养人，或对虽已成年但处于第一千七百三十五条所指情况之受扶养人，扶养亦包括对其所提供之培育及教育。"同一法典第1850条规定："一、下列之人依顺序负有扶养义务：a）配偶或前配偶；b）直系血亲卑亲属；c）直系血亲尊亲属；d）未处于事实分居状况之继父或继母，对由其配偶负责生活之未成年继子女，或对在其配偶死亡时由该配偶负责生活之未成年继子女；e）在受扶养人未成年期间，其兄弟姊妹。二、在上款b项及c项所指之人中，扶养义务应按法定继承之顺序承担。三、如扶养义务人中之一不能提供扶养或不能完全履行该责任，则其负担由后一次序之义务人承担。"在扶养之债中，一方对另一方负有扶养义务，以便满足其生活的需要。然而，扶养之债必须取决于债权人与债务人之间所具有的亲属关系，一旦存在该亲属关系，便产生扶养之债，而对于仍未确认的亲属关系，则不存在前述扶养之债。

　　然而，《澳门民法典》第1848条第1款规定："一、在所提供之扶养尚未确定定出时，法院得应待被扶养人之声请，或在待被扶养人为未成年人或禁治产人之情况下，依职权给予待被扶养人获临时扶养之权利，而其内容须按谨慎判断定出。"《澳门民事诉讼法典》第344条规定："一、在以主请求或从请求之方式要求作出扶养给付之诉讼中，作为附属于该诉讼之一项措施，利害关系人得于获支付首次确定扶养金之前，声请以临时扶养之名义，订定其应收取之月金额。二、订定临时扶养之给付时须考虑声请人在衣、食、住方面确有必要之支出；如声请人不能享有司法援助，则亦须考虑所需之诉讼开支；在此情况下，应分别指明诉讼开支之部分及用于扶养之部分。"即便仍未确认亲属关系，也不妨碍待确认亲属关系的人有权请求对方履行临时扶养的义务。《澳门民法典》第 1848 条第 2 款规定："二、在任何情况下，均无须返还已受领之临时扶养。"另根据《澳门民事诉讼法典》第 347 条："临时扶养之声请人之行为属恶意时，方须对提出之措施被裁定理由不成立或该措施失效时所引致之损害负责，而有关赔偿须按衡平原则订定，且不影响《民法典》第一千八百四十八条第二款规定之适用。"即便日后认定双方之间不存在导致扶养之债产生的亲属关系，从而使上述临时扶养给付失去了债的原因，但法律原则上否定临时扶养债权人返还有关不当利益的义务。

我们举一个例子：假设有一弃婴甲在路上被人发现，检察院随即依职权调查甲的母亲的身份，并且认定乙小姐是甲的生母，故其后针对乙提起依职权调查母亲身份之诉。由于新生儿甲在诉讼期间需要被照顾而急需金钱，故法院应声请裁定乙须每月向甲作出临时扶养。在乙开始向甲履行前述临时扶养义务的一年后，法院作出了最后判决，裁定因无法证实乙为甲之生母，故依职权调查母亲身份之诉为不成立。在这个情况下，甲与乙之间不获确认存在亲子关系，使乙对甲也不存在任何扶养义务，因此，甲在诉讼期间所受领的临时扶养给付也失去了合理原因，因而理应向乙返还有关给付。然而，透过上述规定，法律否定这一不当得利返还义务，因此对甲而言便不适用不当得利的制度。

此外，《澳门民法典》第 1195 条规定："一、在善意占有人知悉其占有系损害他人权利前所获得之天然孳息及在此期限前所产生之法定孳息，归该占有人所有。二、如在善意占有终止时，仍存在待收之天然孳息，则权利人须赔偿占有人因耕种、种子或原料而作出之开支及其他生产开支，只要该等开支之金额不高于将会获得之孳息之价额。三、占有人于收获前及其善意占有终止前已将有关孳息转让他人者，该转让不受影响；但从有关转让所得之利益，经扣除上款所指之赔偿后即归权利人所有。"在善意占有的情况下，占有人在占有期间所获得的天然孳息或法定孳息，归占有人所有。《澳门民法典》第 1229 条规定："物之所有人，在法律容许之范围内及在遵守法律规定之限制下，对属其所有之物享有全面及排他之使用权、收益权及处分权。"同一法典第 205 条规定："一、自某时间起或至某时间止对天然孳息拥有权利之人，有权取得于其权利存续期内出产之孳息。二、法定孳息之分配，按权利存续期之比例为之。"所有权人对所有物享有全面及排他的享益权，理应享有其权利存续期间的所有天然孳息及法定孳息，即便在前述期间内所有物被他人所占有，仍然不应影响有关天然孳息及法定孳息的归属。换言之，对于善意占有人而言，基于占有物并非属其所有，故其并没有合理原因取得在占有期间的天然孳息或法定孳息，且有关取得理应成立不当得利。然而，透过上述规定，法律显然排除了所有权人针对善意占有人的不当得利返还请求权，因此善意占有人无须向所有权人返还有关利益。

（四）法律对得利定出其他效果

最后一种情况是法律对得利的状况定出其他效果，它较其他排除不当得利的情形更容易理解。考虑到各种各样的社会关系，立法者对于一些获得不当利益的个别情况订定一套与常规制度有所不同的处理方法。基于特别法优于一般法的解决方法，这些特别的规则便应优先于不当得利的一般制度，因此，在这些情况下也会排除不当得利制度的适用。

与法律否定不当得利返还请求权的情况一样，我们在不同地方也可以找到就得利状况定出其他效果的法律规范。

《澳门民法典》第 1198 条规定："一、占有人无论属善意或恶意，均有权就其所作之必要改善而收取赔偿，亦有权在不损害占有物之情况下，取回在占有物上所作之有益改善物。二、如因避免占有物受损害而不取回改善物，则权利人须向占有人支付按不当得利规则而计得之改善物之价额。"若善意或恶意占有人对占有物作出有益改善，所有权人便因该有益改善而在没有合理原因下得利，但法律规定占有人有权选择取回有益改善物，这样便使占有人不能以不当得利的规则要求所有权人返还其所获得的利益。例如，占有人在被占有的房子内铺设了新地板，使该房子增加了价值，所有权人因而成立不当得利。然而，如果可以在不对房子造成损害的情况下取走地板，而占有人亦选择取回这些地板，占有人则不得再按照不当得利的规则要求所有权人返还其所获得的利益。

另外,《澳门民法典》第 1256 条规定:"一、如加工系出于恶意,则应将加工物按其所处之状况返还其物主,并对该物主作出损害赔偿;如因加工而增加之价值不超过原物价值之三分之一,则物主无须对加工人作出赔偿;如增加之价值超过三分之一,则物主应偿付超出该三分之一数值之价额。二、如被加工物之物主选择就其物之价额及其遭受之损害收取赔偿,而不欲取得该物,则加工人必须取得加工物。"在恶意加工的情况下,若加工人对加工物所作出的加工工作使加工物改变了原来的形态并不能复原,物主便有权选择取得整个加工物,又或让加工人取得加工物而收取损害赔偿。如果加工令加工物的价值有所增加,且物主选择取得整个加工物,那么物主便同时取得加工后的价值,且该价值是在欠缺合理原因下获得的。因此,理应适用不当得利的规则以便向加工人返还这些不当利益。然而,考虑到加工人具有恶意,法律定出不同于不当得利规则的处理方法,那就是因应加工所增加价值的大小来决定不当得利的返还义务范围,即无论在什么情况下,物主只需向加工人返还超出原物价值三分之一以外的增值利益。在这个情况下,则不适用不当得利的一般制度。

二 不当给付的返还

根据《澳门民法典》第 467 条及第 468 条,如果一人得利的状况同时符合上文所述的三个构成要件,且法律亦没有就不当得利的状况规定其他的处理方法,那么得利的人便负有返还义务,以便向受损的人返还有关利益。

鉴于不当得利在我们的法律制度上作为一个一般及补充的制度,所以其涵盖了违反交换正义及对价交换原则的不同形态。在这些形态中,我们最常遇到的就是给付的不当得利(enriquecimento por prestação),其最常见的表现就是一人因另一人的给付而得利。然而,除了这一常态以外,给付的不当得利也会在不同的个案中显现其不同的外貌。考虑到在不同情况下其得利的状况以及法律所要保护的利益皆有所不同,故立法者就给付的不当得利的不同形态分别设置了不同的返还规则。对此,我们可以将之归纳为三类,分别是履行不存在之债的不当得利、基于误认为自己的债或基于误认须履行他人的债而不当履行的情况。

（一）履行不存在之债的不当得利

《澳门民法典》第 470 条规定："一、为履行债务而作出给付，但在给付时该债务已不存在者，得请求返还所作出之给付，但不影响有关自然债务之规定之适用。二、债务人向第三人作出之给付，在尚未按第七百六十条之规定使原债务获解除时，债务人得请求返还之。三、因可宥恕之错误而在债务到期前作出给付者，仅可请求返还债权人因债务之提前履行而得之利益。"其规定了给付不当得利的典型情况，也就是所谓的不当给付的返还（conditio indebiti）。

诚如上文所述，给付一方面会使受领它的人获益，另一方面其本身在法律上是中性的，须取决于其背后的债的原因以说明其在法律上的正当性，因此，给付的背后必须存在一债，而有关给付则被解释为履行（《澳门民法典》第 752 条第 1 款）。

然而，可以发生的是，作出给付的人在主观上认为其对受领给付的人负有一项债务，故透过有关给付以便作出履行，但事实是有关债务在客观上并不存在，这时，给付者所作出的给付便失去了理由，而受领给付的人所受领的给付也没有正当的原因。因此，根据《澳门民法典》第 470 条，作出给付的人对受领给付的人便享有不当给付的返还（conditio indebiti）义务。例如，甲乙两夫妻从丙银行获得楼宇贷款，而夫妻两人就还款方面达成共识，即以甲的收入来偿还丙银行的欠款，其后，乙出售了其单独拥有的另一物业，并将买卖价金全数还清丙银行的欠款，但甲对此并不知情，因而继续每月向丙银行偿还款项，六个月后，丙银行才发现有关欠款已完全清偿，并通知甲不用再向其偿还款项。在这个例子中，甲为履行对丙银行的债务而供款，但有关债务已因乙的还款而消灭，所以丙银行已没有合理原因留置甲在最后六个月内所作出的供款，因而须按上述规定向甲作出返还。

与上述情况不同，如果作出给付的人并非基于履行意思，而是基于慷慨意思，那么就不是同一回事了。

《澳门民法典》第 934 条规定："一、赠与为一合同，透过该合同，一人出于慷慨意愿，使用自己之财产为另一立约人之利益而无偿处分一物或一项权利，又或承担一项债务。二、权利之放弃、遗产或遗赠之抛弃，以及依社会习惯而作出之捐赠，均不属赠与。"同一法典第 948 条规定："赠与之基本效力如下：a）将物之所有权或将权利之拥有权移转；b）物之交付义务；c）债务之承担，只要此为合同之标的。"在上述情况下，作出给付的人与受领给付的人之间便成立赠与合同（contrato de doação）。虽然受领给付的人会因为赠与而无须作出对待给付进而获得给付的利益，但有关利益不是在欠缺合理原因的情况下取得的，相反，基于作出给付的人的慷慨意思，受领给付的人所取得的却是正当利益，故无须向作出给付的人作出不当给付的返还。

另一方面，即便作出给付的人为履行债务而作出给付，但如果有关的债是自然之债（obrigações naturais），前者也不享有不当给付的返还权利。《澳门民法典》第 396 条规定："单纯属于道德上或社会惯例上之义务，虽不能透过司法途径请求履行，但其履行系合乎公平之要求者，称为自然债务。"《澳门民法典》第 398 条规定："自然债务适用法定债务之制度中不涉及强制给付部分之规定；但法律另有特别规定者除外。"对于自然之债而言，其债权人并不享有强制履行的权利，但这不意味着对自然债的履行将导致债权人不当得利，因而债务人有权请求不当给付的返还。《澳门民法典》第 397 条规定："一、因履行自然债务而自发给付，不得请求返还；但债务人无行为能力作出给付者除外。二、在未受胁迫下所为之给付，视为自发给付。"在债务人自愿向债权人履行自然债务的情况下，债权人所受领的给付便具有合理原因，因而享有清偿留置（soluti retentio）。

例如，《澳门民法典》第 297 条规定："一、时效完成后，受益人可拒绝履行给付，或以任何方式对抗他人行使时效已完成之权利。二、主债权时效之完成，导致收取利息权及其他从属权利之时效亦告完成。三、然而，对时效已完成之债自愿作出给付以履行债务之人，不得请求返还该给付，即使在不知时效已完成之情况下亦然；对以任何方式满足或承认时效已完成之权利或为其提供担保，亦适用该制度。四、如属保留所有权直至收取价金时为止之出卖，且价金债权之时效已完成，则出卖人在未收取价金前，仍得请求返还有关之物，而不受时效所影响。"在时效完成后，如果债务人仍自发向债权人履行时效已完成的自然债务，那么他便不得以不当得利为由请求债权人返还有关给付。

（二）基于误认为自己的债或基于误认须履行他人的债而不当履行

除了上述典型情况之外，给付的不当得利还可以表现为其他更复杂的形态，它们就是所谓的主观不当得利（indevido subjectivo）的情况。

与履行不存在之债的情况不同，这种不当得利的形态并不是表现为不存在债务的情形，相反，作为给付原因的债是存在的，而且受领给付的人也是正当的债权人，只是作出给付的人不具有债务人的身份而已。

换言之，上述情形涉及第三人代替债务人向债权人作出给付的情况。《澳门民法典》第757条规定："一、给付既能由债务人为之，亦能由对债务之履行有利害关系或无利害关系之第三人为之。二、然而，已明确约定给付应由债务人作出，又或由第三人代为给付即损害债权人利益时，不得强迫债权人受领第三人之给付。"在一般情况下，第三人可替代债务人向债权人作出给付，而债权人在受领给付后，其债权理应基于已获得满足而消灭。虽然第三人并不是债务人，但因债权人是以满足其对债务人的债权的名义来受领有关给付，而且第三人也是为履行该债务而作出给付，所以债权人从给付所获得的利益似乎并非欠缺合理原因，因而其似乎并不构成不当得利的情况。

对于债务人而言，基于第三人向债权人所作出的给付，使其债务理应归于消灭，但如果债务人与第三人之间并不存在任何的基础法律关系，那么债务人获免除债务在法律上便不存在合理的原因。

在上述情况下，是否构成不当得利呢？其权利人与义务人又是谁呢？

对此，法律区分两种情况。

一种情况是基于误认为自己的债而履行他人的债。《澳门民法典》第471条规定："一、一人因可宥恕之错误而将他人债务认作本身债务予以履行者，享有返还请求权；但债权人因不知悉作出给付之人之错误，以致已不拥有债权凭证或债权担保、任其权利时效完成或失效或在债务人或保证人仍有偿还能力时未行使其权利者除外。二、作出给付之人无返还请求权者，代位取得债权人之各项权利。"原则上，第三人对于债权人享有不当得利返还请求权。

另一种情况则是基于误认须履行他人的债而不当履行。《澳门民法典》第472条规定："一人因误认自己必须履行某人之债务而为该人履行债务者，对债权人不享有返还请求权，而仅有权要求已获解除债务之人返还其不合理收受之利益；但债权人在受领给付时明知该错误存在者除外。"与前述情况不同，作出给付的第三人不得要求债权人作出返还，而应该针对获得解除债务的债务人行使不当得利返还请求权。

三　返还义务的客体

无论是给付的不当得利，还是非给付的不当得利，其成立所导致的法律效果都是相同的，即对得利的人施加一项返还义务，而权利人就是受损的人。

问题是，得利的人应向受损的人返还什么？

《澳门民法典》第 473 条规定："一、基于不当得利而产生之返还义务之内容，包括因受损人之损失而取得之全部所得；如不可能返还原物，则返还其价额。二、返还之义务，不得超出在下条两项所指任一事实出现之日之受益限度。"原则上，得利的人应向受损的人返还原物，例如，如果甲错误地将 10 万元款项存入乙的银行账户，那么不当得利所导致的后果就是乙须将其所受领的 10 万元返还予甲。

然而，如果得利的人不能作出原物的返还，其返还义务的标的随即转为利益价额。根据上述条文的规定，这一利益价额的确定须受到两个方面的限制，分别是得利人得利的限度以及受损的人的损失限度。在一般情况下，得利的限度与损失的限度是对等的，但是，也会出现两者数额不同的情况，这时则会以数额较小的限度来确定返还义务的范围。

例如，甲为某一土地的善意占有人，而该土地的价值为 1 亿元，且属于乙所有，其后，甲欲在土地上兴建一幢楼宇，于是以 1000 万元为报酬与丙订立一承揽合同，由丙进行有关兴建工程，在完成工程后，新楼宇让整个土地物业的价值增加至 1.5 亿元。这样，根据《澳门民法典》第 1259 条第 2 款，土地所有人乙将取得连同新楼宇在内整个物业的所有权，但其须按不当得利规则计算有关利益限额。由于在上述添附中，作为受损者的甲的损失为 1000 万元，而作为得利者的乙的得利则为 5000 万元，所以乙须以较小限度的利益（1000 万元）返还予甲。相反，如果甲在兴建上述楼宇的过程中作出了 3000 万元的开支，而新楼宇让整个土地物业增值了 2000 万元的话，那么便会以乙得利的限度（2000 万元）作为其返还义务的标的。

　　对于上述返还义务的标的而言，如果我们将之与民事责任的赔偿义务作出比较，那么便可以得出，不当得利的机制既非旨在对得利的人作出惩罚，也不是为了弥补受损的人所受到的损失。事实上，不当得利仅仅旨在回复一些违反交换正义或对价交换原则的状况，如果得利者的得利状况已被消除，那么，哪怕是受损的人因不当得利的事实而遭受更多的损害，得利的人仍没有义务对此作出弥补，除非其行为已构成民事责任的情况。同样，如果受损者的损失已经被回复，即便得利的人因不当得利的事实而获得更多的利益，但他可以幸运地保留有关利益而无须向已被回复损失的人返还。

　　然而，如果得利的人知悉其不当得利的状况，但其仍不立即向受损的人返还有关利益，情况便有所不同。《澳门民法典》第474条规定："出现以下任一情况后，受益人尚须对因其过错而导致之物之灭失或毁损、因其过错而未收取之孳息及受损人有权获得之款项之法定利息负责：a）受益人被法院传唤返还；b）受益人知悉其得利欠缺原因，又或知悉有关给付不产生预期效果。"由于前述情况使得利的人嗣后改变了对不当得利状况的主观认知，并使其在法律上被认定为存有恶意，所以其所处的已不单纯是不当得利的状况，而是变为须对受损的人嗣后所造成的损害负责，实际上就是民事责任的情况，随之而来的是导致损害赔偿之债。《澳门民法典》第556条规定："对一项损害有义务弥补之人，应恢复假使未发生引致弥补之事件即应有之状况。"在得利的人被法院传唤或知悉不当得利的状况后，其所负的义务便不单纯是为了消除违反交换正义或对价交换原则的得利状况，而是旨在弥补受损的人因不当得利状况的延续而造成的损害。因此，在返还义务加重的情况下，得利的人所负的上述责任便不适用《澳门民法典》第473条所规定的限制。

第十一章
民事责任

第一节 概述

一 广义的民事责任与狭义的民事责任

最后一种作为债的渊源的情况为民事责任（responsabilidade civil）。在谈及民事责任时，我们须首先认识这一概念的准确含义，从而正确了解《澳门民法典》以至整个法律制度的民事责任体系。作为一个法律概念，民事责任有广义的含义及狭义的含义之分。正如先前的章节所述，在法律概念中，责任与法律义务属于同一组的对应物，后者作为前者的原因，而前者则作为违反后者所生的效果。换言之，民事责任就是违反私法上的法律义务所导致的责任，这就是广义的民事责任。然而，这一含义并非我们现在所要探讨的东西。事实上，如果考究一下法律义务的来源，我们便可以将它划分为合同义务与法定义务两类。同理，按照对这两类法律义务的违反，我们也可以把广义的民事责任划分为合同责任（responsabilidade contratual）与非合同责任（responsabilidade extracontratual），而本章所要探讨的概念，就是非合同责任，又曰（狭义的）民事责任。①

在债的渊源中，我们忽略合同责任的原因并非在于它不构成债的渊源，相反，作为合同的一个部分，前者也是产生债务法律关系的原因之一，但是合同责任的制度在体系的建构上已被纳入合同的制度之中，更甚者，透过"债务之履行与不履行"一章（《澳门民法典》第752条和续后规定，尤其是第787~801条），立法者把合同责任与其他债务不履行的情况以共同规则作出规范，并且适用至整个债法的领域。因此，合同责任的制度已丧失其独立性。

与此相反，立法者就民事责任设置了专门的制度，将其规范于《澳门民法典》第二卷"债法"的第一编第二章第五节之中（《澳门民法典》第477条和续后数条），作为其中一种债的渊源来对待。

二　民事责任与损害赔偿之债

虽然民事责任有其专门的制度，且在体系的编排上有其独立的章节，但是有关章节所规定者并非民事责任的全部，相反，我们还必须同时适用载于《澳门民法典》第556条及续后条文的损害赔偿之债的规则。

事实上，如果我们阅读一下"民事责任"一节的法律条文，便可以发现，这里仅规定了民事责任的成立及其构成要件（例如，《澳门民法典》第477条第1款、第484条及第496条第1款）。在符合上述规定的构成要件后，行为人便负起了民事责任，而负起民事责任的效果是产生损害赔偿之债（obrigação de indemnização），行为人须根据《澳门民法典》第556条及续后条文规定向受害人作出损害赔偿。

既然损害赔偿之债乃民事责任的一部分（法律效果），为何不把前者置于后者的章节之中呢？

这与立法者的体系思维有关。

虽然民事责任必然导致损害赔偿之债，但损害赔偿之债却不一定产生自民事责任。事实上，除了民事责任以外，其他法律事实都会导致损害赔偿之债，它们包括：债务的不履行（《澳门民法典》第787~801条）、瑕疵履行（《澳门民法典》第896~915条、第1144~1152条等）、合同前责任

---

① 为了简化，在本章的较后位置所提及的"民事责任"是指狭义的民事责任。

（《澳门民法典》第 219 条）、合法事实的责任（《澳门民法典》第 331 条第
2 款、第 1234 条等）、离婚的弥补责任（《澳门民法典》第 1647 条）及保
险合同的履行（《澳门商法典》第 962 条及续后条文）等。然而，这并不妨
碍立法者就民事责任设置损害赔偿之债的专门规定（《澳门民法典》第
487~489 条）。

三　民事责任的体系

关于民事责任的制度方面，在立法上素来有主观责任与客观责任之争，
其争论的焦点在是否应将行为人的过错作为承担民事责任的理由。而澳门
的民事责任制度沿袭了葡萄牙民法的传统，《澳门民法典》采纳了主观责任
的立法主义，并将之确立于该法典第 477 条之规定之中。而在某些情况下，
考虑到举证上的困难，立法者还规定了推定过错（主观）责任的不同情况。

然而，主观责任的制度却没有独占民事责任的整个领域，相反，建基
于风险理论、风险分配以至风险社会化的构成，立法者对于一些高风险的
活动例外地构建了客观责任又或风险责任的模式，其成立与否不取决于行
为人的过错，而是按照分配正义，把受害人因行为人之风险活动而遭受的
损害退回予因该等风险活动而受益的行为人承担。

无论如何，上述主观责任及客观责任均是以不法性或行为的非价性为
适用前提的。相反，对于社会成员所作出的合法行为，即便其导致他人遭
受损害，原则上并不会产生民事责任。然而，这并不意味着，在任何情况
下，因他人的合法行为而遭受损害的人，其利益均不受法律所重视。相反，
对于某些例外情况，法律还规定因合法事实而生的责任，借此要求作出合
法行为者承担其行为对他人所造成的损失。

综合上述，在我们的法律制度中，民事责任体系以主观责任（又称
"因不法事实而生的责任"，下文将使用这一表述）为主轴，并配以客观责
任（又称"风险责任"，下文将使用这一表述）以及因合法行为而生的责任
之例外规则。这样，属于因不法事实而生的责任之情况有一般规则（《澳门
民法典》第 477 条），有管束他人义务之人之责任（《澳门民法典》第 484
条），由楼宇或其他工作物造成之损害责任（《澳门民法典》第 485 条），由
物、动物或活动造成之损害责任（《澳门民法典》第 486 条），不正当竞争
之责任（《澳门商法典》第 156~173 条）及医疗服务提供者因医疗事故所

生的民事责任（第 5/2016 号法律《医疗事故法律制度》第 20~22 条）等。属于风险责任之情况有委托人之责任（《澳门民法典》第 493 条）、法人之责任（《澳门民法典》第 152 条）、公法人之责任（《澳门民法典》第 494 条）、由动物造成之损害责任（《澳门民法典》第 495 条）、由车辆造成之事故责任（《澳门民法典》第 496 条）、由电力或气体之设施造成之损害责任（《澳门民法典》第 502 条）、商业企业主之民事责任（《澳门商法典》第 85 条）、因工作意外及职业病所引致损害之责任（第 40/95/M 号法令《核准对工作意外及职业病所引致之损害之弥补之法律制度》第 2 条及第 4 条）、航空器经营人之客观责任（第 11/2004 号行政法规第 14 条）等。属于合法行为所生的责任之情况有征收及征用之赔偿责任（《澳门民法典》第 1234 条）、紧急避险之赔偿责任（《澳门民法典》第 331 条第 2 款）等。

第二节　因不法事实而生的责任——构成条件

《澳门民法典》第 477 条第 1 款的规定："一、因故意或过失不法侵犯他人权利或违反旨在保护他人利益之任何法律规定者，有义务就其侵犯或违反所造成之损害向受害人作出损害赔偿。"因不法事实而生的责任的构成要件有五，分别是：①意愿事实（facto voluntário）；②不法性（ilicitude）；③主观归责（nexo de imputação do facto ao lesante）；④损害（dano）；⑤因果关系（nexo de causalidade）。下文将依次论述这五个要件之具体内容。

一　意愿事实

第一个条件是意愿事实，其表现为个人有意识的行为。这一要件旨在把自然事实排除于民事责任之外，只要有关事件没有任何个人意思的介入或其意思对事件没有任何影响，就属于自然事实。法律排除自然事实的理由是显而易见的，对于不可用人的意识控制的事件，法律无法亦没有必要对其作出规范。无论法律如何规范，有关的事件都无法控制及必然发生，故无须对有关事件施加责任。相反，对有意识的事实来说，可透过法律的手段，避免产生对他人的损害，以及就有关损害要求行为人弥补，所以只有对意愿事实或行为，民事责任的介入才有意义。同样，对于那些虽然有个人参与但其并没有意识控制的事实，也不属于意愿事实，例如，某人在梦游过程中伤害他人，由于行为人并没有意识作出也不能控制有关行为，故不构成民事责任。又例如，某人的身体被用作工具来攻击他人，只要该人当时无法控制其身体，其也不用负民事责任。

虽然因不法事实而生的责任要求行为人须作出意愿事实，但法律并没有更进一步地要求有关事实为意图事实。事实上，只要行为人作出意愿事实，无论其是否具有损害意图，其最多只在主观归责的要件上（故意、过失）有所不同，并不妨碍民事责任的成立。

在正常的情况下，行为人的意愿事实表现为积极的作为（comissão），如用拳头或武器殴打他人、驾驶汽车撞伤他人、在网上留言诽谤他人、偷别人的东西等，但该意愿事实也包含消极的不作为（omissão），即行为人没有作出任何行为或举动的状况。然而，《澳门民法典》第479条规定："基于法律或法律行为，有义务为一行为而不为时，单纯不作为在符合其他法定要件下即产生弥补损害之义务。"行为人的不作为并非在任何情况下均具有意义，如不作出殴打、驾驶汽车撞伤他人、诽谤他人、偷盗等行为，则不导致民事责任。仅当行为人基于法律或合同等原因而具有作为义务，但行为人在违反有关义务的情况下不作出被要求的行为，这时行为人的不作为才被视为意愿事实。例如，救生员看见其工作场所的游泳池有人遇溺却不施以救援、当值医生没有对因交通意外而送院的伤者进行急救、母亲不喂哺婴儿、学校老师任由班上的小学生打架而不予制止等。对于这些不作为的情况，由于其前提是存在作为义务，但行为人没有履行这一义务，故一旦出现不作为的情况，必然具有不法性。因此，不作为的情况实际上属于不法性的范畴。

二　不法性

（一）不法性的一般形态

另一个要件是不法性，其排除了合法行为构成民事责任的可能性。从字义来看，不法性具有反法律或与法律相反的意思，同时也隐含被法律所非价的含义。关于被非价的对象方面，今天似乎已经没有疑问，不法性所指向者是行为的非价，而非结果的非价。如果我们稍为留意法律条文的表述，也可以得到相同的结论。

根据《澳门民法典》第 477 条第 1 款，虽然立法者并没有界定"不法性"之含义，但其开宗明义地列出不法性的两种表现形态，即"不法侵犯他人权利"及"违反旨在保护他人利益之任何法律规定"。明显地，凡作出不法侵犯他人权利的行为，又或作出违反旨在保护他人利益之任何法律规定的行为，便具有不法性。

一种情况是对他人权利的侵犯，所谓"他人权利"一般是指（他人的）绝对权，如所有权及其他物权、著作权、工业产权及人格权（名誉权、姓名权）等。对于这些绝对权而言，除了权利人以外，其他个人均负有普遍不作为义务，如果一人违反这个普遍不作为义务，作出一些积极行为损及权利人绝对权的行使，该行为人的行为便具有不法性。

与此相反，对相对权（典型的情况为债权）的侵犯，原则上并不会导致民事责任，这是因为，如果属于债权的情况，而违反该权利的人是债务人，那么便会适用债务不履行的规则；如果违反该权利的人是第三人，基于其对于权利人而言没有任何义务，其行为就算损害了债权人的权利，也不被视为违反他人的权利。然而，如果第三人的行为已落入权利滥用的范围，那就另当别论了。

另一种不法性的情况是违反保障他人利益的法律，这一形态的存在主要为了弥补"侵犯他人权利"在外延上的不足。对于一些不构成权利但受法律保护的利益（interesses juridicamente protegidos），又或反射性利益（interesses reflexamente protegidos），明显地不能涵盖于"侵犯他人权利"的范围内，这时便须将之置于违反保障他人利益的法律的情况之中。例如，某报章集团的经济实力雄厚，为了打击同业竞争者，最终垄断报业，该报章集团以亏本方式出售报纸，使其他报商的销量大幅减少，失去客源。对于前述不正当竞争的行为而言，其事实上并没有侵犯其他报商的权利，这是因为它们没有权利请求读者只购买它们的报纸，也无权要求该报章集团不与它们竞争销售报纸。相反，该报章集团不正当竞争的行为，使其他报商受法律保护的自由竞争下获得利润的利益遭受侵犯，因此有关不正当竞争的行为具有不法性。

与侵犯他人权利的情况不同，对于违反保护他人利益的法律之情况，被违反的法律既可以是私法，也可以是公法，而且事实上更常遇到的情况是违反公法的法律规定。属于上述法律规定有：《道路交通法》（第 3/2007

号法律）、《海事活动规章》（第 90/99/M 号法令以及《一九七二年国际海上避碰规则公约》）、《澳门空中航行规章》（经第 46/2013 号行政命令核准）、《都市建筑总规章》（第 79/85/M 号法令）、《工业场所内卫生与工作安全总章程》（第 57/82/M 号法令）、《商业场所、办事处场所及劳务场所之工作卫生与安全总规章》（第 37/89/M 号法令）、《建筑安全与卫生章程》（第 44/91/M 号法令）、《律师纪律守则》（经第 53/GM/95 号批示所认可）、《私人公证员通则》（第 66/99/M 号法令及《公证法典》）、《管制私人提供卫生护理活动的准照事宜》（第 84/90/M 号法令）、《从事中医药品之配制及贸易之场所发出准照之制度及运作条件》（第 53/94/M 号法令）、《广告活动之制度》（第 7/89/M 号法律）、《个人资料保护法》（第 8/2005 号法律）、《食品安全法》（第 5/2013 号法律）、《妨害公共卫生及经济之违法行为之法律制度》（第 6/96/M 号法律）等。

基于保护他人利益的法律为数众多，那么在具体情况下如何界定行为人所作的意愿事实是否违反保护他人利益的法律以及违反哪一项法律？

对此，葡萄牙学者 Antunes Varela 提出了三个并合条件以确定是否存在这一形态的不法性。[1]

首先，行为人所作出的侵犯他人利益的行为违反了某一法律规范。例如，某一实体在从事活动的过程中取得了个人的资料，其必须保障有关资料的安全性和用途的合目的性，若该实体的员工因疏忽而泄露前述资料，其便违反《个人资料保护法》所设定的义务（第 8/2005 号法律第 16 条、第 33 条）。

其次，被违反的法律规范至少其中一个目的是保护有关个人利益。被违反的法律规范可能基于不同原因而制订，其可能旨在保护不同利益，只要有关法律规范专门或同时保护有关个人利益，即符合这项条件，而不论有关个人利益是否仅仅反射性地受到保护。以上述情况为例，根据《个人资料保护法》第 1 条及《澳门民法典》第 79 条，《个人资料保护法》的目的恰恰是保护个人资料，故我们可以再看看第三个条件。

最后，遭受损害的利益乃有关法律规范所旨在保护的个人利益。在上述例子中，如果因某员工的疏忽，个人资料被人盗取且被散播出去，个人

---

① Antunes Varela, *Das Obrigações em Geral*, Vol. 1, 10ª ed., Coimbra: Almedina, 2000, pp. 539-540.

资料的保护便会受到损害，而《个人资料保护法》的目的正好是保护有关个人资料，因此，某实体没有采取特别安全措施，致使相对人的个人资料被外泄传播的行为具有不法性。

（二）不法性的特别情形

"不法侵犯他人权利"及"违反旨在保护他人利益之任何法律规定"为不法性惯常表现的形态，除此以外，对于某些情况，法律在界定有关行为不法性方面还设有特别要求，这些情况分别有权利滥用，建议、提议或提供资讯，以及不作为三种。

1. 权利滥用

在正常情况下，行使权利属于合法的行为，即便对他人（义务人）造成损害，法律亦视之为正当，且他人（义务人）应当作出牺牲以成就权利人，因而有关行为并不具有合法性。例如，某甲欠了乙300万元，而乙是千亿富豪，那300万元对乙而言无足轻重，但在甲不偿还有关款项的情况下，乙向法院执行甲的财产，为此，法院查封及变卖了甲唯一的住处，并使甲无家可归。虽然乙收回款项对其财产没有太大分别，且甲因被执行而造成很大的经济负担，但法律还是认为乙的行为是正当的，就算牺牲甲的利益，那都是法律所接受的情况。因此，在个人正常行使权利的情况下，尽管对他人造成损害，但其行为并不具有不法性。

然而，如果权利人行使其权利构成权利滥用，那就不是同一回事了。

《澳门民法典》第326条规定："权利人行使权利明显超越基于善意、善良风俗或该权利所具之社会或经济目的而产生之限制时，即为不正当行使权利。"权利人行使权利受到善意原则、善良风俗及权利的社会或经济目的的限制，若其权利的行使明显是恶意的、违反善良风俗或超出该权利的社会或经济目的，则其属于权利滥用的情况。虽然上述条文并没有规定权利滥用的法律效果，但立法者的意图是因应不同情况而对权利滥用适用不同的法律后果。

而在民事责任的范畴内，权利滥用则使行使权利的行为具有不法性，因而在符合其他条件的情况下权利人须向相对人承担民事责任。在上述例子中，乙向法院执行甲的财产以清偿甲的欠款300万元，乙的行为无疑是合法的。然而，如果乙为了对甲的生活造成困扰，并使甲不合理地花费更多的律师费及诉讼费用，因而将有关欠款分为30份，先后分30次向法院提起

执行之诉，从而实现乙前述目的，这样，乙的行为在程序上构成恶意诉讼，而在实体法上其债权的行使构成权利滥用，因而具有不法性。在这种情况下，根据《澳门民事诉讼法典》第385条第1款及第2款的规定："一、当事人出于恶意进行诉讼者，须判处罚款。二、因故意或严重过失而作出下列行为者，为恶意诉讼人：a）提出无依据之主张或反对，而其不应不知该主张或反对并无依据；b）歪曲对案件裁判属重要之事实之真相，或隐瞒对案件裁判属重要之事实；c）严重不履行合作义务；d）以明显可受非议之方式采用诉讼程序或诉讼手段，以达致违法目的，或妨碍发现事实真相、阻碍法院工作，或无充分理由而拖延裁判之确定。"同一法典第386条第1款至第4款规定："一、他方当事人得请求判处恶意诉讼人作出损害赔偿。二、上述损害赔偿得为：a）偿还因诉讼人之恶意导致他方当事人所作之开支，包括诉讼代理人或技术员之服务费；b）偿还上述费用及因诉讼人之恶意而对他方当事人造成之其他损失。三、法官根据恶意诉讼人之行为选择认为最适当之赔偿方式，且必须订定一定金额。四、如未具备立即在判决中订定损害赔偿金额所需之资料，则在听取双方当事人之意见后，作出谨慎裁断，订定认为合理之金额，并得将当事人提出之开支及服务费之款项缩减至合理范围。"法院将判处债权人为恶意诉讼人，从而须赔偿对债务人所造成的损失。

2. 建议、提议或提供资讯

第二种特别情况是建议、提议或提供资讯的不法性。在一般的情况下，若行为人所作出的行为直接导致他人遭受损害，则行为人须对受害人承担民事责任。然而，也会出现一些情况，行为人并没有直接作出导致他人受损的行为，相反，他仅仅向另一人提供一些建议、提议或资讯，而有关建议、提议或行为是否落实，则由对方自行决定。而在对方决定按照有关建议、提议或资讯而作出行为的情况下，若对自己或他人造成损害，那么提供建议、提议或资讯的人是否须对对方或他人就所造成的损害承担民事责任呢？我们假设这一情况：乙是很有名的股市分析专家，在一电视节目中，乙向观众推介×××号之股票，其称该股票前景非常理想，而股价也必然劲升，故建议观众可大胆买入×××号之股票。观众甲听从了乙的建议，并且押上全副身家购买该股票，同时又替其弟弟丙购买了10万元的同一股票。翌日，×××号之股票大跌及停板，其后该公司倒闭，使观众甲及其弟弟丙损失惨重。在这个情况下，乙所作的建议是否具有不法性，其是否须对观众甲及弟弟丙的损失承担民事责任呢？

《澳门民法典》第 478 条第 1 款规定："一、给予单纯建议、提议或资讯之人，即使其本身有过失，亦无须负责。"原则上，一方面，建议、提议或资讯的提供，即便最终导致他人遭受损害，有关行为也不具有不法性。在私法自治原则下，这一规定的理由是显而易见的。除了法律所规定的须对他人的行为承担民事责任的情况以外，在其他情况下，个人仅对自己的行为负责，而不对他人的行为负责。虽然提供建议、提议或资讯的人可能提供了错误的信息，但相对人并不受有关建议、提议或资讯所约束，其仍然可以自由决定是否采纳有关建议或提议，以便决定其行为。另一方面，提供建议、提议或资讯的人通常是善意且为对方着想而向对方提供意见，对方则有责任作出筛选及分析。因此，如果对方贸然相信他人的意见而造成损害，最大责任的人应是他自己，而非提供意见的人。因此，单纯提供建议、提议或资讯的行为没有不法性。

然而，《澳门民法典》第 478 条第 2 款规定："二、然而，如上款所指之人已表示承担因损害而产生之责任，或在法律上有义务给予有关建议、提议或资讯且在行事中有过失或损害意图，又或该人之行为构成可处罚之事实，则有义务作出损害赔偿。"单纯提供建议、提议或资讯的行为不具有不法性的情况有三个例外。

第一个例外是提供意见的人表明会承担责任。一方面，基于私法自治原则，既然提供意见的人表示会对自己的意见承担责任，那么他便需要对自己的表示负责。另一方面，提供意见的人的负责表示也会令对方对其意见产生信任，若前者在这个情况下不用对其意见负责，则会损害对方的信任。在承担责任表示的方式方面，上述规定并没有作出限定，因此，有关表示似乎既可以透过明示方式作出，也可以透过默示方式作出。这样，为了避免不必要的责任，稳妥起见，提供意见的人似乎具有作出免责声明的负担。

第二个例外是"在法律上有义务给予有关建议、提议或资讯且在行事中有过失或损害意图"的情况，其要求同时符合以下两个条件：①有义务提供意见；②提供意见的过程中存有过失或损害意图。例如，甲银行向其客户乙推销某基金的投资产品，而有关投资产品并非保本性质的，但甲银行新入职的职员丙向客户乙讲解该投资产品时错误地将其解释为保本的投资产品，如果客户乙在购买该投资产品后出现亏损，那么甲银行及其职员丙提供资讯的行为便具有不法性。

第三个例外是如果提供建议、提议或资讯的行为在刑事上构成犯罪，那么有关行为在民事上也属于不法行为。

3. 不作为

第三种特别情况是不作为。诚如上文所述，不作为表现为没有作出积极举动的状态，原则上，没有积极举动便没有意愿事实，也就没有民事责任可言。然而，我们不可以仅从自然事实的角度来理解不作为，而应从规范层面来说明不作为的情况。

事实上，在民事责任中，不法性是不作为所固有的，也是同义的。如果我们说某项不作为并没有不法性，那么最后的结果就是不存在所谓的"不作为"，也就是说没有所谓的"意愿事实"；相反，当存有"不作为"这个"意愿事实"时，那么它必然是不法的。换言之，对于不作为的情况，其不法性是在先的（a priori），而不作为本身却是在后的（a posteriori）。这样，不作为不法性的在先性导致必须首先寻找相应的法律规范，然后再判断行为人的"不作为"是否属于"不法"。

《澳门民法典》第 479 条规定："基于法律或法律行为，有义务为一行为而不为时，单纯不作为在符合其他法定要件下即产生弥补损害之义务。"上述法律规范表现为那些向行为人施加一项作为义务（dever de facere）的规范，而这些施加作为义务的规范既可以是源于法律的，例如夫妻的合作及扶持义务（《澳门民法典》第 1535 条及第 1536 条）、父母对未成年子女的亲权（《澳门民法典》第 1733 条第 1 款）、亲属之间的扶养义务（《澳门民法典》第 1850 条）、一般的救助义务（《澳门刑法典》第 194 条）、医生的救助义务（《澳门刑法典》第 271 条）等；也可以是源于合同的，例如基于与雇主所订立的劳动合同（《澳门民法典》第 1079 条），老师、救生员、护理员、教练等对学生、游客、病人及学员负有救助义务，又例如基于寄托合同，受寄人对寄托物负有保管义务，不论有关寄托物是否属于寄托人所有（《澳门民法典》第 1113 条 a 项）。

除此之外，《澳门刑法典》第 9 条第 1 款及第 2 款规定："一、如一法定罪状包含一定结果在内，则事实不仅包括可适当产生该结果之作为，亦包括可适当防止该结果发生之不作为，但法律另有意图者，不在此限。二、以不作为实现一结果，仅于不作为者在法律上负有必须亲身防止该结果发生之义务时，方予处罚。"既然在刑事上具有保助人地位（posição de garante）的行为人具有防止罪状结果发生的作为义务，那么有关的行为人没有任何理由在民事上不被施加任何作为义务。

（三）阻却不法性事由

与刑法上所发生的情况一样，在因不法事实而生的责任上，也存在阻却不法性的各种情况。

在民法上，我们有自助行为（acção directa）。《澳门民法典》第 328 条规定："一、为实现或确保自身权利而使用武力，且因不及采用正常之强制方法以避免权利不能实现而有必要采用上述自助行为时，只要行为人之行为不超越避免损失之必要限度，则为法律所容许。二、为消除对行使权利之不当抵抗，自助行为得为将物押收、毁灭或毁损之行为或其他类似之行为。三、如所牺牲之利益大于行为人欲实现或确保之利益，则自助行为属不法。"

另一个阻却不法性的事由为正当防卫（legítima defesa）。《澳门民法典》第 329 条规定："一、为排除行为人或第三人之人身或财产受正进行之违法侵犯而作之行为，只要系在不能以正常方法排除该侵犯之情况下作出，且行为所引致之损失并非明显超越该侵犯可引致之损失者，视为正当。二、即使防卫属过当，只要过当系因行为人本身无过错之精神紊乱、恐惧或惊吓而引致者，其行为亦视为正当。"

还有紧急避险（estado de necessidade）的情况。《澳门民法典》第 331 条规定："一、在同时符合下列要件时，为排除威胁行为人本人或第三人受法律保护之利益之正在发生之危险而作出之行为，如其系排除该危险之适当方法，则为法律所容许：a）危险情况非因行为人己意造成，但为保护第三人之利益者，不在此限；b）保全之利益明显大于牺牲之利益；c）按照受威胁利益之性质或价值，要求受害人牺牲其利益属合理者。二、然而，危险系完全因行为人之过错而造成时，行为人必须向受害人赔偿其遭受之损失；如非纯因行为人过错而造成危险，则法院得依衡平原则定出赔偿，且除判令行为人作出赔偿外，还得判令其他从该行为得益之人或导致该紧急避险情况出现之人作出赔偿。"

最后，《澳门民法典》第 332 条还规定受害人之同意（consentimento do lesado）："一、在取得他人同意之情况下作出损害该人权利之行为，为法律所容许。二、然而，如上述行为系法律所禁止或违背善良风俗之行为，受害人之同意不阻却行为之不法性。三、为受害人之利益及按其可推定之意思而造成之损害，视为经受害人同意之损害。"

此外，刑法以至整个法律制度所规范的阻却不法性事由（例如履行法律规定之义务、遵从当局之正当命令、义务之冲突等），均没有理由不适用于民事责任的领域。

然而，由于上述事宜在刑法理论中已有充分论述，因此我们不再赘述。

三　主观归责

如果说不法性是法律在客观上对行为人的行为作出非价的话，那么作为因不法事实而生的责任的第三个条件——主观归责便是法律在主观上对行为人的行为作出非价。诚如上文所述，我们的法律制度在民事责任的范畴采纳了主观责任的立法模式，其要求行为人必须在主观上应受到谴责的情况下才承担民事责任。如果行为人的行为无法受到谴责，则其无须对他人的损害负责。

在探讨有关不法行为在主观上能否归责于行为人的问题上，我们会透过两个层面予以判断，它们是可归责性（imputabilidade）以及过错（culpa）。仅当行为人具有可归责性及过错，方符合主观归责的条件。如果行为人不具有可归责性，则没有条件再衡量行为人的过错；即便行为人具有可归责性，其行为的作出也可以是没有过错的。在后两种情况下，主观归责的条件都不符合，因而行为人无须承担民事责任。

现在，我们分别看看可归责性及过错这两个主观归责的要素。

（一）可归责性

可归责性意味着行为人承受法律谴责及责任的能力。事实上，可归责性属于能力（capacidade）的范畴，它表现为权利能力（capacidade jurídica）的消极面。由于法律所要规范的对象是人，而非物，透过其所内含的不同行为准则，法律祈使个人自愿按照有关准则行事，以维系社会共同体共同生活的最大利益。同样，透过法律责任的实施，使那些不服从、不跟随有关行为准则行事的人回复对它们的遵守，并使社会的其他成员选择放弃不服从、不跟随行为准则的念头。由此可见，法律要求个人所做的事就是选择，更准确地说是正确的选择，而选择的前提就是理性，即一个能辨别是非对错、权衡利弊得失的思维及判断能力。换言之，作为规范对象的人所指者就是理性的人。对于不能辨别是非对错，无法权衡利弊得失的人而言，法律对他们的指引是无能为力的，也就是说，法律的行为准则对他们而言是无法接收、无法认知的，而他们也不能选择正确地遵从法律的行为准则行事。这样，法律便无法亦没有理由谴责那些无法作出上述选择的人，更无从要求他们承担法律责任。基于此，可归责性建基于人的理性，而对于那些没有或失去理性能力的人而言，他们便不具有可归责性，又或者是不可归责的。

什么情况才是没有或失去理性能力呢？

《澳门民法典》第 481 条第 1 款规定："一、在损害事实发生时基于任何原因而无理解能力或无意欲能力之人，无须对该损害事实之后果负责；但行为人因过错而使自己暂时处于该状态者除外。"在民事责任的范畴，法律以行为人作出行为时是否具有理解能力及意欲能力来判断行为人的可归责性。只要一个人有能力认识其行为所具有的性质及效果，也有能力决定其行为的作出与否，其即具有可归责性。相反，如果行为人完全不知道自己在做什么，或者无法控制自己的选择，其则属于不可归责。

如果我们将可归责性（责任能力）的情况与行为能力（capacidade de exercício）的情况进行比较，可以得出，前者并没有采用后者的标准。换言之，具有可归责性者，不一定具有行为能力，而不具有行为能力者，也不一定不具有可归责性。这样，只要在作出行为时具有理解能力及意欲能力，未成年人（《澳门民法典》第 111 条、第 112 条）、禁治产人（《澳门民法典》第 122 条、第 123 条）及准禁治产人（《澳门民法典》第 135 条、第 139 条）皆可以具有可归责性。

然而，对于上述可归责性的一般规则而言，法律还规定了两个特别情况。

《澳门民法典》第 481 条第 2 款规定："二、未满七岁之人及因精神失常而成为禁治产之人，推定为不可归责者。"法律会推定未满七岁之人及因精神失常而成为禁治产之人没有理解和意欲能力，但是，有两点值得注意，一是透过相反解释，可以得出已满七岁之未成年人、因聋哑或失明而成为禁治产的人以及准禁治产人并不受惠于不可归责性的推定，这意味着他们原则上属于可归责者，除非能证明他们在作出行为时没有理解和意欲能力；二是法律并没有使用绝对推定认定未满七岁之人及因精神失常而成为禁治产之人为不可归责者，相反，他方当事人可透过完全相反证据推翻没有理解和意欲能力的推定。

另一个特别情况是原因自由的行为（actio libera in causa）。《澳门民法典》第481条第1款规定："一、在损害事实发生时基于任何原因而无理解能力或无意欲能力之人，无须对该损害事实之后果负责；但行为人因过错而使自己暂时处于该状态者除外。"原则上，在作出侵权行为之时，如果行为人没有理解能力或意欲能力，即不具有可归责性，但若行为人因其过错而使自己陷入无理解能力或意欲能力的状态，其可归责性便不能被排除。在这个情况下，法律把可归责性回溯至行为人在具有理解能力及意欲能力下放任自己丧失理解能力或意欲能力之时刻，由于行为人当时的行为与其后所作出的不法事实及损害的产生具有适当因果关系，因此有关行为人仍然被视为具有可归责性。例如，在一个婚宴上，强仔与其朋友喝酒玩乐，虽然强仔知道自己其后要驾车回家，但其轻信自己酒后仍有能力驾驶，故与朋友喝至酩酊大醉，其后，强仔在驾车回家途中，在完全无意识的情况下冲上人行道并撞伤途人。这一刻，虽然强仔完全失去理解能力，但其仍然具有可归责性。

然而，如果我们将上述情况与刑法的原因自由行为相比，可以得出立法者对行为人的主观要素的要求有所不同。《澳门刑法典》第19条第4款规定："四、行为人意图作出事实，而造成精神失常者，不阻却可归责性。"在刑法上，法律要求行为人具有使自己丧失评价能力或决意能力的意图，这意味着，对于刑法上的原因自由行为，行为人必须具有故意，但是，在民法上，即使行为人不具有故意，只要其在具有过失的情况下使自己失去理解能力或意欲能力，也可排除行为人的不可归责性。

由于可归责性乃因不法事实而生的责任的构成要件，故一旦被认定不具有可归责性，行为人便无须承担《澳门民法典》第477条所规定的赔偿责任。然而，这并不意味着无人须对受害人的损害负责，而让遭遇不幸的受害人独自承受不法行为对其所产生的恶果。一方面，《澳门民法典》第484条规定："基于法律或法律行为而对自然无能力人负有管束义务之人，须就该自然无能力人对第三人所造成之损害负责；但证明其已履行管束义务，又或证明即使已履行管束义务损害仍会发生者除外。"弥补受害人损害的责任会落入对自然无能力人负有管束义务的人身上，如父母须对未成年子女的行为负责、经营精神病院的实体须对收容在内的精神病人对他人所造成的损害负责等，除非他们证明其已履行管束义务，又或证明即使履行管束义务损害仍会发生。另一方面，《澳门民法典》第482条规定："一、如侵害行为由不可归责者作出，且损害不可能从负责管束不可归责者之人获得适当弥补者，即可按衡平原则判不可归责者弥补全部或部分之损害。二、然而，计算损害赔偿时，不得剥夺不可归责者按其状况及条件而被界定之生活所需，亦不得剥夺其履行法定扶养义务之必要资源。"法律还设立所谓的衡平责任，在受害人的损害无法从负有管束义务的人处获得弥补的情况下，受害人得按衡平原则从不可归责者的财产处获得弥补。

（二）过错

1. 过错的形态

在确定行为人具有可归责性后，接着便会探究行为人在主观上是否存在过错。与刑法的情况一样，在因不法事实而生的责任中，行为人的过错可表现为两类形态，分别是故意（dolo）及过失（negligência）。虽然《澳门民法典》没有规定故意和过失的情况，但没有任何理由认为民事上的故意和过失与刑事上的有不同内涵，因而不应适用刑法的相关规则。

《澳门刑法典》第13条规定："一、行为时明知事实符合一罪状，而有意使该事实发生者，为故意。二、行为时明知行为之必然后果系使符合一罪状之事实发生者，亦为故意。三、明知行为之后果系可能使符合一罪状之事实发生，而行为人行为时系接受该事实之发生者，亦为故意。"该条清楚界定了故意的情况，即表现为明知而意欲或放任的主观心态，并且可细分为直接故意（dolo directo）、必然故意（dolo necessário）及或然故意（dolo eventual）三种形态。

关于过失方面，《澳门刑法典》第14条规定："行为人属下列情况，且按情节行为时必须注意并能注意而不注意者，为过失：a）明知有可能发生符合一罪状之事实，但行为时并不接受该事实之发生；或b）完全未预见符合一罪状之事实发生之可能性。"其表现为没有履行应有注意义务的心理状态，并且可分为有意识的过失（negligência consciente）与无意识的过失（negligência inconsciente）两种情形。

在刑法上，故意与过失的区分具有举足轻重的作用，其可以确定罪与非罪的界限（《澳门刑法典》第12条）、确定不同的罪状（如故意杀人罪与过失杀人罪，参见《澳门刑法典》第128条、第134条）、作为量刑的考量要素（《澳门刑法典》第 65 条第 2 款 b 项）、界定累犯的适用（《澳门刑法典》第 69 条）、决定刑罚延长的实施（《澳门刑法典》第 77 条）、确定可适用的强制措施（《澳门刑事诉讼法典》第 184 条、第 186 条）等。

在民法上，区分故意与过失的重要性对于民事责任而言便不那么明显了。根据《澳门民法典》第 477 条第 1 款，行为人无论因故意还是过失而负民事责任，都有义务向受害人作出损害赔偿。

虽然如此，故意与过失的区分也并非全无意义的。

首先，《澳门民法典》第 487 条规定："责任因过失而生者，得按衡平原则以低于所生损害之金额定出损害赔偿，只要按行为人之过错程度、行为人与受害人之经济状况及有关事件之其他情况认为此属合理者。"在故意的情况下，行为人必须作出全额的损害赔偿，但若行为人仅存有过失，法官则可按衡平原则降低其原应作出的损害赔偿数额。

其次，在数人同时须承担民事责任的情况下，各行为人在其内部求偿关系中会依据故意过失的严重程度界定各人应予承担的份额。《澳门民法典》第 490 条规定："一、如有数人须对损害负责，则其责任为连带责任。二、负连带责任之人相互间有求偿权，其范围按各人过错之程度及其过错所造成之后果而确定；在不能确定各人之过错程度时，推定其为相同。"《澳门民法典》第 493 条第 3 款规定："三、作出损害赔偿之委托人，就所作之一切支出有权要求受托人偿还，但委托人本身亦有过错者除外；在此情况下，适用第四百九十条第二款之规定。"《澳门民法典》第 499 条规定："一、如两车碰撞导致两车或其中一车受损，而驾驶员在事故中均无过错，则就每一车辆对造成有关损害所具之风险按比例分配责任；如损害仅由其中一车造成，而双方驾驶员均无过错，则仅对该等损害负责之人方有义务作出损害赔偿。二、在有疑问时，每一车辆对造成有关损害所具之风险之大小及每一方驾驶员所具有之过错程度均视为相等。"《澳门民法典》第 500 条规定："一、如风险责任须由数人承担，各人均对损害负连带责任，即使其中一人或数人有过错者亦然。二、在各应负责任之人之关系中，损害赔偿之义务按每人在车辆使用中所具有之利益而分配；然而，如其中一人或数人有过错，则仅由有过错之人负责，在此情况下，就该等有过错之人相互间之求偿权或针对该等有过错之人之求偿权，适用第四百九十条第二款之规定。"

再次，《澳门民法典》第 564 条规定："一、如受害人在有过错下作出之事实亦为产生或加重损害之原因，则由法院按双方当事人过错之严重性及其过错引致之后果，决定应否批准全部赔偿，减少或免除赔偿。二、如责任纯粹基于过错推定而产生，则受害人之过错排除损害赔偿之义务，但另有规定者除外。"故意与过失的区分在发生过错相抵时，也具有一定重要性。

最后，在民事责任的不同规定中，法律也会考究行为人的过错形态而有不同后果。例如，《澳门商法典》第 982 条规定："一、对于被保险人或受益人故意造成之保险事故之损害，保险人不承担赔偿责任。二、上款之规定不适用于彼等为履行道德或社会义务，或为保护彼等与保险人之间之共同利益而造成之保险事故。"同一法典第 1010 条规定："如属民事责任保险，保险人对故意导致保险事故之投保人有请求返还权。"同一法典第 1024条第 1 款及第 2 款还规定："一、民事责任保险中，保险人有义务在法律及合同范围内为被保险人承担风险，在被保险人须向第三人赔偿因合同所规定之事故造成之损害时作出赔偿。二、被保险人故意造成之损害不适用上款之规定。"第 57/94/M 号法令《修正汽车民事责任之强制性保险制度》第16 条规定："保险人在缴付赔偿后，仅对下列者有求偿权：a）故意造成事故者；b）抢劫、盗窃、窃用车辆之正犯及从犯且以该车辆造成事故者；c）未具法定资格或在酒精、麻醉品、其他毒品或有毒产品之影响下驾驶者，或遗弃遇难人之驾驶员；d）对在货物运输过程中或因货物处理不当引致之跌落而对第三人造成之损害负民事责任者；e）有责任将车辆送往以作第十条所指之定期检验而未履行该义务者，但如其能证明灾祸非因车辆之运作不良所引致或加重者除外。"第 104/99/M 号法令《设立游艇民事责任强制保险之法律制度》第 15 条规定："保险人在作出赔偿后，仅对在下列情况下须负民事责任者有求偿权：a）事故为故意造成；b）抢劫、盗窃或盗用游艇之正犯及从犯在使用该游艇时造成事故；c）在系泊或安全条件不足或不适当之情况下抛锚或停泊；d）已投保之游艇由不具备有关法定执照者，或处于精神错乱及醉酒状态者，又或受麻醉品、其他毒品或有毒产品影响者驾驶；e）违反有权限当局之指示或禁令出航，或在有权限当局列为不适宜或不准停留之区域航行或停留；f）使用功率不适合游艇之发动机；g）游艇被用于保险合同内无声明之用途，但为拯救或支援处于危险中之船舶或人之情况除外；h）保险单持有人、被保险人、受托人或受任人又或实际指挥游艇者故意之作为或不作为。"第 40/95/M 号法令《核准对工作意外及职业病所引致之损害之弥补之法律制度》第56条规定："一、如意外系由其他劳工或第三人引致，已作出弥补之雇主实体或保险人有权对所有支付获偿还，而引致意外者及受害人有承担该偿还之义务，但受害人仅偿还其从引致意外者处取得之弥补。二、为上款之效力，雇主实体或保险人得作为主要当事人而参与由受害人向引致意外者提起之损害赔偿之诉，或得直接要求受害人返还由雇主实体或保险人已作之给付。三、如意外因故意或严重过错引致者，而受害人在意外发生之日起一年内仍未作偿还，雇主实体或保险人亦得对引致意外者提起偿还之诉。四、雇主实体及保险人如未作出全部或部分弥补，则无义务弥补受害人已从引致意外者处取得之弥补。五、如意外非因故意或严重过错引致，雇主实体或保险人不享有向劳工索取偿还之权利，但得就受害人从该劳工取得之弥补要求受害人返还由雇主实体或保险人已作之给付。"同一法令第57条规定："一、雇主实体或其受托人为引致意外者，上条之规定经必要之配合后亦适用之。二、如意外系引致意外者故意所为，且受害人在发生意外之日起一年内未提起损害赔偿之诉，保险人方得对引致意外者提起偿还之诉。"第263/99/M号训令《旅行社职业民事责任统一保险单》第16条规定："如第二条第二款所指之损害由被保险人或其他人之故意作为或不作为所引致，则保险人有权对其行使求偿权。"

2. 过错的判断标准

在故意及过失的情况下，行为人的不法行为是应予谴责的，因而可以认定行为人具有过错。对于故意的情况，其过错是显而易见的。然而，对于过失的情况，在界定其过错方面将面对更大的困难，虽然法律谴责的是行为人那种轻率、不注意及漫不经心的做事态度，但是这种态度往往是相对的，其相对于一种重视、谨慎及步步为营的行事作风。换言之，法律所要求的是一种履行应有注意义务的主观态度。

问题是，我们应根据什么准则判断行为人存在应予谴责的态度呢？

这一问题涉及过错的判断标准。

一直以来，在理论上均存在具体过错标准（culpa em concreto）与抽象过错标准（culpa em abstracto）之争，前者要求以行为人是否已尽其惯常处理的日常事务所负的注意（diligentia quam insuis rebus adhibere solet）来判断行为人在具体情况下是否存有过错，而后者则按照一个具有中等理性的人所尽的注意来判断行为人是否具有过错。

在葡萄牙的法律传统中，对于合同责任所要求的过错，立法者曾采纳具体过错标准。1867年《塞拉布亚民法典》第717条第3款规定："过错或过失的确定由法官按照事实、合同及个人的情节作出谨慎裁断。"

然而，对于民事责任（非合同责任）的过错而言，立法者却没有采纳上述具体过错标准，这是因为，在民事责任中，受害人根本无法如同订立合同般选择由谁来侵犯他，很多时候受害人与行为人甚至是素不相识的，这样，如果还要考虑行为人的个人特质，并且要求由受害人承受行为人个人草率、缺乏注意及漫不经心所带来的恶果的话，完全是无理且不可接受的。基于此，抽象过错标准无疑是较理想的方案。

而在现行的法律制度中，《澳门民法典》第480条第2款规定："二、在无其他法定标准之情况下，过错须按每一具体情况以对善良家父之注意要求予以认定。"立法者采纳了罗马法传统中的善良家父（bonus pater familias）的准则，以具有一般谨慎程度的人在具体个案中会尽到的注意来判断行为人是否具有过错。然而，值得留意的是，善良家父的准则是一个在时间及空间上可予变化的标准，其会因应有关的社会及文化条件而有不同的内涵，同时，其也会因应行为人的具体情节、职业资历与才能以及行为的难度及其效用的关系而有所不同。①

3. 推定过错的情形

《澳门民法典》第480条第1款规定："一、侵害人之过错由受害人证明，但属法律推定有过错之情况除外。"行为人的过错须由受害人证明，如果受害人无法证实行为人对其不法行为存有过错，那么行为人便无须承担民事责任，同时受害人也无法获得赔偿。

然而，上述规则存在例外，法律在某些情况下会免除受害人证明行为人具有过错的负担，但是其并没有免除行为人的过错作为民事责任的成立要件。换言之，有关民事责任仍然是主观责任，其成立取决于行为人的过错，但其举证责任被倒置而落到行为人的身上，在符合其他要件的情况下，只要行为人无法证实其没有过错，其便须对受害人承担赔偿责任，这就是推定过错的情形。

---

① Manuel M. E. Trigo, *Lições de Direito das Obrigações*, Macau: Faculdade de Direito da Universidade de Macau, 2014, p. 266. 关于善良家父标准的具体适用，还可参见澳门特别行政区中级法院第43/2005号、第695/2011号、第273/2013号、第686/2018号及第178/2019号合议庭裁判。

在《澳门民法典》中，立法者规定了三种推定过错责任的情况。

第一种情况是有管束他人义务之人的责任。《澳门民法典》第484条规定："基于法律或法律行为而对自然无能力人负有管束义务之人，须就该自然无能力人对第三人所造成之损害负责；但证明其已履行管束义务，又或证明即使已履行管束义务而损害仍会发生者除外。"负有管束他人义务之人须对其有义务管束的人对他人所造成的损害承担民事责任，而且前者会被推定在管束义务的履行方面存有过错①。

第二种情况是由楼宇或其他工作物造成之损害责任。《澳门民法典》第485条规定："一、楼宇或其他工作物因建造上之瑕疵、保存上出现缺陷而全部或部分倒塌者，该楼宇或工作物之所有人或占有人须对由此而造成之损害负责；但证明其本身无过错，又或证明即使已尽应有之注意义务亦不能避免该等损害者除外。二、基于法律或法律行为而对楼宇或工作物负有保存义务之人，须代该楼宇或工作物之所有人或占有人对完全因保存上出现缺陷而造成之损害负责。"

第三种情况是由物、动物或活动造成之损害责任。《澳门民法典》第486条规定："一、管领动产或不动产并对之负有看管义务之人，以及对任何动物负有管束义务之人，须对其看管之物或管束之动物所造成之损害负责；但证明其本身无过错，又或证明即使在其无过错之情况下损害仍会发生者除外。二、在从事基于本身性质或所使用方法之性质而具有危险性之活动中，造成他人受损害者，有义务弥补该等损害；但证明其已采取按当时情况须采取之各种措施以预防损害之发生者除外。三、上款之规定，不适用于因陆上交通事故而产生之民事责任，但有关活动或其所使用之方法，与陆上通行时通常出现之危险相比具特别及更高之危险性者除外。"其包括两个方面的民事责任，一是看管物或动物所造成的损害责任，二是危险活动对他人造成损害的责任。对于后一种情况，从比较法的角度来看，葡萄牙的司法见解曾经就是否包含车辆的交通事故所生之民事责任展开了激烈的争论，这是因为，车辆的交通事故理应属于危险活动的情况，但根据1966年《葡萄牙民法典》第503条："一、实际管理并为本身利益而使用任何在陆上行驶之车辆之人，即使使用车辆系通过受托人为之，亦须对因该车辆本身之风险而产生之损害负责，而不论该车辆是否在行驶中。二、不

---

① 参见澳门特别行政区中级法院第164/2007号及第470/2016号合议庭裁判。

可归责者按第 489 条之规定负责。三、为他人驾驶车辆之人，对须因该车辆造成之损害负责，但倘能证实驾驶人没有过错者除外；但若驾驶人不在执行其作为受托人之职务，则应按第 1 款之规定负责。"法律已对车辆的交通事故所生之损害又同时规定了风险责任的规则，因此存有法律适用上的疑问。最终，透过葡萄牙最高法院第 1/80 号判例，其订定"《葡萄牙民法典》第 493 条第 2 款之规定并不适用于陆上交通事故之事宜"的规则，将陆上交通之活动明确地排除于危险活动的范围以外。然而，在澳门，考虑到《澳门民法典》第 486 条第 3 款之规定，上述问题在法律适用上似乎没有任何疑问。

四　损害

（一）概念及种类

损害是因不法事实而生的责任的第四个要件，也是此种责任以至所有民事责任的中心，只有发生损害，才有损害赔偿，而若不存在损害的话，则不导致民事责任。例如，某甲从高空抛下一个啤酒樽，而乙刚好经过楼下附近，但很幸运啤酒樽落到乙的身后，使乙免于受伤。又例如，丙驾车驶至马路口，刚好其交通灯转为红灯，丙为赶时间而冲出，这时丁正好驾车由交会的马路驶出，且只见丙的车马上与丁的车相撞，但因丁是职业赛车手，故其立即扭动方向盘，最后成功避开丙的车而不至于发生交通意外。在上述例子中，虽然甲与丙都是在具有过错的情况下作出不法行为，但因没有损害的发生，所以甲与丙都无须负民事责任。

然而，什么情况下才算是发生损害？

我们认为，损害就是属于某一实体的物质性或非物质性利益的本然所遭受的丧失、减少或恶化的状况。[1] 事实上，"损害"为一个集合概念，其

---

[1] 葡萄牙学者 Antunes Varela 把损害定义为："受害人之（实质、精神或心理上的）利益——这些利益由被侵犯的法律或被违反的规范所保护——因若干事实的发生而遭受之损害的原貌。"请参见 Antunes Varela, *Das Obrigações em Geral*, Vol. 1, 10ª ed., Coimbra: Almedina, 2000, p. 598。在澳门，学者尹思哲则将损害定义为："基于对他人的权利或利益的侵犯而在受法律保护的好处及利益上所引致的损失，并应区分作为原因的侵犯、违反或侵害以及作为其结果且由其所生的损害或损失。"请参见 Manuel M. E. Trigo, *Lições de Direito das Obrigações*, Macau: Faculdade de Direito da Universidade de Macau, 2014, p. 275。

可以演绎为各种各样遭受不利的情况，而且会因应不同的利益而表现出不同的形态。其既可以表现为真实损害（dano real），也可以表现为财产损害（dano patrimonial）。前者包括某一存在形式在个体上或空间上的灭失（如某一汽车被完全焚毁或被淹没于大海、农作物被吃掉、某人死亡）、在本质上的改变（如酒变成醋、食物变坏、布料的颜色改变）、在个体上失去完整性（如某人被切除一只手或一只脚、大象被割掉象牙）、在外貌上的变形或破坏（如驼背、鼻梁塌陷、面上或身体上的疤痕、汽车上的划痕）、在功能上的丧失（如某人的失明、不育或电器的故障）等。后者包括受害人金钱或收入的减少、开支或债务的增加（如支付医药费、殓葬费、维修费，购买用品，失去薪金或扶养费）。同时，有关损害既可以是遭受的损失（danos emergentes），也可以是丧失的利益（lucros cessantes）。《澳门民法典》第558条第1款规定："一、损害赔偿义务之范围不仅包括侵害所造成之损失，亦包括受害人因受侵害而丧失之利益。"例如，某出租车司机所驾驶的出租车因他人闯红灯而被撞毁，上述碰撞事故使出租车的价值由20万元降至15万元，同时该出租车司机将车送去维修而花费了3万元的维修费，且在维修的一个星期内，该司机因无法驾驶出租车而引致其每天失去1000元的利润。又例如，某人因被他人袭击而使其头部受伤，于是他到医院接受治疗，并花费1000元的医疗费，同时，头部的伤患亦使其三日不能工作，并因此丧失了休假期间的薪金。还有，有关损害既可以是现在的损害（danos presentes），也可以是将来的损害（danos futuros）。《澳门民法典》第558条第2款规定："二、在定出损害赔偿时，只要可预见将来之损害，法院亦得考虑之；如将来之损害不可确定，则须留待以后方就有关损害赔偿作出决定。"

一般而言，损害是具有财产性的。换言之，其是那些可以透过金钱等价来衡量的损害。《澳门民法典》第556条规定："对一项损害有义务弥补之人，应恢复假使未发生引致弥补之事件即应有之状况。"《澳门民法典》第560条规定："一、如不能恢复原状，则损害赔偿应以金钱定出。二、如恢复原状虽为可能，但不足以全部弥补损害，则对恢复原状所未弥补之损害部分，以金钱定出其损害赔偿。三、如恢复原状使债务人负担过重，则损害赔偿亦以金钱定出。四、然而，如导致损害之事件仍未终止，受害人有权请求终止，而不适用上款所指之限制，但所显示之受害人利益属微不足道者除外。五、定出金钱之损害赔偿时，须衡量受害人于法院所能考虑之最近日期之财产状况与如未受损害而在同一日即应有之财产状况之差额；但不影响其他条文规定之适用。六、如不能查明损害之准确价值，则法院须在其认为证实之损害范围内按衡平原则作出判定。"除了回复原状之外，法律会以金钱赔偿或等价赔偿的方式弥补受害人的损害。那就是说，法律会以数学方法，透过向受害人支付一项等价于假设没有遭受不法侵犯而应有的财产与现有的财产之差额的款项，以作出有关损害赔偿。

如此，那些不能以金钱衡量的非财产损害（danos não patrimoniais）又能否被包括在内呢？

例如，甲被乙所驾驶的汽车撞倒昏迷，其后被送院治疗，在此期间，医生对甲进行了多次的手术，并且在甲的大腿处植入了金属片。甲苏醒后因多次手术而遭受痛苦，而被植入的金属片又需要定期做手术来更换，同时有关手术又在甲的大腿上留下了一条永久的疤痕，使甲走路时会跛脚及有痛楚，令甲日后的生活变得痛苦万分。这样，对于甲因有关交通事故而引致的上述痛苦、不快及外观受损等非财产损失，能否被纳入损害而获得赔偿呢？

对于上述问题，在理论上有很大争议，并且分为否定说及肯定说两种见解。

否定说认为，由于非财产损害不能以金钱衡量，所以不能成为赔偿之债的标的。即便硬要以补偿（compensação）的方式弥补非财产损害，其实际操作也是十分困难的，既然非财产损害难以用金钱衡量，那么也难以在金钱上定出具体金额以进行补偿。即便能定出一具体金额，这一补偿也是不道德的，因为它使人认为一些非物质利益或精神利益可以以一定的金额所"购买"或"支付"。因此，在民事责任的范畴不应包括那些非财产损害。

与此相反，肯定说认为，虽然非财产损害不能以金钱等价赔偿，但是以补偿的方式却可以令受害人减缓以至忘却有关损害。虽然补偿金额只能笼统而不能具体确定，且在操作上有时也难以订定，但这一情况不仅在非财产损害中发生，对于某些财产损害而言，也会出现难以订定确切赔偿金额的情况，如诽谤导致商誉受损、丧失机遇导致损害以及工作能力的减少而导致损害等，但这些情况不妨碍赔偿金额的确定。最后，对于就非财产损害作补偿的做法是不道德的这一观点，如果受害人不能因行为人的疏忽或恶行对其造成的不便、压力、痛苦等非财产损害获得补偿，而要求受害

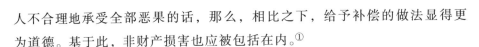

人不合理地承受全部恶果的话，那么，相比之下，给予补偿的做法显得更为道德。基于此，非财产损害也应被包括在内。①

在澳门，肯定说被立法者采纳。《澳门民法典》第 489 条第 1 款规定："一、在定出损害赔偿时，应考虑非财产之损害，只要基于其严重性而应受法律保护者。"对于受害人所遭受的非财产损害，行为人亦有义务向受害人作出补偿。然而，并非所有的非财产损害均可以获得赔偿，仅受害人所遭受的损害具有严重性，且法律认为应予保护的，其方被视为可赔的损害②。

（二）死亡的损害赔偿

在上文所述的非财产损害中，有一个情况值得我们重视，那就是受害人因不法侵犯而死亡所生的赔偿问题。在一般情况下，个人因死亡而产生继承的效果。《澳门民法典》第 1864 条规定："赋权予一人或多人成为死者财产之法律关系之主体，并因此将原属该死者之财产进行移交，称为继承。"第 1871 条规定："继承于被继承人死亡时在其最后住所地开始。"在继承发生后，继承人会代替死者取得后者原先拥有的所有权利与义务。对于因民事责任而生的损害赔偿权利，其也会与其他权利一起被受害人的继承人所继承。

然而，如果受害人因不法行为死亡的话，情况又是否相同呢？

《澳门民法典》第 489 条第 2 款及第 3 款规定："二、因受害人死亡，

---

① 关于更详细的论述可参见 Antunes Varela, *Das Obrigações em Geral*, Vol. 1, 10ª ed., Coimbra：Almedina, 2000, pp. 602-605。

② 关于非财产损害赔偿的案例，可参见澳门特别行政区终审法院第 19/2008 号、第 86/2015 号、第 39/2018 号、第 76/2018 号、第 31/2019 号、第 95/2019 号、第 9/2020 号、第 187/2020 号及第 71/2022 号合议庭裁判；澳门特别行政区中级法院第 89/2006 号、第 102/2007 号、第 299/2007 号、第 457/2007 号、第 676/2008 号、第 229/2009 号、第 107/2009 号、第 952/2009 号、第 38/2011 号、第 57/2010 号、第 236/2011 号、第 588/2008 号、第 467/2010 号、第 533/2010 号、第 437/2011 号、第 455/2011 号、第 603/2011 号、第 339/2011 号、第 239/2011 号、第 34/2012 号、第 31/2012 号、第 393/2012 号、第 228/2012 号、第 840/2012 号、第 819/2012 号、第 30/2013 号、第 874/2012 号、第 256/2013 号、第 233/2013 号、第 332/2013 号、第 622/2013 号、第 106/2014 号、第 618/2014 号、第 405/2015 号、第 161/2014 号、第 384/2016 号、第 923/2016 号、第 118/2017 号、第 471/2016 号、第 515/2017 号、第 64/2018 号、第 488/2017 号、第 53/2018 号、第 692/2015 号、第 882/2016 号、第 111/2019 号、第 628/2018 号、第 875/2017 号、第 946/2019 号、第 1290/2019 号、第 1081/2019 号、第 223/2019 号及第 1043/2020 号合议庭裁判。

就非财产之损害之赔偿请求权，由其未事实分居之配偶及子女、或由其未事实分居之配偶及其他直系血亲卑亲属共同享有；如无上述亲属，则由与受害人有事实婚关系之人及受害人之父母、或由与受害人有事实婚关系之人及其他直系血亲尊亲属共同享有；次之，由受害人之兄弟姊妹或替代其兄弟姊妹地位之甥侄享有。三、损害赔偿之金额，由法院按衡平原则定出，而在任何情况下，均须考虑第四百八十七条所指之情况；如属受害人死亡之情况，不仅得考虑受害人所受之非财产损害，亦得考虑按上款之规定享有赔偿请求权之人所受之非财产损害。"因而受害人死亡引致的非财产损害，是可以获得损害赔偿的。

问题是，谁可就受害人丧失生命权请求赔偿？其如何取得该权利？

上述问题在理论上有很大争议。

从比较法的角度来看，在葡萄牙，学说及司法见解对于上述问题形成两种对立的意见。其中一种意见认为，生命权的丧失可以作为一项独立的损害而获得补偿，而获得补偿权利将被纳入为受害人的其中一项财产，然后再透过继承的机制由受害人的继承人取得。而另一种意见则认为，考虑到受害人的法律人格随着生命权的丧失而消灭，故因生命权的丧失而获得的补偿权利便无法随着受害人的死亡而由其取得，也无法透过继承转移予继承人，相反，应视受害人生命权的丧失为受害人亲属本身所造成之损害，因而将之视为受害人亲属所遭受的非财产损害的其中一部分而直接向受害人的亲属赋予补偿权利。

在澳门，虽然前一种见解仍不乏支持者（如澳门特别行政区中级法院第 63/2002 号合议庭裁判），但司法见解似乎更倾向于后者。澳门中级法院于第 159/2003 号合议庭裁判（相同的见解还可参见中级法院第 63/2002 号合议庭裁判之落败声明）中详细地指出：

九、至于受害人丧失生命引致之金钱弥补这个"老问题"，尽管根据澳门《民法典》第 489 条第 2 款之规定，受害人因侵害而失去了生命权不可争辩地构成一个独立的损害，且可以金钱弥补，但是，全部的疑问在于弄清请求此精神赔偿的权利是产生于受害人的财产，并通过继承转移给其继承人，抑或是基于澳门《民法典》第 489 条第 2 款中指定之人（根据顺序及该款规定被召唤）自身的权利而产生。

十、因此，侵害或侵犯造成死亡时，对于被侵害人或被侵犯人丧失生命，法律基本上可以采用两种做法：或者坚持遵守这样的原则，即要求行为人作出之赔偿中，除了被害人所受之损害外，不应包含反射到第三人身上之损害，那么，根据澳门《民法典》第 68 条第 1 款之规定，此时因被害人死亡作出之赔偿便被视为是遗产方面的权利。或者作出如下考量，即将被侵害人或被侵犯人的死亡，视为私法利益范围内的一种损害，其主要影响被害人之配偶及近亲属，似乎不宜采用前一作法，直接考虑因被害人死亡引起的反射到上述人身上的财产损害和非财产损害且确定权利人及有关赔偿之金额。

十一、同时，澳门《民法典》的规定表明，上述后一种解决办法更为现实且为法律所遵从的方针。

十二、事实上，民事损害赔偿始终是第三人所受损害之弥补。刑事制裁主要侧重于对违法行为的处罚，而民事损害赔偿，在私法这一特殊范围内，仅欲对因事实（非法或合法）引致的损害作出弥补。而被害人失去生命所造成的损害产生（无论是否当场死亡）于因其失去生命，在其权利义务范围内已不能设定弥补损害请求权的那一刻。

十三、因此，以继承的方式转移的损害赔偿可以包含治疗被侵犯人的费用，以及侵犯给其造成之身体或精神痛苦；但是不应包括失去生命的特殊损害，只要不将在责任方面适用刑事法律和民事法律的两个不同的领域相混淆。

十四、如此，概言之，应坚持认为，一方面，当人之死亡是受侵害之即时结果时，则被害人的继承人，即死因继承人未被赋予任何以继承的方式获得因失去生命而受到之精神损害的赔偿的权利，另一方面，在致命的侵犯或侵害的情况下，与精神损害（无论是被害人遭受还是近亲属所遭受）有关的全部赔偿，并非以继承的方式转归继承人，而是根据澳门《民法典》第 489 条第 2 款规定的内容和顺序基于自身权利转归亲属。

十五、赋予澳门《民法典》第 489 条第 2 款所列之人作为自身权利，借以能够就属于他人之法益受到的损害而要求弥补，这一事实并不奇怪。只要考察一下人格权中（当其权利人死亡时），损害赔偿的权利人便可明白（参见澳门《民法典》第 68 条）。同样在此情况下，因为涉及的是死后的侵害，损害赔偿请求权则作为自身权利赋予了人格法益受侵犯之人以外的人。

十六、刚好相反，在被侵害人死亡的情况下，及在法院应权衡计算澳门《民法典》第 489 条第 3 款规定的公平赔偿的损害中，丝毫不影响审判者在亲属所受之精神损害中，将被害人失去生命作为应给予的金额的独立部分加以考虑。

十七、在侵犯或因侵犯造成之悲伤或耻辱方面，实际上应更多地考虑失去被侵害人（不管是否当场死亡）可能给亲属在感情方面造成之精神损害。损害赔偿请求人与死者间的感情关系越密切，其所失就越明显……

五　因果关系

最后，民事责任的成立还取决于损害与行为之间存在因果关系，其实际上就是损害的结果对行为人客观归责的问题。在私法自治原则下，个人必须对自己的行为负责，同时亦只需对自己的行为负责。这样，当一人遭受到某种损害，而有关损害在客观上应归咎于另一人的行为时，后者则须对其行为所造成的损害负责。相反，如一人所遭受之损害根本与行为人无关，后者便无须对并非由他作出的行为负责。

然而，无论是在刑事责任的范畴还是在民事责任的范畴，对因果关系的判别本身都是一个十分复杂的问题。面对社会上所发生的各种各样的侵权形态，在法律上有必要建立一套能够适用于所有情况的统一规则。为此，学理尝试提出不同因果关系的准则以解决在确定民事责任时遇到的问题，其中，最为常见的标准有必要条件说、近因说及适当因果关系说，我们现在分别探讨一下这三个标准的内容。

（一）必要条件说

第一个确定因果关系的标准是必要条件说（teoria da conditio sine qua non），又称为等同条件说。此说乃采用自然科学的观测方法，在事物的变化过程中，找出导致某一结果出现的必要条件，而这个必要条件，就是结果的产生所必需的因素。换言之，如果有关因素不存在，某一结果就不存在的话，那么有关因素便成为该结果的必要条件。将这一准则套入民事责任中，其因果关系便要求行为人的行为必须为损害的必要条件，只有在这个情况下，才能认定两者之间存在因果关系。例如，某甲持刀袭击乙，使

乙被刺伤，在这一个案中，甲持刀袭击乙是（不法）行为，而乙身体受伤则是损害，按照必要条件说，假设甲当时没有持刀袭击乙的话，乙便不会受伤，因此甲持刀袭击的行为便是乙受伤的必要条件，从而得出两者之间具有因果关系。

传统上，我们会以必要条件说来确定行为与损害之间的因果关系，而且很多时候都会得出令人满意的答案。然而，这并不能掩盖必要条件说本身所存在的缺陷。

事实上，正如此说的名称所显示的一样，必要条件说又称为等同条件说的原因在于导致结果发生的所有必要条件都是等同的，而这一特点恰恰是必要条件说的缺陷所在。基于条件的等同性，民事责任的适用范围将被不合理地无限扩大，从而违背民事责任本身设置的目的。以上述假设为例，我们可以发现必要条件说的不当之处：上述例子假设导致乙受伤的结果的必要条件只有甲持刀袭击，但事实上，导致乙受伤这个结果的必要条件还有其他，包括甲乘坐丙驾驶的出租车到乙的住所处袭击他，甲的水果刀是其在市场上卖家丁处购买的，且该刀是丁从制造商戊处购买的……这样，如果没有丙乘载甲、没有丁出售水果刀予甲及没有戊向丁出售该刀具的话，那么乙就不会受伤。以此类推，要是甲的父母没有生下甲，甲的祖父母及外祖父母没有生下甲的父母，甲的曾祖父母没有……乙则不会受伤。按照必要条件说，丙、丁、戊、甲的父母以及甲的祖父母和甲的曾祖父母等人的行为与乙受伤的结果之间都存在因果关系，他们都有可能负有民事责任！

正是必要条件说的上述缺陷，在界定因果关系的问题上，人们都不会采纳纯粹的必要条件说，而是会在此说的基础上作出适当的修正，从而限缩民事责任的可适用范围。

（二）近因说

近因说（teoria da última causa）由英国哲学家 Francis Bacon 提出，其主张 "in iure non remota causa sed proxima spectatur"，并认为要无限回溯各个原因中的原因是永无止境的，所以只需要考虑即时原因（proximate cause）以分析有关行为，而无须追索更远的原因。[①] 因此，在界定民事责任的因果关系时，在一连串的必要条件中只需考虑侵权行为是不是导致损害产生的

---

① Francis Bacon, *The Work of Francis Bacon*: *Law Tracts*, *Maxims of Law*, London, 1803, pp. 16-19.

最后原因。

对于上述例子，虽然刺伤乙的水果刀乃戊所制造并由丁销售予甲，而且甲乃乘坐丙所驾驶的出租车到乙的住所才能袭击乙，但这些事实对乙的伤害而言仅属于远因，只有甲的袭击行为才是近因，所以仅考虑该近因从而认定甲的袭击行为（亦只有甲的袭击行为）与乙的受伤之间具有因果关系。

此说在英国被广泛接受，而且在一定程度上影响着法国法及意大利法。例如，《法国民法典》第1151条规定："即使在契约不履行是由于债务人欺诈所引起的情况下，对债权人受到的损失以及被剥夺的可得利益应给予的损害赔偿，仅以契约不履行立即发生的直接结果为限。"① 而《意大利民法典》第1223条规定："不履行或者迟延履行的损害赔偿，应当包括债权人因收入减少而遭受的损失，但是以即时的和直接的损失为限。"②

虽然如此，近因说有一个无法克服的缺陷，那就是导致损害产生的有意义原因不必然是最后原因，而是其他在先的原因，这样限定由作出构成近因的行为的人承担赔偿责任的处理方法在某些情况下并不具有合理性。例如，冻肉仓库的员工张某与林某在雪柜房中打架，过程中张某击晕了林某并随即离开，其后另一员工廖某在搬运完鲜肉后锁上了雪柜房，最终林某被冻死。假若按照近因说，只有廖某的行为构成林某死亡的近因，从而排除了张某的行为与林某死亡之间的因果关系。另外，近因说只寻求单个的最后原因，从而无法处理那些具有共同或竞合原因的情况。

（三）适当因果关系说

适当因果关系说（teoria da causalidade adequada）是针对必要条件说的上述缺陷而提出的修正理论。此说以必要条件说为基础，在事物的变化中，首先回溯损害结果的产生以找出各个不同的必要条件，然后再在各个必要条件中找出结果产生的原因（causa）或适当原因（causa adequada），从而确定不法行为与损害结果之间的因果关系。

如何找出适当原因？

那就是借助事后的事前预测（prognose póstuma），由观察者按照事物的

---

① 《法国民法典》，罗结珍译，中国法制出版社，1999，第290页。
② 《意大利民法典》，费安玲等译，中国政法大学出版社，2004，第301页。

正常推演来判断是否能合理预见不法行为的作出很有可能导致损害结果，从而得出前者是不是后者的适当原因，并且排除那些不合常理但在个案中导致结果发生的情况。

根据上述标准，我们可以马上得出，在上文的例子中，甲的袭击行为就是乙受伤结果的适当原因，并且可排除丙、丁、戊、甲的父母、甲的祖父母、甲的曾祖父母等的行为与该结果之间的因果关系；张某在袭击林某后将其弃之不顾的行为为林某死亡的适当原因，从而可排除廖某锁门的行为与该结果之间的因果关系。

同样，我们假设小美与小丽是好朋友，一天，小美制作了一些茶点给小丽享用，在这些茶点中，小美加入了蛋浆，使其变得更有口感，但是小丽对鸡蛋严重过敏，在其进食小美的茶点后，随即有过敏反应，最后因气管收窄而窒息死亡。对于前述情况，虽然小美制作茶点给小丽享用的行为构成小丽的死亡结果的必要条件，但前者却不是后者的适当原因，因此，不能认定两者之间存在因果关系。然而，如果小美在事前已知道小丽对鸡蛋过敏的话，那就不是同一回事了。即便小丽对鸡蛋过敏只有小美知道而且其他人并不知悉，但是在预测事物的正常推演的过程中，除了客观的情节之外，行为人对客观情节的主观认知同样应予以考虑，这样，对于一个有食物过敏的人而言，在食用具有过敏原的食物后，我们便可以合理预期她可能会有死亡的后果，因此，在这个情况下，小美制作茶点给小丽享用的行为与小丽的死亡结果之间便具有因果关系了。

（四）《澳门民法典》所采取的立场

在《澳门民法典》中，立法者亦对因果关系的确定订定了一套准则。该法典第557条规定："仅就受害人如非受侵害即可能不遭受之损害，方成立损害赔偿之债。"立法者似乎没有明确表示其所采用的因果关系理论标准，如果从"如非受侵害"→"不遭受之损害"之表述来看，立法者似乎采用了必要条件说之公式。然而，在分析此条的文义之时，我们不可忽略立法者还使用了"可能"（provavelmente）这一副词。从这一副词出发，在理论上均倾向认为立法者采纳了适当因果关系说，这是因为，"可能"这一副词在字义上排除了各个必要条件之间的等同性，并且只包括那些可适当产生所遭受损害之侵害，因此，立法者对适当因果关系说的采纳几乎是毫无疑问的。[1]

同样，澳门的司法见解对于适当因果关系说的采纳同样是毫无疑问的。举例而言，按照澳门特别行政区中级法院所作的第3/2003-II号合议庭裁判：

十五、法律（《民法典》第557条）规定了适当因果关系论，按此理论，所循思路以抽象事实开始，以查明是否能适当产生该结果；这种适当性按事物常理客观评定，而撇开行为人不知或不可认知者，也不论普通人的一般感觉。

十六、已经证实辅助人在被剥夺行动自由、在医院住院及"在医院接受新的治疗"期间不可能行使职业（这是明显事实，不需要陈述及证明），我们据此事实认定，如果未发生这种情况，他将工作，至少在此段期间部分时间工作，就不能不认为，不法事实与所失收益之损害（损失）之间的因果关系已经具备，如果此部分损害未予结算，法院可判令加害人在判决执行中查明的一笔金额……

另按照同一法院第77/2002号合议庭裁判：

四、法律（澳门《民法典》第557条）规定了适当因果性。根据此论，首先要查明有关的抽象事实本身是否适宜造成该结果。应本着生活常理以客观方式评定这一适当性，但不以原告以及大多数常人不知悉或无法知悉的情形评定之……

而在第236/2002号案件之合议庭裁判中，其同样指出：

一、为着具备"因不法事实之责任"，有关不法事实须为其引发的损害之原因，不必赔偿全部及任何损害，只需赔偿不法事实所造成之损害。

二、因此——鉴于规定"适当因果关系"说之澳门《民法典》第557条内容——且已经证实"受害人死亡非因交通意外造成的创伤"，意外与死亡之间不存在必然因果关系，这意味着民事损害赔偿请求中关于"生命权之剥夺"部分、丧葬费用及与之相关的其他费用之部分理由不成立……

---

[1] Antunes Varela, *Das Obrigações em Geral*, Vol. 1, 10ª ed., Coimbra: Almedina, 2000, pp. 898-901.

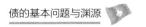

第三节　因不法事实而生的责任——效果

　　一旦同时符合意愿事实、不法性、主观归责、损害及因果关系五个要件，行为人即负上因不法事实而生的责任。根据《澳门民法典》第 477 条第 1 款的规定，民事责任的成立即导致损害赔偿的后果，而《澳门民法典》第 556 条规定："对一项损害有义务弥补之人，应恢复假使未发生引致弥补之事件即应有之状况。"有关赔偿后果表现为损害赔偿之债（obrigação de indemnização）的创设。

　　与一般的债务法律关系一样，在损害赔偿之债中，一方（通常是受害人）会成为债权人，而另一方（行为人）则作为债务人，其被法律施以作出赔偿给付的债务。然而，对于因不法事实而生的责任所引致的损害赔偿之债，法律还规定了一些特别规则，现在我们尝试探讨一下这个损害赔偿之债的具体内容。

一　损害赔偿之债的债权人

　　根据《澳门民法典》第 477 条第 1 款，受害人（lesado）就是损害赔偿之债的债权人。所谓的受害人，就是指其权利或受法律保护的利益因行为人所作出的不法行为而直接遭受损害的人。基于对私权的保障，法律将受害人所遭受的损害转嫁予应对自己行为负责的行为人承担，所以受害人当然地成为损害赔偿之债的债权人。例如，交通意外的伤者有权要求车主或其保险人作出损害赔偿、因医疗事故而被切除双腿的病人可请求医院或医生赔偿其损失等。

　　对于受害人以外的人，原则上便无权获得任何损害赔偿了。

　　然而，可以出现一些情况，某些第三人因行为人所作出的不法行为而间接或反射性地遭到损害，他们可否与受害人并列而成为损害赔偿之债的债权人呢？

　　对此，我们会视乎有关第三人遭受损害的情节而有不同的处理，而法律亦对某些第三人作出特别规定。

　　首先，《澳门民法典》第 488 条第 1 款及第 2 款规定："一、侵害他人致死时，应负责任之人有义务赔偿为救助受害人所作之开支及其他一切开支，丧葬费亦不例外。二、在上述情况及其他伤害身体之情况下，救助受害人之人、医疗场所、医生，又或参与治疗或扶助受害人之人或实体，均有权获得损害赔偿。"救助受害人的医疗实体或其他人均成为损害赔偿之债的债权人。毫无疑问，给予救助的人并非受害人，其等只是因行为人的不法行为而间接遭受损害，其等开支是基于救助而非不法行为作出的。然而，《澳门刑法典》第 271 条规定："医生在他人生命有危险、或身体完整性有严重危险之情况下，拒绝提供其职业上之帮助，而该危险系无他法排除者，处最高五年徒刑。"同一法典第 194 条第 1 款规定："一、在发生使他人生命、身体完整性或自由有危险之严重紧急状况，尤其该状况系由于祸事、意外、公共灾难或公共危险之情况而造成时，不提供不论系亲身作为或促成救援而排除危险之必需帮助者，处最高一年徒刑，或科最高一百二十日罚金。"救助者通常具有法律义务向受害人施以救助。另一方面，法律亦希望鼓励社会成员更为积极地参与救助工作，且不希望因受害人不能即时支付救助或医疗开支而拒绝向受害人提供救助。因此，法律赋予救助者享有直接请求行为人作出损害赔偿的权利。

另外，《澳门民法典》第 488 条第 3 款还规定："三、可要求受害人扶养之人，或由受害人因履行自然债务而扶养之人，亦有权获得损害赔偿。"扶养债权人对于扶养债务人因行为人的不法侵犯而无法获得扶养的情况，有权直接针对作为第三人的行为人享有获得有关损害赔偿的权利。《澳门民法典》第 1844 条第 1 款规定："一、扶养系指为满足受扶养人生活需要之一切必要供给，尤指在衣、食、住、行、健康及娱乐上之一切必要供给。"由于扶养债权人有赖扶养债务人（受害人）的扶养给付来维持生活，故为着确保扶养债权人的生存权，法律亦例外地赋予其债权人之身份。此外，值得注意的是，即使扶养债权人与受害人之间的扶养之债仅属于自然债务，但这也不影响前者针对民事责任的行为人享有与法定扶养之债的债权人相同的赔偿权。《澳门民法典》第 396 条规定："单纯属于道德上或社会惯例上之义务，虽不能透过司法途径请求履行，但其履行系合乎公平之要求者，称为自然债务。"《澳门民法典》第 398 条规定："自然债务适用法定债务之制度中不涉及强制给付部分之规定；但法律另有特别规定者除外。"虽然自然扶养之债的债权人本身不能强制要求扶养债务人作出扶养给付，但在成立民事责任后，扶养债权人对行为人所享有的损害权利随即转为法定之债，

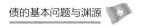

且可以针对后者作强制执行。

二 损害赔偿之债的债务人

与受害人相对，根据《澳门民法典》第 477 条第 1 款，有关损害赔偿之债的债务人自然是行为人。既然行为人不法侵犯了受害人的权利或受法律保护的利益，当然由其承担损害赔偿之义务。然而，有疑问的是，如果有超过一名的行为人负民事责任的话，他们应如何承担有关赔偿责任呢？例如，甲与乙因醉酒而一起殴打丙、醉酒驾驶的丁驾车撞倒正在闯红灯的戊车并使其内的乘客己受伤、大强与大欢一起到某银行打劫并抢走 100 万元的款项，在这些情况下，甲与乙、丁与戊、大强与大欢的赔偿义务为何？

《澳门民法典》第 490 条第 1 款规定："一、如有数人须对损害负责，则其责任为连带责任。"法律以连带责任（responsabilidade solidária）的方式处理复数债务人之情况，《澳门民法典》第 505 条第 1 款规定："一、如多名债务人中任何一人均负有全部给付之责任，而全部给付一经作出时，全体债务人之债务随即解除者，或如多名债权人中任何一人均有权单独要求全部给付，而全部给付一经作出时，债务人对全体债权人之债务随即解除者，均为连带之债。"在该连带之债中，各行为人与受害人之间的债务法律关系会被划分为外部关系（relações externas）及内部关系（relações internas）两部分，前者表现为各行为人的整体与受害人之间的债务法律关系，而后者则表现为各行为人之间的债务法律关系。

在外部关系上，《澳门民法典》第 511 条规定："被诉之连带债务人不得以债务分担之利益予以对抗；即使该债务人传召其他债务人应诉，亦不解除其须作出全部给付之义务。"同一法典第 512 条规定："一、债权人有权对债务人中任一人要求全部给付，或要求不论是否符合被催告人之分担份额之部分给付；然而，如债权人透过司法途径对其中一债务人要求全部或部分给付，则该债权人不得透过司法途径向其他债务人要求已对上述债务人要求之给付，但有可接纳之理由，诸如被诉人无偿还能力或有出现无偿还能力之虞，或基于其他原因难以从其获得给付者除外。二、如债务人中之一人具有针对债权人之任何个人防御方法，即使该防御方法已被采用对抗债权人，并不妨碍债权人向其他债务人要求全部给付。"任何一名行为人都不享有债务分担之利益，而在受害人请求的情况下，任一行为人均有义务向受害人作出弥补其全部损害的赔偿，且有关损害赔偿一经作出，全体行为人对受害人的赔偿义务也一并获得解除。

在解除面对受害人的赔偿义务后，随即进入民事责任的内部关系之中。《澳门民法典》第 517 条规定："一、作出超过本身须分担部分之给付以满足债权人权利之债务人，有权向每一共同债务人要求偿还其各自须分担之部分。二、如连带债务仅为债务人中一人之利益而被承担，则该债务人在求偿阶段须负责偿还全部给付。"作出全部损害赔偿或超出其份额之损害赔偿的行为人，有权按照各自的分担比例向其余行为人行使求偿权（direito de regresso）。《澳门民法典》第 490 条第 2 款规定："二、负连带责任之人相互间有求偿权，其范围按各人过错之程度及其过错所造成之后果而确定；在不能确定各人之过错程度时，推定其为相同。"法律会按照各行为人过错程度的比例来确定各人应予分担的损害赔偿义务的份额，如果作出损害赔偿的行为人按其过错程度应负责全部的赔偿义务，那么其对余下的行为人便不享有求偿权。

从上述规则来看，立法者对民事责任的连带之债所作出的选择是明智的，受害人因行为人的不法侵犯而遭受损害，往往使其在经济上处于困厄状况，而在转嫁有关损害予行为人的过程中，后者很多时候未必具有足够的经济能力承受有关的损害赔偿义务，如果各行为人可以主张债务的分担利益的话，受害人可能会因为其中几名行为人缺乏经济能力而不能完全获得损害的弥补。同时，假设每名行为人在不存在其他行为人的情况下都须对受害人所遭受的全部损害负责，那么其责任便不应基于行为人在数目上有所增加而获得减少。因此，行为人没有偿还能力的风险相比之下更应由作出不法行为的每名行为人承担，而非由遭受损害的受害人来承担。

三　损害赔偿请求权之时效

同样，关于损害赔偿之债的时效方面，立法者亦设置了一个特别规则。一般而言，《澳门民法典》第 302 条规定："时效之一般期间为十五年。"《澳门民法典》第 303 条规定："下列给付之时效期间为五年：a）永久或终身定期金之年金；b）承租人应支付之不动产及动产租金，即使属一次性支付者；c）约定或法定利息，即使仍未结算者，以及公司之股息；d）可连同利息支付之本金摊还额；e）到期之扶养费；f）其他可定期重新作出之给付。"

　　然而，在民事责任方面，法律规定较一般情况更短的时效。《澳门民法典》第 491 条规定："一、损害赔偿请求权，自受害人获悉或应已获悉其拥有该权利及应负责任之人之日起经过三年时效完成，即使受害人不知损害之全部范围亦然；但不影响自损害事实发生时起已经过有关期间而完成之一般时效。二、应负责任之人相互间之求偿权，亦自履行时起经过三年时效完成。三、如不法事实构成犯罪，而法律对该犯罪所规定之追诉时效期间较长，则以该期间为适用期间；然而，如刑事责任基于有别于追诉时效完成之原因而被排除，则损害赔偿请求权自发生该原因时起经过一年时效完成，但在第一款第一部分所指之期间届满前不完成。四、损害赔偿请求权之时效完成，不导致倘有之请求返还物之诉权或因不当得利请求返还之诉权之时效完成。"关于犯罪的追诉时效方面，则适用《澳门刑法典》第 110 条之规定："一、自实施犯罪之时起计经过下列期间，追诉权随即因时效而消灭：a）可处以最高限度超逾十五年徒刑之犯罪，二十年；b）可处以最高限度超逾十年但不超逾十五年徒刑之犯罪，十五年；c）可处以最高限度为五年或超逾五年但不超逾十年徒刑之犯罪，十年；d）可处以最高限度为一年或超逾一年但少于五年徒刑之犯罪，五年；e）属其他情况者，两年。二、为着上款之规定之效力，在确定对每一犯罪可科处之刑罚之最高限度时，须考虑属罪状之要素，但不考虑加重情节或减轻情节。三、对于法律规定可选科徒刑或罚金之任何犯罪，为着本条之规定之效力，仅考虑前者。"

四　损害赔偿之方式及范围

　　关于损害赔偿之标的方面，法律分别规定了回复原状（reconstituição natural）及金钱赔偿（indemnização em dinheiro）两个手段。

　　《澳门民法典》第 556 条规定："对一项损害有义务弥补之人，应恢复假使未发生引致弥补之事件即应有之状况。"回复原状作为损害赔偿的一般规则，其旨在使受害人所遭受的损害回复到作出不法侵犯前的原貌。在实际操作上，我们会因应所遭受损害的不同情况而有不同的回复原状的措施。例如，如果某人被他人袭击而受伤或骨折，回复原状的方法则表现为对该受害人作出治疗；如果受害人所遭受的损害为其汽车被撞毁，那么回复原状的方法则是对该汽车进行维修；如果受害人的名誉权因构成诽谤的出版物而受到损害，则其回复原状的措施为回收或销毁有关出版物、刊登澄清启事或发表道歉声明等；如果受害人的房子被非法占据或被妨碍使用，其则可以要求行为人返还该房子又或排除有关妨碍；如果受害人的财物被盗取，则可以请求行为人物归原主等。

有时候，回复原状的方法不能合理弥补受害人所遭受的损害，这时便需要采取金钱赔偿的方法。

《澳门民法典》第 560 条规定："一、如不能恢复原状，则损害赔偿应以金钱定出。二、如恢复原状虽为可能，但不足以全部弥补损害，则对恢复原状所未弥补之损害部分，以金钱定出其损害赔偿。三、如恢复原状使债务人负担过重，则损害赔偿亦以金钱定出。四、然而，如导致损害之事件仍未终止，受害人有权请求终止，而不适用上款所指之限制，但所显示之受害人利益属微不足道者除外。五、定出金钱之损害赔偿时，须衡量受害人于法院所能考虑之最近日期之财产状况与如未受损害而在同一日即应有之财产状况之差额；但不影响其他条文规定之适用。六、如不能查明损害之准确价值，则法院须在其认为证实之损害范围内按衡平原则作出判定。"法律规定了采用金钱赔偿的三种情况。

第一种情况发生在一些不可能回复原状的情形，根据《澳门民法典》第 560 条第 1 款，这时须转化为金钱赔偿。回复原状的不能既可以是事实上的不能，也可以是法律上的不能，属于前者的情况有：受害人的汽车因被行为人纵火而完全焚毁，这时则不能回复原状，而应作出金钱赔偿。属于法律上不能的情况有：某甲被乙偷去一只手表，其后乙将这只手表出售予丙，而丙其后则根据《澳门民法典》第 1212 条及续后条文之规定，透过时效取得该手表的所有权，这样，虽然甲在事实上可以取得那只手表，但在法律上，基于它已经属于丙所有，故甲不能透过回复原状获得返还那只手表，而只可选择金钱赔偿。

第二种情况是回复原状不可能完全恢复受害人所遭受之全部损害的情形，根据《澳门民法典》第 560 条第 2 款，如果回复原状不能完全弥补受害人所遭受的损害，那么对于未获弥补之部分则须作出金钱赔偿。例如，小明因交通意外而受伤，其后被送往医院治疗及进行了多次手术，虽然小明最终得到康复，但其在手术过程中曾经承受痛楚，而且该意外亦使小明的脸上留下了一条疤痕，这样，纵使小明的身体获得回复原状，但该意外导致的痛楚及疤痕无法复原，必须透过金钱补偿来弥补。又例如，甲被乙偷去了一辆汽车，虽然其后乙把汽车返还予甲，而且乙在此过程中妥善保管该辆汽车而没有对汽车留下任何损伤，但甲在汽车被盗期间无法使用车辆，因而须乘坐出租车代步，这样，前述回复原状的措施并不能弥补甲乘坐出租车的开支，故乙对此应作出金钱赔偿。

第三种情况是不恰当的回复原状的情形。在某些情况下，使用回复原状的手段确实能够完全弥补受害人所遭受的损害，但回复原状的措施对于行为人而言是不合理的，且最终使其承受过重的负担，这样，根据《澳门民法典》第 560 条第 3 款，受害人则应选择金钱赔偿的手段来弥补有关损害。对于回复原状的手段是否属于不适度，又或者对行为人而言是否负担过重，我们主要透过比较回复原状的花费与受害人所遭受的财产减少之间的差价来判断，若前者明显大于后者，则回复原状便是不适度的。例如，假设林先生的汽车因交通意外而严重损坏及变形，若要维修那辆汽车以回复到未发生交通意外时的状态，则需要 50 万元开支，但如果那辆汽车的价值只有 20 万元的话，那么把汽车回复原状对于肇事者或其保险人而言便是负担过重了，因此这时林先生只有权要求金钱赔偿。

在采用金钱赔偿弥补损害的情况下，我们须根据《澳门民法典》第 560 条第 5 款所规定的标准定出赔偿的数额。简而言之，我们会比较受害人两个方面的财产状况，分别是该受害人现时的财产状况以及其在假设没有发生侵害的情况下现时应有的财产状况，然后得出它们的差额，这个差额原则上就是行为人应该作出的赔偿金额。我们以一个例子来说明：假设甲驾驶汽车时撞毁了乙的汽车，而乙的汽车在意外发生时的价值为 10 万元，意外发生后，乙汽车的价值减少了一半，即降至 5 万元，至今，若乙的汽车没有该意外的发生的话，其价值将下降至 8 万元，乙的汽车的价值因该意外而减少了一半，故其现值 4 万元，这样，为了定出赔偿的金额，我们会比较受害人现时的财产状况以及其在假设没有发生侵害的情况下现时应有的财产状况，即 4 万元与 8 万元，因此，甲须向乙赔偿两者之差额，即 4 万元之损害赔偿。

五　赔偿责任的排除或限制

虽然法律透过损害赔偿之债来弥补受害人所遭受的损害，从而使其回复到没有发生不法侵犯所应有的状况，但是行为人的赔偿责任在某些情况下会受到限制甚至被排除。这些情况主要有三个，且它们分别被规定在《澳门民法典》的不同地方。

（一）属过失情况下损害赔偿的缩减

《澳门民法典》第 487 条规定："责任因过失而生者，得按衡平原则以低于所生损害之金额定出损害赔偿，只要按行为人之过错程度、行为人与受害人之经济状况及有关事件之其他情况认为此属合理者。"这是法律给予因过失而作出不法行为的行为人的一项优待，考虑到行为人的过错程度相对较低，法律没有硬性要求行为人向受害人作出全额的赔偿，而是给予裁判者空间，让其按照衡平原则（equidade）在具体个案中定出一个低于全部损害但符合正义的赔偿金额，从而限制行为人的赔偿责任。在衡平原则的适用上，裁判者并不是任意定出赔偿金额的，其必须考虑行为人之过错程度、行为人与受害人之经济状况及其他的重要情节，然后裁断出一个合理的赔偿数额。例如，甲骑脚踏车外出工作，其间不慎碰到乙所驾驶的名贵跑车，使该跑车的车身留下一条刮痕，而回复该刮痕令乙花费了 20 万元，在双方的经济能力方面，甲月收入只有 5000 元，且须供养妻子及两个女儿，而乙是上市公司的主席，每月收入 50 万元，在这个情况下，虽然甲的不法行为导致乙遭受了 20 万元的损害，但根据《澳门民法典》第 487 条，裁判者则可以按照衡平原则，在考虑甲的过错程度、甲乙双方的经济状况及损害的严重程度等因素而定出一个低于乙全部损害的赔偿金额。

（二）透过约定对责任作出限制或排除

另一个情况发生在责任的自愿限制的情形，其规范在债的一般规则之中。《澳门民法典》第 798 条规定："一、透过所订立之条款，债权人预先放弃以上各目就债务人不履行或迟延情况所给予之任何权利者，该条款属无效，但属第七百八十九条第二款所规定之情况除外。二、然而，对非因故意或重大过失而不履行、瑕疵履行或迟延所生之责任予以排除或限制之条款则属有效，但法律另有规定者除外。"同一法典第 789 条规定："一、债务人须就其法定代理人或其为履行债务而使用之人之行为对债权人负责，该等行为如同债务人本人作出。二、经利害关系人之事先协议，得排除或限制上述责任，只要该排除或限制不涉及违反公共秩序规范所定义

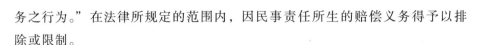

务之行为。"在法律所规定的范围内，因民事责任所生的赔偿义务得予以排除或限制。

除此之外，法律还会因应不同民事责任之事宜而规定自愿限制责任的不同规则。例如，关于车辆的交通意外方面，《澳门民法典》第 497 条规定："一、由车辆造成之损害而产生之责任，其受益人包括第三人及被运送之人。二、如运送系基于合同而作出，有关责任之范围仅涉及对被运送之人本人及对其所携带之物所造成之损害。三、如属无偿之运送，有关责任之范围仅涉及对被运送之人造成之人身损害。四、排除或限制运送人对损及被运送人之事故所负责任之条款，均属无效。"又例如，关于商业企业主之民事责任方面，《澳门商法典》第 92 条规定："对受害人之责任不得排除或设定限制，与此相反之订定视为并无订定。"

（三）基于过错相抵而减免行为人的赔偿责任

最后，行为人的赔偿义务也可以基于过错相抵原则而获减少或免除。《澳门民法典》第 564 条规定："一、如受害人在有过错下作出之事实亦为产生或加重损害之原因，则由法院按双方当事人过错之严重性及其过错引致之后果，决定应否批准全部赔偿，减少或免除赔偿。二、如责任纯粹基于过错推定而产生，则受害人之过错排除损害赔偿之义务，但另有规定者除外。"在符合民事责任的情况下，如果受害人在损害的产生或恶化方面同样存在过错，则须衡量行为人与受害人的过错程度及比例而决定减少或免除行为人的赔偿义务。例如，甲因醉酒驾驶而撞伤乙，并造成乙共计 5 万元的医疗开支及薪金损失，如果乙是在禁止行人通行的绿化隔离带中突然横过马路而被甲车撞倒，则在确定甲的赔偿义务时，须同时考虑甲乙双方的过错，从而决定是否减少或免除甲的赔偿责任。

第四节　风险责任

诚如上文所述，立法者在民事责任的领域中采纳了主观责任体系，其将行为人的过错作为负有民事责任的条件，在受害人受到行为人的不法侵犯而产生损害的情况下，如果行为人并不存在过错，那么他无须承担对受害人的赔偿义务。然而，在例外的情况下，对于某些类型的侵权行为而言，立法者排除行为人的过错作为其承担民事责任的条件，并设置了客观责任的不同及个别的规则。

如果我们说主观责任的存在理由在于行为人的过错的话，那么客观责任的存在理由又是什么呢？既然行为人不存在过错，那为什么受害人自己所遭受的损害须转嫁予行为人承担呢？

人们尝试以风险（risco）来说明客观责任的存在理由。

随着社会的不断发展，在日常生活中出现了不同的新技术，如机器、引擎、电力、核能、电子、人工智能、立体打印、互联网、企业组织、电磁波等，这些技术能使人类的生活变得更为方便及舒适，但与此同时，它们也具有一定危险性，从而对人的生命及财产安全构成威胁。同时，有人会因为使用这些技术而获得大量的益处及利润，但与此同时，这些活动会对其他人构成危险。正如罗马的古老格言所述："哪里有舒适，哪里便产生不舒适。"（ubi commoda, ibi incommoda）既然有些人因进行危险活动而获得利益，那些人便应对因这些危险活动而对他人所产生的损害负责，只有将前述损害转嫁予因危险活动而获益的人，才符合分配正义的准则。

因此，风险正是客观责任的存在理由，故客观责任又被称为风险责任（responsabilidade pelo risco）。

在澳门的法律制度中，对于不同的危险活动，立法者在不同的法例中规定了相应的风险责任机制，同时，其又将一些常见的危险活动规定在《澳门民法典》债法卷第二章第五节的"民事责任"中，并且作为与因不法事实而生的责任相并列的另一分节，这些风险责任包括委托人的责任（《澳门民法典》第 493 条）、公法人的责任（《澳门民法典》第 494 条）、由动物而产生的责任（《澳门民法典》第 495 条）、由车辆造成之事故责任（《澳门民法典》第 496 条）以及由电力或气体之设施而产生的责任（《澳门民法典》第 502 条）等。

一　委托人的责任

（一）构成要件

《澳门民法典》第 493 条第 1 款及第 2 款规定："一、委托他人作出任何事务之人，无论本身有否过错，均须对受托人所造成之损害负责，只要受托人对该损害亦负赔偿之义务。二、委托人仅就受托人在执行其受托职务时所作出之损害事实负责，但不论该损害事实是否系受托人有意作出或是否违背委托人之指示而作出。"委托人的责任的成立条件有三，分别是存在一个委托关系、受托人于执行委托人职务的过程中作出损害事实以及受托人须承担赔偿责任。

1. 存在一个委托关系

由于委托人的责任乃建基于责任人受惠于他人的活动，故前者亦须就后者的行为对第三人所造成的损害负责。然而，并不是所有受惠于他人活动的人都必须就前者所作出的行为负责，只有在两人之间存在委托关系（relação de comissão）时，才存在此种责任。这里所指的委托关系表现为一种依赖的关系，在这一关系中，一人为他人计算并且在其领导下提供工作或活动。[①] 一般来说，这种依赖关系标志着委托人的选择自由（liberdade de escolha do comitente），但在其他情况下亦包括一些不存在委托人选择的依赖关系。此外，上述委托关系既可以是法律性的，也可以是事实性的；既可以是即时性的，也可以是持久性的；既可以是有偿的委托关系，也可以是无偿的委托关系。

构成委托关系的典型例子是劳动合同，《澳门民法典》第 1079 条第 1 款规定："一、劳动合同，系指一人透过收取回报而负有义务在他人之权威及领导下向其提供智力或劳力活动之合同。"在劳动合同中，雇主被视作委托人，而雇员则作为受托人，故雇主须就雇员的行为对第三人所造成的损害负责。同样，车主与司机之间亦可以存在委托关系。[②] 与此相反，定作人与承揽人、寄托人与受寄人、医生与病人、律师与客户之间的关系则不属于委托关系。

此外，《澳门民法典》第 152 条规定："法人对其机关据位人、人员、受权人或受任人之作为或不作为，负有一如委托人对受托人之作为或不作为所应负之民事责任。"法人会被等同于委托人而对其机关据位人、人员、受权人或受任人承担风险责任。

---

① Antunes Varela, *Das Obrigações em Geral*, Vol. 1, 10ª ed., Coimbra: Almedina, 2000, p.640. 澳门特别行政区终审法院第 107/2014 号合议庭裁判。

② 葡萄牙最高法院于 1996 年 4 月 30 日所作的统一司法见解。然而，在澳门特别行政区中级法院第 638/2021 号合议庭裁判中，法院则不能认定车主与驾驶者之间具有委托关系。

2. 受托人于执行委托人职务的过程中作出损害事实

委托人须对受托人的行为负责，但并不是委托人的所有行为都被法律归责于委托人的身上，其只针对受托人于执行委托人职务的过程中作出损害事实，只有在这一情况下，要求委托人对他人的行为负责方具有理由。例如，一名雇员在工作期间殴打一名顾客，雇主便须对该名顾客承担委托人之责任，但如果该名雇员等到下班以后方与该名顾客争执及打斗，因其行为并非在执行职务的过程中作出，故雇主无须负责。

《澳门民法典》第 493 条第 2 款规定：“二、委托人仅就受托人在执行其受托职务时所作出之损害事实负责，但不论该损害事实是否系受托人有意作出或是否违背委托人之指示而作出。”在受托人于执行职务时作出损害事实的情况下，受托人作出不法行为的意图以及其对委托人指示的履行程度对委托人的责任并没有决定性的影响。

3. 受托人须承担赔偿责任

最后一个条件为受托人须承担赔偿责任，只有当受托人本身须负民事责任时，委托人才须对受托人的行为负责，如果受托人本身都无须承担责任，那么根本就不存在任何责任，而委托人当然也无须承担任何“责任”。

然而，这个条件要求受托人须承担的赔偿责任究竟是指哪一种的赔偿责任呢？

此一问题在理论上存在分歧。有见解认为这里所要求的受托人须承担的赔偿责任仅限于因不法事实而生的责任，而不包括风险责任以及因合法行为而生的责任。然而，也有见解认为上述责任不仅是因不法事实而生的责任，还包括其他的民事责任。

（二）委托人与受托人之间的责任分摊

在符合了上述三个要件的情况下，委托人便须就受托人的行为承担赔偿责任。《澳门民法典》第 490 条第 1 款规定：“一、如有数人须对损害负责，则其责任为连带责任。”一般而言，委托人往往较受托人更具有经济能力，所以受害人通常会选择请求委托人作出损害赔偿。

《澳门民法典》第 493 条第 3 款规定：“三、作出损害赔偿之委托人，就所作之一切支出有权要求受托人偿还，但委托人本身亦有过错者除外；在此情况下，适用第四百九十条第二款之规定。”而同一法典第 490 条第 2 款规定：“二、负连带责任之人相互间有求偿权，其范围按各人过错之程度及其过错所造成之后果而确定；在不能确定各人之过错程度时，推定其为相同。"可以得出，委托人的赔偿义务在其性质上更倾向于担保责任，其须对受害人负责的原因仅仅在于委托人从受托人的行为获益，同时委托人的经济状况又较受托人的好，故委托人应首先让受害人的损害获得弥补，然后再向受托人行使求偿权。由于有关损害事实始终是由受托人作出的，所以受托人最终还是须对自己的行为负责，并且在内部关系上承担全部的弥补责任。

然而，如果委托人在委托的过程中也存在过错的话，根据《澳门民法典》第 493 条第 3 款及第 490 条第 2 款，他便须按一般规定与受托人承担连带责任。

二 公法人的责任

另一种风险责任为公法人的责任。《澳门民法典》第 494 条规定："任何公法人之机关、人员或代表人在从事私法上之管理活动中对第三人造成损害者，该公法人须按委托人就受托人所造成之损害负责之有关规定，对该等损害承担民事责任。"

除此之外，第 28/91/M 号法令亦规定了公法人的非合同民事责任。该法令第 1 条规定："本地区行政当局及其他公法人在公法管理行为方面之非合同民事责任，凡未被特别法所规定者，应由本法规之规定所规范。"该法令第 2 条规定："本地区行政当局及其他公法人，对其机关或行政人员在履行职务中以及因履行职务而作出过错之不法行为，应向受害人承担民事责任。"该法令第 3 条规定："在不影响上条规定之情况下，本地区行政当局之机关据位人及行政人员和其他公法人，对于其超越其职务范围所作出的不法行为或在履行职务中以及因履行职务故意作出之不法行为，应承担民事责任。"

关于上述民事责任的构成要件方面，第 28/91/M 号法令第 4 条规定："一、机关据位人或行政人员之过错，须按《民法典》第四百八十条之规定予以认定。二、如有多名责任人，则适用《民法典》第四百九十条之规定。"而同一法令第 7 条还规定："一、为本法规之效力，不法性是指违反他人权利或违反保障他人利益之法律规定。二、违反法律和规章规定或违反一般适用原则之法律行为，以及违反上述规定和原则或违反应被考虑之技术性和常识性规则之事实行为亦被视为不法。"同一法令第 8 条规定："一、本地区行政当局及其他公法人、其机关据位人及行政人员之赔偿义务不取决于受害人行使对造成损害之非法行为之上诉权。如尽管已撤销非法行为并已执行撤销之判决而损害继续时，上述赔偿义务仍然存在。二、如损害系归因于受害人没有提起上诉或其诉讼行为之过失，则该受害人之补偿权不得保持。"

同样，第28/91/M号法令第9条规定："本地区行政当局和其他公法人对由于行政部门异常危险之运作或由于具有同样性质之物件和活动造成的特别和非常之损害承担责任，但根据一般规定，能证明在该部门运作或在执行其活动时发生外来不可抗力或系受害人或第三人之过错者除外。"同一法令第10条规定："一、本地区行政当局和其他公法人为了总体利益通过合法之行政行为或符合规范之事实行为对私人施加负担或造成特别和非常损失时，应向其负责赔偿。二、本地区行政当局或其他公法人当在紧急情况下以及为了必须维护之公共利益之目的不得不特别牺牲第三人全部或部分之物件或权利时，应向其赔偿。"公法人还须负相应的风险责任与因作出合法行为而生的责任。

必须强调的是，立法者采用二分法来规范公法人的民事责任，其中公法人因公法管理行为而生的民事责任被置于第28/91/M号法令之中，而因从事私法上之管理活动而生的民事责任则被规定在《澳门民法典》之中。

事实上，这个二分法不仅具有形式意义，而且还具有十分重要的实质意义。一方面，上述两个民事责任分别适用不同法律规则及法律原则，前者适用行政法以及行政法的基本原则，而后者则适用民法以及民法的基本原则。另一方面，也是更具有实践意义的，就是上述两种民事责任所生的争讼分别由不同的法院管辖，且适用的诉讼法律也不相同：对于前一种民事责任而言，第9/1999号法律《司法组织纲要法》第30条第1款及第2款第3项第4目规定："一、行政法院有管辖权解决行政、税务及海关方面的法律关系所生的争议。二、在行政上的司法争讼方面，在不影响中级法院的管辖权的情况下，行政法院有管辖权审理：……（三）下列诉讼：……（4）关于澳门特别行政区、其他公共实体及其机关据位人、公务员或服务人员在公共管理行为中受到损害而提起的非因合同而产生的民事责任的诉讼，包括求偿诉讼；……"另根据《行政诉讼法典》第116条："如对不法行政行为已提起司法上诉，则在有关裁判确定前，不得提起实际履行因该行为所造成之损害而产生之非合同民事责任之诉；但在第二十四条第一款b项所指之权能未经行使之情况下，如司法上诉理由成立引致回复原会出现之状况时，所造成之利益丧失及损害因其性质仍会存在者除外。"同一法典第117条规定："实际履行非合同民事责任之诉得由认为因公共管理行为而遭受损失之人提起。"有关诉讼受行政法院管辖，且适用《行政诉讼法典》。
而对于后一种民事责任而言，第 9/1999 号法律《司法组织纲要法》第 28
条规定："民事法庭有管辖权审判不属于其他法庭管辖的民事性质的案件，
以及有管辖权审判不属于其他法庭或法院管辖的其他性质的案件，包括审
判该等案件的所有附随事项及问题。"原则上由初级法院民事法庭审理有关
的诉讼，而且适用《民事诉讼法典》。

这样，我们便有需要区分公法人的公法上的管理行为及私法上的管理
行为，其关键在于公法人究竟是依据公法且在行使公权力下实施有关活动，
还是在脱去其公权力的外衣且与私人无异下按照私法作出管理行为。正如
澳门特别行政区终审法院于第 23/2005 号合议庭裁判所指出的：

> 一、在公法规范领域内，行政当局或行政人员在行使一公权力或
> 在履行一项公共职责过程中，无论是否涉及或显示行使强制手段，也
> 不管在作出行为过程中是否应当遵循技术规则或其他性质的规则，其
> 所作出的行为均为公共管理行为。

> 二、为着 4 月 22 日第 28/91/M 号法令之效力，行政当局医疗活动
> 构成公共管理行为。

> 三、当某一特定行政人员的非法行为不能被认为是源于受谴责的
> 法律——职业操守行为，而是基于部门运作的缺失时，可以运作中的
> 过错或部门过错的名义，追究医院行政当局的民事责任。[①]

---

① 第 5/2016 号法律《医疗事故法律制度》第 2 条规定："为适用本法律的规定，医疗行为是
指公共或私人领域具法定资格执业的医疗服务提供者，为着个人或群体的预防、诊断、治
疗或康复的目的而作出的事实。"同一法律第 4 条规定："为适用本法律的规定，医疗服务
提供者是指所有在公共或私人医疗领域从事预防、诊断、治疗或康复活动的自然人及法
人。"同一法律第 20 条还规定："对医疗服务提供者因医疗事故所生的民事责任，适用
《民法典》有关因不法事实所生的责任的规定，但不影响以下两条规定的适用。"同一法律
第 22 条第 1 款规定："一、如委托医疗服务提供者作出医疗行为，而该医疗行为造成医疗
事故，则委托人须按《民法典》第四百九十三条的规定就医疗服务提供者对就诊者所造成
的损害负责。"另根据同一法律第 27 条："初级法院具管辖权审判因医疗事故所生的民事
责任的诉讼。"透过上述条文规定，立法者改变了行政当局医疗活动的法律定性并将之与
私人医疗活动一并界定为私法管理行为，从而适用私法并受初级法院而非行政法院所管辖。
这构成制定上述法律的其中一个目的。正如我们可以在上述法律的法案理由陈述中看到：
"在澳门，因医疗事故涉及的医疗机构性质的不同，分别适用合同责任或非合同责任两种
不同的民事责任制度。法案建议，凡涉及医疗事故的民事责任，不论是公立医院、私立医
院还是私家医生，统一适用民法典中有关因不法事实所生之责任的规定，且当医务人员造
成医疗事故时，其所属的医疗机构同时承担损害赔偿的责任。"

三 由动物所产生之损害责任

除了对他人行为的风险责任以外，法律还对由动物所造成的损害规定了风险责任。《澳门民法典》第495条规定："为本身利益而饲养或利用任何动物之人，须对该等动物所造成之损害负责，只要损害系因饲养或利用动物而生之固有危险所引致者。"

对于责任人而言，一方面，法律要求其饲养或利用任何动物，这些动物既可以是宠物，也可以是牲畜、比赛动物（如赛狗、赛马）、表演动物及被饲养的野生动物等。而责任人对有关动物具有一定的支配能力，包括对动物享有所有权，作为动物的承租人、借用人甚至是占有人。另一方面，责任人必须为了本身利益而饲养或利用动物，其可以表现为物质或金钱上的利益，如宠物店为了出售及赚取利润而饲养宠物、赛狗公司为了赚取赌博的利益而饲养赛狗并让它们参与赛事、马戏团为了获得门票的收入而利用动物等。同样，有关利益也可以表现为非物质或精神上利益，如狗的主人为了获得幸福感而饲养狗只、盲人为了其日常起居得到帮助而饲养导盲犬等。

然而，并不是与动物有关的任何损害都必然构成风险责任，它仅仅限于那些因动物固有的危险而产生的损害，至于什么才属于动物固有的危险，则须因应具体情况而分析。例如，甲饲养了一只乌龟，某天甲的同屋朋友乙因与丙吵架，在盛怒下，乙随手拿起乌龟投向丙，丙则被坚硬的乌龟壳击中受伤，在这个个案中，虽然硬壳是乌龟所独有，但对于乙的投掷行为而言，被投掷的物件无论是乌龟还是石头、水瓶等物品，在本质上都是没有分别的，因此，丙的损害并非因动物固有的危险而生，而甲亦因此而免责。与此相反，如果丙是因为被那只乌龟咬一口而受伤的话，那么有关损害便是因动物固有的危险而生。又例如，小明饲养了一只猴子，一天，小明带着猴子外出散步期间遇到小周，小周见到猴子很有趣，欲与它嬉戏，于是给了猴子一支木棍，猴子拿到手后随即用该木棍猛力打小周的头，使小周头部受伤，在这种情况下，虽然小周乃被木棍所伤，但有关损害仍然是因动物固有的危险而产生。

另一方面，如果有关的人对动物具有管束义务的话，根据《澳门民法典》第486条第1款："一、管领动产或不动产并对之负有看管义务之人，以及对任何动物负有管束义务之人，须对其看管之物或管束之动物所造成之损害负责；但证明其本身无过错，又或证明即使在其无过错之情况下损害仍会发生者除外。"其则应负上推定过错责任，而非风险责任。

四　由车辆造成之事故责任

（一）应负责任之人

另一种较为常见的风险责任为由车辆造成之事故责任，其规定于《澳门民法典》第 496~501 条。该法典第 496 条第 1 款规定："一、实际管理并为本身利益而使用任何在陆上行驶之车辆之人，即使使用车辆系透过受托人为之，亦须对因该车辆本身之风险而产生之损害负责，而不论该车辆是否在行驶中。"其规定了须承担此项风险之人，而有关人士必须实际管理车辆，且为本身利益而使用有关车辆。

1. 实际管理

法律所要求的第一个要件为实际管理（direcção efectiva），对此，我们会直观地联想起驾驶车辆的人士，但实际管理的含义并不限于此。驾驶车辆的人对车辆可以具有实际管理，但它并不等同于驾驶车辆的状态。同样，所有权人与占有人对车辆也可以具有实际管理[1]，但实际管理并不是指对车辆的所有权，也不是指对车辆的占有。

事实上，"实际管理"是一个集合概念，其旨在描述一人对车辆所具有的事实控制的状态。如此，用益权人（《澳门民法典》第 1373 条）、承租人（《澳门民法典》第 969 条）、借用人（《澳门民法典》第 1057 条）、融资租赁的承租人（《澳门商法典》第 889 条）等权利人都是对车辆具有实际管理的人[2]。同样，即便是那些不当使用车辆的人，如抢去车辆的人、盗取或盗用车辆的人又或未经所有权人同意而使用车辆的人，基于其对车辆具有事实控制，故他们都具有对车辆的实际管理。

与此相反，那些对车辆没有事实控制的人，不论其对车辆是否享有权利，他们都不具有对车辆的实际管理。例如，出租车的乘客及被盗车辆的

---

[1] 澳门特别行政区终审法院第 64/2012 号合议庭裁判以及中级法院第 746/2015 号合议庭裁判。
[2] 澳门特别行政区中级法院第 130/2001 号合议庭裁判。

所有权人，他们都不是对车辆具有实际管理的人士。与此同时，教学车辆的学员，即便其正在驾驶教学车辆，但其亦不具有对车辆的实际管理。

当然，具有实际管理的人可以不仅限于一人，有时候，两个或两个以上的人可以同时对车辆具有实际管理。例如，对于共有（《澳门民法典》第1299条）的情况，每一名共有人都是实际管理车辆的人士。

2. 为本身的利益而使用该车辆

除了实际管理之外，法律还要求责任人为本身利益而使用肇事车辆，只有对车辆的使用使责任人获得好处，法律才有理由要求责任人承担因车辆的风险所造成的损害。这些利益通常表现为非物质性的，尤其是方便与舒适的好处。例如，甲购买了一辆汽车代步，其便可以搭载自己及家人，免却等候公共汽车及出租车的烦恼，也可以不用与他人争逐乘搭公共汽车。又例如，丙购买了一辆兰博基尼的跑车，除了使其得到优越感之外，同时也使其享受到速度感并拥有不同的生活风格。

同样，上述利益亦可以表现为物质性或金钱性的。例如，汽车出租公司将其所拥有的汽车出租予他人使用，作为使用的回报，它便可以获得有关租金；出租车司机使用出租车搭载乘客，从而赚取车资报酬。还有，即便使用汽车的目的是获得不法利益甚至犯罪，其同样被包含于"为本身利益"之中。例如，劫匪利用一辆汽车以便在打劫银行的时候能方便逃走以及运送赃款；不法分子使用车辆走私货物以及毒品；绑匪驾驶车辆以绑架及运送被害人等。立法者把不法利益包括在内的原因在于将风险责任的适用范围扩大，从而避免责任人基于为获得不法利益反而获排除承担责任的不合理结果。

另一方面，从《澳门民法典》第496条第1款中"即使使用车辆系透过受托人为之"之表述，可以得出，对于委托他人驾驶汽车之情况，委托人同样是为了本身利益而使用车辆，因而其须根据这条规定承担风险责任。例如，黄老板聘请了一名司机为其驾驶，那么黄老板便是为自己利益而使用车辆。然而，对于受托人而言，虽然车辆由其驾驶，但因他是为了委托人而驾驶汽车的，所以受托人并非为了本身利益而使用车辆。

如此，受托人须对车辆事故承担责任吗？倘是，他须承担什么责任呢？

上述问题在葡萄牙曾经存在过争论，而争论的对象在于1966年《葡萄牙民法典》第503条第3款的含义及其效力。其规定："三、为他人驾驶车辆之人，须对因该车辆造成之损害负责，但倘能证实驾驶人没有过错者除外；但若驾驶人不在执行其作为受托人之职务，则应按第 1 款之规定负责。"上述争论源于 1966 年《葡萄牙民法典》第 493 条第 2 款对陆上交通事故的可适用性以及葡萄牙最高法院第 1/80 号判例所订定司法见解在适用上所产生的疑问，其后引申出为他人驾驶的受托人究竟是以风险责任还是以推定过错责任的名义负责，以及上述条文所规定的推定过错应适用于外部关系还是仅仅适用于内部关系等问题。

最终，葡萄牙最高法院第 1/83 号判例确立了以下规则："1966 年《葡萄牙民法典》第 503 条第 3 款上半部分确立了为他人驾驶车辆的驾驶者对其所造成的损害存有过错的推定，其适用于作为侵害人的该名驾驶者与一名或数名损害赔偿权利人之间的关系。"

在澳门，对于上述问题，《澳门民法典》第 496 条第 3 款规定："三、为他人驾驶车辆之人，须对因该车辆本身之风险而产生之损害负责，但该人虽在执行职务，而车辆不在行驶中者除外。"立法者似乎没有采纳相同的规则。

（二）可赔偿之损害

实际管理且为本身利益而使用车辆的人，须对车辆本身之风险所造成的损害负责，这些损害必须基于车辆所固有的危险而产生，而不是基于与车辆有关的任何其他因素而产生。一般而言，车辆本身的风险表现为车辆在行驶过程中所产生的危险，因引擎的推动或车辆的溜动而产生的速度及车辆的撞击力，都属于车辆本身之风险。如果受害人被行驶中的车辆撞倒，那么其所遭受的损害便是可赔偿之损害。

除此之外，即便车辆不在行驶中，其仍然存在一些固有的危险，它们主要源于车辆本身的引擎、机件、设备及组件等部分，例如引擎或水箱水产生高热的危险、油缸的燃烧及爆炸的危险、汽车爆胎的危险、安全带缠身的危险、制动系统失灵的危险、蓄电池漏电的危险等。

同样，一些与驾驶者有关的因素，也会被视为车辆本身风险的范围，例如驾驶者在驾驶过程中因心脏病发、癫痫症发作、中风或昏迷使该汽车失控并导致交通意外。

与此相反，那些不属于车辆本身之上述风险的其他危险，则其所造成的损害则不能根据《澳门民法典》第 496 条第 1 款的规定获得赔偿，例如，某人步行时跌倒并撞向某车车身而受伤，则不属于因车辆本身之风险而生的损害。

《澳门民法典》第 496 条第 3 款规定："三、为他人驾驶车辆之人，须对因该车辆本身之风险而产生之损害负责，但该人虽在执行职务，而车辆不在行驶中者除外。"对于为他人驾驶车辆的受托人而言，其可赔偿之损害范围较上述情况更为狭窄，其只限于车辆在行驶过程中所产生的固有风险。

（三）责任之受益人

关于车辆事故的责任受益人方面，《澳门民法典》第 497 条第 1 款规定："一、由车辆造成之损害而产生之责任，其受益人包括第三人及被运送之人。"一方面，在车辆外面的任何人，包括行人、被撞物品的所有权人等，都是责任受益人；另一方面，即便是肇事车辆上的乘客，他们都可以因车辆本身危险而遭受的损害获得赔偿。

然而，在受益人受益程度的问题上，法律区分了不同的情况。

对于第三人而言，其受益的范围会按照一般规则订定，就是说，原则上其因车辆本身之危险所造成的全部损害，都可以获得赔偿。

对于被运送人而言，我们则需要区分有偿运送及无偿运送两种情况。《澳门民法典》第 497 条第 2 款规定："二、如运送系基于合同而作出，有关责任之范围仅涉及对被运送之人本人及对其所携带之物所造成之损害。"对于有偿运送的情况，受益人除了可就其人身所遭受的损害获得赔偿之外，还可就由肇事车辆所运载之物获得赔偿。例如，甲携带行李乘坐由乙所驾驶的出租车，其后因车辆突然爆胎而使出租车撞上人行道，并导致甲头部受伤，同时甲的行李亦被抛到车外而损毁，这时，不论是甲的身体损伤还是其行李的损失，都属于损害赔偿的范围。另外，如果属于无偿运送的话，《澳门民法典》第 497 条第 3 款规定："三、如属无偿之运送，有关责任之范围仅涉及对被运送之人造成之人身损害。"被运送之人只有权就其人身损害获得赔偿，而对于被运载之物而言，其不属于损害赔偿之范围。

基于合同自由原则，在上述情况下受益人之受益范围可以透过其与运载人之间的协议而予以扩大或限制。然而，《澳门民法典》第 497 条第 4 款规定："四、排除或限制运送人对损及被运送人之事故所负责任之条款，均属无效。"在任何情况下，运送人均不得限制或排除被运送人人身损害之赔偿责任。

（四）排除责任的原因

在某些情况下，虽然车辆交通事故之情况符合上述风险责任之构成要件，但是可能基于不同原因而导致有关风险责任获得排除。考虑到车辆事故之风险责任的成立并不取决于责任人的过错，故一旦事故的发生可以归咎于其他原因，就没有任何理由要求该风险责任的责任人承担有关赔偿义务，而且应因应不同情况由不同的人承担有关交通事故所造成的损害。

《澳门民法典》第498条规定："第四百九十六条第一款及第三款所定之责任，仅在就事故之发生可归责于受害人本人或第三人时，或事故系由车辆运作以外之不可抗力原因所导致时，方予排除，但不影响第五百条之规定之适用。"导致车辆事故之风险责任被排除的情况有三，分别是车辆交通事故的发生可以归责于受害人本人、基于第三人之原因而导致有关风险责任以及基于不可抗力之原因而导致损害。

1. 该事故的发生可以归责于受害人本人

如果车辆交通事故的发生可以归责于受害人本人，那么便排除责任人之风险责任。这是一个类似于过错相抵规则的情况（《澳门民法典》第564条），如果受害人对损害的产生或恶化有过错，行为人的赔偿责任则可获得减少或免除。

正如澳门特别行政区中级法院第821/2010号合议庭裁判所指出的：

> 1. 经分析有关证据，尤其是撞击点距行人路相当接近，马路中间尚有绿化隔离带，并结合一般经验法则，可合理且显而易见地得出原审法院认定"不可能要求车辆驾驶者应预见有人会在那里突然横过马路，从而适当调节车速，以避免碰撞"的结论，并无明显错误之处。
>
> 2. 从已证事实中分析，可显而易见地得出下列结论：现场客观环境为两边行车道的中央为绿化隔离带，这样使嫌犯无法预见有人会在该地点突然横过马路，嫌犯并不存有任何过失行为，因此，不存在订定过错比例。相反，有关交通意外是完全因上诉人之过错引起，故此亦不能按照风险而订定赔偿。

然而，《澳门民法典》第498条之规定并不限于受害人具有过错的情况，即便受害人完全不具有过错，只要损害的发生在客观上只可以归责于受害人，原来的责任人也可以获排除其风险责任。例如，在上述例子中，假设受害人是一个精神失常的无行为能力人，因其在绿化隔离带突然横过马路而被车辆撞倒，即便受害人完全没有过错，但也导致驾驶者的风险责任获得排除。

2. 基于第三人之原因而导致有关风险责任

同样，如果车辆交通事故乃基于可归责于第三人的原因而发生，那么原责任人的风险责任也能获得排除。例如，甲驾车于友谊大马路往葡京方向行驶，当与乙车迎面而过之时，因乙醉酒驾驶而越线迎面撞向甲车，甲为了闪避乙车而改变行车方向，并随即撞伤了马路旁的行人丙。对于丙所遭受的损害，甲原则上须承担《澳门民法典》第 496 条第 1 款所规定之风险责任，但是，由于有关事故的发生可归责于醉酒驾驶的乙，因此，甲的风险责任将获得排除。

对于第三人而言，我们则会按照有关规定，尤其是《澳门民法典》第 477 条，来判断其是否须就受害人所遭受之损害承担赔偿责任。

3. 基于不可抗力之原因而导致损害

除此之外，不可抗力（força maior）之情况也会导致风险责任的排除，例如，叶某将汽车停在某个山上的露天车位处，到晚上，由于突然下了一场暴雨，那山发生山泥倾泻，而叶某的汽车也同时倾倒于山下，因冲力太大，汽车撞入李先生的别墅中，最终导致李先生屋内的财物受损。虽然李先生的物品因汽车的碰撞而受损，但有关事故乃不可抗力所致，所以叶某获排除承担交通事故的风险责任。

在判断某一事故是否基于不可抗力时，我们必须将不可抗力与车辆本身的风险两者区分开来，只有前者方可排除有关风险责任，若交通事故与车辆本身的风险有关，责任人仍然须负上赔偿责任。例如，因天气炎热，某汽车油缸自燃并发生爆炸，对于该爆炸造成的损害，其车主则须承担风险责任。

（五）车辆碰撞

在上文所述的车辆交通事故的情形之中，我们所假设者乃单一车辆发生事故的情况，如某汽车冲上人行道并撞伤行人、某公共汽车急刹而使乘客受伤、停在路上的汽车轮胎突然爆裂而使其碎片击伤途人等。然而，在实践中，我们更常遇到的情况是，交通事故因两辆或两辆以上汽车的碰撞而发生，例如，甲车因越线撞到对面车道的乙车，乙车被撞后随即爆胎失控，并在冲上人行道时撞伤路过的丙；丁所驾驶的汽车因制动系统突然失灵而撞到前面正在等待红灯的公共汽车，并使车上的乘客戊受伤等。

对于上述车辆碰撞的情况，我们会因应驾驶者是否具有过错而作不同的处理。

如果肇事车辆的驾驶者都没有过错，我们便按照每辆汽车对事故所具有的风险比例来分配各方的责任。《澳门民法典》第 499 条第 1 款规定："一、如两车碰撞导致两车或其中一车受损，而驾驶员在事故中均无过错，则就每一车辆对造成有关损害所具之风险按比例分配责任；如损害仅由其中一车造成，而双方驾驶员均无过错，则仅对该等损害负责之人方有义务作出损害赔偿。"首先，我们须确认事故的发生与每辆车本身的风险是否具有因果关系。如果我们确认只是其中一辆车的风险引致事故的发生，那么便由那辆车的责任人承担赔偿责任。例如，在上述例子中，丁所驾驶的汽车与公共汽车相撞的事故是基于丁车本身的风险而生，而非公共汽车之风险，故丁须对公共汽车及戊所遭受的损害承担赔偿责任。如果导致事故发生的原因与两辆或两辆以上的车辆有关，则按照它们所占之风险比例分配责任[①]。例如，在上述例子中，事故由甲车及乙车的风险引致，因此会按照两辆车所占的风险比例（如甲车 60%、乙车 40%）分配赔偿责任。

另外，如果肇事车辆的驾驶者具有过错，则会根据因不法事实而生责任的规则，由具有过错的驾驶者按照其过错比例承担责任。

必须注意的是，无论驾驶者有没有过错，上述责任分配仅在他们之间的内部关系中具有效力。《澳门民法典》第 490 条第 1 款规定："一、如有数人须对损害负责，则其责任为连带责任。"《澳门民法典》第 500 条第 1 款规定："一、如风险责任须由数人承担，各人均对损害负连带责任，即使其中一人或数人有过错者亦然。"在外部关系上，任何一个驾驶者对受害人而言都负有全部给付的赔偿义务。

在向受害人作出赔偿后，作出给付的责任人便有权按照各方所占的风险及过错比例行使求偿权。《澳门民法典》第 500 条第 2 款规定："二、在各应负责任之人之关系中，损害赔偿之义务按每人在车辆使用中所具有之

[①] 澳门特别行政区中级法院第 646/2016 号、第 228/2012 号及第 724/2011 号合议庭裁判。

利益而分配；然而，如其中一人或数人有过错，则仅由有过错之人负责，在此情况下，就该等有过错之人相互间之求偿权或针对该等有过错之人之求偿权，适用第四百九十条第二款之规定。"而《澳门民法典》第 490 条第 2 款则规定："二、负连带责任之人相互间有求偿权，其范围按各人过错之程度及其过错所造成之后果而确定；在不能确定各人之过错程度时，推定其为相同。"法律规定了分配责任的三个可能性：如果各方都存在过错，则按照过错比例行使求偿权；如果部分责任人具有过错，而其他责任人没有过错且仅负风险责任，则仅前者须承担全部的损害赔偿，同时作出全部给付的其他责任人则可以向具有过错的责任人求偿全部的赔偿款项；如果各方都没有过错，则按照风险比例行使求偿权。

（六）责任限制

与因不法事实而生的责任不同，基于车辆交通事故责任的成立并不取决于责任人的过错，所以要求责任人承担受害人全部损害的处理方法并不具有合理性。与此同时，为配合汽车强制责任保险，有需要就每一起交通事故设定一个限额。基于此，对于车辆交通事故的风险责任而言，驾驶者对受害人的损害赔偿仅承担一个设有上限的责任。

《澳门民法典》第 501 条规定："一、基于交通事故而须作之损害赔偿，如应负责任之人无过错，则每一事故之最高限额：如一人或多人死亡或受伤害，为法律对造成事故之车辆之类别所规定之汽车民事责任强制保险之最低金额；如对物造成损害，即使有关之物属不同所有人所有者，为上述金额之一半。二、弥补之优先次序，以及以年金方式定出损害赔偿时确定年金之标准，为有关汽车民事责任强制保险之法律所规定者。"前述的责任限额会准用汽车强制责任保险的最低保险的金额，并且会随着有关汽车强制责任保险最低保险额的调整而变更有关责任的上限。

第 57/94/M 号法令《修正汽车民事责任之强制性保险制度》第 6 条规定："一、汽车民事责任保险金额之最低限额载于成为本法规组成部分之附件 1 之表内。二、如凭司法裁定，损害赔偿系以定期金形式支付，保险人赔偿之义务在实际价值上不超过保险金额之最低限额，该定期金应根据澳门货币暨汇兑监理署通告内为以分期缴付终身定期金之人寿保险所定之技术基础而确定。"①

明显地,上述责任限额对于受害人而言是十分不利的,这是因为,责任人以及其保险人只需承担有关限额以内的损害赔偿,而对于超出部分,唯有由受害人自己承担。

(七) 机动车辆强制责任保险制度

对于由车辆所产生的责任而言,除了《澳门民法典》的上述规定之外,透过第57/94/M号法令《修正汽车民事责任之强制性保险制度》,立法者还就有关责任设置了机动车辆强制责任保险制度。

上述法令第1条规定:"机动车辆及其挂车,须在被许可之保险人处设有在其使用过程中对第三人引致损害之民事责任保险后,方得在公共道路

---

① 截至目前,汽车强制责任保险之最低保险金额如附件I所示。

附件I　汽车民事责任保险的最低金额表
(十一月二十八日第57/94/M号法令第六条第一款所指者)

(澳门元)

车辆类别	保险金额	
	每年	每起事故
——具备辅助发动机的脚踏车、轻型摩托车及农业牵引车	30,000,000.00	750,000.00
——轻型机动车辆及重型摩托车	30,000,000.00	1,500,000.00
——属的士的轻型机动车辆及属不论配备驾驶员与否的出租车的轻型机动车辆	30,000,000.00	3,000,000.00
——集体客运重型机动车辆:		
——对非乘客的第三人造成损害	30,000,000.00	4,000,000.00
——对乘客造成损害	30,000,000.00	每名乘客的保险金额为200,000.00,而总保险金额则为200,000.00乘以车辆载客量。
——集体货运重型车辆	30,000,000.00	4,000,000.00
——重型货车及工业牵引车	30,000,000.00	4,000,000.00
——体育比赛:		
——重型摩托车比赛	30,000,000.00	10,000,000.00
——汽车比赛	100,000,000.00	30,000,000.00

通行。"为了确保公共道路的其他使用者在遭受因车辆交通事故所生的损害的情况下获得实际损害，法律将车辆之责任保险定性为强制性保险。同一法令第 2 条规定："一、车辆之所有人有投保之义务，但在行使用益权、保留所有权之出卖、融资租赁制度及由车辆转让合同订定其使用权之情况下，投保之义务则由车辆之用益权人、保留所有权之取得人、承租人或使用人承担。二、如其他人士已对车辆投保，上款所指之义务在该保险之有效期内视为已履行。三、车房之所有人，及其他经常从事车辆买卖、维修、拖车服务或监督车辆良好运作业务之人士或实体，亦有义务对在从事有关业务时使用车辆而引致之民事责任投保。"法律强制要求车辆的所有人、用益权人、保留所有权之取得人、承租人或使用人购买保险。

在不遵守上述强制保险的情况下，上述法令第 40 条第 1 款规定："一、任何人使受强制保险约束但未设该保险之车辆在公共道路上通行或同意该车辆之通行者，须根据《道路法典》之规定受处罚。"而第 3/2007 号法律《道路交通法》第 86 条规定："一、机动车辆及其挂车按补充法规的规定购买民事责任保险后，方可在公共道路上通行。二、就所购买的每项保险应发出经依法核准式样的证明文件，而车辆在公共道路上通行时，驾驶员应带备该证明文件。三、违反第一款规定者，科处罚款澳门币 3000 元。四、违反第二款规定者，科处罚款澳门币 300 元。"

与此同时，第 57/94/M 号法令《修正汽车民事责任之强制性保险制度》第 40 条第 2 款及第 3 款规定："二、在第二十二条所指之情况下，被要求出示证明已作保险之文件后之八日内仍未作出示者，除科处《道路法典》规定之罚款外，有关车辆亦被扣押，直至提出保险证明时为止。三、在发生事故之情况下，上款所指之未出示文件，将导致车辆之扣押；在缴付应付之损害赔偿后，或给付相当于保险金额之最低限额之担保金后，或能证明在发生事故之当日已有上指文件，车辆之扣押方被终止。"

在购买上述强制保险后，《修正汽车民事责任之强制性保险制度》第 3 条规定："一、保险保障车辆所有人、用益权人、保留所有权之取得人、承租人或使用人、正当持有人或驾驶员之民事责任。二、保险之保障亦包括在故意造成之交通事故，及在抢劫、盗窃或窃用车辆时发生可归责于犯罪行为人之交通事故中，对第三人所受损失作弥补之义务。三、在上款所指之情况下，保险不保障应由有关正犯、从犯、包庇人对车辆所有人、用益权人、保留所有权之取得人、承租人或使用人，以及对其他正犯、从犯或包庇人，或对虽知悉车辆为非正当占有而自愿乘搭之乘客履行之损害赔偿。"保险人原则上将承担所有因车辆之交通事故而生的民事责任，不论有关责任是风险责任还是因不法事实而生之责任，也不论有关事故因行为人的过失造成还是其故意导致。

然而，上述法令第 4 条第 1 款规定："一、保险之保障不包括对下列人士造成之损害：a）车辆驾驶员及保险单权利人；b）所有根据上条第一款之规定，尤其是因共有被保车辆而责任受保障之人士；c）上两项所指人士之配偶、直系血亲尊亲属、直系血亲卑亲属或其所收养者，及直至第三亲等之其他血亲或与其共同居住或由其供养之直至第三亲等之姻亲；d）在执行职务时发生交通事故且应对该事故负责任之法人或公司之法定代理人，以及替被保险人服务之雇员、散工及受托人；e）因与上数项所指人士有联系，而根据《民法典》之规定有权要求赔偿之人士。"此外，同条第 2 款还规定："二、保险之保障亦不包括下列之任何损害：a）对被保车辆本身造成之损害；b）在运送、上货或卸货过程中对被保车辆运输之财货造成之损害；c）因上货及卸货而对第三人造成之损害；d）违反《道路法典》有关运输之规定而运送乘客时，对其造成之损害；e）直接或间接由原子蜕变或聚变、人工粒子加速或放射现象所引致之爆炸、热能释放或辐射造成之损害；f）在体育比赛及与比赛有关之正式练习中造成之损害，但按本法规规定有特定保障者除外。"

在强制保险的保障范围内，保险人须至少在最低保险额之内获转嫁赔偿责任。如此，上述法令第 45 条规定："一、在追究强制保险中之交通事故之民事责任之诉讼中，不论其为民事诉讼或刑事诉讼，被诉之保险人必须参与，否则为非正当。二、如提出之请求不超过第六条第一款所指之限额，在民事诉讼中，诉讼必须仅针对保险人，如保险人愿意，得使被保险人参与诉讼。三、如汽车保障基金根据本法规规定代替保险人作赔偿，以上两款之规定适用于汽车保障基金。四、在第一款所指之诉讼中，如为民事诉讼者，得允许反诉。五、《道路法典》所订定之刑事诉讼中请求损害赔偿之期间，自受害人获通知得提出请求时开始。六、汽车保障基金如为诉讼中之利害关系人，免缴有关诉讼之预付金及诉讼费用。"在诉讼上，保险人在最低保险额之限度内替代责任人，因而取得被诉之正当性[①]。

---

① 参见澳门特别行政区中级法院第 969/2017 号合议庭裁判。

上述法令第 16 条规定："保险人在缴付赔偿后，仅对下列者有求偿权：a）故意造成事故者；b）抢劫、盗窃、窃用车辆之正犯及从犯且以该车辆造成事故者；c）未具法定资格或在酒精、麻醉品、其他毒品或有毒产品之影响下驾驶者，或遗弃遇难人之驾驶员；d）对在货物运输过程中或因货物处理不当引致之跌落而对第三人造成之损害负民事责任者；e）有责任将车辆送往以作第十条所指之定期检验而未履行该义务者，但如其能证明灾祸非因车辆之运作不良所引致或加重者除外。"在作出损害赔偿后，保险人有权对上述导致交通事故责任的人士行使求偿权①。

除此之外，立法者还成立了汽车保障基金，以确保在机动车辆的使用者实际上没有购买强制保险的情况下，受害人不会基于使用者没有足够的经济能力而无法获得损害的弥补。上述法令第 23 条规定："一、汽车保障基金（葡文缩写为 FGA），为在汽车民事责任强制保险方面设立，且拥有行政、财政及财产自治权之公法人。二、在下列情况下，汽车保障基金有权限对受强制保险约束之车辆造成事故而引致之死亡或身体侵害，作损害赔偿：a）不知悉责任人或不受有效或产生效力之保险保障；b）保险人被宣告破产。三、在涉及汽车保障基金之权利及义务之行为及合同方面，汽车保障基金受私法管辖。四、汽车保障基金在每起事故中之赔偿限额，系根据本法规附件 I 所载表订定之数额确定。"

而上述法令第 25 条规定："一、当汽车保障基金对受害人支付损害赔偿后，将为受害人权利之代位人，且有权享有法定迟延利息及就在赔偿之支付及征收过程中之开支获得偿还。二、在保险人破产之情况下，汽车保障基金仅对保险人而言为受害人权利之代位人。三、受害人得直接对汽车保障基金提起诉讼，汽车保障基金有权使强制投保人及共同责任人参与诉讼。四、受强制保险约束之人士如未投保，得由汽车保障基金根据第一款之规定对其提起诉讼，如事故有其他责任人，上指人士有权就其所付之款项向其他责任人求偿。"②

① 参见澳门特别行政区终审法院第 52/2011 号合议庭裁判以及中级法院第 401/2016 号、第 325/2011 号、第 346/2011 号及第 195/2010 号合议庭裁判。
② 参见澳门特别行政区中级法院第 621/2012-I 号合议庭裁判。

五　由电力或气体之设施造成之损害责任

最后，立法者还就电力或气体之设施造成之损害定出了风险责任，其规定的理由同样是不言而喻的：由于电力及气体是具有危险性的能量，其等在运输及供应的过程中很可能会因为泄漏而对周围的人及财产造成损害，同时对于这些意外往往又难以证明经营者的过错，因此要求透过营运这些能量而获利的经营者承担风险责任是合理的。

我们现在看看这一责任的适用条件。《澳门民法典》第 502 条第 1 款规定："一、实际管理用作输送或供应电力或气体之设施并为本身利益而使用该设施之人，须对因输送或供应电力或气体而导致之损害负责，亦须对因设施本身而造成之损害负责，但在事故发生时，该设施符合现行技术规则之要求，并处于完好之保存状态者除外。"

在责任人方面，法律要求他们对输送或供应电力或气体之设施具有实际管领，而它通常表现为对输送或供应电力或气体设施的经营，同时，有关责任人必须为本身利益而使用有关设施。

然而，上述设施并不包括耗用能源之器具（utensílios de uso de energia）。《澳门民法典》第 502 条第 3 款规定："三、对耗用能源之器具所造成之损害，不得要求依本条之规定获弥补。"使用者须承担因使用耗用能源之器具而生的损害。

在可赔偿的损害方面，有关风险责任主要针对因输送（condução）或供应（entrega）电力或气体而导致之损害，以及该设施本身所造成的损害，例如因在公共道路地底的输气管爆炸而导致周边的商铺及行人遭受损害、因高压电缆的电弧效应而引致途人被电死、因电力变压站漏电而使在附近玩耍的儿童触电等。除了输送及供应的行为以外，此条之风险责任似乎不包括生产（produção）及贮存（armazenamento）电力或气体的活动，对此应根据一般规定来确定有关人士之民事责任。

除此之外，电力或气体之经营者还可以受惠于两个免责条款。一方面，如果在发生意外时电力或气体的输送或供应已符合现行技术规则的要求，同时有关设施亦保存完好而没有任何损伤或瑕疵，则经营者无须承担风险责任（《澳门民法典》第 502 条第 1 款但书部分）。另一方面，根据《澳门民法典》第 502 条第 2 款："二、对因不可抗力所导致之损害，无须弥补；

凡与以上所指之物之运作及使用无关之外因，均视为不可抗力之原因。"与车辆交通事故的损害责任的情况一样，前述不可抗力之情况必须与设施本身之风险或输送或供应电力或气体活动本身之风险明确区分开来。

同样，考虑到此项风险责任并不考虑责任之过错，故在责任人符合风险责任的上述条件下，法律对于有关风险责任也设定了赔偿限额。《澳门民法典》第 503 条规定："一、如应负责任之人无过错，则就每一事故中死亡或身体受伤害之每一人，上条所指责任之最高限额为有关强制保险之最低金额之十分之一，又或在无此强制保险之规定时为轻型汽车之汽车民事责任强制保险之最低金额，而最高总限额则为上述金额之十倍。二、如对物造成损害，即使有关之物属不同所有人所有，亦适用上述限额。三、如对房地产造成损害，则就每一房地产之风险责任最高限额为以上两款所定总金额之两倍，而总限额则为此金额之五倍。"法律将之与有关强制责任保险的最低限额挂钩，但可惜的是，立法者至今仍然未制定电力或气体之经营的强制责任保险制度。①

---

① 另一方面，如果比较《澳门民法典》第 503 条的中文及葡文两个版本，我们便会发现两个文本对有关责任限额或数额的规定并不一致。根据此一规定之葡文版本："1. A responsabilidade a que se refere o artigo precedente, quando não haja culpa do responsável, tem para cada acidente, como limite máximo, por cada pessoa, no caso de morte ou lesão, um quinto do valor mínimo do respectivo seguro obrigatório ou, caso este não esteja estabelecido, o valor mínimo do seguro obrigatório de responsabilidade civil automóvel para veículos automóveis ligeiros, até ao máximo total de 5 vezes esses valores. 2. Aplicam-se os mesmos limites quando se trate de danos em coisas, ainda que pertencentes a diversos proprietários. 3. Quando se trate de danos em prédios, o limite máximo da responsabilidade pelo risco é igual, para cada prédio, ao dobro dos valores máximos globais previstos nos números anteriores até ao máximo total de 5 vezes este último valor." 其第 1 款规定有关风险责任对遭受死亡或身体损害的每一人的最高责任限额为电力或气体之经营的强制责任保险最低金额的五分之一，又或未有该保险的情况下按轻型汽车之民事责任强制保险最低金额的五倍，但是该款的中文版本则规定前述最高责任限额分别为电力或气体之经营的强制责任保险最低金额的十分之一，又或为轻型汽车之民事责任强制保险最低金额的十倍。

后 记

　　本书得以顺利出版有赖于"澳门特别行政区法律丛书"编委会的大力支持，感谢编委会主任吴志良博士、刘高龙教授，副主任赵国强教授、骆伟建教授、唐晓晴教授及各位委员给予笔者写作的机会，笔者在此深表谢意！

　　本书是笔者于澳门大学任教中文法学士课程债法学科时对课堂上的授课内容所作出的深化及总结，而有关的写作基础主要源自尹思哲教授、唐晓晴教授、Antunes Varela 教授及其他葡萄牙学者的债法著作，以及笔者的债法导师司徒民正法官、陈子劲专员/助理检察长及朱琳琳老师所传授的债法知识，笔者在此感谢各位老师的悉心教导，在这个学习的过程中笔者实在获益良多。

　　除此之外，笔者要感谢岑浩辉院长、叶迅生检察长、法官委员会的各位委员以及法院的各位同事，感谢你们无论在工作上还是在本书的出版上对笔者的支持及协助，让笔者有条件在工作之余继续完成本书的撰写工作。

　　还有，笔者感谢欧阳湘助理专员/检察官在与笔者共同任教债法过程中所付出的努力。同时，笔者要感谢澳门大学法学院中文法学士日间课程第八届全体学生，当中特别要感谢何泳禧、余曦陶、吴奇琦、吴惠芳、李湘漪、李慧勤、高颖章、张莉、曾瑞欣、叶江福及钱钊强，谢谢你们的辛勤付出，协助把笔者于债法课堂上的授课内容摘录为笔记，让笔者有开展撰写本书的条件。

最后，笔者要感谢太太及笔者的其他家人，有你们的爱、支持及鼓励，笔者方能无后顾之忧，一心一意地完成写作。

在写作本书期间，笔者偶尔会写写诗，以抒发郁闷的心情，在此冒昧献丑分享一首，并载于下页，望各位读者喜欢并给予指正。

谢谢你们！

2023 年 11 月于澳门

陈淦添

明日

陈淦添

徐徐想起
　　那年的仲夏
坐在林里
　　独弹着吉他
抬头仰天
　　见白云像浪花
闭上眼眸
　　听微风轻语细诉
我的家
　　哪儿是我家？
飘飘荡荡
　　寻找心中的他
处处流浪
　　逝去精彩年华
活过吗？
　　别了潇潇洒洒

澳门特别行政区法律丛书书目

澳门特别行政区基本法新论   骆伟建/著

澳门刑法概说（犯罪通论）   赵国强/著

澳门刑事诉讼法分论   邱庭彪/著

澳门公司法论   冷铁勋/著

澳门国际私法   涂广建/著

澳门的居留及身份认别制   度陈海帆/著

澳门刑法各论（上）   赵国强/著

澳门物权法   艾林芝/著

澳门选举制度   赵向阳/著

国际公法学   刘高龙/著

澳门博彩法律制度   邱庭彪/著

澳门税法制度   李莉娜/著

民法一般论题与《澳门民法典》总则（上册） 唐晓晴/编著

澳门特别刑法概论   方 泉/著

澳门刑事诉讼法分论（修订版）   邱庭彪/著

澳门司法制度新论   赵琳琳/著

澳门商法   曹锦俊 刘耀强/著

澳门教育制度与受教育权保护   张雪莲/著

澳门个人资料保护制度 杨崇蔚 廖志汉 廖志聪/著

澳门刑事诉讼法总论   李 哲/著

澳门金融法律制度   欧阳琦/著

澳门刑法总论   徐京辉/著

澳门民事诉讼法概论：宣告之诉   邱庭彪/著

澳门法制史新编   何志辉/著

澳门民事执行诉讼制度   除淦添　钟小瑜/著

民法典一般论题与《澳门民法典》总则（下册）   唐晓晴　苏建峰　吴奇琦/编著

澳门劳动法概论   苏建峰/著

澳门刑法概说：犯罪通论（修订版）   赵国强/著

澳门证据法   赵琳琳/著

图书在版编目（CIP）数据

债的基本问题与渊源：以《澳门民法典》为视角/
陈淀添著 . -- 北京：社会科学文献出版社，2023.12
（澳门特别行政区法律丛书）
ISBN 978-7-5228-2196-2

Ⅰ.①债… Ⅱ.①陈… Ⅲ.①债权法-澳门 Ⅳ.
①D927.659.33

中国国家版本馆 CIP 数据核字（2023）第 141214 号

· 澳门特别行政区法律丛书 ·

债的基本问题与渊源
——以《澳门民法典》为视角

著　　者 / 陈淀添

出 版 人 / 冀祥德
责任编辑 / 王晓卿
文稿编辑 / 王楠楠
责任印制 / 王京美

出　　版 / 社会科学文献出版社·当代世界出版分社（010）59367004
　　　　　　地址：北京市北三环中路甲 29 号院华龙大厦　邮编：100029
　　　　　　网址：www.ssap.com.cn
发　　行 / 社会科学文献出版社（010）59367028
印　　装 / 三河市龙林印务有限公司

规　　格 / 开　本：787mm×1092mm　1/16
　　　　　　印　张：21　字　数：346 千字
版　　次 / 2023 年 12 月第 1 版　2023 年 12 月第 1 次印刷
书　　号 / ISBN 978-7-5228-2196-2
定　　价 / 108.00 元

读者服务电话：4008918866